भारत का इतिहास

भारत का इतिहास

योगेन्द्र प्रसाद

प्रकाशक : **नमस्कार बुक्स**
भवन संख्या 2/42 (दूसरी मंजिल), अंसारी रोड, दरियागंज, नई दिल्ली–110002
 / संस्करण : 2026 / पेपरबैक मूल्य : छह सौ रुपए
मुद्रक : श्री साई प्रिंटर्स, साहिबाबाद ISBN 978-93-90600-10-6

BHARAT KA ITIHAS *by* Shri Yogendra Prasad ₹ 600.00
Published by **NAMASKAR BOOKS**
Building No. 2/42 (Second Floor), Ansari Road, Daryaganj, New Delhi-02

दो शब्द

किसी भी देश के पुन:निर्माण में उसे अपने अतीत की जानकारी का होना आवश्यक ही नहीं अनिवार्य होता है। अतीत की ईंट और वर्तमान के चूने-गाड़े से ही भविष्य का महल निर्मित होता है। जिस देश का अतीत जितना शानदार होगा उसका भविष्य उतना ही सुरक्षित रहेगा। इतिहास उसी अतीत का दर्पण होता है। अतीत से सबक लेकर ही हम वर्तमान को सजाते है, भविष्य को सँवारते है। मेकाले ने कहा था किसी देश को गुलाम बनाना हो तो सबसे पहले उसके इतिहास को नष्ट कर दो। हमारा देश इसका भुक्तभोगी रहा है। नालंदा विश्वविद्यालय में छह महीने तक लगी आग इसका प्रमाण है। स्पष्ट है हमारे देश का अतीत जितना शानदार था वर्तमान उतना ही पतित है और भविष्य अंधकार से अच्छादित।

वर्तमान सामाजिक और राजनैतिक माहौल में हम अपने इतिहास को नजरअंदाज करने लगे हैं। आज निचले वर्ग के पाठ्यक्रम में भी इतिहास एक स्वतंत्र विषय के रूप में नहीं रह गया। उसे सामाजिक विज्ञान का एक छोटा सा अंश बना दिया गया है। फलत: छात्रों को अपने देश के इतिहास से पूरा परिचय नहीं हो पाता। वे अपने पूर्वजों की आन, बान और शान से, उनके त्याग और बलिदान से उनकी शूरता एवं वीरता से परिचित नहीं हो पा रहे हैं। उनमें राष्ट्रीयता की भावना का लोप होने लगा है। यह स्थिति चिंताजनक है। सरकार, शिक्षक सबका दायित्व है कि छात्रों में इतिहास-प्रेम जगाने का प्रयास करें।

भारतीय इतिहास की यह पुस्तक मैंने इसी भावना से प्रेरित होकर लिखी है। मैंने इसमें मुख्य रूप से मुगलकालीन एवं ब्रिटिशकालीन भारत की राजनैतिक,

सामाजिक, धार्मिक, आर्थिक और सांस्कृतिक दशाओं पर प्रकाश डालने का एक छोटा सा प्रयास किया है। मैंने छात्रों को यह बताने का प्रयास किया है कि हमारे इतिहास ने कहाँ-कहाँ चूक की है, जिसका लाभ उठाकर विदेशियों ने कितनी बार हमारे सोने की चिड़िया के पर कुतरने की कोशिश की है। फिर भी हम अपनी अस्मिता को बचाए रखा हैं। पुस्तक की सफलता या विफलता तो पाठकों के निर्णय पर है।

अंत में मैं उन सभी विद्वानों के प्रति अपना आभार व्यक्त करता हूँ, जिनकी पुस्तकों से मैंने कहीं-कहीं थोड़ी मदद ली है। मेरा विश्वास है कि यह पुस्तक इतिहास के छात्रों, शिक्षकों, इतिहास प्रेमियों के लिए उपयोगी सिद्ध होगी।

अनुक्रम

1

मुगल–अफगान संघर्ष

बाबर के आक्रमण से पहले भारत की राजनीतिक दशा

भारत की राजनीतिक दशा

1. सारा देश छोटे–छोटे टुकड़ों में बँटा था।
2. ये छोटे–छोटे राज्य आपस में ही लड़ते रहते थे।
3. शक्तिशाली केंद्रीय शक्ति का अभाव था।
4. राष्ट्रीयता की भावना जनता में नहीं थी।
5. इब्राहिम लोदी के व्यवहार से जनता, सामंत, राजे आदि नाखुश थे।
6. सामंतों का जनता पर अत्याचार होता था।
7. साम्राज्य के बहुत से प्रांत स्वतंत्र होकर विद्रोह की तैयारी कर रहे थे।
8. राजपूत सरदार राणा सांगा पुनः हिंदू राज्य की स्थापना चाहता था।
9. तैमूर लंग के आक्रमण से भी अव्यवस्था फैल गई थी।
10. बंगाल, पंजाब, बिहार, गुजरात, खानदेश आदि सभी जगह विद्रोह हो रहे थे।
11. सैनिक संगठन दोषपूर्ण थे।

भारत में मुसलमानी राज्य की नींव 12वीं सदी में मुहम्मद गोरी ने रखी थी। तब से लेकर बाबर से आक्रमण के पहले तक गुलाम, खिलजी, तुगलक, सैयद, लोदी आदि वंशों ने भारत पर शासन किया। इनके शासनकाल को भारतीय इतिहास में 'तुर्क–अफगान काल' कहा जाता है। बाबर के आक्रमण के समय

तुर्क–अफगान साम्राज्य अपनी अंतिम साँस ले रहा था। इसकी अवस्था जीर्ण-शीर्ण और जर्जर हो चुकी थी। एक शब्द में भारत की संपूर्ण राजनीतिक स्थिति डाँवाँडोल थी। सारा देश छोटे–छोटे टुकड़ों में बँटा हुआ था। एक शक्तिशाली और मजबूत केंद्रीय शक्ति का सर्वथा अभाव था। छोटे–छोटे शासक तो बहुत थे, पर किसी में बाहरी आक्रमण का सामना करने की शक्ति न थी। ये छोटे–छोटे शासक आपस में ही लड़कर अपनी शक्ति का ह्रास कर रहे थे। इनके बीच आपसी मनमुटाव, छल–प्रपंच, लूट–खसोट का बाजार गरम था। देश में ऐसी कोई राजनीतिक शक्ति न थी, जो इन छोटी–छोटी शक्तियों को एक कर सकती। डॉ. ईश्वरी प्रसाद ने लिखा है—''भारत 16वीं शताब्दी के प्रारंभिक वर्षों में राज्यों का एक समूह था, जो किसी भी आक्रमण का शिकार हो सकता था।'' बाबर ने स्वयं उस समय की राजनीतिक दशा का वर्णन किया है—''उस समय भारत में पाँच मुसलमान और दो हिंदू शासक प्रसिद्ध थे। सबसे बड़ा भाग दिल्ली साम्राज्य के अधीन था, परंतु देश में कई स्वतंत्र और शक्तिशाली राज्य थे।'' इस प्रकार केंद्रीय सरकार की शक्ति दिल्ली के आसपास ही थी और शेष भाग विद्रोह, असंतोष आदि का अखाड़ा बना था। जनता और सरकार के बीच किसी प्रकार का संबंध नहीं रह गया था। राष्ट्रीयता किस चिड़िया का नाम है, लोग भूल चुके थे। स्वाभाविक शक्ति और राष्ट्रीय समर्थन—ये दोनों ही तत्त्व भारत से समाप्त हो चुके थे।

दिल्ली की गद्दी पर इब्राहिम लोदी बैठा था। यह सभी दृष्टि से अयोग्य बादशाह था। उद्दंडता, अभिमान और अत्याचार की भावना इसमें कूट–कूटकर भरी थी। यहाँ तक कि दरबार के अमीरों, सामंतों और दरबारियों से भी इसका व्यवहार अच्छा न था। फलत: इसके स्वभाव और कार्य के चलते सभी अमीर उमराव इससे असंतुष्ट थे और इसके पतन का इंतजार कर रहे थे। जो राज्य जनता के प्रेम पर नहीं चलता उसके बुरे दिन तुरंत आ जाते हैं। दिल्ली के साम्राज्य के साथ भी यही हुआ। इब्राहिम लोदी का शासन प्रेम पर नहीं बस सैनिक–शक्ति और चंद सामंतों के बल पर चल रहा था। ये सैनिक और सामंत जनता पर दमन–चक्र चला रहे थे। शोषण का बाजार गरम था। इनके अत्याचार की चक्की में जनता पिस रही थी और छुटकारे के लिए त्राहि–त्राहि पुकार रही

थी। इस प्रकार राज्य के प्रति भक्ति कौन कहे, जनता की जरा भी सहानुभूति न थी। फलतः जब बाबर ने इस पर आक्रमण किया तो जनता ने भी खुशी मनाई।

साम्राज्य के बहुत से प्रांत स्वतंत्र हो चुके थे और वे यदा-कदा विद्रोह भी कर बैठते थे। राजपूत सरदार एक नया स्वप्न देखने लगे थे। उनमें आशा की नई कोंपलें फूट रही थीं। वे इस दम तोड़ते साम्राज्य को एक धक्का लगाकर फिर से हिंदू साम्राज्य की स्थापना की कल्पना करने लगे थे। अतः राजपूत भी विद्रोह की तैयारी में संलग्न थे। एक तो तैमूर लंग के आक्रमण से इस साम्राज्य की कमर टूट ही चुकी थी, जब इन राजपूतों ने इसे धक्का दिया तो यह साम्राज्य लड़खड़ाकर गिर पड़ा। ऐसे राजपूत सरदारों में मेवाड़ के राणा सांगा प्रमुख थे। इब्राहिम के चाचा आलम खाँ भी उससे असंतुष्ट थे। उन्होंने दिल्ली के तख्त पर कब्जा करने का प्रयास प्रारंभ कर दिया था। इब्राहिम लोदी के पंजाब के शासक दौलत खाँ तथा उसके पुत्र दिलावर खाँ के साथ बुरा सलूक किया था। उसने दिलावर खाँ से उद्दंडता से पूछा था—"क्या तुमने उन व्यक्तियों की दशा देखी है, जिन्होंने मेरी आज्ञा का पालन नहीं किया?" फलतः ये दोनों भी उसके दुश्मन बन गए थे। दौलत खाँ तथा राणा सांगा ने मिलकर बाबर को भारत पर आक्रमण करने का निमंत्रण दिया। इन लोगों ने प्रारंभ में सोचा था कि तैमूर, चंगेज की तरह बाबर भी लूटपाट मचाकर हिंदुस्तान से लौट जाएगा और तब इन्हें अपने-अपने स्वार्थों की पूर्ति का अवसर मिलेगा, लेकिन ऐसा नहीं हुआ।

पंजाब की तरह बंगाल में भी विद्रोह शुरू हो गया था। गुजरात में मुजफ्फर शाह ने अपने को स्वतंत्र घोषित कर दिया था। मेवाड़ में राणा सांगा की शक्ति बढ़ रही थी। बिहार के अमीरों ने दरिया खाँ के नेतृत्व में विद्रोह का ऐलान कर दिया था। दक्षिण भारत की अवस्था और भी अस्त-व्यस्त थी। खानदेश, विजय नगर सभी राज्यों में अव्यवस्था फैलने लगी थी।

इस प्रकार बाबर के आक्रमण के पूर्व भारत की राजनीतिक अवस्था डाँवाँडोल थी। इस दशा में भारत की सैनिक स्थिति का भी कम दोष नहीं था। भारत का सैनिक संगठन निर्बल और दोषपूर्ण था। सेना यद्यपि चार भागों में बँटी थी, पर उसकी गति बड़ी शिथिल हो गई थी। रण-कौशल उन्हें भले ही आता था, पर उनके पास आधुनिक वैज्ञानिक हथियारों की कमी थी। बाबर की तोप,

बंदूक, गोले-बारूद के सामने वे तलवार से लड़कर युद्ध कैसे जीतते? सेना में भी राष्ट्रीयता के बदले जातीयता की भावना अधिक प्रबल थी। इस प्रकार राजनीतिक स्थिति तो डाँवाँडोल थी ही, सैनिक स्थिति भी कमजोर थी। सारा देश अव्यवस्थित और जर्जर हो रहा था। इसे केवल एक धक्का चाहिए था और बाबर ने इसे ऐसा धक्का दिया कि सदा के लिए यह साम्राज्य समाप्त हो गया और उसकी जगह पर नए मुगल राज्य की नींव पड़ी।

बाबर (1526 ई.-1530 ई.)

प्रारंभिक जीवन

बाबर का पूरा नाम जहीरुद्दीन मुहम्मद बाबर था। इसके पिता उमरशेख मिर्जा फरगाना के शासक थे। वहीं बाबर का जन्म 14 फरवरी, 1483 ई. को हुआ था। यह पिता की ओर से तैमूर वंश और माता की ओर से चंगेज वंश का था। इस प्रकार उसकी धमनियों में मध्य एशिया के दो महान् विजेताओं तथा योद्धाओं का खून बह रहा था। उसके पिता उमरशेख मिर्जा एक महत्त्वाकांक्षी व्यक्ति थे। वे फरगाना के आसपास के इलाके को जीतकर उस पर अधिकार करना चाहते थे। लेकिन तभी अचानक एक दिन छत से गिरकर उनकी मृत्यु हो गई और बाबर फरगाना के छोटे से राज्य का मालिक बना। इस समय उसकी आयु केवल 11 वर्ष 1 महीने की थी। इस कम उम्र में ही बाबर ने जिस धैर्य और साहस का परिचय दिया, वह प्रशंसनीय है। गद्दी पर बैठने के समय वह चारों ओर से दुश्मनों से घिरा हुआ था। यहाँ तक कि उसके चाचा ही उसकी जान के दुश्मन बने थे। उजबेग जाति भी उस पर आक्रमण की योजना बना रही थी। लेकिन बाबर इन विपत्तियों से घबरानेवाला न था। उसे प्रारंभ से ही विपत्ति की पाठशाला में शिक्षा मिली थी। उसने थोड़े ही समय में अपने सभी प्रतिद्वंद्वियों को परास्त कर अपनी शक्ति संगठित कर ली।

सबसे पहले उसने समरकंद जीतने की कोशिश की। वहाँ उसके चाचा की मृत्यु के बाद उत्तराधिकार के प्रश्न पर संघर्ष चल रहा था। इस मौके का लाभ उठाकर बाबर ने समरकंद पर आक्रमण कर दिया। लेकिन दो बार जीतकर भी उसके हाथ से समरकंद निकल गया। इसी प्रयास में उसे फरगाना से भी हाथ

धोना पड़ा और कई वर्षों तक वह भटकता रहा। इस समय अपनी मनोदशा का चित्रण करते हुए उसने लिखा है—"मुझपर बड़ी विपत्ति का समय आ गया था और मैं बिना रोए नहीं रह सकता था।" लेकिन 1498 में उसने पुनः फरगाना पर अधिकार कर लिया। 1504 में उसने काबुल और गजनी पर आक्रमण किया और उस पर अधिकार कर लिया। उसकी यह विजय शानदार विजय थी। उसने स्वयं अपनी डायरी में लिखा है—"दूसरी सदी के अंतिम दस दिनों में बिना किसी लड़ाई के सर्वशक्तिमान परमात्मा की असीम अनुकंपा से मैंने काबुल और गजनी पर अधिकार कर लिया।" इस तरह बाबर ने 'बादशाह' की उपाधि ग्रहण की। समरकंद जीतने की इच्छा उसकी मिटी नहीं और 1510 में वहाँ की राजनीतिक अव्यवस्था से फायदा उठाकर उसने पुनः उस पर अधिकार किया। लेकिन तभी उजबेगों ने विद्रोह कर दिया और बाबर के सारे मंसूबों पर पानी फिर गया। अब उसने भारत की ओर रुख किया।

भारत पर आरंभिक हमले

भारत की धन-संपत्ति की खबर बाबर को मिल चुकी थी। अत: जब उसकी दाल उत्तर-पश्चिम में न गली तो हारकर उसने भारत की सीमा पर आक्रमण कर दिया। 1519 में उसने बेजौर को अधिकार में कर लिया। पुन: झेलम नदी लाँघकर उसने भेरा नामक नगर पर कब्जा जमा लिया। 1522 ई. में उसने कांधार को भी कब्जे में कर लिया। 1524 ई. में बाबर ने चौथी बार भारत पर आक्रमण किया और लाहौर को अधिकृत कर लिया। इस प्रकार भारत के कई सूबों को अधिकार में करके वह पुनः काबुल वापस लौट गया। इसी समय उसे राणा सांगा और दौलत खाँ का भारत विजय का निमंत्रण मिला। यह निमंत्रण पाकर वह फूला न समाया और एक विशाल सेना लेकर उसने भारत पर आक्रमण किया। उसकी सेना में 12000 अश्वारोही तथा 700 तोपें थीं। पहले उसने पंजाब पर विजय प्राप्त की, लेकिन बाद में दौलत खाँ और आलम खाँ उसका साथ देने से मुकर गए, अत: बाबर को लाचार होकर पुनः काबुल लौट जाना पड़ा।

पानीपत की पहली लड़ाई (21 अप्रैल, 1526 ई.)

पहली बार लौट जाने पर भी बाबर ने हिम्मत नहीं हारी और पुनः बड़ी

तैयारी के साथ दूसरी बार वह भारत आ धमका। पहले उसने पंजाब जीता और पुनः दिल्ली पर आक्रमण कर दिया। दिल्ली का सम्राट इब्राहिम लोदी भी एक विशाल सेना लेकर उसका सामना करने को तैयार हो गया। 21 अप्रैल, 1526 को पानीपत के मैदान में दोनों की सेना का आमना-सामना हुआ। भीषण युद्ध के बाद बाबर की जीत हुई। यद्यपि बाबर के पास सैनिक कम थे, पर वे कुशल योद्धा थे। उनके पास आधुनिक अस्त्र-शस्त्र थे। अतः तोप और गोले के सामने इब्राहिम लोदी की एक न चली। बाबर की तुलना में इब्राहिम में सैनिक गुणों की भी कमी थी। यद्यपि बाबर युद्ध हार रहा था, पर उसने अपने सैनिकों को उत्साहित किया, उनके बीच जोशीला भाषण दिया। इसका सेना पर आश्चर्यजनक प्रभाव पड़ा और हारी हुई सेना जीत गई। इब्राहिम लोदी युद्ध में मारा गया और बाबर ने दिल्ली एवं आगरा पर अधिकार कर लिया। इस प्रकार उसने 27 अप्रैल, 1526 को स्वयं को बादशाह घोषित किया।

इस तरह पानीपत के पहले युद्ध का अंत हो गया। यह युद्ध भारत के इतिहास में भाग्य निर्णायक युद्ध कहा जाता है।

पानीपत के पहले युद्ध का महत्त्व एवं परिणाम

1. एक नए राज्य की स्थापना हुई।
2. लोदी वंश का समाप्त हो जाना।
3. अफगानों में चेतना आई।
4. भारत में लौकिक राज्य कायम हुआ।
5. राजपूत मुगल के दुश्मन बन गए।
6. नए ढंग से युद्ध होने लगा।
7. भारतीय सेना की हानि हुई।
8. बाबर के दुर्दिन का अंत हो गया।

पानीपत के युद्ध के बाद भारत में एक नए राजवंश की स्थापना हुई जिसका नाम मुगल वंश पड़ा। यहाँ से भारत के इतिहास का एक नया अध्याय प्रारंभ हुआ। डॉ. ईश्वरी प्रसाद के शब्दों में—''पानीपत के युद्ध ने दिल्ली के साम्राज्य

को बाबर के हाथों में सौंप दिया।'' इस युद्ध के बाद से लोदियों की शक्ति समाप्त हो गई। इस युद्ध से अफगानों की भी आँखें खुल गईं। अब उनमें नए उत्साह का संचार हुआ और इसी कारण शेरशाह को मुगलों के विरुद्ध अफगानों को उभारने में मदद मिली। अब भारत में एक लौकिक राज्य की स्थापना हुई, जिसमें धर्म को राजनीति से अलग कर दिया गया। इस युद्ध का जो सबसे बड़ा परिणाम हुआ, वह यह कि अब राजपूत मुगल के कट्टर दुश्मन बन गए। इस युद्ध ने पुरानी युद्ध पद्धति को हटा दिया और नई युद्ध पद्धति का जन्म हुआ। इस युद्ध में भारतीय सेना को अपार हानि हुई थी। एक विद्वान् के शब्दों में—''इस युद्ध से बाबर के दुर्दिन का अंत हो गया। इस तरह पानीपत का युद्ध निर्णायक युद्ध था तथा परिणाम की दृष्टि से महत्त्वपूर्ण था। लेकिन अभी बाबर को कई मुसीबतों से गुजरना बाकी था। अत: यह समझ लेना कि पानीपत की विजय के बाद बाबर सुरक्षित था—गलत होगा। कुछ ही महीनों के बाद बाबर को अनेक शक्तियों से जूझना पड़ा।''

खानवा का युद्ध (17 मार्च, 1527)

अभी बाबर के दो सबसे बड़े शत्रु थे। एक मेवाड़ का राणा सांगा और दूसरा बिहार-बंगाल का अफगान सरदार। राणा सांगा बड़ा प्रतापी और वीर राजा था। उसने अपने जीवन में 80 लड़ाइयाँ लड़ी थीं। उसका एक पैर और एक आँख भी युद्ध में फूट चुकी थी, फिर भी वह वीरता की मूर्ति था। राणा ने जब बाबर को निमंत्रण दिया था तो उसने यही सोचा था कि बाबर तैमूर की तरह ही लूटपाट कर चला जाएगा और तब उसे लोदी वंश के खँडहर पर हिंदू राज्य स्थापित करने का मौका मिलेगा। लेकिन उसकी आशा सही सिद्ध न हुई। बाबर यहाँ का शासक बन बैठा। यह देखकर राणा सांगा घबरा गया और उसने बाबर से लोहा लेने की योजना बनाई। इधर बाबर ने भी यह अनुभव कर लिया कि भारत का बादशाह होने के लिए राणा सांगा को हराना जरूरी है। फलत: दोनों ने एक-दूसरे पर संधि की शर्त तोड़ने का इल्जाम लगाना शुरू किया। बाबर का कहना था कि राणा सांगा ने यह प्रतिज्ञा की थी कि वे बाबर की सहायता करने के लिए आगरा की ओर से आक्रमण करेंगे। इसके विपरीत राणा सांगा का कहना था कि बाबर ने

उन्हें कालपी, धौलपुर, वियना आदि देने का वादा किया था।

अंत में सांगा ने एक विशाल सेना लेकर वियना पर चढ़ाई कर दी और उसे अपने अधिकार में कर लिया। राणा की सेना में 20000 घुड़सवार तथा 500 हाथी थे। बाबर भी उनका सामना करने को आ डटा। राजपूतों की वीरता के सामने मुगलों के छक्के छूट गए। उनके पैर युद्ध से उखड़ते देख बाबर बहुत घबराया। उसने अपनी सेना को उत्साहित करने के लिए धर्म का सहारा लिया। उसने बताया कि मुगल सेना काफिरों से युद्ध करती मारी जाएगी तो खुदा उसे जन्नत देगा और यदि सेना जीतेगी तो उसे राज्य मिलेगा। उसने खुदा से आरजू करते हुए कहा—"ऐ खुदा, यदि मुझे इस युद्ध में कामयाबी मिली तो मैं आजन्म अपनी प्रतिज्ञा का पालन करूँगा।" इतना ही नहीं, उसने सैनिकों का उत्साह बढ़ाने के लिए शराब न पीने की कसम खाई। कुरान की शपथ सेना को दिलाई। उसके इस भाषण का सेना पर आश्चर्यजनक प्रभाव पड़ा और सेना भयंकर वेग से राजपूतों पर टूट पड़ी। राणा सांगा घायल होकर युद्ध से भाग खड़ा हुआ। इस प्रकार इस युद्ध में भी बाबर की जीत हुई।

परिणाम की दृष्टि से खानवा का युद्ध पानीपत से कम महत्त्वपूर्ण नहीं है। एक इतिहासकार के शब्दों में—Kanawha is one of the most decisive battle in the Indian History. राजपूत शक्ति बहुत दिनों के लिए समाप्त हो गई और बाबर उत्तर भारत का राजा बन बैठा। अब कोई भी ऐसी शक्ति न रही जिससे बाबर हारता। एक शब्द में, पानीपत के अधूरे कार्य को खानवा ने पूरा कर दिया। अब भारतीय राज्य का स्वप्न भंग हो गया।

घाघरा की लड़ाई (1529)

बाबर का अब एक ही शत्रु बच रहा था और वह था अफगान। यद्यपि इब्राहिम लोदी की हार से उनकी कमर टूट चुकी थी, फिर भी वे महमूद लोदी के नेतृत्व में बिहार और बंगाल में अपनी शक्ति संगठित कर रहे थे। इनकी शक्ति संगठित होते देख बाबर भी सचेत हो गया और उसने अफगानों पर आक्रमण कर दिया। घाघरा के युद्ध में (6 मई, 1529) अफगान बुरी तरह परास्त हो गए। अब बाबर निर्विघ्न था और सही मायने में भारत का बादशाह था।

बाबर की मृत्यु

लगातार युद्ध करते-करते बाबर का स्वास्थ्य बहुत गिर गया और अंत में 26 दिसंबर, 1530 को उसकी मृत्यु हो गई। उसकी मृत्यु बड़ी आश्चर्यजनक थी। उसका लड़का हुमायूँ 1530 में गंभीर रूप से बीमार पड़ा। ज्योतिषियों ने बताया कि अगर बाबर अपनी कोई अमूल्य वस्तु दान करे तो हुमायूँ बच सकता है। बाबर ने अपने जीवन को सबसे अमूल्य समझकर खुदा से प्रार्थना की कि "ऐ खुदा, तू मेरी जान ले ले और हुमायूँ की जान बख्श दे।" कहते हैं, उसी रोज से वह बीमार पड़ा और हुमायूँ ठीक होने लगा। वह हुमायूँ को यह उपदेश देता हुआ इस संसार से चल बसा—"मैं तुम्हें, तुम्हारे भाइयों, अपने सारे संबंधियों, अपनी और तुम्हारी प्रजा के लोगों को ईश्वर की संरक्षणता में छोड़ते हुए तुम्हें सौंपता हूँ।"

बाबर का चरित्र

1. अद्भुत वीर और पराक्रमी था।
2. साहस और धैर्य की उसमें कमी न थी।
3. परिवारवालों को प्यार करता था।
4. नैतिकता के सारे गुण उसमें मौजूद थे।
5. कुशल शासक था।
6. अनुशासनप्रिय था।
7. योग्य सैनिक और सेनापति था।
8. सैनिकों से उसका व्यवहार कोमल था।
9. बड़ा विद्वान् था।
10. प्रकृति और कला का प्रेमी था।
11. खुदा का भक्त था।
12. धार्मिक मामलों में उदार था।
13. बहुत बड़ा दानी था।
14. न्यायप्रिय और इंसाफपसंद था।
15. सजा देने में कठोर था।

बाबर इतिहास के महान् पुरुषों में था। 16वीं शताब्दी का वह सबसे अधिक महत्त्वपूर्ण व्यक्ति माना जाता था। भारत में एक आक्रमणकारी के रूप में आकर उसने जिस साम्राज्य का निर्माण किया, वह उसके बाद कई शताब्दियों तक चलता रहा। डॉ. स्मिथ के अनुसार—Babar was the most brilliant ariatic prince of his age and worthy of a high place among the sovereigns of any age or country. वस्तुत:अपनी शूरवीरता, गुण ग्राहकता, दानशीलता, न्यायप्रियता आदि कई गुणों के कारण वह एशिया के शासकों में ऊँचा स्थान रखता है।

व्यक्तिगत चरित्र

बाबर का संपूर्ण जीवन उतार-चढ़ाव की कहानी है। जिस कम उम्र में ही उसने विपत्तियों का मुकाबला किया, वह उसके धैर्य और सहनशीलता का परिचायक है। उसने विपत्ति में मुसकराना सीखा था और कोई भी खतरा उसे अपने मार्ग से नहीं हटा सकता था। वीरता की तो वह साक्षात् मूर्ति था। बाबर का अर्थ ही होता है 'शेर' और वह सच्चे अर्थ में शेर था। वह दो आदमियों को बगल में दबाकर किले की दीवार पर आसानी से दौड़ सकता था। भारत की प्राय: सभी नदियों को उसने तैरकर ही पार किया था। 80 मील तक घोड़े पर लगातार बैठकर चले जाना उसके लिए मामूली बात थी। अपने परिवार वालों से वह अनन्य प्यार करता था। अपनी पत्नी और मित्रों के साथ उसका व्यवहार सौजन्यपूर्ण था। उसमें नैतिकता के सारे गुण विद्यमान थे। यद्यपि वह शराब पीता था, पर शराब का गुलाम नहीं था—यहाँ तक कि युद्ध में शराब के सभी प्याले उसने फोड़ डाले थे।

शासक के रूप में

शासक के रूप में भी बाबर सफल रहा। उसने केवल भारत का राज्य ही नहीं जीता वरन् उसका सुंदर शासन प्रबंध भी किया। यातायात के साधनों में तरक्की की तथा चोर-डाकुओं से जनता की रक्षा का इंतजाम किया। शासन में वह कठोरता की नीति बरतता था और कठोर अनुशासन का पक्षपाती था। फिर भी शासन के क्षेत्र में कोई महत्त्वपूर्ण काम उसने नहीं किए।

सैनिक के रूप में

बाबर एक कुशल सैनिक था। बचपन से ही उसका युद्ध से पाला पड़ा था। अत: उसका जीवन सैनिक जीवन बन गया था। सैनिकों को वह स्वयं बहाल करता था तथा उनके प्रति उसका व्यवहार कोमल था। यही कारण था कि उसके सैनिक उसके लिए प्राणों की बाजी लगा देने को तैयार रहते थे। लेकिन सेना में अनुशासन की कमी वह बरदाश्त नहीं कर सकता था और इसके लिए वह सैनिकों को कठोर दंड देता था।

विद्वान् के रूप में

बाबर तुर्की भाषा का बहुत बड़ा विद्वान् भी था। उसने 'बाबरनामा' में अपनी जो आत्मकथा लिखी है, उससे उसकी विद्वत्ता और साहित्य-प्रेम का पता चलता है। वह प्रकृति का भी अनन्य पुजारी था। हँसते फूल, गाते झरने को देखकर उसका मन भी हँसने-गाने को हो जाता था। साहित्य के साथ-साथ कला का भी वह पुजारी था। उसकी कविताओं का तुर्की भाषा में बड़ा सम्मान है। उसने अपने समसामयिक लोगों के रीति-रिवाजों का बड़ा सुंदर वर्णन किया है—In this respect it is almost the only specimen of real history in Asia.

धार्मिक रूप में

बाबर खुदा का भक्त था और खुदा में उसका गहरा विश्वास था। फिर भी उसने धर्मांधता का परिचय नहीं दिया। हिंदू धर्म के प्रति उसमें आदर का भाव निहित था। राजनीति में उसने कभी भी धर्म को शामिल नहीं किया। सभी धर्मों के लिए उसमें आदर का भाव था। फिर भी कहीं-कहीं उसमें हिंदू धर्म के प्रति द्वेष की भावना का परिचय मिल जाता है।

दानी के रूप में

बाबर एक बड़ा दानी भी था। दान देते-देते उसने खजाना भी खाली कर दिया। यही कारण था कि जब हुमायूँ गद्दी पर बैठा तो उसका खजाना खाली था।

इस तरह बाबर में एक साथ ही कितने गुण भरे पड़े थे। हैवेल के शब्दों में—"अपने मनोरम व्यक्तित्व, कलात्मक स्वभाव तथा अद्भुत चरित्र के कारण वह इसलाम के इतिहास में वह सबसे अधिक आकर्षक है।" लेनपुल ने लिखा है—"वह मध्य एशिया और भारतवर्ष, लुटेरे झुंडों और संगठित साम्राज्यवादी शासन—तैमूर और अकबर को जोड़नेवाली कड़ी है। उसमें एक ओर तातारों का साहस था तो दूसरी ओर ईरानियों की सभ्यता थी।" अपने इन्हीं गुणों के कारण वह इतिहास का महान् व्यक्ति बन गया है।

प्रश्न—

1. बाबर की जीवनी के बारे में आप क्या जानते हैं? दिल्ली की गद्दी पर अधिकार करते समय उसे कौन-कौन से युद्ध करने पड़े थे?
2. बाबर का चरित्र चित्रण कीजिए और उसके जीवनकाल की मुख्य घटनाओं का वर्णन कीजिए।
3. बाबर का जीवन चरित्र लिखिए।
4. बाबर के आक्रमण से पूर्व भारत की राजनीतिक दशा का वर्णन कीजिए।
5. खानवा के युद्ध ने पानीपत के अधूरे काम को पूरा कर दिया—इस कथन की समीक्षा कीजिए।

नोट—राणा सांगा, पानीपत की पहली लड़ाई।

हुमायूँ और उसका निर्वासन
(1530 ई. से 1540 ई.)

हुमायूँ का राज्यारोहण

हुमायूँ बाबर का सबसे बड़ा पुत्र था। अत: बाबर ने उसे अपने जीवनकाल में ही अपना उत्तराधिकारी घोषित कर दिया था। 1530 ई. में जब बाबर की मृत्यु हो गई तो हुमायूँ गद्दी पर बैठा। प्रारंभ में उसे अपदस्थ करने के षड्यंत्र रचे गए, पर वे षड्यंत्र सफल न हुए और हुमायूँ निर्विरोध गद्दी पर बैठ गया।

लेकिन हुमायूँ के लिए दिल्ली का सिंहासन काँटों की शैया साबित हुआ। एक इतिहासकार के शब्दों में—"जिस राज्य सिंहासन पर हुमायूँ आसीन हुआ, वह फूलों की शैया न होकर काँटों की शैया थी।"

हुमायूँ के मार्ग की कठिनाइयाँ

गद्दी पर बैठते ही उसे कितनी ही कठिनाइयों का सामना करना पड़ा, जिनमें निम्नलिखित मुख्य हैं—

हुमायूँ की कठिनाइयाँ

1. साम्राज्य में दृढ़ता का अभाव
2. रिक्त खजाना
3. उत्तराधिकार का युद्ध
4. दोषपूर्ण सैनिक संगठन
5. राजपूत शक्ति
6. अफगान शक्ति
7. हुमायूँ की दुर्बलता

साम्राज्य में दृढ़ता का अभाव

बाबर ने मुगल राज्य की स्थापना तो की, पर उसे यहाँ के शासन में दृढ़ता लाने का अवसर न मिला। केवल चार वर्ष शासन करने के बाद ही उसकी मृत्यु हो गई। बाबर से पहले इस देश में सैनिक शासन व्यवस्था कायम थी और बाबर ने इस व्यवस्था में कोई परिवर्तन नहीं किया। अतः उसके राज्य का आधार निर्बल हो गया। रशब्रुक विलियम्स ने ठीक ही लिखा है—"बाबर ने अपने पुत्र के लिए ऐसा साम्राज्य छोड़ा था, जो केवल युद्ध के समय संगठित रखा जा सकता था और जो शांति के समय के लिए नितांत दुर्बल, रचनाविहीन और निराधार था।" अतः बाबर के मरते ही अमीर, सरदार अपनी स्वतंत्र सत्ता स्थापित करने में लग गए।

रिक्त राजकोष

बाबर ने भारत में जो भी धन पाया था, उसे वह खर्च कर चुका था। हुमायूँ

जब गद्दी पर बैठा तो उसे खजाना खाली मिला। ऐसी हालत में पैसे के अभाव में न तो हुमायूँ शासन का उचित प्रबंध कर सकता था, न सेना का संगठन।

उत्तराधिकार का युद्ध

मुगलों में उत्तराधिकार का कोई निश्चित नियम नहीं था। तलवार ही इसका निर्णय करती थी। हुमायूँ के तीनों भाई इसी कारण गद्दी पर गिद्धदृष्टि लगाए बैठे थे और हुमायूँ को इनसे किसी भी समय लड़ना पड़ सकता था।

दोषपूर्ण सैनिक संगठन

मुगलों में सेना का संगठन दोषपूर्ण था। सेना में चगताई, उजबेग, मुगल, ईरानी आदि कई जातियों के लोग मिले हुए थे। अतः सेना में एकता का अभाव था। ऐसी सेना पर कब तक भरोसा रखा जाता?

राजपूत शक्ति

यद्यपि खानवा के युद्ध में राणा सांगा हार गया था, पर अभी राजपूतों की शक्ति पूरी तरह समाप्त नहीं हुई थी। ये राजपूत पुनः अपनी शक्ति संगठित कर अपने अपमान का बदला लेना चाह रहे थे।

अफगान शक्ति

हुमायूँ के सबसे बड़े दुश्मन अफगान ही थे। राजपूतों की तरह इनकी शक्ति भी पूर्णतः नष्ट नहीं हुई थी। गुजरात में बहादुरशाह और बिहार में शेर खाँ के नेतृत्व में अफगान आक्रमण के लिए तैयार थे।

हुमायूँ की दुर्बलता

इस प्रकार हुमायूँ के सामने जो परिस्थिति थी, उसका सामना करने के लिए एक दूरदर्शी शासक की आवश्यकता थी। उसका दिल दयालु और उदार था। और अपनी इस कमजोरी के कारण उसे कितनी ही आपत्तियों से गुजरना पड़ा। यद्यपि हुमायूँ में वीरता और साहस की कमी न थी, फिर भी वह कुशल सेनापति नहीं बन सका। परिस्थिति का अच्छी तरह अध्ययन किए बिना ही वह अपना कार्यक्रम निश्चित कर लेता था। युद्ध से लौटकर वह नशे में धुत हो जाता था

और अपना अधिकांश समय भोग-विलास, नाच, रंगरलियों में गँवा देता था। स्वभाव से झक्की होने के कारण वह बिना एक शत्रु को पूरी तरह कुचले दूसरे पर चढ़ बैठता था। यही कारण था कि वह किसी भी शत्रु को परास्त न कर सका। उदार स्वभाव होने के कारण वह शत्रुओं को भी क्षमा कर देता था। अपने भाइयों को क्षमा करके भी उसने भारी भूल की। इस तरह हुमायूँ ने अपने बुरे दिनों को स्वयं आमंत्रित किया। हुमायूँ का अर्थ होता है भाग्यवान, लेकिन इतिहास में ऐसा अभागा राजा शायद कोई नहीं हुआ। (His name means 'fortunate' and news was an unlucky sovereign more miscalled.)

हुमायूँ की भूलें

1. भाइयों में राज्य का बँटवारा कर देना।
2. कामरान को माफ कर देना।
3. कालिंजर पर आक्रमण कर देना।
4. कालिंजर युद्ध को अधूरा छोड़कर चुनार पर आक्रमण कर देना।
5. शेरशाह की शक्ति पूरी तरह नहीं कुचलना।
6. बहादुरशाह की शक्ति नष्ट नहीं करना।
7. राजपूतों की सहायता नहीं करना।
8. शेर खाँ से युद्ध।
9. शासन दुरुस्त नही करना।

साम्राज्य का बँटवारा

हुमायूँ की सबसे बड़ी भूल थी अपने भाइयों के बीच राज्य का बँटवारा कर देना। बाबर ने मरते समय हुमायूँ से अपने भाइयों के प्रति रहमदिल होने की सलाह दी थी और हुमायूँ ने अपने वचन को पूरा किया। लेकिन मानवता के खयाल से भले ही उसका कार्य प्रशंसनीय हो, लेकिन राजनीति की दृष्टि से यह उसकी भयंकर भूल साबित हुई और इस भूल का उन भाइयों ने फायदा उठाया। उसने हिंदाल को मेवात का प्रांत, अस्करी मिर्जा को संभल का प्रांत तथा कामरान को काबुल और कांधार का शासक बना दिया। ये भाई दगाबाज निकले। कामरान ने पंजाब पर अधिकार करके अपने को स्वतंत्र घोषित कर दिया। इससे हुमायूँ

के साम्राज्य की एकता नष्ट हो गई। झेलम के पार के इलाके भी उसके हाथ से निकल गए और दिल्ली की सुरक्षा पर खतरा उपस्थित हो गया। हुमायूँ कामरान को दंड कहाँ तक देता, उल्टे उसकी अधीनता उसने स्वीकार कर ली।

कालिंजर का युद्ध

हुमायूँ ने गद्दी पर बैठने के छह महीने बाद ही कालिंजर पर आक्रमण कर दिया। लेकिन इस युद्ध में उसे सफलता नहीं मिली और उसे वहाँ के राजा से बहुत सा धन-दौलत देकर संधि करनी पड़ी। अभी यह युद्ध चल ही रहा था कि उसे अधूरा छोड़कर हुमायूँ ने चुनार पर छापा मारा और शेरशाह की शक्ति नष्ट किए बिना ही उसे छोड़ दिया। यह हुमायूँ की जबरदस्त भूल थी जिसका परिणाम उसे आगे भुगतना पड़ा।

बहादुरशाह से युद्ध

चुनार से लौटकर हुमायूँ विलास में लग गया। इधर गुजरात में बहादुरशाह की शक्ति दिन-प्रतिदिन बढ़ रही थी और हुमायूँ इधर से आँखें मूँदे था। यह उसकी चौथी भूल थी। बहादुरशाह ने मालवा और रायसीन के किले पर कब्जा कर लिया था और अब वह मेवाड़ पर आक्रमण कर बैठा। मेवाड़ की रानी कर्णवती ने हुमायूँ के पास राखी भेजकर उससे सहायता माँगी, लेकिन हुमायूँ ने उस पर ध्यान नहीं दिया। यह उसकी भयंकर भूल थी। यदि वह राजपूतों की सहायता करता तो राजपूत उसके पक्ष में हो जाते और इस तरह एक वीर जाति की मैत्री उसे मिल जाती। लेकिन जब तक हुमायूँ मेवाड़ तक पहुँचा तब तक देर हो चुकी थी और बहादुरशाह ने चित्तौड़ पर अधिकार कर लिया था। अंत में 1535 ई. में हुमायूँ ने बहादुरशाह पर आक्रमण किया और मालवा और गुजरात पर अधिकार जमाया। परंतु हुमायूँ पुनः रासरंग में लिप्त हो गया और मौका पाकर बहादुरशाह ने पुनः अपना राज्य वापस पा लिया। यह भी हुमायूँ की भूल साबित हुई। यदि वह बहादुरशाह को पूरी तरह कुचल देता तो वह पुनः सिर नहीं उठाता। जीते हुए इलाकों का शासन व्यवस्थित न करके भी हुमायूँ ने बड़ी भूल की।

शेर खाँ से युद्ध

अभी हुमायूँ बहादुरशाह की ओर लगा था कि शेर खाँ ने गौड़ पर चढ़ाई कर दी। हुमायूँ उसकी शक्ति को रोकने के लिए बिहार की ओर भागा। यहाँ भी उसने एक भूल कर दी। पहले गौड़ न जाकर उसने रास्ते में चुनार के किले पर आक्रमण कर दिया। इसमें उसका बहुत समय बरबाद हो गया। बाद में वह गौड़ पहुँचा और उस पर कब्जा जमाया। लेकिन रासरंग में अपना बहुत समय उसने नष्ट कर दिया और तब तक शेर खाँ ने पुनः बिहार लौटकर अपनी स्थिति सुदृढ़ कर ली। उसने दिल्ली जाने का हुमायूँ का मार्ग भी बंद कर दिया। जब यह समाचार उसे मालूम हुआ तो वह बहुत घबराया और वह फिर बिहार की ओर लौटा। रास्ते में चौसा में शेर खाँ ने उस पर आक्रमण कर दिया और इस तरह 1539 में हुमायूँ को बुरी तरह हरा दिया। हुमायूँ ने नदी में कूदकर अपनी जान बचाई। 1540 ई. में हुमायूँ ने पूरी तैयारी करके एक बार फिर शेर खाँ पर आक्रमण किया, लेकिन वह बिलग्राम के युद्ध में वह बुरी तरह हार गया और किसी तरह प्राण बचाकर भागा। शेर खाँ अब सच्चे अर्थों में दिल्ली और आगरा का मालिक बन गया। इस तरह हुमायूँ अपना दुश्मन आप ही सिद्ध हुआ और बाबर ने जो विरासत उसे दी, उस विरासत को अपनी भूल से कुछ समय के लिए वह खो बैठा।

शेरशाह (1540 ई. से 1545 ई.)

शेरशाह का प्रारंभिक जीवन

पानीपत की पहली लड़ाई में अफगान हार तो गए थे, पर उनकी शक्ति समाप्त नहीं हुई थी। अभी भी वे यत्र-तत्र बिखरे पड़े थे। उन्हें एक नेता की आवश्यकता थी, जो उनकी बिखरी शक्ति को एकत्र करके फिर से दिल्ली की गद्दी पर अधिकार करे और तभी शेरशाह के रूप में उनको योग्य नेता मिला। शेरशाह ने अपनी दूरदर्शिता और वीरता के सहारे पुनः एकबार अफगानों का राज्य स्थापित किया।

शेरशाह का आरंभिक जीवन बड़ा साधारण था। इसके बचपन का नाम फरीद था। इसके पिता का नाम हसन खाँ और बाबा का नाम इब्राहिम खाँ था।

इसका जन्म 1486 ई. में हिसार फिरोजा (पंजाब) में हुआ था। प्रारंभ में इसके दादा घोड़े के व्यापारी थे। जिस समय दिल्ली की गद्दी पर बहलोल लोदी बैठा था, उसी समय वह नौकरी की खोज में पेशावर से भारत आया था। हसन खाँ ने जमाल खाँ के यहाँ नौकरी कर ली थी। इसी जमाल खाँ ने हसन के काम से खुश होकर उसे सासाराम की जागीर दे दी। फरीद का बचपन इसी सासाराम में व्यतीत हुआ। फरीद की अपनी सौतेली माँ से नहीं बनती थी। अतः विमाता के अत्याचार से तंग आकर वह जौनपुर चला गया। वहाँ उसने अथक परिश्रम से फारसी साहित्य का अच्छा ज्ञान प्राप्त कर लिया। तभी हसन उसे मनाकर सासाराम ले गया और सासाराम की जागीर का प्रबंध उसके हाथ में सौंप दिया। फरीद ने अपनी जागीर का सुंदर प्रबंध किया। शासन व्यवस्था में वह दृढ़ता लाया और संपूर्ण जागीर में सुख-शांति की स्थापना की। उसकी इस उन्नति से उसकी विमाता पुनः जलने लगी और तब फरीद को एकबार फिर घर छोड़ने को बाध्य होना पड़ा। वह आगरा जाकर रहने लगा। इसी समय हसन खाँ की मृत्यु हो गई और फरीद को सासाराम की जागीर मिल गई। अपनी जागीर को प्राप्त करके उसने 1522 ई. में बिहार के शासक बहार खाँ लोहानी के यहाँ नौकरी कर ली। यहीं उसने एक शेर के तलवार से दो टुकड़े कर दिए जिससे खुश होकर सुलतान ने उसे 'शेर खाँ' की उपाधि दी। बहार खाँ के यहाँ इसकी प्रसिद्धि बढ़ते देखकर अन्य अमीरों को जलन होने लगी और सबों ने मिलकर सुलतान के कान भर दिए। फलतः शेर खाँ की जागीर फिर छिन गई। अब वह बाबर की सेना में भरती हो गया। बाबर उसकी प्रतिभा से बहुत खुश हुआ और उसकी जागीर वापस दिला दी। इतना ही नहीं, उसे बिहार का उप-गवर्नर भी नियुक्त कर दिया।

बिहार पर अधिकार

बहार खाँ लोहानी की मृत्यु के बाद शेर खाँ जलाल खाँ का संरक्षक बना। इस काल में उसने राज्य की सारी शक्ति अपने अधिकार में कर ली। इसी समय उसकी बढ़ती हुई शक्ति से घबराकर बंगाल के शासक नसरत शाह ने 1529 ई. में शेर खाँ पर आक्रमण कर दिया, लेकिन इस युद्ध में शेर खाँ की विजय हुई। 1530 ई. में शेर खाँ ने चुनार की विधवा रानी से शादी कर ली जिससे चुनार का

किला इसे प्राप्त हो गया। इस दुर्ग को पाने से उसकी सैन्य शक्ति बहुत अधिक दृढ़ हो गई। सन् 1531 ई. में जब हुमायूँ ने चुनार पर घेरा डाला तो शेर खाँ ने उससे संधि कर ली। उसने बंगाल को तीन-तीन बार हराकर अपार संपत्ति भी प्राप्त कर ली। शेर खाँ की इस बढ़ती हुई शक्ति को देखकर जलाल खाँ ने बंगाल के सुलतान के साथ मिलकर इस पर चढ़ाई कर दी। 1533 में सूरजगढ़ नामक स्थान पर दोनों में युद्ध हुआ। इस युद्ध में भी शेर खाँ की विजय हुई। अब वह बिहार का एकमात्र शासक बन गया।

दिल्ली पर अधिकार

शेरशाह की दिन-प्रतिदिन बढ़ती हुई ताकत से हुमायूँ को बड़ी चिंता हुई। उसने दूसरी बार फिर उस पर आक्रमण कर दिया। उस समय शेरशाह बंगाल में था। आक्रमण की खबर पाकर वह बंगाल से बिहार लौट आया और चौसा नामक स्थान पर उसने मुगलों से युद्ध छेड़ दिया। इस युद्ध में उसकी शानदार विजय रही। हुमायूँ किसी तरह गंगा में कूदकर अपनी जान बचा सका। दूसरी बार 1540 ई. में पुनः हुमायूँ ने आक्रमण किया। लेकिन शेर खाँ का सितारा बुलंद था, उसने फिर हुमायूँ को हरा दिया। यह युद्ध कन्नौज के पास लड़ा गया था। इस युद्ध के बाद शेर खाँ ने दिल्ली और आगरा पर अधिकार कर लिया और अपना नाम 'शेरशाह' रखा।

अन्य विजय

दिल्ली पर अधिकार हो जाने के बाद शेरशाह ने राज्य विस्तार करना शुरू किया। सबसे पहले उसने खोखरों पर विजय पाई। कामरान से उसने पंजाब छीन लिया। इसी वर्ष मालवा, रणथंभौर और राजपूताने को भी जीत लिया। 1541 में सिंध, 1544 ई. में जोधपुर भी उसके अधिकार में आ गया। सबसे अंतिम आक्रमण उसने कालिंजर पर किया। अभी इस पर उसका अधिकार नहीं हुआ था कि वहीं बारूद में आग लग जाने से वह झुलसकर मर गया।

इस प्रकार 22 मई, 1545 ई. को इस महान् विजेता की मृत्यु हो गई। उस समय इसका राज्य पूर्व में सोनार गाँव से लेकर पश्चिम में गक्खा प्रदेश तक फैला हुआ था।

शेरशाह का शासन प्रबंध

शेरशाह एक महान् विजेता ही नहीं, एक कुशल शासक भी था। उसकी महानता में उसके शासन प्रबंध ने बहुत अधिक योग दिया है। यद्यपि वह स्वेच्छाचारी और निरंकुश शासक था, फिर भी उसके शासन का मूलभूत सिद्धांत प्रजा को सुख, शांति पहुँचाना था। अपने से पहले के शासकों की नीति का उसने त्याग कर दिया और उसकी जगह पर एक मजबूत और स्थायी शासन की नींव डाली। उसके सुंदर शासन प्रबंध के कारण ही 'कीन' ने लिखा है— (No Government, not even the British has shown so much wisdom as this Pathan.) (किसी भी सरकार ने यहाँ तक कि अंग्रेजी सरकार ने भी इतनी बुद्धिमानी नहीं दिखलाई जितनी कि इस पठान ने दिखलाई थी।)

शासन के विभाग

शेरशाह ने अपने संपूर्ण राज्य को छोटे-छोटे विभागों में बाँट दिया था। इनकी संख्या 50 के लगभग थी। प्रत्येक विभाग में कई सरकारें होती थीं। फिर सरकार परगनों में बँटी होती थी। प्रत्येक परगने में कई गाँव सम्मिलित होते थे। प्रत्येक विभाग में एक-एक अफगान सरदार नियुक्त रहता था, जो अपने विभाग का निरीक्षण किया करता था। परगने में एक शिकदार, एक अमीन, एक खजांची और एक हिंदी तथा फारसी का लेखक रहता था। शिकदार का काम शांति स्थापित करना होता था। परगने में ग्राम पंचायत की व्यवस्था थी। प्रत्येक गाँव में एक चौधरी, एक मुकद्दम तथा एक पटवारी होता था। सूबेदार अपने कार्यों के लिए सम्राट के प्रति उत्तरदायी होता था। राज्य की सार्वभौमिक शक्ति सम्राट में केंद्रित थी। यद्यपि शेरशाह ने मंत्रियों की बहाली की थी, लेकिन इन मंत्रियों का महत्त्व नहीं था। शेरशाह ने कर्मचारियों की बदली की भी व्यवस्था की थी, क्योंकि अधिक समय तक एक स्थान पर रहकर वे शक्तिशाली हो सकते थे।

भूमि प्रबंध

शेरशाह का सबसे महत्त्वपूर्ण सुधार भूमि प्रबंध है। उसकी नीति पर चलकर अकबर ने भी भूमि का प्रबंध कराया था। शेरशाह से पहले के शासक अपने को

भूमि का मालिक समझते थे और गरीब किसानों का शोषण करते थे। वे कई प्रकार के कर भी उनसे वसूलते थे। शेरशाह ने इस व्यवस्था में परिवर्तन ला दिया। सबसे पहले उसने राज्य की संपूर्ण भूमि की माप कराई और उपज का चौथा भाग राज्य-कर निश्चित किया। जनता यह कर चाहे अनाज के रूप में या रुपए में दे सकती थी। कर निर्धारित करने में वह नरमी से पेश आता था, लेकिन वसूल करने में सख्ती बरतता था। जागीरदारी की प्रथा भी उसने उठा दी। शेरशाह ने किसानों के अधिकार कबूलियत द्वारा सुरक्षित कर दिए। इसके द्वारा किसानों को यह अधिकार मिला कि लगान वे सीधे राजकोष में जमा कर सकते थे। इस प्रकार राजा और किसानों में सीधा संपर्क स्थापित हुआ। फसल खराब होने पर, अकाल पड़ने पर किसानों का कर माफ कर दिया जाता था और राज्य की ओर से उन्हें सहायता भी मिलती थी। अगर राज्य के सैनिक या कर्मचारी फसल को नुकसान पहुँचाते थे तो उन्हें कठोर सजा दी जाती थी। इस प्रकार शेरशाह के भूमि प्रबंध से कृषि के क्षेत्र में काफी प्रगति हुई।

न्याय प्रबंध

शेरशाह इंसाफपसंद बादशाह था। उसकी न्याय व्यवस्था में पूर्वकालीन सुलतानों की भाँति धार्मिक कट्टरता या धार्मिक पक्षपात नाम की कोई चीज न थी। दंड विधान के समक्ष सब बराबर थे, किसी प्रकार का विभेद न था। अपराध की पूरी छानबीन करके ही वह अपराधी को दंड देता था। फौजदारी मुकदमों का फैसला शिकदार-ए-शिकदारान तथा मालगुजारी के मुकदमों का फैसला मुंसिफ-ए-मुंसिफान करते थे। शेरशाह ने यह आज्ञा दे रखी थी कि सूबेदारों को अपने इलाके में हुई चोरी-डकैती आदि का पता लगाना होगा अन्यथा उन्हें ही दंड का भागी होना होगा। इलाके के मुखिया को पकड़कर तब तक हिरासत में रखा जाता था जबतक अपराधी का पता नहीं चल जाता था। इसका फल यह हुआ कि राज्य में चोरी, डकैती आदि बिल्कुल बंद हो गई। शेरशाह के शासनकाल में कोई भी सौदागर रेगिस्तान में यात्रा करते हुए सो सकता था। शेरशाह ने कई न्यायालयों की भी स्थापना की।

सैन्य प्रबंध

शेरशाह का जीवन खुद सैनिक जीवन था। सैन्य बल पर ही उसने साम्राज्य की स्थापना की थी। वह जानता था कि उसके नए राज्य की सुरक्षा उसकी सेना पर ही निर्भर है। अत: उसने सुंदर और शक्तिशाली सैन्य संगठन किया। सेना की वह स्वयं देखभाल कर बहाल करता था। अत: सेना से उसका प्रत्यक्ष संपर्क रहता था। पहले शासक को सेना के लिए सामंतों पर निर्भर रहना पड़ता था, लेकिन अब शेरशाह ने इस व्यवस्था को बिल्कुल खत्म कर दिया। सैनिकों को वह नगद वेतन देता था। साम्राज्य के कई स्थानों पर फौजी छावनियाँ बनाई गईं, जहाँ एक-एक फौजदार के मातहत सेना रहती थी। उसकी सेना में 1500000 घुड़सवार, 25000 पैदल, 5000 हाथी तथा एक बहुत बड़ा तोपखाना था। शेरशाह ने घोड़े को दागने की प्रथा चलाई। बहुत से पुराने किलों की मरम्मत करवाई। सैनिकों में अनुशासन की कमी वह बरदाश्त नहीं कर सकता था और अनुशासन तोड़नेवाले को कठोर दंड देता था।

पुलिस प्रबंध

शेरशाह ने आंतरिक शासन में शांति और सुव्यवस्था लाने के लिए पुलिस का उत्तम प्रबंध किया। एक इतिहासकार के शब्दों में—"शेरशाह के शासनकाल में एक वृद्धा भी टोकरी में सोने के आभूषण भरकर यात्रा कर सकती थी।" चोरी-डैकती आदि के लिए इलाके का मुखिया तथा पुलिस अधिकारी ही जवाबदेह थे और अपराधी का पता नहीं लगाने पर उन्हें ही दंड भोगना पड़ता था। पुलिस के अलावा शेरशाह ने बहुत से गुप्तचर बहाल किए थे, जो समय-समय पर राज्य की स्थिति से राजा को वाकिफ कराते रहते थे।

मुद्रा सुधार

शेरशाह का शासनकाल भारतीय मुद्राओं में ऊँचा स्थान रखता है। शेरशाह के पहले मुद्राओं की दशा शोचनीय थी। उसने सोना, चाँदी, ताँबा के अनुपात में एक नए प्रकार की मुद्रा प्रणाली शुरू की। उसकी मुद्रा ब्रिटिश मुद्रा प्रणाली का भी आधार बनी। मुद्रा पर उसने अपने चित्र अंकित करवाए। व्यापार की उन्नति के लिए उसने जगह-जगह लगने वाले करों को बंद कर दिया।

यातायात में सुधार

शेरशाह आवागमन के साधनों में सुधार लाया। यात्रियों और सैनिकों के एक स्थान से दूसरे स्थान तक जाने के लिए उसने कई सड़कें बनवाईं। ये सड़कें साम्राज्य की जान थीं। ऐसी चार प्रसिद्ध सड़कें हैं—पहली सड़क पूर्वी बंगाल के सोनार गाँव से आरंभ होकर, आगरा, दिल्ली और लाहौर होती हुई सिंध तक जाती है, इसे ग्रैंड ट्रंक रोड कहते हैं और यह 1500 मील लंबी है। दूसरी सड़क आगरा से बुरहानपुर, तीसरी आगरा से जोधपुर और चौथी सड़क लाहौर से मुलतान को जाती है। इन सड़कों के दोनों किनारों पर उसने छायादार वृक्ष लगवाए। जगह-जगह पर यात्रियों की सुविधाओं के लिए कुएँ और सराय बनवाए। शेरशाह ने डाक भेजने का प्रबंध किया। ये सराय ही डाक चौकियों का काम करती थीं। डाक पैदल और घोड़ों के द्वारा भेजी जाती थी।

अन्य कार्य

शेरशाह को भवन बनवाने का बड़ा शौक था। अत: उसने दिल्ली के समीप एक नगर बसाया। पंजाब में रोहताश नाम का एक दूसरा नगर बसाया। सासाराम में बनवाया उसका मकबरा स्थापत्य कला का सुंदर नमूना है। सराय के अतिरिक्त उसने कई दानशालाएँ, औषधिशालाएँ आदि का निर्माण किया। कई पाठशालाएँ भी खुलवाईं। गरीब और दरिद्रों के मुफ्त भोजन की व्यवस्था करवाई।

शेरशाह की धार्मिक नीति

शेरशाह की धार्मिक नीति उदार थी। यद्यपि वह कट्टर सुन्नी मुसलमान था, पर हिंदू धर्म को भी आदर के साथ देखता था। सरकारी नौकरी, सेना आदि सभी स्थानों पर वह हिंदुओं को प्रधानता देता था। कुछ इतिहासकारों ने उसे हिंदू धर्म के प्रति ईर्ष्यालु बताया है, लेकिन यह भ्रम है।

शेरशाह का इतिहास में स्थान

भारत के मुसलमान शासकों में शेरशाह का स्थान सबसे अधिक महत्त्वपूर्ण है। वह अपने गुणों और योग्यताओं के चलते एक मामूली जागीरदार से सम्राट

बन गया। वृद्धावस्था में गद्दी पर बैठकर उसने अद्भुत वीरता, दूरदर्शिता, साहस, धैर्य आदि गुणों का परिचय दिया। शासन प्रबंध की ऐसी सुंदर व्यवस्था अब तक किसी ने भी नहीं दिखलाई। एक इतिहासकार के शब्दों में—"अकबर से पूर्व किसी भी अन्य राजा में। शेरशाह जैसी विधायी भावना और प्रजा संरक्षकता नहीं थी। इतना महान् विजेता होकर भी वह दयालु था। न्यायप्रियता, अनुशासनप्रियता आदि उसके विशेष गुण थे। डाक व्यवस्था पहली बार उसने कायम की। भूमि की पैमाइश उसकी नई सूझ थी। उसने शासन व्यवस्था में आधुनिकता को जन्म दिया।

शेरशाह विद्वान् था और अरबी, फारसी का उसे अच्छा ज्ञान था। परिश्रमी वह हद दरजे का था। 16 घंटे वह राज-काज में व्यस्त रहता था। उदारता और दानशीलता उसमें कूट-कूटकर भरी थी। धार्मिक मामलों में वह उदारवादी था। वह स्वयं एक कुशल सैनिक भी था। विजेता के रूप में उसने कई प्रदेशों को जीतकर एक विशाल साम्राज्य की स्थापना की थी। शासक के रूप में अपने सुधारों के कारण वह आज भी प्रसिद्ध है। वास्तव में शेरशाह उन महानतम शासकों में से एक था जिन्हें दिल्ली के शासन का न तो इतना ज्यादा ज्ञान था और न इतनी योग्यता और कुशलता के साथ किसी ने सार्वजनिक कार्यों पर इतना नियंत्रण रखा जितना उसने। संक्षेप में, वह भारतीय राष्ट्र का निर्माता और आधुनिक शासन पद्धति का जन्मदाता था। स्मिथ के शब्दों में—"यदि वह कुछ समय तक और जीवित रहता, तो महान् मुगल सम्राट इतिहास के रंगमंच पर नहीं आते।"

अफगान साम्राज्य का पतन

शेरशाह जब तक जिंदा रहा, राज्य की व्यवस्था दृढ़ रही। लेकिन 1545 ई. में उसकी अचानक मृत्यु हो गई। उसके मरते ही चारों ओर अव्यवस्था फैलने लगी। उसके उत्तराधिकारी कमजोर और निकम्मे निकले, अत: चारों ओर गड़बड़ी फैल गई। शेरशाह के मरने के बाद उसका बेटा इसलाम शाद गद्दी पर बैठा, लेकिन 1559 ई. में उसकी भी मृत्यु हो गई। इसलाम शाह के मरने पर उसके पुत्र फिरोज खाँ को उसके मामा मुबारिक खाँ ने कत्ल कर दिया और

स्वयं गद्दी पर बैठा। लेकिन वह भी अपने मंत्री हेमू के प्रभाव में ही रहता था। हेमू इसका फायदा उठाकर खुद बादशाह बनने का ख्वाब देखने लगा। बंगाल और मालवा ये दोनों साम्राज्य से अलग हो गए। शेरशाह के भतीजे सिकंदर शाह ने दिल्ली और आगरा पर अधिकार कर लिया। इस प्रकार चारों ओर अशांति फैल गई और हुमायूँ ने अफगानों की इस बिगड़ी हुई हालत से फायदा उठाकर पुन: दिल्ली पर अधिकार कर लिया।

दिल्ली पर हुमायूँ का पुन: कब्जा

हुमायूँ शेरशाह से हारकर बहुत दिनों तक भटकता रहा। अफगानों ने भी उसका पीछा न छोड़ा। हुमायूँ के भाइयों ने भी उसे शरण न दी। अंत में वह अमरकोट पहुँचा, जहाँ के राजपूत सरदार ने उसे शरण दी। यहीं अकबर का जन्म हुआ था। अंत में हुमायूँ सहायता की खोज में फारस पहुँचा। फारस के शाह ने उसे सहायता देना स्वीकार कर लिया। हुमायूँ फारस के शाह से मदद पाकर पुन: भारत की ओर लौटा। उसने पहले काबुल और कांधार पर अधिकार किया। उस समय तक शेरशाह की मृत्यु हो चुकी थी और उसका सारा साम्राज्य छिन्न-भिन्न हो रहा था। इस अवसर का लाभ उठाकर हुमायूँ ने पुन: दिल्ली पर आक्रमण करके उस पर अधिकार कर लिया (1555)।

हुमायूँ का इतिहास में स्थान

हुमायूँ इतिहास का महत्त्वपूर्ण पात्र है। उसके नाम का अर्थ होता है—भाग्यवान, लेकिन उसके जैसा अभागा शायद ही कोई इतिहास में हुआ हो। फिर भी वह आदर्श मनुष्य था। वह अपने पिता का आज्ञाकारी पुत्र था, संबंधियों से प्रेम का व्यवहार करता था। भाइयों के प्रति उसने हमेशा से दया का व्यवहार किया। हुमायूँ स्वयं बहुत बड़ा विद्वान् था और विद्वानों का आदर करता था। इसलाम धर्म में उसका विश्वास था, पर अन्य धर्मों के साथ भी कठोरता नहीं दिखलाई। युद्ध में वह धैर्य को नहीं त्यागता था। गद्दी पर बैठने के समय उसके सामने कठिनाइयों का ताँता लगा था। पर उसने एक वीर की तरह सभी कठिनाइयों का सामना किया। उसमें सबसे बड़ा दुर्गुण था कि वह विलासी था और विलासिता में पड़कर ही उसने राज्य का उत्तम प्रबंध नहीं किया। 26

जनवरी, 1556 ई. को पुस्तकालय की सीढ़ी से लुढ़ककर वह मर गया। उसकी मृत्यु पर लेनपूल ने लिखा है—He to the in and scattered out of life. (वह जीवन भर लुढ़कता रहा और लुढ़ककर ही उसकी मृत्यु हुई)

प्रश्न—

1. हुमायूँ और शेरशाह के संबंध की विवेचना कीजिए। हुमायूँ असफल क्यों हुआ?
2. हुमायूँ के जीवन चरित्र का विवरण दीजिए और अफगानों के साथ उसकी लड़ाइयों का उल्लेख कीजिए।
3. हुमायूँ की जीवनी का वर्णन करें।
4. हुमायूँ की प्रारंभिक कठिनाइयों का वर्णन कीजिए। उसे अपना साम्राज्य क्यों खोना पड़ा?
5. हुमायूँ की अधिकांश कठिनाइयाँ उसकी गलतियों का परिणाम थीं, कैसे?
6. शेरशाह कौन था? उसके सुधारों के महत्त्व की विवेचना कीजिए, विशेषकर जहाँ उसका बिहार से संबंध है।
7. शेरशाह को आधुनिक शासक क्यों माना जाता है?
8. शेरशाह के सुधार का विवरण लिखिए।
9. शेरशाह की जीवनी तथा शासन का वर्णन कीजिए।
10. शेरशाह की भारत के महान् शासकों में गणना न होती है?
11. शेरशाह की जीवनी से आपको क्या शिक्षा मिलती है?
12. सूरवंश का संस्थापक कौन था? उसने किस प्रकार सूरवंश की स्थापना की?

नोट—बहादुरशाह, कर्णवती, कालिंजर, हुमायूँनामा, ग्रैंड ट्रंक रोड।

□

2

मुगल साम्राज्य का विस्तार : अकबर

अकबर का राज्याभिषेक

हुमायूँ शेरशाह से पराजित होकर बहुत दिनों तक सहायता की खोज में इधर-उधर भटकता रहा। जब तक शेरशाह जीवित रहा, हुमायूँ की एक न चली, लेकिन 1545 ई. में शेरशाह की मृत्यु हो गई। उसके उत्तराधिकारी अयोग्य निकले और तब उसके राज्य की अव्यस्था से फायदा उठाकर हुमायूँ ने पुनः दिल्ली की गद्दी पर अधिकार कर लिया। लेकिन तभी 1555 में वह पुस्तकालय की सीढ़ी से लुढ़ककर मर गया। उस समय अकबर केवल 13 वर्ष का था। वह अपने अभिभावक बैरम खाँ के साथ पंजाब का विद्रोह दबाने गया हुआ था। वहीं उसे हुमायूँ की मृत्यु का समाचार मिला। वहीं कालनौर के बाग में बैरम खाँ ने सभी अमीरों को एकत्र किया और 14 फरवरी, 1556 ई. के दिन अकबर का राज्याभिषेक संपन्न हुआ। बैरम खाँ उसका संरक्षक बना।

प्रारंभिक जीवन

जब हुमायूँ शेरशाह से हारकर मारा-मारा फिर रहा था, उसी काल में अमरकोट के किले को 23 नवंबर, 1542 ई. में अकबर का जन्म हुआ। उस समय हुमायूँ की आर्थिक दशा दयनीय थी। उसने अपने साथियों में कस्तूरी बाँटते हुए कहा था—"इस समय अपने पुत्र के जन्म उपलक्ष्य में यही भेंट आपको दे सकता हूँ। मेरा विश्वास है कि मेरे पुत्र का यश संसार में उसी प्रकार फैल जाएगा जिस प्रकार कस्तूरी की गंध इस कमरे में भर गई है।" उसकी यह भविष्यवाणी चरितार्थ हुई। उसने अपने पुत्र का नाम जलालुद्दीन अकबर रखा। अकबर का

मन पढ़ने-लिखने से अधिक खेल-कूद और शिकार में ही लगता था। अत: वह वर्णमाला तक का भी ज्ञान प्राप्त न कर सका। लेकिन तलवार चलाने, घुड़सवारी करने आदि कला में पारंगत हो गया। हुमायूँ ने 9 वर्ष की उम्र में ही उसे युवराज घोषित कर दिया और बैरम खाँ को उसका संरक्षक बनाया। गद्दी पर बैठने के बाद अकबर ने अपनी शक्ति धीरे-धीरे बढ़ानी प्रारंभ कर दी।

सन् 1556 ई. में भारत की राजनीतिक दशा

1. राजनीतिक एकता का अभाव था।
2. शेरशाह के अयोग्य उत्तराधिकारियों के चलते अराजकता फैल रही थी।
3. शासन में दृढ़ता का अभाव था।
4. बहुत से प्रांत स्वतंत्र हो गए थे।
5. हेमू की सेना लड़ने को तैयार थी।
6. राजपूत भी सिर उठा रहे थे।
7. दक्षिण भारत की स्थिति भी दयनीय थी।
8. पुर्तगाली पश्चिमी तट पर अपनी शक्ति बढ़ा रहे थे।
9. सैनिकों में संगठन नहीं था।
10. आर्थिक स्थिति की खराबी से भी अव्यवस्था फैली हुई थी।

जिस समय अकबर गद्दी पर बैठा, उस समय उसके सामने कठिनाइयों का पहाड़ खड़ा था। भारत की राजनीतिक दशा अत्यंत शोचनीय थी। शेरशाह ने यद्यपि राजनीतिक एकता का प्रयास किया था, पर उसके मरने से राजनीतिक एकता समाप्त हो चुकी थी। उसके अयोग्य उत्तराधिकारियों के चलते संपूर्ण राज्य में अराजकता फैली हुई थी।

हुमायूँ ने गद्दी तो प्राप्त की थी, पर वह उसमें दृढ़ता नहीं ला सका था। सिंध, मुलतान, कश्मीर, मालवा, गुजरात आदि प्रांत अपनी स्वतंत्र सत्ता स्थापित कर रहे थे। काबुल पर अकबर के सौतेले भाई मुहम्मद हकीम का अधिकार था। पंजाब में सिकंदर सूरी अपनी खोई प्रतिष्ठा पाने का प्रयास कर रहा था। हेमू की

अधीनता में अफगान पुनः दिल्ली की गद्दी पाने की चेष्टा कर रहे थे। खानवा के युद्ध के बाद से राजपूत भी दिल्ली की गद्दी पर आँख गड़ाए बैठे थे। बंगाल और बिहार में अफगान अपनी शक्ति बटोर रहे थे। दक्षिण भारत में खानदेश, बरार, अहमदनगर, गोलकुंडा आदि जगहों की स्थिति भी डाँवाँडोल थी। पश्चिमी तट पर पुर्तगाली अपनी शक्ति संगठित कर रहे थे। हुमायूँ सैन्य संगठन भी नहीं कर पाया था। अतः सैनिकों पर भरोसा नहीं रहा था। देश की आर्थिक स्थिति भी शोचनीय थी। चारों ओर अकाल, खून-खराबा, मारपीट, लूट-खसोट का ही दृश्य दिखाई पड़ता था। इस प्रकार संपूर्ण भारत अस्त-व्यस्त और छिन्न-भिन्न हो रहा था।

गद्दी पर बैठने के समय अकबर के पास कोई निश्चित राज्य नहीं था। केवल पंजाब के कुछ जिलों पर ही उसका शासन था। अतः डॉ. स्मिथ ने ठीक ही लिखा है—"सही अर्थों में बादशाह होने से पूर्व अकबर को यह सिद्ध करना था कि वह दिल्ली की गद्दी के लिए संघर्ष करनेवाले अपने प्रतिद्वंद्वियों से अधिक योग्य है। देश की जो परिस्थिति थी, उस हालत में दावे का अंतिम निर्णय तलवार द्वारा ही हो सकता था।"

पानीपत की दूसरी लड़ाई (5 नवंबर, 1556 ई.)

गद्दी पर बैठते ही अकबर को हेमू से उलझना पड़ा। हेमू आरंभ में एक मामूली बनिया था। बाद में वह आदिलशाह की सेना में भरती हो गया और अपनी योग्यता से वह उसका मंत्री बन गया। आदिलशाह की कमजोरी से फायदा उठाकर उसने दिल्ली और आगरा पर अधिकार कर लिया और विक्रमादित्य की उपाधि धारण की। उसकी बढ़ती हुई शक्ति देखकर मुगल डर गए, लेकिन बैरम खाँ ने अकबर को लड़ने की सलाह दी। अंत में 5 नवंबर, 1556 ई. को पानीपत के मैदान में दूसरी बार भीषण युद्ध हुआ। प्रारंभ में हेमू की वीरता के सामने मुगलों के पैर उखड़ने लगे। हेमू ने एक ही हमले में अकबर की संपूर्ण सेना को तितर-बितर कर दिया। लेकिन तभी अचानक एक तीर उसकी आँख में जा लगा। वह बेहोश होकर हाथी से नीचे गिर गया और बंदी बना लिया गया। इस प्रकार पानीपत के मैदान में दूसरी बार भारत के भाग्य का फैसला हुआ। बैरम खाँ की

आज्ञा से हेमू का सिर काट लिया गया और हेमू के साथ ही हिंदू साम्राज्य की स्थापना का स्वप्न टूट गया।

पानीपत का दूसरा युद्ध महत्त्व की दृष्टि से पहले युद्ध से बढ़कर हुआ। इस युद्ध ने भारत के भाग्य का फैसला दूसरी बार तो किया ही, अकबर को दिल्ली और आगरा का एकछत्र स्वामी बना दिया। हेमू की हार से हिंदू साम्राज्य की पुनर्स्थापना की आशा जाती रही। पानीपत की पहली लड़ाई में अफगानों की कमर टूटी थी। इस युद्ध में उनका अंत ही हो गया। वे फिर कभी सिर नहीं उठा पाए। मुगलों को इस युद्ध में काफी युद्ध सामग्री प्राप्त हुई। अब मुगल साम्राज्य की जड़ मजबूत हो गई। जिस साम्राज्य के निर्माण के लिए बाबर ने झाड़-झंखाड़ साफ किया, हुमायूँ ने जिसकी नींव रखी, अकबर ने अब उस नींव पर मुगल साम्राज्य का भवन तैयार करना प्रारंभ कर दिया।

युद्ध का परिणाम

1. भारत के भाग्य का दूसरी बार फैसला।
2. अकबर का दिल्ली और आगरा पर कब्जा।
3. हिंदू साम्राज्य की स्थापना की आशा का अंत।
4. अफगानों की शक्ति का अंत।
5. मुगलों को युद्ध सामग्री की प्राप्ति।
6. मुगल राज्य की जड़ का मजबूत होना।

बैरम खाँ का पतन

अकबर जब गद्दी पर बैठा तो वह नाबालिग था। अतः शासन का काम बैरम खाँ की संरक्षकता में ही करता था। प्रारंभ में बैरम खाँ की धाक अकबर पर थी, पर धीरे-धीरे उसका पतन होता गया। वह अव्वल दरजे का घमंडी और उद्दंड था। फलतः दरबार के बहुत से अमीर-उमराव उससे असंतुष्ट हो गए और उसके विरुद्ध अकबर के कान भरने लगे। राज्यपरिवार के सदस्यों ने भी बैरम के विरुद्ध अकबर को उभार दिया। बैरम दिन-प्रतिदिन अपनी शक्ति का दुरुपयोग भी कर रहा था। अतः अंत में ऊबकर अकबर ने शासन की बागडोर उससे छीनकर अपने हाथ में ले ली। अकबर ने बैरम को कहला भेजा—"अब

तक आपकी वफादारी पर मुझे भरोसा था। लेकिन अब मैंने निश्चय किया है कि राज्य की समस्त बागडोर मैं अपने हाथ में ले लूँ। अत: आप मक्का चले जाएँ जिसका बहुत दिनों से आपका इरादा भी था।'' बैरम खाँ अकबर की बात मानकर मक्का जाने को तैयार हो गया। उसी समय उसके कुछ विरोधियों ने उसके पीछे सेना भेज दी। बैरम ने उसे अपना अपमान समझा और विद्रोह कर दिया। लेकिन उसका विद्रोह दबा दिया गया। अकबर ने उसे क्षमा कर दिया और मक्का जाने की आज्ञा दे दी। वह मक्का जा ही रहा था कि रास्ते में एक अफगान ने उसकी हत्या कर दी। अकबर ने उसके पुत्र अब्दुर्रहीम को अपने पास रख लिया। इस प्रकार बैरम खाँ का अंत हो गया और अकबर अब सही रूप में शासक बना।

अकबर का राज्य विस्तार

अकबर प्रारंभ से ही महत्त्वाकांक्षी और साम्राज्यवादी था। वह भारत को एक राष्ट्रीय सूत्र में संगठित करना चाहता था। उसकी विजय-नीति का मुख्य उद्‌देश्य था, स्थानीय शासकों के निरंकुश शासन से प्रजा को छुटकारा दिलाना। लेकिन साथ-साथ साम्राज्यवाद की भावना भी उसमें विद्यमान थी। वह कहता था—''एक शासक को सदा विजय अभियान करना चाहिए, अन्यथा उसके पड़ोसी विद्रोह करेंगे और सैनिक आलसी हो जाएँगे।'' इसी उद्‌देश्य से उसने विजय अभियान प्रारंभ किया। भारत के बहुत से प्रदेशों पर तो बैरम खाँ ने ही कब्जा कर लिया था, अकबर ने बचे हुए राज्यों को जीतना शुरू किया।

मालवा विजय (1562)

अकबर का पहला आक्रमण मालवा पर हुआ। वहाँ का शासक बाजबहादुर विलासी था। अत: उसका शासन शिथिल हो गया था। अकबर ने 1562 में आदम खाँ के सेनापतित्व में एक विशाल सेना भेजकर मालवा पर अधिकार कर लिया।

गोंडवाना विजय (1564)

गोंडवाना पर रानी दुर्गावती का शासन था। जनता अपनी रानी पर जान देती थी। 1564 ई. में अकबर ने आसफ खाँ के नेतृत्व में एक सेना भेजी। रानी ने

वीरता का परिचय दिया, लेकिन अंत में हारकर उसने आत्महत्या कर ली। इस प्रकार गोंडवाना पर भी अकबर का अधिकार हो गया।

गुजरात विजय (1573)

गुजरात पर कुछ दिनों तक हुमायूँ का भी शासन रहा था। अतः इस दृष्टि से यह मुगलों का खोया हुआ प्रदेश था। उस समय व्यापारिक और राजनीतिक दोनों दृष्टियों से गुजरात महत्त्वपूर्ण था। अकबर ने 1573 में गुजरात पर आक्रमण करके उस पर अधिकार कर लिया, लेकिन पुनः वहाँ विद्रोह हो गया और अकबर को दूसरी बार आक्रमण करना पड़ा। इस प्रकार गुजरात भी मुगल साम्राज्य में मिला लिया गया। इससे अकबर को बहुत फायदा हुआ।

राजपुताना विजय

अकबर ने सबसे पहले 1567 में चित्तौड़ पर हमला किया। राणा सांगा की मृत्यु के बाद से राजपूतों की शक्ति में दिन-प्रतिदिन ह्रास होता जा रहा था। मुगलों के आगमन की खबर पाकर उदयसिंह जंगल में भाग गया। राजपूतों ने यद्यपि बहादुरी से मुगलों का सामना किया, पर अंत में चित्तौड़ अकबर के अधिकार में आ गया। चित्तौड़ की यह दशा देखकर रणथंभौर, कालिंजर, बीकानेर आदि राज्यों ने अकबर से संधि कर ली। परंतु मेवाड़ को अकबर न झुका सका। वहाँ महाराणा प्रताप का शासन था। प्रताप को अधीन में लाने के लिए अकबर ने कई प्रयास किए पर उसे सफलता नहीं मिली। अंत में 1597 ई. में दोनों के बीच हल्दीघाटी के मैदान में युद्ध हुआ। इस युद्ध में राजपूतों की पराजय हुई और महाराणा जंगलों में छिप गए, लेकिन उन्होंने अकबर की अधीनता स्वीकार नहीं की।

बंगाल विजय (1576)

बंगाल और बिहार में अफगानों का प्रभाव था। शुरू में बंगाल के शासक सुलेमान ने अकबर की अधीनता मान ली थी, पर उसके मरने के बाद उसके बेटे दाऊद ने अपने को स्वतंत्र घोषित कर दिया। इससे रुष्ट होकर अकबर ने 1576 में बंगाल को मुगल साम्राज्य में मिला लिया। इसके पश्चात् बिहार पर भी उसका अधिकार हो गया। 1592 में उड़ीसा भी जीत लिया गया।

उत्तर-पश्चिमी सीमा

उत्तर-पश्चिमी सीमा का सबसे अधिक महत्त्व था, क्योंकि भारत पर अगर कोई विदेशी आक्रमण करता तो इसी रास्ते से। इसमें काबुल सबसे महत्त्वपूर्ण इलाका था, क्योंकि सैनिकों की भरती यहाँ से अच्छी प्रकार हो सकती थी। यहाँ अकबर का भाई मिर्जा हकीम शासन करता था। जब उसकी मृत्यु 1585 ई. में हुई तब अकबर ने काबुल भी अपने राज्य में मिला लिया। काबुल के बाद कश्मीर की बारी आई और 1586 में इस पर अधिकार कर लिया गया। 1591 ई. में सिंध और 1595 ई. में कांधार भी मुगल राज्य में आ गए। मुलतान, बलुचिस्तान पर भी अकबर का अधिकार हो गया। इस प्रकार अकबर ने उत्तरी-पश्चिमी सीमा को सुरक्षित और दृढ़ किया। ''उसने वैज्ञानिक सीमा प्राप्त की जिसको प्राप्त करने के उद्देश्य में अंग्रेजों को भी सफलता नहीं मिली।''

अकबर की दक्षिण-विजय

अपनी विजय की लालसा पूरी करने के उद्देश्य से अकबर ने संपूर्ण उत्तरी भारत को जीत लिया। उत्तर में अफगानिस्तान से लेकर नर्मदा तक उसका अधिकार हो गया, फिर भी उसकी लालसा न मिटी और तब उसने दक्षिण की ओर अभियान किया। इस समय दक्षिण भारत की दशा अच्छी न थी। छोटे-छोटे राज्य आपस में लड़कर अपनी शक्ति नष्ट कर रहे थे। पुर्तगीज लोग भी अपने पैर जमा रहे थे। अत: सबसे पहले अकबर ने अहमदनगर पर आक्रमण किया। चाँद बीबी ने अकबर का सामना बहादुरी से किया, पर पीछे उसने अकबर से संधि कर ली। जब चाँद बीबी की मृत्यु हुई तो अकबर ने दोबारा अहमदनगर पर आक्रमण करके उस पर अधिकार कर लिया। 1500 ई. में खानदेश भी हार गया। इस प्रकार अकबर का साम्राज्य पूर्व में बंगाल और उड़ीसा से लेकर पश्चिम में सिंध और काबुल तक तथा उत्तर में हिंदूकुश से लेकर दक्षिण में नर्मदा तक फैल गया।

अकबर के अंतिम दिन

अकबर इतने बड़े साम्राज्य का निर्माता था, लेकिन उसके अंतिम दिन सुख से न बीते। उसके पुत्र सलीम ने उसके जीते-जी विद्रोह कर दिया, इससे अकबर को महान् क्लेश हुआ। तभी सलीम ने उसके मित्र अबुलफजल की हत्या करवा

दी। यह अकबर पर दूसरी चोट पड़ी। उसके दो पुत्र मुराद और दानियाल भी मर गए। अंत में वह रोग से पीडित हो गया और 17 अक्तूबर, 1605 को उसका देहांत हो गया।

अकबर का शासन प्रबंध

अकबर एक विजेता ही नहीं, सफल शासक के रूप में भी इतिहास में प्रसिद्ध है। अपने पिता से जिस विरासत को उसने पाया था, वह एक मामूली विरासत थी, जिसके शत्रु चारों ओर फैले थे। लेकिन अपनी कुशल प्रतिभा की बदौलत उसने एक विशाल साम्राज्य का निर्माण किया, जो उसकी मृत्यु के बाद भी कई सौ वर्षों तक कायम रहा। साम्राज्य के इस स्थायित्व का सबसे बड़ा कारण उसका शासन प्रबंध था। अकबर के शासन का मुख्य आधार प्रजाहित था। शासन में उसने धर्म को नहीं शामिल किया। विजित प्रांतों में न्याय, सहिष्णुता, योग्यता एवं प्रतिभा के आधार पर सुव्यवस्थित शासन की स्थापना की और राष्ट्रीय राजतंत्र का सूत्रपात किया। उसने अपनी शासन व्यवस्था में शेरशाह से भी बहुत कुछ सीखा। सबसे अधिक महत्त्व उसने हिंदुओं को दिया। उसने यह भली प्रकार समझ लिया था कि भारत में बगैर राजपूतों की सहायता के शासन नहीं चल सकता। अतः उनके प्रति वह अधिक उदार रहा।

शासन प्रबंध

1. केंद्रीय शासन
2. प्रांतीय शासन
3. न्याय व्यवस्था
4. भूमि प्रबंध
5. सैनिक प्रबंध
6. यातायात में सुधार
7. सामाजिक सुधार
8. धार्मिक सुधार
9. साहित्य, शिक्षा और कला का विकास
10. राजपूत नीति

केंद्रीय शासन प्रबंध

अकबर स्वेच्छाचारी शासक था, लेकिन उसकी स्वेच्छाचारिता उदार थी। उसने निरंकुश और एकात्मक शासन स्थापित किया। हिंदू और मुसलमान दोनों को संतुष्ट कर उसने एक नए राजनीतिक युग का सूत्रपात किया। शासन में सम्राट ही सर्वेसर्वा था। उसके अधिकार अनियंत्रित और असीमित थे। सम्राट की सहायता के लिए मंत्रिमंडल होता था, जिसका प्रधान वजीर कहलाता था। लेकिन मंत्रियों की बात मानना या न मानना सम्राट की इच्छा पर निर्भर था। केंद्रीय शासन में निम्नलिखित मंत्री होते थे, जो अपने-अपने विभागों का कार्य देखते थे—

1. **वजीर**—सम्राट के बाद वजीर रहता था। यह अन्य मंत्रियों पर नियंत्रण रखता था तथा राजकोष का भी अध्यक्ष होता था। राज्य की आय-व्यय का हिसाब रखना, लगान संबंधी नियम बनाना आदि काम वह करता था।
2. **मीर बख्सी**—यह सेवा विभाग का संचालक होता था। कभी-कभी इसे सेना की कमान भी सँभालनी पड़ती थी। यह सैनिकों की भरती करता था और भिन्न-भिन्न अफसरों के स्थान नियत करता था।
3. **खान-ए-सामान**—यह शाही परिवार विभाग का संचालक होता था। यह सम्राट के खाने-पीने की व्यवस्था करता था। यह पद महत्त्वपूर्ण था।
4. **काजी-उल-कजात**—यह न्याय विभाग का प्रधान था और प्रांतीय काजियों को नियुक्त करता था।
5. **सद्र-उस-सदूर**—यह शाही खैरात बाँटने का कार्य करता था और धार्मिक मामलों में सम्राट को सलाह देता था।
6. **मुहत्सिव**—इसके अधीन जनता के आचरण निरीक्षण का कार्य था। शहर के अंदर जनता के नैतिक चरित्र को उठाता था।
7. **दारोगा-ए-डाक चौकी**—यह गुप्तचर विभाग का प्रधान था और अपराधियों का पता लगाता था।
8. **मीर आतिश**—यह तोपखाने का प्रबंधक था।

इस प्रकार अकबर का केंद्रीय शासन दृढ़ था। प्रात:काल उठकर सम्राट झरोखे से प्रजा को दर्शन देता था और जनता की फरियाद सुनता था। इस तरह उसका अधिकांश समय प्रजा-हितचिंतन में बीतता था।

प्रांतीय शासन

अकबर ने समूचे साम्राज्य को 15 प्रांतों में बाँट दिया था। ये प्रांत निम्नलिखित थे—(1) दिल्ली, (2) आगरा, (3) काबुल, (4) मुलतान, (5) लाहौर, (6) अजमेर, (7) बंगाल, (8) इलाहाबाद, (9) बिहार, (10) अहमदाबाद, (11) मालवा, (12) अहमदनगर, (13) खानदेश, (14) बरार, (15) (गुजरात)। हर सूबे में एक-एक सूबेदार होता था। इस पद पर खासकर राज्य परिवार के ही व्यक्ति रखे जाते थे। सूबेदार अपने कार्यों के लिए सम्राट के प्रति उत्तरदायी था। सूबेदार के अधीन भी दीवान, आमिल, कोतवाल, फौजदार आदि कई पदाधिकारी होते थे। बड़े-बड़े शहरों का प्रबंध कोतवाल के अधीन था, जो शहरों में शांति बनाए रखता था। प्रत्येक गाँव में एक पटवारी होता था जिसकी सहायता के लिए एक मुखिया रहता था।

न्याय-व्यवस्था

न्याय का स्रोत सम्राट होता था। वह मुकदमों की अपील सुनता था तथा फैसला देता था। सम्राट के बाद काजी न्याय विभाग का प्रधान होता था। इसकी सहायता के लिए सहायक काजी और मीर अदल होते थे। यह माल तथा फौजदारी दोनों प्रकार के मुकदमों का फैसला करता था। मुकदमों का फैसला कुरान के आधार पर होता था। लेकिन हिंदुओं के उनके रीति-रिवाज का खयाल रखा जाता था। सजा के नियम कठोर थे और अंग-भंग कर दिया जाता था, मृत्युदंड की सजा सम्राट की आज्ञा से ही दी जा सकती थी। राज्य में कोई लिखित कानून नहीं था। न्याय के मामले में किसी के साथ रियायत नहीं होती थी। राज्य कर्मचारियों की बहाली सम्राट स्वयं करते थे। नौकरियों में योग्यता को देखा जाता था, धर्म या जाति को नहीं। मैलिसन के शब्दों में—In his eyes merit was merit, whether evidenced by a Hindu Prince or by an uzbek Musalman.

भूमि प्रबंध

भूमि प्रबंध के लिए अकबर शेरशाह का बहुत अधिक ऋणी है। अकबर ने लगान निश्चित करने के लिए सारी जमीन की पैमाइश कराई। इस काम में उसने टोडरमल की सहायता ली। टोडरमल शेरशाह का भी मंत्री रह चुका था। उपज के अनुसार संपूर्ण भूमि को तीन श्रेणियों में बाँट दिया गया और दस वर्ष की उपज का औसत निकालकर वार्षिक लगान निश्चित किया। जनता को यह सुविधा दी गई कि लगान वह उपज या नगद रुपए में दे सकती थी। ये कर सीधे राज्यकोष में दिए जाते थे। इससे राजा और किसान का प्रत्यक्ष संबंध रहता था। अकाल पड़ने या फसल बरबाद होने आदि के अवसर पर रैयतों को सरकार की ओर से सहायता भी मिलती थी।

सैनिक प्रबंध

अकबर ने जिस विशाल साम्राज्य का निर्माण किया वह बिना सेना की शक्ति पर निर्भर नहीं रह सकता था। इसी उद्देश्य से उसने एक विशाल सेना का निर्माण किया। संपूर्ण सेना विभागों में बँटी हुई थी—(1) घुड़सवार, (2) तोपखाना, (3) पैदल, (4) नौसेना, (5) और हाथी। अकबर ने मनसबदारी की प्रथा चलाई और तोपखानों का भी प्रयोग किया। फिर से घोड़ों को दागने और घुड़सवारों की हुलिया लेने का प्रबंध किया। प्रत्येक मनसबदार के अधीन 10 से 1000 तक घुड़सवार होते थे। गुप्तचर विभाग सेना की काररवाइयों पर निगरानी रखता था। इस तरह अकबर ने सैनिकों में कई सुधार किए। उसका सिद्धांत ही था कि युद्ध नहीं करने से सेना आलसी हो जाती है।

यातायात में सुधार

अकबर ने सेना और यात्रियों के आवागमन की सुविधा को ध्यान में रखकर कई बड़ी-बड़ी सड़कों का निर्माण किया। समूचे साम्राज्य में सड़कों का जाल बिछ गया। इन सड़कों के किनारे वृक्ष लगवाए गए, निश्चित दूरी पर सराय बनवाई गईं जिनमें यात्री ठहरा करते थे। अकबर ने डाक की भी व्यवस्था की। डाक घोड़े पर ले जाई जाती थी।

सामाजिक सुधार

अकबर ने समाज में भी सुधार लाने का प्रयास किया। उसने कानून बनाकर सती प्रथा, बाल विवाह आदि को रुकवा दिया। हिंदू और मुसलमानों को मिलाने में भी उसने कोई कसर उठा नहीं रखी थी। खुद उसने हिंदुओं से शादी–ब्याह का नाता जोड़ा। गुलामी की प्रथा दूर कर दी। इस प्रकार अकबर के सामाजिक सुधार प्रशंसनीय हैं।

धार्मिक सुधार (नीति)

अकबर की धार्मिक नीति उदार थी। बचपन से ही वह ऐसे वातावरण में पला जिससे धार्मिक संकीर्णता उसमें घर न कर सकी। यह सत्य है कि अकबर पर उसके वंश और संस्कार का प्रभाव पड़ा। बाबर और हुमायूँ विजेता ही नहीं थे, धर्म के भी पक्के अनुयायी थे। धर्म के बाहरी आडंबरों में उनका विश्वास न था। अत: अकबर पर भी इस उदारता का प्रभाव पड़ा। अकबर की माता हमीदाबानू बेगम धार्मिक खयाल की औरत थी और उसने बचपन से ही अकबर के दिल में उदारता के बीज बो दिए थे। अकबर की शिक्षा–दीक्षा भी ऐसे वातावरण में हुई कि उसकी धार्मिक सहिष्णुता और अधिक विकसित हुई। उसका शिक्षक अबुलफजल विद्वान् था और उसके जीवन का ध्येय था सबके साथ शांति। इस शिक्षक के विचारों का भी अकबर पर प्रभाव पड़ा। अकबर राजपूतों के संपर्क में जब आया तो उसकी भावना को और भी बल मिला। उसकी राजपूतनी पत्नियों ने भी उसे सहिष्णु बना दिया। काबुल में सूफी संतों के प्रभाव में आने से वह उनके धार्मिक विचारों से प्रभावित हुए बिना न रहा।

अकबर की धार्मिक सहिष्णुता का कारण

1. उस पर उसके वंशजों का प्रभाव
2. हमीदाबानू बेगम का प्रभाव
3. अबुलफजल का प्रभाव
4. राजपूतों का प्रभाव
5. सूफी संतों का प्रभाव
6. हिंदू जनता का प्रभाव

7. अकबर की राजपूत पत्नियों का प्रभाव
8. बौद्ध, जैन आदि धर्मों का प्रभाव
9. अकबर का स्वयं उदार हृदय होना
10. भारत में शासन करने के लिए धार्मिक संकीर्णता से ऊपर उठना आवश्यक था।

संयोग से अकबर उस साम्राज्य का शासक था, जो साम्राज्य हिंदुओं से भरा था और हिंदू जनता धर्मप्रिय थी। अकबर ने अपनी दूरदर्शिता से यह समझ लिया था कि भारत में राज्य की स्थापना बिना हिंदुओं की मदद के नहीं हो सकती, अतः उसे हिंदुओं की धार्मिक भावनाओं का आदर करना पड़ा। इतना ही नहीं, इस समय बौद्ध, जैन आदि धर्मों का प्रचार धड़ल्ले से हो रहा था। इस प्रकार अकबर ने देखा कि इन विभिन्न धर्मों के माननेवालों पर शासन करने के लिए धार्मिक संकीर्णता से ऊपर उठना पड़ेगा। वह स्वयं उदार हृदय था। डॉ. स्मिथ ने सही लिखा है—"अकबर अपनी जवानी के प्रथम प्रहर से ही ईश्वर तथा मनुष्य के संबंध के रहस्य को समझने में बड़ी रुचि लेता था।" इस प्रकार इन सभी कारणों से अकबर ने धार्मिक सहिष्णुता की नीति अपनाई।

उसने सन् 1575 ई. में फतेहपुर सीकरी में एक इबादतखाना की स्थापना की, जहाँ वह भिन्न-भिन्न धर्मावलंबियों से वार्त्तालाप करके अपनी धार्मिक जिज्ञासा शांत करता था। जैन, पारसी, ईसाई सभी धर्मों की बातों को वह बड़े ध्यान से सुनता था और सब धर्मों से अच्छी बातों को चुनता था। इस तरह सभी धर्मों से अच्छी बातें लेकर उसने एक नया धर्म चलाया जिसे 'दीन-ए-इलाही' कहते हैं। इतना ही नहीं, उसने हिंदुओं से शादी-ब्याह का नाता जोड़कर अपनी धार्मिक उदारता का परिचय दिया। उसने हिंदू और मुसलमान में कोई भेद नहीं रखा। हिंदुओं का विश्वास प्राप्त करने के लिए उसने आज्ञा निकालकर गौमांस खाने की मनाही कर दी। अपने निजीगृह में उसने ब्राह्मण देव रखे तथा जैन आचार्यों को अपने दरबार में आदर दिया। वह ग्रंथ साहब की भी उतनी ही इज्जत करता था जितनी कुरान शरीफ की।

इस प्रकार अकबर की धार्मिक नीति प्रशंसनीय थी। उसका दोष इतना ही

था कि मुसलमान के घर में पैदा हुआ था, अन्यथा हिंदू उसकी पूजा करते। वह पहला सम्राट हुआ जिसने निश्चय किया कि मेरा साम्राज्य न मुसलमानों का होगा, न द्रविड़ों का और न हिंदुओं का। मेरा साम्राज्य भारतीय साम्राज्य होगा।

दीन-ए-इलाही

धार्मिक संकीर्णता से ऊपर उठकर में अकबर ने 'दीन-ए-इलाही' की स्थापना करके एक नया क्रांतिकारी कदम उठाया। उससे पहले कबीर, चैतन्य आदि महात्माओं ने जाति-पाँति के भेदभाव पर चोट की थी, लेकिन राज्य की ओर से पहली बार प्रयास हुआ। अकबर ने सभी धर्मों की अच्छी बातें लेकर इस धर्म को चलाया। प्रत्येक व्यक्ति चाहे वह किसी भी धर्म का हो, जाति का हो, इसका अनुयायी हो सकता था। इस धर्म में सूर्य और अग्नि की उपासना अनिवार्य थी तथा सम्राट के लिए जीवन और धन त्यागने की शर्त थी। दीन-ए-इलाही का सिद्धांत ही था—ईश्वर एक है और सम्राट उसका प्रतिनिधि है। इस प्रकार इस धर्म ने राष्ट्रीय एकता, हिंदू-मुसलिम एकता आदि का सूत्रपात् किया, लेकिन यह धर्म प्रचलित नहीं हुआ। अकबर के जीवनकाल में ही इस धर्म का पतन हो गया। केवल 18 आदमी इसके माननेवाले थे। यही कारण है कि डॉ. स्मिथ ने लिखा—"दीन-ए-इलाही अकबर की मूर्खता का स्मारक है। लेकिन इतना तो मानना पड़ेगा कि अकबर का यह प्रयास स्तुत्य था और इससे एकता की भावना का प्रचार हुआ।

साहित्य शिक्षा और कला को प्रोत्साहन

यद्यपि अकबर पढ़ा-लिखा नहीं था, फिर भी विद्या से उसे प्रेम था। उसका दरबार कवियों, लेखकों से भरा रहता था। दर्शन, धर्मशास्त्र, राजनीति, इतिहास आदि विषयों में अकबर ने दिलचस्पी दिखाई। उसके पास एक विशाल पुस्तकालय था, जिसमें 14 हजार विभिन्न धर्मों और विषयों से संबंधित पुस्तकें थीं। अकबर ने अथर्ववेद, रामायण, महाभारत, पंचतंत्र आदि ग्रंथों का फारसी में अनुवाद भी कराया था। अबुलफजल, रहीम आदि प्रसिद्ध कवि अकबर के दरबार में रहते थे। उसके शासनकाल में कई ग्रंथों का निर्माण हुआ। 'आइने अकबरी' और 'अकबरनामा' ऐसे प्रसिद्ध ग्रंथ हैं।

साहित्य के साथ–साथ अकबर ने कला को भी प्रोत्साहन दिया। भवन–निर्माण कला का विकास हुआ। फतेहपुर सिकरी में बीरबल का महल, इबादतखाना, दीवाने खास, बुलंद दरवाजा आदि प्रसिद्ध भवन बनाए गए। चित्रकला और संगीत कला का भी विकास हुआ। संगीत कला के विशारद तानसेन अकबर के ही दरबार में रहते थे।

राजपूत नीति के कारण

1. राजपूत युद्ध की तैयारी कर रहे थे।
2. अकबर गद्दी पर बैठने के समय कठिनाइयों से घिरा था।
3. अकबर को मुसलमान अमीरों पर भी विश्वास नहीं था।
4. मिर्जा हकीम का विद्रोह।
5. बैरम खाँ का विद्रोह।
6. अधम खाँ का विद्रोह।
7. सैनिकों की कमी।
8. राजस्थान की भौगोलिक स्थिति।
9. अफगानों की शक्ति।
10. अकबर स्वयं राजपूतों से प्रभावित था।
11. अकबर का साम्राज्यवादी दृष्टिकोण।
12. राजनीतिक, सामाजिक और आर्थिक एकता का प्रयास।

अकबर की राजपूत नीति

अकबर एक दूरदर्शी बादशाह था। उसने इस तथ्य को अच्छी तरह समझ लिया कि भारत में वही शासन कर सकता है जिसके मित्र राजपूत हों। उसके पूर्वज बाबर और हुमायूँ के समय राजपूतों की शक्ति समाप्त नहीं हुई थी। राणा सांगा की हार राजपूतों के दिल को कचोट रही थी और छिपे–छिपे अपना संगठन कर वे मुगल राज्य पर हमला करने की तैयारी में थे। वीरता और बहादुरी की उनमें कमी न थी। अत: अकबर ने उन्हें अपना दोस्त बनाना ही उचित समझा। इसके अलावा कुछ ऐसी परिस्थिति अकबर के सामने आई जिसमें राजपूतों को दोस्त बनाना और भी आवश्यक हो गया।

सबसे पहला कारण यह था कि अकबर चारों ओर से परेशानियों से घिरा था। उसका साम्राज्य अभी शैशवावस्था में था, जिसके बहुत से दुश्मन लगे थे। उसे स्वयं मुसलमान अनुयायियों से भय बना हुआ था। ये मुसलमानी अनुयायी उसे किसी भी समय धोखा दे सकते थे। राजमहल षड्यंत्र का अखाड़ा बना हुआ था। खुद अकबर का भाई मिर्जा हकीम उसकी जान का दुश्मन बना था। बैरम खाँ भी, जिस पर अकबर का विश्वास था, बागी बन गया था। अधम खाँ ने मालवा को जीतकर सारा धन हथिया लिया था। इन सब कारणों से अकबर भीतर–ही–भीतर भयभीत था। इनके अलावा अकबर को सैनिकों की आवश्यकता थी और उसके लिए राजपूत ही योग्य थे। राजस्थान की भौगोलिक स्थिति ऐसी थी कि अकबर राजपूतों से दुश्मनी मोल ही नहीं ले सकता था अन्यथा वह सारा जीवन राजपूतों से युद्ध में ही उलझा रह जाता। बाबर, हुमायूँ ने यद्यपि अफगानों की शक्ति कुचल दी थी, फिर भी वे पूरी तरह नष्ट नहीं हुए थे। उनके विरुद्ध राजपूतों की शक्ति लगाई जा सकती थी। अकबर स्वयं राजपूतों की बहादुरी का कायल था और बीरबल, टोडरमल जैसे लोगों की प्रतिभा से काफी प्रभावित भी हुआ था। सबसे बड़ा कारण तो यह था कि अकबर एक विशाल साम्राज्य की स्थापना करना चाहता था जिसमें राजपूतों की मदद अनिवार्य थी। राजनीतिक एकता के साथ–साथ अकबर देश में सामाजिक और आर्थिक एकता भी चाहता था। अतः इस कारण भी उसने शासन में राजपूतों को बराबरी का हिस्सा दिया। पंडित नेहरू के शब्दों में—In him the old dream of a united India again took shape, united not only politically in one State but organically fused into one people. अतः उपर्युक्त कारणों के चलते अकबर ने राजपूतों से दोस्ती का हाथ बढ़ाया।

अकबर के कार्य

1. वैवाहिक संबंध
2. ऊँचे पद देना
3. सैनिकों को सम्मान देना
4. युद्ध के बाद भी आदर देना
5. धार्मिक उदारता

अकबर ने सबसे पहले राजपूतों के साथ वैवाहिक संबंध स्थापित किया। उसने सन् 1562 में अजमेर के राजा बिहारीमल की लड़की से शादी की। दूसरी शादी उसने बीकानेर के रायमल की लड़की से की।

वेनियन के शब्दों में—Such a marriage was s symbol of his errevocuble union with India and his distiencis. अकबर ने राजपूतों को राज्य में ऊँचा-ऊँचा पद दिया। भारमल, भगवानदास, मानसिंह आदि लोगों को सेना में ऊँचा पद दिया गया। इन्हें मनसबदारी भी प्रदान की गई। बीरबल और टोडरमल को राज्य में ऊँचा पद मिला।

राजपूत राजाओं के साथ उसने उदारता की नीति अपनाई। युद्ध के बाद भी राजपूतों को मान-सम्मान देता था। उसने हिंदुओं पर से जजिया कर, तीर्थयात्रा कर आदि हटा दिए और उन्हें धर्म की छूट मिली। हिंदू देवताओं की पूजा अकबर करता था। उसने मंदिरों की रक्षा भी की।

परिणाम

1. मुगल साम्राज्य विस्तार में राजपूतों का योग
2. वैवाहिक संबंध से प्रेम का प्रचार
3. सैन्य शक्ति का बढ़ना
4. अन्य शक्तियों का डर जाना
5. हिंदू-मुसलिम मिश्रित संस्कृति का उदय
6. मुगल राज्य का दृढ़ हो जाना

अकबर की इस नीति का फल बड़ा लाभदायक हुआ। राजपूतों ने मुगल साम्राज्य के प्रसार में कंधे से कंधा मिलाकर कार्य किया। वैवाहिक संबंध स्थापित होने से दोनों में प्रेम का संचार हुआ। धार्मिक उदारता पाते ही वे अकबर को श्रद्धा की दृष्टि से देखने लगे। जिस शक्ति से अकबर को सबसे ज्यादा भय था, वही शक्ति उसकी मित्र बन गई। राजनीति, शासन, सेना सभी क्षेत्रों में राजपूतों ने योगदान दिया। राजपूतों की देखादेखी अन्य जितनी ही शक्तियाँ थीं, सब आपसे आप झुक गईं। सांस्कृतिक क्षेत्र में भी राजपूतों ने अपना योग दिया।

भारतवासी की नजरों में मुगल शासक अब आक्रमणकारी न रहे। हिंदू-मुसलिम मिश्रित एक नई सभ्यता और संस्कृति का विकास हुआ। इस प्रकार अकबर की राजपूत नीति के महत्त्वपूर्ण परिणाम निकले।

अकबर का दरबार

अकबर का दरबार अपनी शान-शौकत, वैभव और ऐश्वर्य के लिए प्रसिद्ध था। योद्धा, कवि, लेखक सभी तरह के व्यक्तियों से उसका दरबार भरा-पूरा था। उसके दरबार में 9 बड़े प्रसिद्ध पुरुष थे, जो इतिहास में नवरत्न के नाम से प्रसिद्ध थे। अकबर के बहुत पहले विक्रमादित्य से दरबार में भी ऐसे ही नवरत्न थे।

1. **मानसिंह**—यह बहुत बड़ा सेनापति था। उसने कई बड़ी लड़ाइयाँ जीतकर मुगल साम्राज्य के गौरव को बढ़ाया था। उसकी बहन से अकबर ने वैवाहिक संबंध भी स्थापित किया था, अतः राजदरबार में इसकी धाक रहती थी।
2. **टोरडरमल**—टोडरमल पहले शेरशाह का मंत्री था। इसने भूमि की पैमाइश की थी। अकबर ने भी इसे अपना अर्थ सचिव नियुक्त किया था और इसी की सहायता से राज्य की भूमि की माप कराई थी।
3. **अबुलफजल**—यह बहुत बड़ा कवि, इतिहासकार और विद्वान् था। 'आइने अकबरी' और 'अकबरनामा' की रचना इसी ने की थी। अकबर इसे बहुत प्यार करता था। इसकी मृत्यु होने पर अकबर को गहरा सदमा पहुँचा था।
4. **फैजी**—यह अबुलफजल का भाई था। इसके पिता का नाम शेख-मुबारक था। 'लीलावती' का अनुवाद इसने फारसी में किया। धार्मिक मामलों में इसके विचार उदार थे। कवि के साथ-साथ यह कुशल सेनापति भी था।
5. **बीरबल**—यह जाति का ब्राह्मण था। यह हाजिरजवाबी के लिए प्रसिद्ध है। यह कुशल सैनिक भी था और युद्ध में ही मारा गया था। अकबर इसे बहुत ज्यादा मानता था और दोस्त जैसा सलूक करता था।
6. **तानसेन**—यह प्रसिद्ध गायक और संगीतज्ञ था।

7. **अब्दुर्रहीम खानखाना**—यह बैरम खाँ का पुत्र था। संस्कृत, फारसी, तुर्की, अरबी आदि भाषाओं की इसे अच्छी जानकारी थी। इसके नीति के दोहे आज भी प्रसिद्ध हैं। रहीम प्रसिद्ध कवि, कुशल सेनानायक तथा बड़ा दानी था।
8. **हकीम हुकाम**—यह प्रधान रसोइया था। राजदरबार में इसका बड़ा आदर था।
9. **मुल्ला दो प्याजा**—यह एक प्रसिद्ध, व्यक्ति था, जो अपनी वाक्पटुता के लिए प्रसिद्ध था।

अकबर का चरित्र

1. रौबीला चेहरा
2. शारीरिक गठन
3. भड़कीली पोशाक
4. नम्र स्वभाव
5. प्रजा वत्सल
6. साहसी, दूरदर्शी, कूटनीतिज्ञ
7. साहित्य प्रेमी
8. अचूक निशानेबाज
9. धार्मिक मामलों में उदार
10. सफल शासक

अकबर का चरित्र

अकबर का स्थान भारत के इतिहास में ही नहीं विश्व इतिहास में प्रसिद्ध है। वही सही अर्थों में युग प्रवर्तक था और उसने भारत की राजनीतिक दशा में अभूतपूर्व परिवर्तन किया। उसका व्यक्तित्व भी बड़ा रौबिला था। उसके चेहरे और शारीरिक गठन से राजकीय गौरव टपकता था। उसके चेहरे और शारीरिक गठन में सांसारिकता कम और अलौकिकता के चिह्न अधिक थे। साहस की उसमें कमी न थी। बड़े-से-बड़े युद्ध में भी वह बिना किसी हिचक के आगे बढ़ जाता था। उसकी पोशाक भी भड़कीली थी। अधिकतर वह रेशमी वस्त्र पहनता

था, जिस पर जवाहरात के काम होते थे। अकबर का स्वभाव नम्र और कोमल था, पर युद्ध में वह भयंकर बन जाता था। अहंकार और घमंड का नाम भी उसमें न था। उसका अधिकांश समय राजकार्य की देखभाल में ही बीतता था और उससे जो समय बचता था, उसे वह साहित्य-चर्चा में लगाता था। आखेट का वह शौकीन था और उसके निशाने कभी खाली नहीं जाते थे। यद्यपि वह निरक्षर था, पर उसकी स्मरण शक्ति बड़ी तेज थी। किसी बात को सुनकर ही वह बहुत दिनों तक याद रख लेता था। विद्वानों और साधुओं का वह आदर करता था। उसका दरबार हमेशा गुणीजनों से भरा रहता था।

उसकी धार्मिक नीति ने उसे और भी अमर बना दिया। दीन-ए-इलाही उसके धर्म-समन्वय की भावना का ज्वलंत उदाहरण है। हिंदुओं और मुसलमानों में एकता लाने का उसने स्तुत्य प्रयास किया। डॉ. स्मिथ ने लिखा है—He was a born King of men with a rightful claim to rank as one of the greatest Sovereign known to History. साहस और रण-कौशल की दृष्टि से उसकी तुलना नेपोलियन और सिकंदर महान् से की जा सकती है। प्रजापालक की दृष्टि से वह अशोक से कम न था। साहित्य और कला की दृष्टि से वह चंद्रगुप्त विक्रमादित्य था। उसने केवल राज्यों को जीता ही नहीं, वहाँ कुशल शासन प्रबंध स्थापित किया। जीते हुए इलाकों में सामाजिक, राजनीतिक, आर्थिक, सांस्कृतिक एकता लाने का प्रयास किया। पंडित नेहरू के शब्दों में—In him the old dream of a united India again took shape, United not only politically in one state but organically fused into one people. अकबर ने एक छोटा सा साम्राज्य पाया था लेकिन अपनी दूरदर्शिता राजनीतिक सूझ और वीरता से उसे विशाल साम्राज्य के रूप में बदल दिया।

प्रश्न—

1. अकबर की महत्ता के कारण बताएँ।
2. अकबर के साम्राज्य विस्तार का वर्णन कीजिए।
3. राजपूतों के साथ अकबर के संबंध की विवेचना कीजिए।
4. अकबर के महत्त्वपूर्ण शासन संबंधी सुधारों का वर्णन कीजिए।

5. अकबर को साम्राज्य निर्माता क्यों कहा जाता है ?
6. अकबर की धार्मिक नीति का संक्षिप्त विवरण दें।
7. अकबर को साम्राज्य निर्माता क्यों कहते हैं ? भारत का नक्शा बनाकर उसके साम्राज्य के 15 सूबों को दिखाइए।
8. अकबर ने भारत में संयुक्त राष्ट्र बनाने के लिए क्या-क्या किया ?
9. पानीपत की दूसरी लड़ाई का वर्णन कीजिए।

नोट—1556, हेमू, हल्दीघाटी, राणा प्रताप, दीने इलाही, बैरम खाँ, टोडरमल।

□

3

मुगल साम्राज्य का विस्तार : जहाँगीर

जहाँगीर (1605 से 1627)

राज्याभिषेक

1605 ई. में मुगल सम्राट अकबर की मृत्यु हो गई। अकबर के पुत्रों में केवल सलीम बचा था। उसके दो पुत्र दानियाल और मुराद अकबर के जीवनकाल में ही मर गए थे। अत: अकबर के मरने के बाद 24 अक्टूबर, 1605 ई. को सलीम गद्दी पर बैठा। उस समय उसकी उम्र 36 वर्ष की थी। गद्दी पर बैठते ही उसने अपना नाम 'नुरुद्दीन मुहम्मद जहाँगीर बादशाह गाजी' रखा। यद्यपि अपने पिता के समान यह दूरदर्शी न था, फिर भी उसने पिता की नीति अपनाई और अपने शासन को अधिक स्थायी बनाने के लिए उसने कई आदेश जारी किए। अनेक प्रकार के कर बंद कर दिए, बहुत सी सजा स्थगित कर दी। नशीली वस्तुओं के निर्माण पर रोक लगा दी गई। संपत्ति के उत्तराधिकार पर लगनेवाला शुल्क उसने बंद कर दिया। रोगियों की चिकित्सा, चोर-डाकुओं से प्रजा की रक्षा आदि का सुंदर प्रबंध किया। सबसे बड़ा काम उसने न्याय के क्षेत्र में किया। गद्दी पर बैठते ही उसने महल के बाहर सोने की जंजीर लटकवाई और उसमें एक घंटा लगवाया। कोई भी फरियादी जब चाहे इस घंटे को बजाकर अपनी फरियाद राजा को सुना सकता था। अकबर की तरह उसने भी उदार धार्मिक नीति अपनाई। इस सबका फल यह हुआ कि प्रजा का समर्थन उसे मिल गया।

प्रारंभिक जीवन

जहाँगीर का जन्म 30 अगस्त, 1569 ई. को हुआ था। उसका जन्म अनेक

देवी-देवताओं से मनौती मानने, तीर्थ यात्रा करने आदि के बाद हुआ था। इसीलिए वह पिता का बड़ा दुलारा पुत्र था। उसकी शिक्षा-दीक्षा अब्दुल रहीम खानखाना की देखरेख में हुई थी। लेकिन जहाँगीर एक सचरित्र युवक न बन सका। वह दुर्व्यसनों का शिकार बन गया और अकबर के शासनकाल में ही उसने विद्रोह कर दिया।

खुसरो का विद्रोह

जहाँगीर के गद्दी पर बैठने के पाँच महीने बाद ही उसके पुत्र खुसरो ने विद्रोह कर दिया। बात यह थी कि अकबर उसे बहुत मानता था और उसे पूरा विश्वास था कि अकबर की मृत्यु के बाद गद्दी उसे ही मिलेगी। उसके मामा मानसिंह और श्वसुर अजीज कोका ने उसे गद्दी पर बैठाने का षड्यंत्र भी रचा, पर वह षड्यंत्र सफल न हुआ। अंत में निराश होकर 1606 ई. में खुसरो ने खुल्लम-खुल्ला पंजाब में विद्रोह का झंडा ऊँचा कर दिया। इस विद्रोह में सिखों के पाँचवें गुरु अर्जुन ने भी खुसरो की सहायता की। जब जहाँगीर को इस विद्रोह की खबर मिली तब वह स्वयं एक बड़ी फौज लेकर उसका दमन करने चल पड़ा। अंत में खुसरो हार गया और पकड़कर जहाँगीर के सामने लाया गया। सम्राट ने उसे क्षमा कर दिया, लेकिन उसके सभी साथी कैद कर लिये गए। उन्हें कठोर सजा दी गई। गुरु अर्जुन की सारी संपत्ति जब्त कर ली गई और उसे मृत्युदंड मिला। जहाँगीर का यह कार्य उसकी बहुत बड़ी भूल हुई। सिख, जो अब तक शांतिप्रिय लोग थे, मुगल साम्राज्य के प्रबल शत्रु बन गए।

नूरजहाँ और जहाँगीर का विवाह

जहाँगीर के राज्य की सबसे प्रमुख घटना है नूरजहाँ से उसका विवाह। भारत के इतिहास में ऐसी कई औरतें हुई हैं जिन्होंने समकालीन वातावरण को प्रभावित किया है। नूरजहाँ ऐसी ही औरत थी। उसके प्रारंभिक जीवन के संबंध में कई तरह की कहानियाँ प्रचलित हैं। अतः असलियत का पता नहीं चलता है। उसके बचपन का नाम मेहरूनिसा था। उसका पिता गयासबेग एक गरीब आदमी था और नौकरी की खोज में वह भारत आ रहा था। रास्ते में उसकी पत्नी ने एक कन्या को जन्म दिया। लेकिन वे दंपती गरीबी से इतने तंग थे कि उस कन्या

को वहीं छोड़ आगे बढ़ गए। लेकिन माँ की ममता न गई और जब वे लौटकर उसे लेने आए तो वहाँ एक साँप को उसकी रक्षा करते पाया। पिता ने उसकी खूबसूरती देखकर इसका नाम मेहर (चाँद) रखा।

गयासबेग को अकबर के दरबार में नौकरी मिल गई। मेहरूनिसा भी अपने पिता के साथ कभी-कभी दरबार जाया करती थी और तभी से जहाँगीर के साथ उसका प्रेम हो गया था। जब अकबर को यह मालूम हुआ तो उसने मेहरूनिसा की शादी एक इरानी युवक अली-कुली बेग से कर दी। बाद में जब जहाँगीर गद्दी पर बैठा तो उसने अली-कुली बेग को बर्दमान की जागीर दे दी और उसे 'शेर अफगान' की उपाधि भी मिली। लेकिन उन दिनों बंगाल विद्रोह का अड्डा था। शेर अफगान ने भी अपने आप को स्वतंत्र घोषित कर दिया और अपनी शक्ति का दुरुपयोग करने लगा। जहाँगीर उससे रुष्ट हो गया और 1607 ई. में कुतुबुद्दीन को उसके विरुद्ध युद्ध करने भेजा। युद्ध में शेर अफगान मारा गया और मेहरूनिसा कैद करके जहाँगीर के महल में भेज दी गई। यहीं जहाँगीर ने चार वर्ष बाद 1611 में उससे शादी कर ली और मेहरूनिसा को 'नूरमहल' (महल की रोशनी) की उपाधि दी। बाद में नूरमहल से वह नूरजहाँ कहलाने लगी।

नूरजहाँ का चरित्र

जिन औरतों ने समय-समय पर इतिहास को प्रभावित किया है, उनमें नूरजहाँ सबसे अधिक महत्त्वपूर्ण है। वह अपने जमाने की सबसे खूबसूरत औरत थी। अपनी खूबसूरती की बदौलत ही वह एक दासी से महारानी बनी। वह केवल खूबसूरत ही नहीं, दूरदर्शी और महत्त्वाकांक्षी औरत थी। उसकी बुद्धि तेज तथा महत्त्वाकांक्षा विशाल थी। प्रकृति से उसे असीम प्यार था। शाही महलों का भोग-विलास ही उसके लिए सब कुछ नहीं था वरन् शासन पर भी वह अपना प्रभाव चाहती थी। अपने रूप के जाल और कुशाग्र बुद्धि के घेरे में उसने जहाँगीर को बंद कर दिया और शासन पर अपना प्रभाव डाला। नूरजहाँ का हृदय कोमल और उदार था। वह सामाजिक नारी थी। कवि हृदय भी उसने पाया था। वह सुंदर कविता लिखा करती थी। साहस और धैर्य उसमें कूट-कूटकर भरा था। उसमें अगर कोई दोष था तो यही कि वह लालची और ईर्ष्यालु थी।

प्रभाव

1. शासन नूरजहाँ का हो गया
2. जहाँगीर विलासी बन गया
3. नूरजहाँ के संबंधियों की बन आई
4. नूरजहाँ ने एक गुट बनाया
5. नूरजहाँ झरोखे से प्रजा को दर्शन देने लगी
6. शाहजहाँ बागी बन गया
7. महावत खाँ ने विद्रोह कर दिया
8. राजपूत उससे रुष्ट हो गए
9. अमीर और दरबारी उसके खिलाफ हो गए

शासन पर नूरजहाँ का प्रभाव

नूरजहाँ के साथ जहाँगीर की शादी का उसके शासन पर महत्त्वपूर्ण प्रभाव पड़ा। नूरजहाँ में वैसे तो बहुत से गुण भरे थे, पर वह अव्वल दरजे की लालची और धूर्त औरत थी। जहाँगीर को अपने रूप के जाल में फाँसकर उसने अपना उल्लू सीधा करना प्रारंभ किया। वह शासन पर अपना प्रभाव देखना चाहती थी और इसके लिए उसने जहाँगीर को हमेशा रूप के भुलावे में रखा। वास्तव में शासन जहाँगीर का न रहा, वह नूरजहाँ का हो गया। जहाँगीर स्वयं राज्य का भार नूरजहाँ पर डालकर निश्चिंत हो गया। उसका अधिकांश समय भोग-विलास में व्यतीत होने लगा। उसने स्वयं लिखा है—I have sold the empire of Hindustan to Nurjahan Begum for a Cup of wine and a piece of meat. इसका फल यह हुआ कि नूरजहाँ के संबंधियों की बन आई। उसके पिता और भाई आसफ खाँ को अपनी उन्नति करने का मौका मिला। इन लोगों ने राज्य में ऊँचे-ऊँचे पद हथिया लिये और गद्दी पाने का ख्वाब भी देखने लगे। राज्य में इन लोगों का महत्त्व बहुत अधिक बढ़ गया। नूरजहाँ ने एक गुट बनाया जिसका उद्देश्य गद्दी हथियाना था। लेकिन नूरजहाँ का यह उद्देश्य सफल न हुआ। शाहजहाँ उसका दुश्मन बन गया। बड़े-बड़े अमीर और सरदार भी उसके व्यवहार से असंतुष्ट हो गए। वह रोज झरोखे से दर्शन देती थी, पर अमीर और सरदार औरत के शासन में रहने को कतई तैयार न थे। प्रारंभ में नूरजहाँ के गुट

में राजपूतों का भी महत्त्व था, पर बाद में राजपूतों का महत्त्व कम हो गया, अतः राजपूत भी उसके विरुद्ध हो गए। फल यह हुआ कि आंतरिक विद्रोह के सारे लक्षण प्रकट होने लगे। शाहजहाँ और महावत खाँ के नेतृत्व में कई विद्रोह हुए, पर वे दबा दिए गए। इस प्रकार शासन भ्रष्ट हो गया। चारों ओर विद्रोह, षड्यंत्र, दलबंदी का बोलबाला हो गया। जहाँगीर के पुत्रों में उत्तराधिकार के प्रश्न पर युद्ध छिड़ गया, क्योंकि सभी नूरजहाँ की नीति से डर गए थे। संक्षेप में, नूरजहाँ के कार्यों से शासन धीमा हो गया जिसका परिणाम जहाँगीर को अपने जीवनकाल में ही भुगतना पड़ा।

शाहजहाँ का विद्रोह

खुसरो के विद्रोह के चलते यत्र-तत्र और भी विद्रोह होने लगे। नूरजहाँ की महत्त्वाकांक्षा ने इन विद्रोहों की आग में घी का काम किया। उसकी नीति से तंग आकर सबसे पहले शाहजहाँ ने विद्रोह कर दिया। नूरजहाँ ने अपने पहले पति की पुत्री के साथ जहाँगीर के पुत्र शहरयार की शादी कर दी और अब वह इस प्रयास में थी कि चुपके से शहरयार को गद्‌दी पर बैठा दे। लेकिन उसके रास्ते का सबसे बड़ा काँटा शाहजहाँ था। अतः नूरजहाँ ने उसे कांधार जाने की आज्ञा दी। इससे क्रुद्ध होकर सन् 1623 में उसने विद्रोह कर दिया। पर कई बार युद्ध करने के बाद वह अंत में हार गया और 1625 ई. में जहाँगीर के साथ उसने संधि कर ली। अपने दो पुत्रों—औरंगजेब और दारा—को बंधक के रूप में शाही दरबार में भेजकर वह दक्षिण की ओर चला गया।

महावत खाँ का विद्रोह

महावत खाँ नूरजहाँ के शासन को पसंद नहीं करता था, अतः नूरजहाँ उससे भीतर-ही-भीतर जल रही थी। प्रारंभ में उसने शाहजहाँ के विरुद्ध नूरजहाँ की मदद की थी, लेकिन बाद में तंग आकर उसने भी विद्रोह कर दिया और जहाँगीर तथा नूरजहाँ दोनों को कश्मीर जाने के मार्ग में कैद कर लिया। लेकिन नूरजहाँ चालाकी से पहरेदारों को मिलाकर बादशाह के साथ कैद से निकलकर भाग गई। महावत खाँ भी अपनी जान बचाने के लिए दक्षिण भाग गया।

बंगाल के विद्रोह का दमन (1612 ई.)

अफगानों का बोलबाला अभी भी बंगाल में था। वे अपने खोए साम्राज्य को पाने की आशा में जब तब विद्रोह कर बैठते थे। उनका नेता उस्मान खाँ था। सन् 1612 ई. में उस्मान के नेतृत्व में अफगानों ने फिर विद्रोह कर दिया। जहाँगीर ने इसलाम खाँ की अधीनता में एक सेना भेजी। उस्मान खाँ मारा गया और अफगानों की शक्ति नष्ट हो गई।

मेवाड़ विजय

मेवाड़ विजय जहाँगीर के राज्य की एक महत्त्वपूर्ण घटना है। अकबर ने मेवाड़ को झुकाने की, बड़ी कोशिश की पर उसे अंत तक सफलता नहीं मिली। वहाँ राणा प्रताप का पुत्र अमर सिंह शासक था। जहाँगीर ने पहली बार परवेज के नेतृत्व में एक विशाल सेना भेजी, लेकिन उस सेना को पूरी सफलता न मिली। उसके बाद जहाँगीर ने खुर्रम के नेतृत्व में सेना भेजी। राजपूत संधि करने पर लाचार हो गए। शाहजहाँ ने उनके साथ प्रेम और उदारता का व्यवहार किया। अमर सिंह का पुत्र कर्ण सिंह पंच हजारी मनसबदार बना दिया गया। राणा को चित्तौड़ का किला वापस मिल गया। इस प्रकार मेवाड़ मुगलों का मित्र बन गया। जो काम अकबर नहीं कर पाया, उसे जहाँगीर ने कर दिया। इस काम से जहाँगीर की प्रतिष्ठा बहुत अधिक बढ़ गई।

अहमदनगर की विजय

जहाँगीर ने दक्षिण की ओर भी अपना ध्यान बँटाया। दक्षिण का अहमदनगर अभी भी एक स्वतंत्र राज्य था। यद्यपि अकबर ने उस पर अधिकार किया था, पर वह अधिकार नाममात्र का था। इस समय वहाँ का शासक मलिक अंबर था जो कुशल राजनीतिज्ञ था। पहली बार जहाँगीर ने 1608 ई. में उसके विरुद्ध अब्दुर्रहीम खानखाना के नेतृत्व में एक सेना भेजी, लेकिन वह सेना सफल न हुई। सन् 1616 ई. में दूसरी बार खुर्रम के नेतृत्व में सेना भेजी गई और अहमदनगर पर कब्जा कर लिया गया। मलिक अंबर ने लाचार होकर संधि कर ली। इस विजय से जहाँगीर बहुत खुश हुआ और खुर्रम को शाहजहाँ की उपाधि

दी। लेकिन यह विजय स्थायी न हुई। तीन वर्ष के बाद पुनः मलिक अंबर ने हारे हुए प्रदेश पर अधिकार कर लिया।

काँगड़ा विजय

काँगड़ा की विजय भी जहाँगीर के राज्य की महत्त्वपूर्ण घटना है। अकबर को इस पर अधिकार करने में सफलता नहीं मिली थी। इस प्रदेश पर राजपूतों का अधिकार था और इका दुर्ग पंजाब प्रांत में एक ऊँची पहाड़ी पर स्थित था। जहाँगीर ने इस पर विजय पाने के लिए पहले मुर्तजा खाँ को भेजा, लेकिन उसे सफलता न मिली। तब शाहजहाँ को भेजा गया जिसने दुर्ग पर अधिकार कर लिया।

कांधार का हाथ से निकल जाना

अकबर ने कांधार के महत्त्व को समझकर ही उस पर अधिकार किया था और जब तक वह जिंदा रहा, कांधार उसके अधिकार में रहा। लेकिन अकबर की मृत्यु के बाद कांधार में अशांति फैल गई। फारस के शाह ने कूटनीति का सहारा लेकर जहाँगीर को भुलावे में रखा। उसने दरबार में राजदूत, तोहफे आदि भेजे। इस सबसे जहाँगीर निश्चिंत रहा। लेकिन जैसे ही शाह को जहाँगीर की आंतरिक कलह का पता चला, उसने पुनः कांधार पर अधिकार कर लिया (सन् 1622 ई.)। जहाँगीर उस समय कश्मीर में था। उसने शाहजहाँ को कांधार भेजा, लेकिन शाहजहाँ ने खुद विद्रोह कर दिया। इस प्रकार जहाँगीर शाहजहाँ में ही उलझा रह गया और कांधार उसके हाथ से निकल गया।

यूरोपीय व्यापारी और यात्री

जहाँगीर के शासनकाल के पूर्व से ही विदेशी व्यापारी भारत में व्यापार करने आने लगे थे। इस समय पुर्तगालियों और अंग्रेजों की व्यापारिक प्रतिद्वंद्विता चल रही थी। पुर्तगालियों ने जहाँगीर के राज्य में लूटपाट मचाना शुरू कर दिया था। अतः क्रोधित होकर जहाँगीर ने उनके सभी गिरजाघरों को बंद करवा दिया था। जहाँगीर का संबंध अंग्रेजों से अच्छा था। उसने अंग्रेजों को कई तरह की सुविधा भी दे रखी थी। इस समय बहुत से यूरोपीय यात्री भी भारत आए। 1608 में इंग्लैंड के राजा जेम्स प्रथम ने कैप्टन हॉकिंस को भारत भेजा था। 1615 ई.

में सर थॉमस मनरो नाम का एक दूसरा अंग्रेज भारत आया। इन सभी यात्रियों ने तत्कालीन भारत का सुंदर वृत्तांत लिखा है।

जहाँगीर की मृत्यु

अंतिम दिनों में जहाँगीर का स्वास्थ्य खराब रहने लगा। शाहजहाँ, महावत खाँ आदि के विद्रोह का भी असर उसके स्वास्थ्य पर पड़ा और वह बीमार रहने लगा। सन् 1627 ई. में जब जहाँगीर कश्मीर लाहौर की ओर से आ रहा था तो अचानक उसका देहांत हो गया। लाहौर के निकट शाहदरा में नूरजहाँ के दिलखुश बगीचे में उसे दफनाया गया।

जहाँगीर का चरित्र

1. विचित्र तत्त्वों का समिश्रण
2. विद्वान्, कवि, चित्रकार, संगीतप्रेमी, प्रकृतिप्रेमी
3. प्रेमी हृदय
4. प्रसिद्ध न्यायी
5. योग्य सैनिक
6. दानी
7. धर्म में उदार
8. शराबी और विलासी

जहाँगीर का चरित्र

भारत के इतिहास में जहाँगीर का चरित्र बहुत आकर्षक है। उसके संबंध में विद्वानों की भिन्न-भिन्न राय है। कुछ लोगों ने उसे विरोधी तत्त्वों का सम्मिश्रण कहा है। उनके अनुसार, उसमें अच्छे और बुरे दोनों प्रकार के तत्त्व विद्यमान थे। कभी वह अत्यंत क्रूर हो जाता था तो कभी नम्र। बेवरिज नाम का लेखक कहता है—''जहाँगीर में विचित्र सम्मिश्रण था। यदि वह खड़ा होकर जीवित मनुष्य की खाल खिंचवा सकता था, तो न्यायप्रेमी भी हो सकता था। उसके चरित्र में कोमलता और क्रूरता, न्यायप्रियता और झक्कीपन, शिष्टता और बर्बरता, बुद्धिमत्ता और लड़कपन का विचित्र सम्मिश्रण था।''

जहाँगीर फारसी भाषा का अच्छा ज्ञाता था। साहित्य, संगीत, चित्र, विज्ञान, जीवशास्त्र आदि विषयों में उसकी गहरी अभिरुचि थी। कवित्व की प्रतिभा उसमें भरी पड़ी थी। उसे बाग लगावाने का शौक था और लाहौर में उसने बाग लगवाए थे। अपने मित्रों और परिवारवालों से उसका बर्ताव प्रेममय था। उसका स्वभाव कोमल और नम्र था। जहाँगीर अपने न्याय के लिए सबसे अधिक प्रसिद्ध था। उसने न्याय की जंजीर लटकवा दी थी जिसे जो जब चाहे खींचकर न्याय की फरियाद कर सकता था। अपने पिता की तरह धार्मिक संकीर्णता को उसने भी प्रश्रय नहीं दिया। अमीर-गरीब भी उसके लिए बराबर थे। सैनिक के रूप में भी जहाँगीर ने अपनी कुशलता का परिचय दिया। शासन व्यवस्था में उसने कोई परिवर्तन नहीं किया।

जहाँगीर अव्वल दरजे का दानी था। प्रकृति प्रेम उसके वर्णनों से झलकता है। उसमें सबसे बड़ा अवगुण यही था कि वह शराब बहुत ज्यादा पीता था। जब शराब से उसे नशा नहीं होता था तो अफीम घोल लेता था। नशे की हालत में कभी-कभी उसके कार्य क्रूर हो जाते थे। सर रिचर्ड बर्न ने लिखा है—"भारतीय राजाओं में वह एक उदार, भावनापूर्ण, मृगया, ललितकला तथा सुव्यवस्थित जीवन का प्रेम तथा जनहित चाहनेवाले के रूप में हमारे सामने आता है, जो अपने उत्कृष्ट मानसिक गुणों की अनुपस्थिति में श्रेष्ठतम शासकों के गौरव को न प्राप्त कर सका।"

शाहजहाँ

प्रारंभिक जीवन

शाहजहाँ का जन्म सन् 1592 ई. में लाहौर में हुआ था। प्रारंभ से ही उसकी प्रतिभा प्रखर थी। जहाँगीर के सभी पुत्रों में वही काबिल था। अत: अकबर उसे बहुत मानता था। उसकी शिक्षा की भी उचित व्यवस्था की गई और थोड़े ही समय में उसने फारसी, हिंदी आदि का अच्छा ज्ञान प्राप्त कर लिया। जहाँगीर के समय में ही उसने कई युद्ध जीतकर अपने सैनिक गुण का परिचय दिया। उसकी वीरता पर प्रसन्न होकर ही जहाँगीर ने उसे 'शाहजहाँ' की पदवी दी थी। प्रारंभ में वह नूरजहाँ के गुट का सदस्य था, पर बाद में उसने नूरजहाँ के खिलाफ विद्रोह कर दिया। उसके बचपन का नाम खुर्रम था।

राज्याभिषेक

सन् 1627 ई. में जहाँगीर की मृत्यु हो गई। जहाँगीर की मृत्यु के बाद नूरजहाँ ने अपनी शक्ति बनाए रखने का प्रयास किया। इसी कारण उसने अपने दामाद शहरयार को गद्दी पर बैठाना चाहा। शहरयार ने लाहौर पहुँचकर अपने को बादशाह घोषित कर दिया। खुसरो का वध हो चुका था और ज्यादा शराब पीने के कारण परवेज की भी मृत्यु हो चुकी थी। शाहजहाँ उस समय दक्षिण के युद्ध में फँसा था। उसके श्वसुर आसफ खाँ ने उसे जहाँगीर की मृत्यु की सूचना दी और उसके आने तक खुसरो के पुत्र दाबारबख्श को बादशाह बनाया। वह एक बड़ी फौज लेकर लाहौर भी पहुँचा और शहरयार को हराकर उसकी आँखें निकलवा लीं। तब तक शाहजहाँ आगरा पहुँच गया। अंत में 6 फरवरी, 1618 को वह 'अबुल मुजफ्फर शहाबुउद्दीन मुहम्मद साहिब-ए-किरान शाहजहाँ गाजी' के नाम से गद्दी पर बैठा। गद्दी पर बैठते ही उसने गद्दी के सभी हकदारों को कत्ल करा दिया। नूरजहाँ भी कैद कर ली गई। उसे दो लाख रुपए वार्षिक पेंशन दी जाने लगी और वह एक साधारण औरत की तरह रहने लगी। गद्दी पर बैठते ही शाहजहाँ ने अपने नाम का सिक्का चलाया और अपने कृपापात्रों को ऊँचे-ऊँचे पद दिए।

प्रारंभिक विद्रोह

शाहजहाँ के गद्दी पर बैठते ही छोटे-मोटे दो-तीन विद्रोह शुरू हो गए। ऐसे विद्रोहों में पहला विद्रोह खाँजहाँ लोदी ने किया। खाँजहाँ दक्षिण का सूबेदार था। मराठों और राजपूतों से सहायता पाकर उसने विद्रोह कर दिया। उसका उद्देश्य अफगान साम्राज्य की पुनः स्थापना था। लेकिन 1630 में वह मुगलों के साथ युद्ध करता हुआ मारा गया। दूसरा विद्रोह बुंदेलों का हुआ। इसका नेता वीर सिंह का बेटा जुझार सिंह बुंदेला था। अबुलफजल की हत्या उसी ने की थी। उसने शाहजहाँ के प्रदेशों पर आक्रमण कर दिया। शाहजहाँ ने उसके विरुद्ध तीन सेना भेजी। अंत में हारकर वह भाग गया और पहाड़ों में जा छिपा। बाद में गोंडों से युद्ध करता हुआ वह मारा गया।

पुर्तगालियों से युद्ध

पुर्तगाली व्यापारियों ने हुगली के निकट अपनी बहुत सी कोठियाँ बनाईं

और वहीं बस गए। धीरे-धीरे उनकी शक्ति बढ़ती ही गई। शक्तिशाली होकर वे भारतीयों पर अत्याचार करने लगे। वे भारतीय व्यापारियों से चुंगी वसूलते थे। उनके बच्चों को चुराकर बेच देते थे तथा लोगों को जबरन ईसाई बना देते थे। शाहजहाँ उनके इस काम से क्रोधित था। तभी एकबार उन्होंने मुमताज महल की दो दासियों को पकड़ लिया। यह देखकर शाहजहाँ आगबबूला हो गया और हुगली पर सेना को आक्रमण करने की आज्ञा दी। मुगल सेना ने हुगली को घेर लिया। बहुत से पुर्तगाली मारे गए और जो बचे, वे कैद करके आगरा भेज दिए गए। उनकी सभी कोठियाँ तोड़ दी गईं।

दक्षिण में अकाल

शाहजहाँ के गद्दी पर बैठते ही 1630 ई. में दक्षिण में गुजरात और खानदेश में एक भीषण अकाल पड़ गया। इस अकाल में हजारों आदमी भूखे मर गए। लाश से सड़कें पट गईं। अब्दुल हमीद लाहौरी ने उसका वर्णन करते हुए लिखा है—"निवासियों को घोर यातनाओं का सामना करना पड़ा। एक-एक रोटी के लिए लोग अपना जीवन बेचने को तैयार थे, परंतु कोई खरीदनेवाला न था। जो लोग सदैव दान दिया करते थे, वे भी भोजन के लिए दूसरों के सामने हाथ फैलाते थे। गरीबी इतनी बढ़ गई थी कि लोग एक-दूसरे को खाने लगे थे। यहाँ तक कि लोग अपनी संतान को भी खा जाते थे। सड़कें मुर्दों से पट गई थीं और राह चलना बंद हो गया था। यद्यपि शाहजहाँ द्वारा लोगों में रुपए बाँटे गए, लगान माफ कर दिया गया, फिर भी असंख्य लोग भूखे मर गए।

कांधार विजय

जहाँगीर के ही काल में फारस के बादशाह ने कांधार पर अधिकार कर लिया था। अतः शाहजहाँ की लालसा कांधार विजय की बनी हुई थी। जब आंतरिक विद्रोह को उसने शांत कर दिया तब उसका ध्यान कांधार की ओर गया। इसी समय कांधार का शासक अली मर्दन खाँ मुगलों से आ मिला, फलतः बड़ी आसानी से मुगलों का कांधार पर अधिकार हो गया। लेकिन सन् 1648 में पुनः फारस के बादशाह ने कांधार मुगलों से छीन लिया। दूसरी बार सन् 1649 में और तीसरी बार सन् 1652 में शाहजहाँ ने औरंगजेब की अधीनता में एक विशाल

सेना भेजी। लेकिन कई महीनों तक घेरा डालकर भी मुगल सेना को सफलता नहीं मिली। इस युद्ध में शाहजहाँ को आर्थिक संकट का भी सामना करना पड़ा। तीनों बार के आक्रमण में कुल मिलाकर 12 करोड़ रुपए खर्च हुए। इस प्रकार कांधार के खोजने से मुगल साम्राज्य की प्रतिष्ठा को गहरा धक्का लगा। उनकी सैनिक दुर्बलता प्रकट हो गई। अब ईरानी लोग भी भारत पर आक्रमण करने की सोचने लगे और मुगलों को हमेशा उनसे डर बना रहा।

मध्य एशियाई नीति

अकबर और जहाँगीर ने इस ओर कुछ भी ध्यान नहीं दिया था, लेकिन शाहजहाँ मध्य एशिया के राज्यों पर भी विजय पाना चाहता था। इस भूमि पर उसके पूर्वज शासन कर चुके थे। उसी समय सन् 1646 में वल्ख में गृहयुद्ध प्रारंभ हुआ। शाहजहाँ ने इस अवसर का लाभ उठाकर मुराद के नेतृत्व में एक विशाल सेना वहाँ भेजी। वल्ख का बादशाह भाग गया और मुगलों को अपार संपत्ति हाथ आई। लेकिन वह विजय अस्थायी रही। वहाँ की जलवायु मुगलों के अनुकूल नहीं थी, अतः वहाँ मुगल अमीरों ने रहने से इनकार कर दिया। इस प्रकार शाहजहाँ की योजना असफल हो गई। राज्य का 4 करोड़ रुपया खर्च हुआ, 5 हजार से अधिक सैनिक युद्ध में मारे गए, बहुत सा धन भी वल्ख के बादशाह को देना पड़ा। इस प्रकार शाहजहाँ की मध्य एशियाई नीति भी असफल रही।

शाहजहाँ की दक्षिणी विजय

अपने पूर्वजों की तरह शाहजहाँ भी महत्त्वाकांक्षी और साम्राज्यवादी था और दक्षिण भारत को जीतकर मुगल साम्राज्य में मिलाना चाहता था। दक्षिण को जीतने का एक कारण यह भी था कि दक्षिण के राजा मुगलों के शत्रुओं, विद्रोहियों को शरण और सहायता देते थे। दूसरा कारण यह भी था कि दक्षिण के राज्य शिया मत के अनुयायी थे और शाहजहाँ कट्टर सुन्नी था। एक यह भी कारण था कि दक्षिण के राज्य फारस के शाह को अपना नेता और रक्षक मानते थे, लेकिन फारस के शाह से शाहजहाँ की कट्टर दुश्मनी थी। अतः इन सभी कारणों से शाहजहाँ ने दक्षिण को जीतने की योजना बनाई।

अहमदनगर

अहमदनगर उसके साम्राज्य की सीमा से बिल्कुल सटा हुआ था, अतः सबसे पहला ध्यान उसका अहमदनगर की ओर गया। उस समय अहमदनगर की राजनीतिक दशा अच्छी नहीं थी। मलिक अंबर का पुत्र वहाँ का मंत्री था। यह एकदम निकम्मा और अयोग्य था। शाहजहाँ ने उसे लोभ देकर अपनी ओर मिला लिया और अहमदनगर पर आक्रमण कर दिया। इस तरह सन् 1633 ई. में अहमदनगर मुगल साम्राज्य में मिला लिया गया।

गोलकुंडा

अहमदनगर के बाद शाहजहाँ ने गोलकुंडा और बीजापुर की ओर दृष्टि उठाई। उसने इन दोनों राज्यों के शासकों के पास मुगलों की अधीनता स्वीकार करने के लिए संदेश भेजा और एक बड़ी फौज लेकर दक्षिण की ओर कूच किया। शाहजहाँ से भयभीत होकर गोलकुंडा के शासक ने उसकी अधीनता कबूल कर ली और उसे बहुत सा धन उपहार के रूप में दिया। लेकिन बीजापुर के शासक से शाहजहाँ को युद्ध करना पड़ा।

बीजापुर

सन् 1633 ई. में तीन ओर से मुगल सेना ने बीजापुर पर आक्रमण किया। मुगल सेना के सामने बीजापुर की सेना की एक न चली और हारकर वहाँ के सुलतान आदिलशाह ने मुगलों से संधि कर ली और उसकी अधीनता मान ली। इस प्रकार दक्षिण में शाहजहाँ की नीति सफल रही। उसने औरंगजेब को वहाँ का सूबेदार बना दिया।

औरंगजेब के सुधार

औरंगजेब ने दक्षिण का सूबेदार बनकर वहाँ कई सुधार लाने का प्रयास किया। सबसे पहले उसने आर्थिक स्थिति को मजबूत किया। उसने जमीन की नई व्यवस्था लागू की। जिस प्रकार टोडरमल ने भूमि की पैमाइश की थी उसी प्रकार इसने भी की। उस सुधार से प्रजा की दशा भी सुधरी और राज्य की आमदनी भी बढ़ी।

गोलकुंडा और बीजापुर पर पुनः हमला

इन दोनों राज्यों ने मुगलों से संधि कर ली थी और उसकी अधीनता भी मानते थे। लेकिन उनकी स्वतंत्रता औरंगजेब को नहीं सुहाती थी। अतः उसने इन राज्यों को मुगल साम्राज्य में मिलाने का बहाना खोजना शुरू किया। बहाना उसे मिल गया। गोलकुंडा के सुलतान के पास बहुत सा कर बाकी था, अतः औरंगजेब ने गोलकुंडा पर आक्रमण कर दिया। उसी समय शाहजहाँ ने युद्ध बंद करने की आज्ञा दी, फलतः युद्ध बंद हो गया और सुलतान से संधि हो गई। इस संधि में सुलतान ने बाकी कर दे दिया तथा युद्ध का हर्जाना और एक जिला मुगलों को दिया।

सन् 1656 ई. में बीजापुर का सुलतान मर गया। अतः औरंगजेब ने बीजापुर पर आक्रमण किया। लेकिन उसी समय शाहजहाँ बीमार पड़ा और औरंगजेब उत्तर की ओर लौट गया।

मुमताज महल की मृत्यु

सन् 1631 ई. में शाहजहाँ की पत्नी मुमताज महल की मृत्यु बुरहान में प्रसव पीड़ा के कारण हो गई। शाहजहाँ उसे बहुत प्यार करता था। उसकी याद में उसने आगरा में यमुना के किनारे एक मकबरा बनवाया, जो 'ताजमहल' के नाम से विख्यात है।

शाहजहाँ का शासन प्रबंध

शाहजहाँ को जहाँगीर के काल से ही शासन के कामों को देखने का अवसर मिला था। अतः शासन के कामों में वह दक्ष था। यही कारण है कि गद्दी पर बैठने के बाद उसने शासन का इतना सुंदर प्रबंध किया कि उसका शासनकाल इतिहास में स्वर्णयुग कहलाया। शासन में उसने अकबर की नीति का अनुसरण किया। प्रजा को सुख-सुविधा पहुँचाने के लिए उसने हरसंभव उपाय किए। उसके शासन में प्रजा उससे खुश थी। सड़कों की मरम्मत करवाना, किनारे पर वृक्ष लगवाना, सराय बनवाना आदि प्रजाहित के कार्य वह हमेशा करता रहा। कई इतिहासकारों ने भी उसके शासन की भूरि-भूरि प्रशंसा की है। सैन्य प्रबंध उसने अकबर की तरह ही किया। उसके शासनकाल में राज्य की आर्थिक

स्थिति संतोषप्रद थी। व्यापार की काफी उन्नति हुई। जगह-जगह राज्य की ओर से कारखाने बने थे जिनमें विभिन्न कार्यों का प्रशिक्षण दिया जाता था। धार्मिक असहिष्णुता होने पर भी सम्राट में लोगों की भक्ति थी। सामाजिक शांति भी बनी हुई थी। उसके शासन के संबंध में कहा जाता है कि—"शाहजहाँ का शासन ऐसा था, जैसा कि पिता का अपने परिवार और पुत्रों पर होता है।"

शाहजहाँ की न्याय व्यवस्था भी सराहनीय थी। यद्यपि दंड विधान कठोर थे, पर सबको उचित इंसाफ मिलता था। शाहजहाँ ने साहित्य और कला-कौशल की उन्नति की ओर पूरा ध्यान दिया। उसके दरबार में बहुत से विद्वान् रहते थे। शाहजहाँ स्वयं बहुत बड़ा विद्वान् था। साहित्य के साथ-साथ संगीत, चित्र आदि कलाओं की पर्याप्त उन्नति हुई।

कला-कौशल

कला-कौशल के क्षेत्र में अधिक उन्नति भवननिर्माण कला की हुई। उसने अपने नाम पर एक नई दिल्ली बसाई। दीवाने खास-दीवाने आम आदि उसके बनवाए प्रसिद्ध भवन हैं। उसका बनाया ताजमहल तो आज भी 'संगमरमर का स्वप्न' कहलाता है। दिल्ली में जामा मसजिद और आगरा में मोती मसजिद भी प्रसिद्ध इमारत हैं। इमारतों को डॉ. बनारसी प्रसाद ने Sumptuously feast the eyes of foreigners कहा है। कला का सबसे सुंदर नमूना 'तख्ते-ताउस' है। उसमें हीरे और जवाहरात जड़े थे और यह सात साल में बनकर तैयार हुआ था तथा इस पर एक करोड़ रुपया खर्च हुआ था। यह सिंहासन संसार के सिंहासनों में प्रसिद्ध है। शाहजहाँ यमुना के दूसरी ओर एक काले संगममर का ताजमहल बनवाना चाहता था और काले तथा सफेद संगमरमर को एक चाँदी के पुल से जोड़ देना चाहता था। लेकिन उसकी यह इच्छा पूरी न हुई। इस प्रकार शाहजहाँ के शासनकाल में कला की उन्नति हुई। किसी इतिहासकार ने लिखा है—Shahjahan was a great builder and he has rightly been called the prince of builders.

शाहजहाँ के पुत्रों के बीच उत्तराधिकार का युद्ध

मुगलों में उत्तराधिकार का कोई निश्चित नियम नहीं था। तलवार के जोर

पर ही वे गद्दी पर बैठते थे। गद्दी पाने के लिए मारपीट करना मामूली बात थी। डॉ. दत्त के शब्दों में—''उत्तराधिकार के लिए मारपीट, भाई-भाई में संघर्ष करना चगताई नस्ल की परंपरा के अनुकूल था।'' जब 1657 ई. में शाहजहाँ बीमार पड़ा तब उसके चारों पुत्रों में गद्दी हथियाने के लिए भयंकर युद्ध छिड़ गया।

सबसे बड़ा पुत्र दारा था। वह योग्य, उच्चकोटि का विद्वान् तथा दार्शनिक था। शाहजहाँ उसे बहुत प्यार करता था और अपना उत्तराधिकारी भी उसे ही मनोनीत किया था। यद्यपि वह पंजाब का सूबेदार था, पर हमेशा पिता के साथ आगरा में ही रहता था। वह धार्मिक खयाल का व्यक्ति था और राजनीति में उसे विशेष दिलचस्पी नहीं थी। यही कारण है कि वह अच्छा सैनिक और राजनीतिज्ञ नहीं बन सका। प्रो. कानूनगो के अनुसार—He was more a philosopher than a Politician. अत: राज्य के लोगों को प्रसन्न नहीं रख सका। शाहजहाँ का दूसरा पुत्र शुजा था। उसमें योग्य सेनापति के सभी गुण थे। वह साहसी, बुद्धिमान तथा दृढ़ संकल्पी था। षड्यंत्र करने में यह सबसे निपुण था। राजनीति और कूटनीति में वह पारंगत था। लेकिन इतने गुण होने पर भी वह किसी काम का न हुआ। यह सुरा और सुंदरी के पीछे ही बेहाल रहता था और हमेशा शराब पीकर मस्त रहा करता था। फलत: इसका चरित्र घोर विलासी बन गया। लेनपुल के शब्दों में—''शुजा का रनिवास ही उसकी महत्त्वाकांक्षाओं की कैद बन गया।'' शाहजहाँ का तीसरा पुत्र औरंगजेब था। वह दक्षिण का सूबेदार था। अपने सभी भाइयों में वह कुशल और दूरदर्शी था। प्रारंभ से ही वह अपने भाइयों से जलता था और गद्दी पाने का उपाय ढूँढ़ रहा था। अपने सैन्य गुण, राजनीतिक कुशलता आदि उसने कई बार प्रकट की थी। बरनियर के शब्दों में—''वह मँझा हुआ शासक और सम्राट था, जिसमें निपुणता और अद्वितीयता विद्यमान थी।'' हंटर के अनुसार—''उसका जीवन आदर्श होता, यदि उसे अपनी राह से हटाने के लिए उसका पिता न होता, हत्या करने के लिए कोई भाई न होता और दमन तथा अत्याचार करने के लिए प्रजा में हिंदू न होते।'' संक्षेप में, जहाँ शाहजहाँ के सभी पुत्र हरम से प्रेम करते थे, वहाँ औरंगजेब को सिंहासन से प्रेम था। सबसे छोटा मुराद था। उस समय वह उत्तर-पश्चिम का सूबेदार था। उसमें वीरता भरी पड़ी थी, लेकिन वह हमेशा औरंगजेब के हाथ का खिलौना

बना रहा। उसके विषय में लेनपूल ने लिखा है—"शाहजहाँ का सबसे छोटा पुत्र सिंह की तरह बहादुर था, लेकिन कूटनीति में मूर्ख था। युद्ध क्षेत्र में वह साक्षात् यम बन जाता था तो शराबखाने में अपने साथियों में सबसे अधिक पीनेवाला।" इस प्रकार मुराद भी विलासी ही था। इन चारों पुत्रों के अलावा शाहजहाँ की जहानआरा और रोशनआरा नाम की दो पुत्रियाँ भी थीं। जहानआरा दारा की ओर और रोशनआरा औरंगजेब की ओर आकृष्ट थी।

शाहजहाँ की बीमारी

सन् 1657 के सितंबर महीने में शाहजहाँ बीमार पड़ा। उसकी बीमारी की खबर पाते ही चारों पुत्र गद्दी की ओर दौड़ पड़े और युद्ध की तैयारी शुरू कर दी। दारा अपने पिता के पास आगरा में ही था और शाहजहाँ उसे ही सम्राट घोषित कर चुका था। अत: अन्य भाइयों ने भी अपने को सम्राट घोषित कर दिया। शाहशुजा और मुराद दोनों ने शाह की उपाधि धारण कर ली। दोनों ने अपने नामों के सिक्के भी प्रारंभ कर दिए। शाहशुजा अपने को बंगाल का सम्राट घोषित कर एक विशाल फौज ले आगरा की ओर चल पड़ा। लेकिन बनारस में दारा के पुत्र सुलेमान ने उसे पराजित कर दिया और वह हारकर पुन: बंगाल की ओर भाग गया। औरंगजेब बड़ा दूरदर्शी था। वह जान गया कि अकेला कोई भी दारा को युद्ध में परास्त नहीं कर सकता है। अत: वह अवसर की बाट जोहने लगा। इधर मुराद ने भी अपने को अहमदाबाद का सम्राट घोषित किया और एक सेना लेकर आगरा की ओर चल पड़ा। औरंगजेब इसी मौके की ताक में था। उसने मुराद से एक संधि कर ली जिसमें यह तय हुआ कि दारा से छीने गए साम्राज्य को वे दोनों आपस में बाँट लेंगे एवं खजाना भी आधा बँट जाएगा। यह भी तय हुआ कि पंजाब, काबुल, कश्मीर और सिंध के इलाके मुराद को मिलेंगे तथा शेष भाग औरंगजेब का होगा। मुराद औरंगजेब की चाल में आ गया और दोनों की सेना मालवा में दीपालपुर के निकट आकर मिल गई।

धरमत का युद्ध

औरंगजेब और मुराद की मिली-जुली सेना आगरा की ओर चल पड़ी। गमहरिया नदी के पश्चिम तट पर पड़ाव पड़ा। जब दारा को यह सूचना मिली

तब उसने भी एक विशाल सेना को तैयार किया और जसवंतसिंह तथा कासिम खाँ के नेतृत्व में उस सेना को कूच का आदेश दे दिया। दोनों ओर की सेना का सामना 15 अप्रैल, 1658 को उज्जैन से 14 मील उत्तर धरमत के मैदान में हुआ। घमासान युद्ध के बाद शाही सेना हार गई। इस युद्ध में औरंगजेब की न केवल प्रतिष्ठा बढ़ी वरन् बहुत साधन और युद्ध के सामान भी उसके हाथ लगे। उसकी सैन्य सफलता के यश ने उसे सारे भारतवर्ष में अजेय बना दिया।

सामूगढ़ का युद्ध

धरमत के युद्ध में विजयी होकर औरंगजेब आगरा की ओर बढ़ा और सामूगढ़ के मैदान में पहुँचा। दारा ने भी उसका सामना करने के लिए सामूगढ़ में घेरा डाला। लेकिन दारा की फौज असंगठित थी, अतः जब 28 मई को युद्ध प्रारंभ हुआ तो औरंगजेब के कुशल सेनापतित्व के सामने दारा की फौज न टिक सकी और भाग खड़ी हुई। विजयी होकर औरंगजेब ने आगरा में प्रवेश किया। कुछ दिनों तक शाही सेना ने दुर्ग की रक्षा की, पर अंत में औरंगजेब का आगरा पर अधिकार हो गया। उसने शाहजहाँ को कैद कर लिया और राज्य का सर्वेसर्वा बन बैठा। गद्दी पर बैठते ही उसने धोखे से मुराद का वध करवा दिया। बाद में दारा भी पकड़ा गया और औरंगजेब ने इसे भी मरवा डाला। उसी प्रकार शुजा का भी अंत हो गया।

उत्तराधिकार के युद्ध के कारण और परिणाम

कारण

शाहजहाँ के पुत्रों के बीच उत्तराधिकार के युद्ध के कई कारण हैं—

1. शाहजहाँ के पुत्रों के बीच आपसी प्रेम का अभाव
2. शाहजहाँ की मृत्यु का भय
3. शाहजहाँ की घोषणा
4. पुत्रों की महत्त्वाकांक्षा
5. योग्य सेनापति का अभाव
6. राजकुमारों पर जहानआरा और रोशनआरा का प्रभाव
7. उत्तराधिकारी नियम का अभाव

पुत्रों में प्रेम का अभाव

शाहजहाँ के पुत्रों में आपसी प्रेम का अभाव था। प्रत्येक पुत्र एक-दूसरे से जलता रहता था। औरंगजेब अव्वल दरजे का शक्की था और अपने भाइयों पर हमेशा अविश्वास करता रहता था।

सम्राट की मृत्यु का भय

दूसरा कारण यह था कि शाहजहाँ जब बीमार पड़ा तब सभी भाइयों के दिल में यह शक पैदा हो गया कि अगर शाहजहाँ की मृत्यु हो गई तब दारा गद्दी पर अधिकार जमा लेगा, क्योंकि उस समय वही आगरा में था।

सम्राट की घोषणा

शाहजहाँ ने बीमार पड़ते ही दारा को अपना उत्तराधिकारी घोषित कर दिया। इस खबर से सभी भाइयों में सनसनी फैल गई।

महत्त्वाकांक्षा

शाहजहाँ के सभी पुत्र प्रौढ़ हो चुके थे। सभी को राजकाज की जानकारी भी हो गई थी। अत: अब सभी राज्य पर अधिकार करने की सोच रहे थे।

सेनापति का अभाव

दरबार में अब कोई योग्य सेनापति नहीं बचा था। न कोई ऐसा व्यक्ति ही था, जो इन पुत्रों को समझाता। फलत: गृहयुद्ध दिन-प्रतिदिन बढ़ता गया।

उत्तराधिकारी नियम का अभाव

सबसे प्रधान कारण था उत्तराधिकार के नियम का न होना। मुगलों में तलवार ही निर्णायक थी। अत: बिना युद्ध के निर्णय हो ही नहीं सकता था। फलत: इन सभी कारणों से यह युद्ध प्रारंभ हुआ।

युद्ध के परिणाम

इस युद्ध के कई महत्त्वपूर्ण परिणाम निकले। मुगलों की सभी शासन व्यवस्था ढीली पड़ गई। गृहयुद्ध की आग जोरों से फैली। इससे आसपास के

शत्रुओं को मौका मिला। शाहजहाँ और जहानआरा को कैदी का जीवन बिताना पड़ा। राज्य की अपार संपत्ति और सैनिकों की क्षति हुई। दक्षिण के जितने भी राज्य थे, वे बहुत दिनों तक मुगलों की साम्राज्यवादी नीति के शिकार होने से बच गए। औरंगजेब भारत का सम्राट हुआ, जो हर प्रकार से योग्य था।

शाहजहाँ के अंतिम दिन

शाहजहाँ के जीवन के अंतिम दिन सुख से नहीं बीते। उसे औरंगजेब के हाथों बंदी होना पड़ा। कैद में भी उस पर बहुत से जुल्म ढाए गए। यहाँ तक कि पानी के अभाव में उसे तड़प-तड़पकर रहना पड़ा। उसकी फरियाद, आरजू और मिन्नत का असर औरंगजेब के दिल पर जरा भी नहीं हुआ। शाहजहाँ ने भी अपने घमंडी पुत्र को ढोंगी और लुटेरा कहकर चिल्लाते-चिल्लाते सो जानेवाले बच्चे की तरह शिकायत करना छोड़ दिया। वह हमेशा ताजमहल की ओर निहारा करता था और अंत में 22 फरवरी, 1666 ई. को उसकी मृत्यु हो गई। मृत्यु के समय उसकी उम्र 74 वर्ष थी।

विपक्ष के तर्क

1. शाहजहाँ के काल में मुगल साम्राज्य का पतन आरंभ हो गया था।
2. शाहजहाँ का चरित्र दूषित था।
3. उसके शासनकाल में उत्तराधिकार युद्ध हुआ।
4. मध्य-एशिया नीति और कांधार नीति असफल हो गई।
5. इमारत बनवाने के लिए उसने खजाना खाली कर दिया।
6. जनता कर के बोझ से दब गई।
7. उसके काल में दो-दो बार भयंकर अकाल पड़े।
8. धार्मिक मामलों में वह उदार नहीं था।
9. न्याय व्यवस्था कठोर थी।
10. वह परिवार में केवल दारा को अधिक चाहता था।

क्या शाहजहाँ का शासनकाल स्वर्णयुग था ?

जहाँगीर के शासनकाल से ही शाहजहाँ को शासन कार्य देखने का मौका

मिला था। अतः जब वह गद्दी पर बैठा तो उसे शासन के कामों की अच्छी जानकारी थी और उसने शासन का इतना सुंदर प्रबंध किया कि कुछ ही दिनों में राज्य में अभूतपूर्व उन्नति आई। इसी कारण उसका शासनकाल मुगलकाल का स्वर्णयुग कहलाया। लेकिन बहुत से विद्वान् उसके शासनकाल को स्वर्णयुग मानने के पक्ष में नहीं हैं। उनका कहना है कि शाहजहाँ के काल से ही मुगलों का पतन होना शुरू हो गया था। उस शान-शौकत तथा राज्य के चमकीले वैभव में पतन के बीज बोए जा चुके थे। जो औरंगजेब के काल में उगे और उसका पतन हुआ। यह बात सही है कि शाहजहाँ के शासनकाल का अंधकार पक्ष भी है। एक तो उसका चरित्र स्वयं दूषित था। अपने पिता के विरुद्ध उसने विद्रोह किया था। खुसरो का वध करवा दिया था। उसका व्यक्तिगत चरित्र भी क्रोधी, विलासी और कामातुर था। वह अपने बड़े पुत्र को सबसे ज्यादा चाहता था। जिसका फल उत्तराधिकार के युद्ध के रूप में उसे मिला। शाहजहाँ की मध्य एशिया नीति तथा कांधार की नीति बिल्कुल असफल रही और उससे राज्य को आर्थिक क्षति हुई। उसने यद्यपि भवन बनवाए, लेकिन उन इमारतों के लिए उसने खजाने का सारा धन फूँक दिया। फलतः उसका भार गरीब जनता को ढोना पड़ा। जनता कर के बोझ से परेशान हो गई। इसी का नतीजा था कि उसके शासनकाल में दो बार भयंकर अकाल पड़े जिसमें लाखों लोगा भूखे मर गए। धार्मिक मामलों में भी शाहजहाँ उदार नहीं था। उसने हिंदुओं के साथ कठोरता का व्यवहार किया और उनके कई मंदिरों को तुड़वा डाला। उसकी न्याय व्यवस्था कठोर थी और दंड विधान कड़े थे। इन सभी कारणों के चलते बहुत से विद्वान् शाहजहाँ के शासनकाल को स्वर्ण युग मानने से इनकार करते हैं। लेकिन ऐसी बात है नहीं। यदि उस काल की परिस्थिति पर गहराई से विचार किया जाए तो स्पष्ट हो जाएगा कि शाहजहाँ के ये सारे दुर्गुण परिस्थितिजन्य थे। उसका शासनकाल वस्तुतः स्वर्णयुग कहलाने का गौरव पा सकता है।

शाहजहाँ ने अपने पिता एवं भाइयों के साथ जो व्यवहार किया था, वह उस काल में उचित ही था। जबकि मुगलों में उत्तराधिकार नियमों का अभाव था और तलवार ही निर्णायक थी, तब शाहजहाँ तलवार पर ही भरोसा रख सकता था और ऐसा ही उसने किया भी। साधारणतः वह प्रेमी था और अपने परिवार से

प्रेम करता था। टर्नियर के शब्दों में—"शाहजहाँ इस प्रकार शासन नहीं करता था जिस प्रकार कि एक राजा अपनी प्रजा पर करता है। उसका शासन ऐसा था जैसा कि पिता का अपने परिवार तथा पुत्रों पर होता है।" उसके शासनकाल में सामाजिक शांति और सुव्यवस्था थी। दो-दो बार अकाल पड़ने पर भी शांति भंग नहीं हुई। यद्यपि दो चार छोटे-मोटे विद्रोह हुए, पर उन्हें इस प्रकार कुचल दिया गया कि वे फिर कभी सिर न उठा सके। शाहजहाँ के शासनकाल में किसी बाहरी शत्रु ने आक्रमण नहीं किया। व्यापारिक उन्नति की दृष्टि से भी उसका काल महत्त्वपूर्ण है। शाहजहाँ ने विदेशी व्यापार को भी प्रोत्साहन दिया और व्यापार की प्रगति के लिए उसने कई सड़कें बनवाईं तथा व्यापारियों के माल की हिफाजत की व्यवस्था की। व्यापारिक उन्नति के फलस्वरूप देश धन-धान्य से भर गया। शाहजहाँ के दरबार की शान-शौकत की कहानी विदेशों में भी प्रसिद्ध थी। शाहजहाँ ने साहित्यिक उन्नति की ओर विशेष ध्यान दिया। उसका दरबार विद्वानों से भरा रहता था। वह स्वयं भी बहुत बड़ा विद्वान् था। कवि और अध्यात्मवादियों के अलावा उसके दरबार में अब्दुल हमीद लाहौरी, काज बीबी, इनायत खाँ आदि प्रसिद्ध इतिहासकार रहते थे। उसका पुत्र दारा भी संस्कृत और फारसी का बहुत बड़ा विद्वान् था। चिंतामणि त्रिपाठी, आचार्य सुंदरदास आदि प्रसिद्ध कवि इसी काल में हुए थे। शाहजहाँ ने शिक्षा के प्रचार-प्रसार के लिए बहुत से शिक्षा केंद्र भी स्थापित किए।

साहित्य के साथ-साथ संगीत, चित्रकला आदि की चतुर्मुखी प्रगति हुई। तानसेन का दामाद लाल खाँ, जो 'गुम समुंद्र' कहलाता था, संगीत का बहुत बड़ा ज्ञाता था।

शाहजहाँ का काल भवन निर्माण की दृष्टि से वस्तुतः स्वर्णकाल था। जितने सुंदर भवन इस काल में बनाए गए, उतने अन्य काल में नहीं बने। इसीलिए कहा गया है—Sahjahan was a great builder and he has rightly been called the prince of builders. उसने अपने नाम से एक नई दिल्ली बसाई। उसके बनाए दीवाने आम और दीवाने खास आज भी प्रसिद्ध हैं। दिल्ली का लालकिला, जामा मसजिद और आगरा की मोती मसजिद वस्तुतः मुगल वास्तुकला की पराकाष्ठा के परिचायक हैं। उसने अपनी पत्नी की याद में

जो समाधि बनाई वह आज भी 'ताजमहल' के रूप में विश्वविख्यात है। हजारों विदेशी आज भी इसे देखकर अपनी आँखें तृप्त करते हैं। इसे 'संगमरमर का स्वप्न' कहा जाता है। 'तख्ते ताउस' कला का सबसे प्रसिद्ध नमूना था। इसमें हीरे-जवाहरात जड़े थे। इस प्रकार शाहजहाँ ने कई प्रसिद्ध इमारत बनवाईं, जो आज भी भारत की निधि हैं।

शाहजहाँ की न्याय व्यवस्था भी प्रशंसनीय थी। न्याय के मामले में वह किसी के साथ पक्षपात नहीं करता था और फैसला खूब सोच-विचारकर देता था। दंडविधान इतने कड़े थे कि अपराधी अपराध करने का साहस नहीं कर सकता था। इस प्रकार सभी दृष्टियों से शाहजहाँ का काल स्वर्णयुग माना जा सकता है।

शाहजहाँ का चरित्र

1. परिश्रमी, साहसी और वीर
2. कुशल सैनिक
3. महत्त्वाकांक्षी
4. प्रेमी पिता और पति
5. प्रजा वत्सल
6. साहित्य और कला का प्रेमी
7. न्यायप्रेमी
8. धार्मिक मामलों में अनुदार
9. व्यक्तिगत चरित्र दूषित

शाहजहाँ का चरित्र

भारत के इतिहास में शाहजहाँ का चरित्र अनोखा है। उसमें अपने पिता और पुत्र दोनों के गुण विद्यमान थे। कुछ मामलों में अकबर और जहाँगीर की तरह वह उदारवादी था तो कुछ मामलों में औरंगजेब की तरह अनुदारवादी। इसी कारण से उसके चरित्र के संबंध में विभिन्न मत हैं।

शाहजहाँ महत्त्वाकांक्षी था। प्रारंभ से ही वह गद्दी हथियाना चाह रहा था और उसे प्राप्त करने के लिए उसने एड़ी-चोटी का जोर लगा दिया। उसमें साहस, परिश्रम और वीरता के गुण भरे पड़े थे। जहाँगीर के समय में उसने कई

युद्ध जीतकर अपने सैन्य गुणों का परिचय दिया। डॉ. सक्सेना के अनुसार—"जहाँगीर के राज्य का इतिहास प्रमुखत: शाहजहाँ खुर्रम की चमत्कारपूर्ण विजयों का आलेख है।"

शाहजहाँ ने एक प्रेमी का दिल पाया था। 'ताजमहल' आज भी उसके प्रेम की यादगार है। अपने परिवार को वह बहुत प्यार करता था। साहित्य, कला के प्रति उसका विशेष अनुराग था। इमारत बनवाने का उसे बड़ा शौक था। न्याय के मामले में वह कठोर था और न्याय के सामने किसी तरह का भेदभाव नहीं करता था। उसका अधिकांश समय प्रजा की भलाई में ही बीतता था। अकाल पड़ने पर उसने प्रजा की बहुत अधिक सहायता की थी। वह प्रजा को राजा की तरह नहीं वरन् पिता की तरह प्यार करता था। लेकिन धार्मिक मामलों में वह अनुदार था। हिंदुओं के साथ उसके संबंध अच्छे नहीं थे। अपने दैनिक जीवन में वह कठोर खिलाड़ी और निर्दयी बादशाह था।

प्रश्न—

1 नूरजहाँ कौन थी? देश के शासन में उसका क्या योगदान था?

2 नूरजहाँ कौन थी? जहाँगीर के साथ उसकी शादी का उसके शासन पर क्या प्रभाव पड़ा?

3 जहाँगीर के राज्यकाल की प्रमुख घटनाओं का वर्णन करें।

4 शाहजहाँ के शासनकाल को स्वर्ण युग क्यों कहा जाता है?

5 शाहजहाँ के शासनकाल में उत्तराधिकार के युद्ध के विषय में आप क्या जानते हैं।

6 शाहजहाँ के राज्य की प्रमुख घटनाओं का वर्णन कीजिए।

नोट—नूरजहाँ, मुमताज महल, ताजमहल, महावत खाँ, मलिक अंबर, शेरअफगन दारा।

□

4

औरंगजेब (सन् 1658–1707)

प्रतिद्वंद्वियों का अंत

यद्यपि शाहजहाँ को बंदी बनाकर औरंगजेब गद्दी पर बैठा था, पर अभी भी उसके कई दुश्मन थे जिनसे उसे खतरा हो सकता था। उसके सभी भाई अभी जीवित थे और गद्दी पर अपना हक जताते थे। औरंगजेब ने एक–एक कर अपने सभी प्रतिद्वंद्वियों को अपने मार्ग से हटाया। सबसे पहले उसने मुराद से निपटना जरूरी समझा। उसने दावत के बहाने से मुराद को बुलाकर कैद कर लिया, बाद में सन् 1661 ई. में अली की हत्या के अपराध में उसे फाँसी दे दी गई। शाहशुजा खुजहा के युद्ध में हार गया था और मीरजुमला के भय से अराकान की पहाड़ियों में जा छिपा था। वहीं अराकानवालों ने उसकी हत्या कर दी। दारा भी औरंगजेब से हारकर सिंध की ओर भागा, लेकिन पकड़ा गया। औरंगजेब ने बड़ी बेरहमी से उसको फाँसी पर लटका दिया। दारा के पुत्र सुलेमान को भी मार डाला गया। दारा के छोटे पुत्र और मुराद के लड़के को जीवित रखा गया और बाद में औरंगजेब ने अपने प्रतिद्वंद्वियों को समाप्त कर अपना मार्ग निष्कंटक कर लिया।

औरंगजेब का राज्याभिषेक

अपने सभी प्रतिद्वंद्वियों को मार्ग से हटाकर औरंगजेब गद्दी पर बैठा। उसका राज्याभिषेक दो बार हुआ। पहली बार 21 जुलाई, 1658 को सामूगढ़ के युद्ध में विजयी बनने के बाद उसने अपना राज्याभिषेक किया। लेकिन यह शुभ मुहूर्त नहीं था, अतः पुनः 5 जून, 1659 ई. को दूसरी बार उसका राज्याभिषेक हुआ। यह राज्याभिषेक बड़े धूमधाम से संपन्न हुआ। औरंगजेब ने अपना नाम 'अबुल मुजफ्फर मोहीउद्दीन मुहम्मद औरंगजेब आलमगीर' रखा।

प्रारंभिक जीवन

औरंगजेब का जन्म 3 नवंबर, 1618 ई. को उज्जैन में हुआ था। दस वर्ष की अवस्था से इसकी शिक्षा-दीक्षा प्रारंभ हुई। इसकी प्रतिभा प्रारंभ से ही प्रखर थी। बहुत कम उम्र में अरबी, फारसी, हिंदी, तुर्की आदि भाषाओं का उसने अच्छा ज्ञान प्राप्त कर लिया। उसे सैन्य शिक्षा भी मिली। 1636 ई. में उसे दक्षिण का गवर्नर तथा 1644 ई. में गुजरात का गवर्नर बनाया गया। इसी समय उसने कांधार पर आक्रमण किया, लेकिन उसे सफलता नहीं मिली। जिस समय शाहजहाँ की बीमारी की खबर उसे मिली, उस समय वह दक्षिण में था।

आरंभिक सुधार

गद्दी पर बैठकर औरंगजेब ने अपने पूर्वजों की नीति का अनुसरण कर कई सुधार किए। शाहजहाँ के पुत्रों के बीच घरेलू युद्ध होने से आंतरिक अव्यवस्था फैल गई थी। फौजों, डाकुओं आदि के चलते खेती नष्ट हो गई थी। जनता चुंगी और अनेक प्रकार के कर के भार से तबाह थी। जनता इस अशांति और दुःख का कारण औरंगजेब को ही समझ रही थी, अतः वह उससे असंतुष्ट थी। सबसे पहले औरंगजेब ने जनता को खुश करके उसका विश्वास प्राप्त करना चाहा। जनता के प्रति उसने उदारता की नीति बरती। अमीर, गरीब सभी को भारी इनाम बाँटा गया। बहुत से कर हटा दिए गए। राहजनी, घाट, राजमार्ग आदि पर लगनेवाला कर हटा दिया गया। व्यापार की उन्नति के लिए चुंगी की दर घटा दी गई। उच्च पदाधिकारियों को नियंत्रण में लाया गया जिससे शासन में शांति आई। हिंदुओं को खुश करने के लिए उसने कई प्रकार के धार्मिक टैक्स बंद कर दिए। सुन्नी मुसलमानों को खुश करने के लिए सिक्कों पर कलमा खुदवाना तथा नौरोज का उत्सव बंद करा दिया। नशीली वस्तुओं का व्यवहार बंद कर दिया गया। औरंगजेब ने झरोखे से दर्शन देने की प्रथा भी खत्म कर दी। अपने मित्रों तथा राजपूतों को खुश करने के लिए उन्हें राज्य में ऊँचे-ऊँचे पद दिए। जनता की नैतिकता को उठाने का उसने प्रयास किया। इसके लिए कई प्रकार के कानून बनाए गए। इस प्रकार गद्दी पर बैठते ही औरंगजेब ने सुधार की जो नीति बनाई, उससे उसके राज्य की नींव और भी मजबूत हो गई।

औरंगजेब और उत्तर-पश्चिमी एवं पूर्वी सीमा

आंतरिक शांति स्थापित करके औरंगजेब ने अपने साम्राज्य के सीमा विस्तार का प्रयास किया। उसके 50 वर्षों के शासनकाल में मुगल साम्राज्य का काफी विस्तार हुआ। भारत की उत्तरी-पश्चिमी सीमा पर कई कबीली जातियाँ रहती थीं, जो हमेशा आसपास के इलाकों में लूटपाट मचाया करती थीं और यदा-कदा औरंगजेब के राज्य पर भी आक्रमण कर बैठती थीं। इन जातियों में यूसुफ भाइयों का सरदार भागू था। भागू ने सिंधु नदी पार कर मुगल राज्य पर धावा बोल दिया। लेकिन सन् 1667 ई. में कामिल खाँ के नेतृत्व में एक सेना भेजकर इस आक्रमण को विफल बना दिया गया। सन् 1672 ई. में दूसरा विद्रोह शुरू हुआ। अफरीदी नेता अकमल खाँ ने अपने को स्वतंत्र घोषित कर दिया और उसने धार्मिक युद्ध छेड़ दिया। खटकों ने भी इसी समय विद्रोह का झंडा खड़ा कर दिया। इस विद्रोह को रोकने के लिए महावत खाँ, सुजात खाँ तथा जसवंत सिंह आदि योद्धा भेजे गए, लेकिन शाही फौज की हार हो गई। इस हार से औरंगजेब की प्रतिष्ठा को गहरा धक्का लगा। उसने कूटनीति का सहारा लिया और अफगानों को रुपए का लोभ देकर अपनी ओर मिला लिया। इसी प्रकार और भी कई विद्रोही सरकारी नौकर, जागीर आदि देकर मिला लिये गए। औरंगजेब ने 'दो हड्डियों को परस्पर मारकर' तोड़नेवाली नीति अपनाकर विद्रोहियों को ही आपस में लड़ा दिया और तब कहीं जाकर इस ओर शांति कायम हुई। लेकिन इस युद्ध में औरंगजेब को कई हानियाँ उठानी पड़ीं। धन का बहुत अधिक अपव्यय हुआ और उत्तर में बहुत दिनों तक लगे रहने के कारण दक्षिण में शिवाजी को अपनी शक्ति बढ़ाने का मौका मिल गया।

आसाम पर चढ़ाई

सन् 1658 ई. में कूच बिहार के राजा ने आसाम की राजधानी गौहाटी पर अधिकार कर लिया था। प्रारंभ में मुगल सम्राट उस ओर ध्यान न दे सके थे, लेकिन सन् 1661 में बंगाल के सूबेदार मीरजुमला ने कूच बिहार और आसाम पर आक्रमण करके उसे अपने अधिकार में कर लिया। उनकी मृत्यु के बाद दूसरी बार 1663 में पुनः आसाम पर आक्रमण कर उसे पूरी तरह मुगल साम्राज्य में मिला लिया गया।

बंगाल पर चढ़ाई

बंगाल का गवर्नर शाइस्ता खाँ था। उस समय पुर्तगाली डाकू बंगाल में अशांति मचाए हुए थे। वे बराबर बंगाल को लूटते रहते थे। शाइस्ता खाँ ने पुर्तगालियों को दबाया और सोनदीप पर अधिकार कर लिया। उसने अराकान के राजा से चटगाँव भी छीन लिया। सन् 1661 ई. में दाऊद खाँ ने पलामू को जीतकर उसे दक्षिण बिहार में मिला दिया। लद्दाख और तिब्बत के शासक ने भी औरंगजेब की अधीनता मान ली।

धार्मिक नीति

1. इसलाम धर्म की उन्नति
2. कुरान शरीफ के आधार पर शासन व्यवस्था
3. गैर-मुसलिम देश पर कब्जा
4. संगीत, नृत्य, ज्योतिष आदि का विरोधी
5. मूर्तिपूजा का विरोधी
6. धार्मिक उत्सवों पर रोक
7. सादे आचरण का समर्थक
8. नशीली वस्तुओं का बहिष्कार
9. हिंदुओं के साथ कठोरता का व्यवहार

औरंगजेब की धार्मिक नीति

भारत के इतिहास में औरंगजेब का शासनकाल धार्मिक कट्टरता तथा असहिष्णुता के लिए प्रसिद्ध है। यद्यपि प्रारंभ में उसने धार्मिक उदारता दिखलाई, पर बाद में उसने इस नीति का त्याग कर दिया। उसके दादा अकबर ने जिस धार्मिक सहिष्णुता का परिचय दिया औरंगजेब ने ठीक उलटा ही परिचय दिया, उसने हिंदुओं के प्रति कठोरता का व्यवहार किया। जिस प्रकार मुसलमानों के समय में कभी अलाउद्दीन ने हिंदुओं के साथ जिस कठोरता का परिचय दिया था वैसी ही कठोरता औरंगजेब ने भी दिखाई। उसने अपने राजत्व-सिद्धांत को बतलाते हुए एकबार कहा था—I was sunt into the wored by providence to line and labour not for my self but for others.

It is my duty not to think of my own happiness except so far as it is in separately connected with the happiness of my people. (Berni)

औरंगजेब कट्टर सुन्नी था। उसके जीवन का एकमात्र उद्‌देश्य था—इसलाम धर्म की उन्नति और प्रसार। वह कुरान में लिखित बातों का पालन अपना धर्म समझता था। कुरान शरीफ के कानूनों के आधार पर ही उसने राज्य का शासन किया। गैर–मुसलिम देश में धर्मयुद्ध करना वह अपना कर्तव्य समझता था। दरबार से गाना–बजाना बंद कर दिया गया और सभी गवैया हटा दिए गए। नौरोजी के उत्सव बंद कर दिए गए। यहाँ तक कि ज्योतिषियों को भी दरबार से निकाल बाहर कर दिया गया। राज्य के उच्च अधिकारियों को भी यह आदेश दिया गया कि वे कुरान के अनुसार ही अपना जीवन बिताएँ। मूर्तिपूजा को वह घृणा की दृष्टि से देखने लगा। यही कारण था कि उसने हिंदुओं के मंदिर तोड़ डाले। होली, मुहर्रम आदि के अवसरों पर जुलूस निकालने पर रोक लगा दी गई। सरकार की ओर से कई पदाधिकारी बहाल किए गए जिनका काम यह देखना था कि जनता कुरान शरीफ के अनुसार आचरण करती है या नहीं? लेकिन उसके धार्मिक सिद्धांत की सबसे बड़ी विशेषता यह थी कि वह जो कहता था, स्वयं करता था। वह दूर जीवन सादे ढंग से व्यतीत करता था। शराब पीना, अफीम खाना आदि दुर्गुणों से वह अलग था। युद्ध में भी नमाज पढ़ने से बाज नहीं आता था। उसकी इस धार्मिक कट्टरता के कारण मुसलमानी जनता उसे 'जिंदा पीर' कहती थी।

हिंदू नीति

औरंगजेब की धार्मिक नीति और हिंदू नीति एक–दूसरे से संबंधित हैं। अपनी धार्मिक कट्टरता के कारण उसने हिंदुओं के साथ कठोरता का व्यवहार किया। सबसे पहले उसने हिंदुओं के मंदिरों को नष्ट करना शुरू किया। उसने आदेश निकाला कि हिंदुओं के सभी मंदिर तोड़ दिए जाएँ। इस कार्य के लिए उसे कर्मचारी भी बहाल करने पड़े। मथुरा, जो मंदिरों की नगरी थी, वहाँ के सारे मंदिर तोड़ डाले गए। मथुरा का नाम बदलकर उसने 'इसलामाबाद' कर दिया। सोमनाथ का मंदिर, काशी का विश्वनाथ मंदिर आदि तोड़ डाले गए और

उनकी जगह बड़ी-बड़ी मसजिदें बनाई गईं। नए मंदिरों के निर्माण एवं मरम्मत पर भी रोक लगा दी गई। मूर्तियाँ तोड़कर अपमानित की गईं। यहाँ तक कि बहुत से मंदिरों में उसने गौ-वध भी करवाया। मंदिर तुड़वाने का सिलसिला उसके जीवन भर जारी रहा। मंदिरों के साथ-साथ शिक्षण संस्थाओं को भी उसने नष्ट कर दिया। उसने आदेश निकाला कि हिंदुओं के सभी शिक्षण संस्थान बंद कर दिए जाएँ। इस तरह उसने हिंदुओं के धर्म के साथ-साथ संस्कृति भी नष्ट करने की चेष्टा की।

औरंगजेब ने फिर से हिंदुओं पर जजिया कर लगा दिया। अकबर ने इसे बंद कर दिया था, लेकिन औरंगजेब ने आदेश निकाला कि हिंदुओं से अधिक-से-अधिक धन वसूला जाए। उसका उद्देश्य था कि हिंदुओं के पास अधिक संपत्ति इकट्ठी न हो और इस प्रकार वे हमेशा सरकार के मोहताज रहें। अत: जजिया कर द्वारा वह हिंदुओं को कर के बोझ से दबा देना चाहता था। जजिया कर के अलावा तीर्थ कर भी वसूल किया जाता था। उनकी वसूली में कठोरता बरती जाती थी।

हिंदू व्यापारियों पर दुगुनी चुंगी लगा दी गई जबकि मुसलमान व्यापारी चुंगी से मुक्त थे।

इतना ही नहीं, हिंदुओं को सरकारी सेवा से वंचित कर दिया गया। बहुत से लोगों को ऊँचे-ऊँचे पदों से हटाकर उन पर मुसलमानों को बहाल किया गया। जो हिंदू इसलाम धर्म स्वीकार कर लेता था, उसे राज्य में ऊँची नौकरी दी जाती थी और उसे भेंटस्वरूप जागीर प्रदान की जाती थी। इस प्रकार उसने हिंदुओं को मुसलमान बनने के लिए कितने ही प्रलोभन दिए।

हिंदुओं पर कई प्रकार के सामाजिक प्रतिबंध लगाए गए। उनके प्रसिद्ध पर्व होली और दीवाली पर रोक लगा दी गई। उन्हें पालकी, हाथी, घोड़े आदि पर नहीं चढ़ने दिया जाता था। इस प्रकार जहाँ अकबर ने हिंदुओं को अपना दोस्त बनाया था, वहीं औरंगजेब ने उन्हें अपना दुश्मन बना लिया। उसकी ऐसी धार्मिक नीति के परिणामस्वरूप जितनी भी प्रमुख हिंदू जाति थीं, सभी ने विद्रोह कर दिया और राजपूत, जो मुगल राज्य के आधार थे, उसके घोर दुश्मन बन गए।

हिंदू नीति

1. मंदिर तोड़ डाले गए।
2. शिक्षण संस्थान बंद कर दिए गए।
3. जजिया कर, तीर्थ कर आदि फिर से लगाए गए।
4. हिंदू व्यापारियों पर दुगुनी चुंगी लगा दी गई।
5. हिंदुओं को नौकरी से अलग कर दिया गया।
6. उनकी स्वतंत्रता छीन ली गई।
7. धर्म परिवर्तन का लोभ दिया गया।

धार्मिक नीति के परिणाम

1. जाटों का विद्रोह
2. बुंदेलों का विद्रोह
3. सतनामियों का विद्रोह
4. सिखों का विद्रोह
5. राजपूतों की शत्रुता
6. हिंदुओं की शत्रुता
7. हिंदुओं में बेकारी
8. देश में आर्थिक संकट
9. कला का ह्रास

संक्षेप में औरंगजेब की उस धार्मिक नीति के निम्नलिखित परिणाम हुए

जाटों का विद्रोह

सबसे पहले जाटों ने विद्रोह किया। उनके नेता गोकला, राजाराम और चूरामन थे। लेकिन जाटों का विद्रोह दबा दिया गया। गोकला का परिवार मुसलमान बना दिया गया। 1668 में राजाराम की भी मृत्यु हो गई।

बुंदेलों का विद्रोह

बुंदेलों ने भी चंपतलाल के नेतृत्व में विद्रोह का झंडा खड़ा किया। चंपतलाल की मृत्यु के बाद छत्रसाल ने विद्रोह को जारी रखा। उसने कई बार मुगल सेना को परास्त भी किया।

सतनामियों का विद्रोह

ये लोग ब्राह्मण थे और औरंगजेब की नीति से सबसे ज्यादा असंतुष्ट थे। इन्होंने मुगलों के छक्के छुड़ा दिए। अंत में स्वयं औरंगजेब ने 1672 में इनको हराया।

सिखों का विद्रोह

अन्य जातियों की तरह सिख भी औरंगजेब के दुश्मन बन गए। वैसे तो जहाँगीर के शासनकाल से ही सिख लोग मुगल साम्राज्य के दुश्मन बन गए थे। औरंगजेब की धार्मिक नीति ने उसे और बढ़ावा दिया और सिखों ने खुलेआम विद्रोह का ऐलान कर दिया। सिखों के गुरु तेगबहादुर ने औरंगजेब की सत्ता को चुनौती दी। लेकिन उन्हें बंदी बनाकर उनका सिर काट दिया गया। उनकी हत्या से सिख और भी ज्यादा बिगड़ गए और उनके बाद सिखों के दसवें गुरु गोविंद सिंह ने खुला संघर्ष शुरू कर दिया, जो औरंगजेब के जीवनकाल तक चलता रहा।

औरंगजेब और राजपूत

राजपूतों ने मुगल साम्राज्य के विस्तार में कंधे-से-कंधा मिलाकर कार्य किया था। अकबर ने राजपूतों के साथ जिस दोस्ती के हाथ को बढ़ाया, राजपूतों ने भी उसका उचित निर्वाह किया। शाहजहाँ के समय तक राजपूत मुगल साम्राज्य के सबसे शक्तिशाली स्तंभ थे, लेकिन औरंगजेब की धार्मिक नीति के चलते वे उसके साम्राज्य के सबसे बड़े शत्रु बन गए। इसी समय औरंगजेब ने राजपूतों के साथ ऐसी नीति अख्तियार की कि राजपूतों की क्रोधाग्नि में घी पड़ गया और वे जी-जान से मुगल साम्राज्य के पीछे हाथ धोकर पड़ गए। औरंगजेब का विश्वास धीरे-धीरे राजपूतों पर से उठता गया। उसने मेवाड़ को अपने अधिकार में करने

का सोचा। इसी समय सन् 1698 ई. में जोधपुर के महाराजा जसवंत सिंह की मृत्यु हो गई। औरंगजेब ने परिस्थिति का लाभ उठाकर मारवाड़ पर अधिकार कर लिया और वहाँ के हिंदुओं पर जबरन जजिया कर लाद दिया।

राजपूतों ने जसवंत के पुत्र अजीत सिंह को मेवाड़ का शासक मानने के लिए औरंगजेब से आग्रह किया, लेकिन औरंगजेब ने उनकी प्रार्थना पर कोई ध्यान नहीं दिया और अजीत सिंह को कैद करने के लिए सेना भेज दी। औरंगजेब के इस रुख से राजपूतों को बड़ी निराशा हुई। दुर्गादास के नेतृत्व में राजपूतों ने लड़ने का फैसला किया। अजीत सिंह को दुर्गादास ने छिपा दिया। औरंगजेब ने मारवाड़ पर चढ़ाई की, लेकिन वह अजीत सिंह को नहीं पा सका। मेवाड़ के राजा राणा राजसिंह ने मुगलों से युद्ध छेड़ा, लेकिन राजपूतों की हार हो गई। मेवाड़ मुगल साम्राज्य में मिला लिया गया, फिर भी राजपूत गोरिल्ला युद्ध करते ही रहे। इसी समय औरंगजेब का पुत्र अकबर भी राजपूतों से मिल गया और औरंगजेब के विरुद्ध विद्रोह कर बैठा। औरंगजेब ने छल का सहारा लेकर राजपूतों का दिल अकबर की ओर से फेर दिया। यद्यपि मारवाड़ युद्ध में राजपूतों की हार हो गई, लेकिन वे हमेशा छिपकर लड़ते ही रहे।

औरंगजेब की राजपूत नीति का सबसे बड़ा प्रभाव यह पड़ा कि राजपूत उसके सबसे प्रबल शत्रु बन गए। अब तक मेवाड़ मुगल साम्राज्य का मित्र बनकर रहता आया था, लेकिन अब से वह दुश्मन बन गया। संपूर्ण राजस्थान औरंगजेब से प्रतिशोध लेने का मौका ढूँढ़ने लगा। मुगल साम्राज्य की प्रतिष्ठा पर भी भारी आघात पहुँचा। राजस्थान की रणभूमि में लाखों सैनिक मारे गए और करोड़ों की संपत्ति बरबाद हो गई। औरंगजेब को दक्षिण विजय तथा पश्चिमोत्तर सीमा के युद्ध में भी राजपूतों की कोई सहायता नहीं मिली। इस तरह 'धार्मिक अत्याचार और राष्ट्रों के दमन का बीज बोकर जलालुद्दीन अकबर के परपोते ने जो फसल काटी, वह युद्ध तथा शासन दोनों में असफलता की फसल थी।'

औरंगजेब और दक्षिण

सन् 1657 ई. में जब शाहजहाँ बीमार पड़ा तब उसके पुत्रों के बीच गद्दी के लिए 'उत्तराधिकार का युद्ध' शुरू हो गया जिससे औरंगजेब की दृष्टि से

दक्षिण बचा रहा। गद्दी पर बैठने के बाद भी बहुत वर्षों तक औरंगजेब उत्तरी भारत की राजनीति में ही उलझा रहा। इससे भी दक्षिण की ओर उसका ध्यान नहीं गया। इतने लंबे समय तक दक्षिण भारत के राजे अपनी शक्ति संगठित कर चुके थे। दक्षिण में एक नई मराठा शक्ति का उदय हो चुका था, जो औरंगजेब का सबसे बड़ा सिरदर्द था। दक्षिण के अन्य छोटे-छोटे राज्यों ने भी शिवाजी से संधि कर ली थी और इस प्रकार वे शक्तिशाली बन गए थे। औरंगजेब जब आंतरिक झंझटों से निश्चिंत हुआ तो अपनी साम्राज्यवादी नीति के परिणामस्वरूप दक्षिण की ओर प्रस्थान किया। उसने तीन उद्देश्य से दक्षिण को जीतने की योजना बनाई। सबसे पहले तो वह अपने पुत्र अकबर को पकड़ना चाहता था, जो शिवाजी की मृत्यु के बाद उनके पुत्र शंभूजी से जा मिला था। दूसरे वह नई मराठा शक्ति को नष्ट करना चाहता था और तीसरा कारण यह था कि दक्षिण के सभी शिया राज्यों को सुन्नी होने के नाते अपने साम्राज्य में मिलाना चाहता था। लेकिन उसकी एक भी इच्छा पूरी नहीं हुई। सन् 1681 ई. में औरंगजेब एक विशाल सेना लेकर दक्षिण पहुँचा, लेकिन चार वर्ष के युद्ध के बाद भी वह अकबर को न पकड़ सका।

बीजापुर

सन् 1685 ई. में उसने बीजापुर पर आक्रमण किया। बीजापुर ने भी मराठों से सहायता पाकर बहादुरी से मुगलों का सामना किया, लेकिन अंत में उनकी हार हो गई। वहाँ का सुलतान सिकंदर कैद कर लिया गया और बीजापुर मुगल राज्य में मिला लिया गया।

गोलकुंडा

बीजापुर के बाद गोलकुंडा की बारी आई। वहाँ की आंतरिक अशांति का फायदा उठाकर औरंगजेब ने उस पर चढ़ाई कर दी (1987)। गोलकुंडा का घेरा करीब 8 महीने तक चलता रहा। जब बल प्रयोग से काम न बना तो औरंगजेब ने छल का सहारा लेकर अब्दुला गनी नामक एक उच्च अधिकारी को अपने पक्ष में मिला लिया। उसने मुगलों से मिलकर किले का फाटक खोल दिया और इस तरह गोलकुंडा पर औरंगजेब का अधिकार हो गया।

मराठा

दक्षिण में शिवाजी की ताकत बहुत बढ़ गई थी। वे बीजापुर आदि राज्यों पर आक्रमण करके उनसे चौथ और सरदेशमुखी वसूला करते थे। सबसे पहले औरंगजेब ने अफजल खाँ को उनके विरुद्ध भेजा, लेकिन वह मारा गया। दूसरी बार शाइस्ता खाँ को भेजा गया। लेकिन बाराती का भेष बनाकर शिवाजी शाइस्ता खाँ पर एकाएक टूट पड़े, अतः वह भी अपनी जान बचाकर भाग खड़ा हुआ। अंत में जयसिंह भेजे गए। उन्होंने शिवाजी को फुसलाकर मुगल दरबार में चलने को राजी कर लिया। वहाँ शिवाजी कैद कर लिये गए, लेकिन किसी तरह कैद से निकल भागे।

दक्षिण विजय के उद्देश्य

1. साम्राज्य को बढ़ाना।
2. अकबर को पकड़ना।
3. मराठों की शक्ति का अंत।
4. दक्षिण के शिया राज्यों को नष्ट करना।

1680 में शिवाजी की मृत्यु के बाद उनके पुत्र शंभाजी को औरंगजेब ने युद्ध में हरा दिया और उसका कत्ल कर दिया। इस तरह मराठा शक्ति का भी ह्रास हो गया। औरंगजेब का साम्राज्य उत्तर से दक्षिण तक फैलकर विशाल हो गया। लेकिन यह स्थिति केवल ऊपर से थी, भीतर–ही–भीतर औरंगजेब दक्षिण विजय में अपना सब कुछ खो चुका था। इस दक्षिणी नीति के निम्नलिखित परिणाम निकले—

1. साम्राज्य का विशाल हो जाना।
2. शासन व्यवस्था सुचारु रूप से न होना।
3. बाहरी शत्रुओं का सिर उठाना।
4. खजाना खाली हो जाना।
5. सेना का विद्रोह।
6. अराजकता का फैलना।

7. उत्तर भारत में अशांति।
8. स्थानीय शासकों का विद्रोह
9. शिया राज्य का मिल जाना।
10. मराठों की दुश्मनी।
11. व्यापार, कृषि की अवनति।
12. विद्या और कला का ह्रास।
13. शिया मुसलमानों की शत्रुता।
14. अपार धन और जन की हानि।
15. देश में आर्थिक संकट।
16. साम्राज्य का पतन प्रारंभ।

परिणाम

औरंगजेब की दक्षिणी नीति के परिणाम बड़े भयानक हुए। सच पूछा जाए तो यहीं से उसके साम्राज्य का पतन प्रारंभ हुआ। ऊपर से देखने पर भले ही वह सब कुछ पा चुका था, लेकिन असलियत यह थी कि वह सब कुछ खो चुका था। साम्राज्य की सीमा का बहुत अधिक विस्तार हो गया, लेकिन उसके शासन की व्यवस्था सुंदर न हो सकी। एक जगह बैठकर उतने बड़े साम्राज्य का शासन असंभव हो गया। शासन व्यवस्था में जैसे ही ढिलाई आई कि चारों ओर से इस साम्राज्य के शत्रु मुँह बाकर दौड़ पड़े। अफगान, सिख, राजपूत, सभी ने एक साथ विद्रोह कर दिया, जिसका दमन औरंगजेब न कर सका। इसका दूसरा परिणाम यह हुआ कि आर्थिक दृष्टि से सरकार दिवालिया हो गई। दक्षिण का युद्ध 30 वर्ष तक चलता रहा और प्रत्येक वर्ष लगभग एक लाख मनुष्य तथा तीन लाख पशु मारे जाते रहे। युद्ध करते-करते खजाना बिल्कुल खाली हो गया।

खजाने के खाली होते ही वेतन के अभाव में सैनिकों ने विद्रोह कर दिया। और जब औरंगजेब को कोई उपाय न सूझा तब उसने सेना को लूटपाट कर खाने की छूट दे दी। फल यह हुआ कि संपूर्ण साम्राज्य में अराजकता व्याप्त हो गई। बहुत दिनों तक दक्षिण में रह जाने के कारण उत्तर भारत से औरंगजेब का संपर्क टूट गया और उत्तर में विद्रोह के लक्षण दिखाई देने लगे। स्थानीय शासक

प्रभुत्व संपन्न होते गए। दक्षिण के शिया राज्यों को जीतकर औरंगजेब ने भारी भूल की। ये राज्य उसके लिए कवच के समान थे। जब भी कोई बाहरी आक्रमण होता, पहले इन राज्यों पर होता। मराठे भी पहले इन्हीं राज्यों पर आक्रमण करते थे, लेकिन अब वे सीधे मुगल राज्य पर आक्रमण करने लगे। मराठों को दुश्मन बनाकर भी औरंगजेब ने अपनी कब्र खुद खोद ली। जितने भी शिया राज्य थे, सभी औरंगजेब के दुश्मन बन गए। इस प्रकार मुसलमान भी औरंगजेब के विरोधी हो गए। इस समय कला और विद्या का भी ह्रास हुआ, क्योंकि उन्हें सरकारी संरक्षण नहीं मिला। इस प्रकार औरंगजेब की दक्षिणी नीति असफल हो गई। स्मिथ ने सही लिखा है—Deccan was not only the grave of his body but also of his empire. लगातार के युद्ध से व्यापार और वाणिज्य तथा कृषि भी चौपट हो गई और देश को आर्थिक संकट का सामना करना पड़ा। नेपोलियन कहा करता था—''स्पेन के फोड़े ने मेरा अंत किया।'' उसी प्रकार ''दक्षिण के फोड़े ने औरंगजेब का नाश किया।'' उसके मरते ही मुगल साम्राज्य का पतन हो गया।

औरंगजेब के अंतिम दिन

औरंगजेब के अंतिम दिन घोर निराशा, पश्चात्ताप और अशांति में बीते। अपने कृत्यों पर उसे ग्लानि हो रही थी। पिता और भाइयों के साथ जो दुर्व्यवहार उसने किया, उसे सोचकर वह पश्चात्ताप की आग में जल रहा था। उसने अपनी ग्लानि प्रकट करते हुए अपने पुत्र को लिखा था—''बुढ़ापा आ गया है और दुर्बलता बढ़ गई है। मेरे अंगों में अब शक्ति नहीं रही। मैं अकेला आया और अकेला ही जा रहा हूँ। मैं नहीं जानता मैं क्या हूँ और क्या करता आया हूँ। उन दिनों को छोड़कर जो तपस्या में बीते हैं, शेष सभी के लिए पश्चात्ताप होता है।'' उसने मरते समय कहा था—''मैं अपने पापों का बोझ उठाए हुए हूँ और मुझे अपने दुष्कर्मों पर खेद है। जो कुछ भी मेरा होना है, होगा। मैं दूसरी दुनिया में जा रहा हूँ।'' इस प्रकार उसका हृदय दुःखी था। उसके जीवनकाल में ही उसके साम्राज्य का पतन होने लगा था। उसके पुत्र विद्रोह की तैयारी कर रहे थे। खजाना खाली पड़ा था। इस तरह सब ओर से दुःखी होकर 3 मार्च, 1707 को वह संसार से चल बसा।

औरंगजेब की भूलें

साम्राज्य के विस्तार की दृष्टि से औरंगजेब का शासनकाल प्रसिद्ध है। इस समय तक संपूर्ण भारत मुगल झंडे के नीचे आ गया था। लेकिन औरंगजेब ने कुछ ऐसी भूलें कीं जिसके परिणामस्वरूप उसके शासनकाल में ही यह विशाल साम्राज्य ढहने लगा और उसके मरते ही इस साम्राज्य की जान भी चली गई।

औरंगजेब की सबसे बड़ी भूल थी, उसकी धार्मिक कट्टरता। अकबर ने यह महसूस किया था कि भारत में वही राजा शासन कर सकता है जिसको यहाँ की हिंदू प्रजा का विश्वास प्राप्त हो और इस तथ्य को ध्यान में रखकर अकबर ने हिंदुओं को अपना दोस्त बनाया था। लेकिन औरंगजेब के सिर पर इसलाम का भूत सवार हो गया। अतः अपनी नीति से उसने हिंदुओं को अपना दुश्मन बना लिया। और जब प्रजा का ही विश्वास राजा में नहीं रहा तो फिर वह राज्य कब तक चल सकता है ?

हिंदुओं में राजपूत मुगल साम्राज्य के स्तंभ थे। अकबर ने राजपूतों की दोस्ती से बहुत फायदा भी उठाया था, लेकिन औरंगजेब ने राजपूतों को भी अपना दुश्मन बना लिया। फलतः जो राजपूत अब तक मुगल साम्राज्य के लिए जान देते थे, वे उस पर आक्रमण करने लगे। बहादुरी, साहस और वीरता आदि गुणों में राजपूत बढ़े-चढ़े थे लेकिन इस बहादुर जाति का सहयोग औरंगजेब को नहीं मिला। (विशेष अध्ययन के लिए देखें—औरंगजेब की हिंदू और राजपूत नीति) औरंगजेब की दक्षिण विजय भी उसकी भारी भूल सिद्ध हुई। इससे साम्राज्य इतना विशाल हो गया कि उसका प्रबंध उत्तम न हो सका। साथ-साथ सभी शिया मुसलमान भी औरंगजेब के विरुद्ध हो गए। सच पूछा जाए तो दक्षिण विजय उसके साम्राज्य के पतन का सबसे बड़ा कारण रहा। (विशेष विवरण के लिए देखें—औरंगजेब की दक्षिणी नीति)

औरंगजेब की निम्नलिखित भूलें थीं—

1. धार्मिक कट्टरता।
2. हिंदू धर्म पर आघात।
3. राजपूतों से शत्रुता।

4. दक्षिण विजय।
5. मराठों की शत्रुता।
6. चारित्रिक दुर्गुण।

अगर औरंगजेब मराठों की सहायता लेता तो उसके साम्राज्य की नींव और मजबूत होती। मराठा उस समय बहादुर जाति थी, लेकिन औरंगजेब अपनी गलती से इन्हें भी अपना दुश्मन बना बैठा।

उसमें कुछ वैयक्तिक दुर्बलता थी, जिस दुर्बलता ने भी उसके साम्राज्य को ठेस पहुँचाई। वह अव्वल दरजे का शक्की था। यहाँ तक कि कर्मचारियों पर भी अविश्वास करता था। फल यह हुआ कि राज्य के सभी कर्मचारी अपनी क्रियाशीलता खो बैठे। संपूर्ण शासन व्यवस्था अस्त-व्यस्त हो गई। शासन के रूप में औरंगजेब बिल्कुल निकम्मा सिद्ध हुआ। यद्यपि वह महान् मुगल सम्राटों में अकबर को छोड़कर सबसे महान् था लेकिन स्मिथ के अनुसार, वह असफल शासक था। स्मिथ ने लिखा है—When he is judged on a sovereign he must be pronounced a failure. उसका हृदय भी क्रूर और नीरस था। मनुष्यता का एक भी गुण उसमें समाहित न था। यद्यपि उसमें अद्भुत कार्य क्षमता थी, पर वह उसका गलत प्रयोग करता था। अपने भाइयों के प्रति उसने जो व्यवहार किया, उससे भी लोगों की नजरों में वह गिर गया। इन सभी कारणों से औरंगजेब मुगल साम्राज्य के पतन में सबसे अधिक जवाबदेह है। यही कारण है कि उसके रहते ही मुगल साम्राज्य का पतन प्रारंभ हो गया। "जिस मुगल साम्राज्य के महल को बनाने के लिए बाबर ने झाड़-झंखाड़ साफ किया, हुमायूँ ने जिस महल की नींव रखी, अकबर ने जिस महल का निर्माण किया, जहाँगीर ने जिस महल को सजाया, सँवारा, शाहजहाँ ने जिस महल में बैठकर आनंद लूटा, उसी महल को औरंगजेब ने गिरा दिया।"

औरंगजेब का चरित्र

मुगल बादशाहों में औरंगजेब का चरित्र सबसे अधिक मनोरंजक है। उसके चरित्र के संबंध में भिन्न भिन्न विद्वानों के भिन्न-भिन्न मत हैं। यद्यपि उसके

वैयक्तिक-चरित्र पर बहुत सारे आक्षेप लगाए गए हैं, फिर भी उसमें ऐसे बहुत से गुण थे जिनके कारण वह मुगल सम्राटों में अकबर के बाद सबसे अधिक प्रसिद्ध हुआ।

औरंगजेब एक वीर योद्धा और कुशल सेनापति था। शाहजहाँ के शासनकाल में ही कई भयंकर युद्ध जीतकर उसने अपनी सैन्य प्रतिभा का परिचय दिया था। युद्ध में उसमें अदम्य साहस और अद्‌भुत वीरता रहती थी। संकट के समय वह घबराता नहीं था। बड़ी-से-बड़ी परेशानी भी वह आसानी से सुलझा लेता था। कूटनीति में वह पारंगत था।

शासक के रूप में भी उसने अपने आदर्श का परिचय दिया। जनता के दु:खों को दूर करने के लिए वह हमेशा उद्यत रहता था। खजाने को वह जनता का समझता था और अपने निजी खर्च के लिए राजकोष से एक भी पैसा नहीं लेता था। अपने दैनिक खर्च के लिए वह कुरान की आयतें नकल करके बेचता था तथा टोपियाँ सीकर बेचता था। मरने से पहले उसने आगाह किया था कि उसका कफन भी उसकी सिली टोपियाँ बेचकर खरीदा जाए। इस अर्थ में औरंगजेब प्रजावत्सल सम्राट था। राज्य के कामों में इतना लगा रहता था कि 24 घंटे में केवल 3 घंटे सोता था। वह खुद कहा करता, था कि जो सम्राट प्रजा के हितों का खयाल नहीं करता उसका शासन अच्छा नहीं होता।

उसका आचरण पवित्र था। अपने जमाने के सभी दुर्गुणों से वह दूर था। वह न तो शराब छूता था, न इस प्रकार के किसी दुर्व्यसन का शिकार था।

अपने धर्म पर उसकी अद्‌भुत आस्था थी। इसलाम धर्म के अनुसार वह पाँच वक्त नमाज पढ़ा करता था। यहाँ तक कि युद्ध भूमि में चमकती तलवारों के बीच भी इस कार्य को नहीं छोड़ता था। उसके इस अद्‌भुत कार्य से दुश्मन भयभीत हो जाते थे। वह प्राय: व्रत रखा करता था और कभी कुरान के विरुद्ध आचरण नहीं करता था। टेवर नियर ने लिखा है—He became thin and meaegre to which the great fasts which he keeps has contributed. एक अन्य विद्वान् के अनुसार—He was simple in his habits and picous in his life. He was absolutely free from vice and from the most innocent pleasure of the idle rich.

औरंगजेब उच्चकोटि का विद्वान् भी था। अरबी, फारसी, तुर्की आदि भाषाओं का अच्छा ज्ञाता था। संपूर्ण कुरान उसे कंठस्थ था। उसकी लेखन कला भी सुंदर थी। अवकाश के समय वह इसलामी धर्म ग्रंथों का अध्ययन किया करता था। 'फतवा-ए-आलमगीरी' नामक पुस्तक उसी की देखरेख में लिखी गई थी, जो इसलामी कानून का एक उच्चकोटि का ग्रंथ माना जाता है। लेकिन विद्वान् होकर भी औरंगजेब ने कला और साहित्य को प्रोत्साहन नहीं दिया।

औरंगजेब इंसाफपसंद बादशाह था। उसके न्याय की प्रशंसा कई विदेशी लेखकों ने भी की है। न्याय के सम्मुख वह अमीर-गरीब आदि का भेदभाव नहीं करता था। कभी-कभी क्रोध में आकर वह कठोर दंड दे दिया करता था। लेकिन इतने गुणों के साथ-साथ उसमें कई अवगुण विद्यमान थे। वह हृदयहीन और क्रूर बादशाह था। अपने पिता और भाइयों के प्रति उसका व्यवहार उसकी नीच प्रकृति का द्योतक है। साहित्य, संगीत, कला आदि का वह घोर दुश्मन था। उसका सबसे बड़ा दुर्गुण उसका शक्की होना था। उसे किसी पर विश्वास नहीं होता था। फलत: कर्मचारी मन लगाकर काम नहीं करते थे। अपने धार्मिक अंधविश्वास के चलते उसे कितनी ही कठिनाइयों का सामना करना पड़ा। उसकी नीति ने हिंदू, मुसलमान दोनों को उसका दुश्मन बना दिया। इस प्रकार "औरंगजेब सफल शासक न था। वह एक चतुर कूटनीतिज्ञ था, परंतु एक कुशल राजनीतिज्ञ न था। वह महान् सैनिक था, परंतु दूरदर्शी नेता नहीं था।" यही कारण है कि "उसके मरने से पहले ही उसका साम्राज्य समाप्त हो चुका था और अब उसके शक्तिहीन उत्तराधिकारियों के अधीन केवल लाश का चीरा जाना और खत्म होना बाकी था।"

प्रश्न—

1. औरंगजेब ने किस प्रकार दिल्ली के सिंहासन पर अधिकार जमाया? उसके कौन से कार्य मुगल साम्राज्य के पतन के कारण हुए?
2. औरंगजेब के सिखों के साथ संबंध की विवेचना कीजिए।
3. औरंगजेब की दक्षिणी नीति के विषय में आप क्या जानते हैं? उस नीति के क्या परिणाम हुए?

4. औरंगजेब मुगल साम्राज्य के पतन का सबसे बड़ा कारण था—सिद्ध कीजिए।
5. औरंगजेब के शासनकाल की प्रमुख घटनाओं का वर्णन कीजिए।

□

5

मुगल और राजपूत

भारतीय इतिहास में राजपूत सबसे अधिक बहादुर जाति हुई। सातवीं सदी के आरंभ में ही इसकी शक्ति प्रकट हुई और तब से लेकर मध्य काल तक इनका स्थान गौरवपूर्ण रहा। डॉ. वेणी प्रसाद के शब्दों में—"विश्व की कोई भी जाति मध्यकालीन भारत के राजपूतों से अधिक गौरवमय इतिहास, अधिक वीरतापूर्ण कृत्य, मान-मर्यादा तथा आत्म सम्मान की उच्चतर भावना रखने का गर्व करने में असमर्थ है।" इस जाति ने हिंदू सभ्यता-संस्कृति की रक्षा की और मुगलों की साम्राज्यवादी नीति का साहस के साथ विरोध कर अपने को हमेशा के लिए अमर कर दिया। तुर्क-अफगानों ने यद्यपि उस जाति को मिटाने की पूरी कोशिश की, पर वे सफल नहीं हुए। राजस्थान इन राजपूतों का केंद्र था। राजस्थान की भौगोलिक स्थिति इतनी सुदृढ़ थी कि दुश्मन के पाँव इस धरती पर जम ही नहीं पाते थे। अरावली की पर्वत श्रेणियाँ राजस्थान को दो भागों में बाँट देती हैं। इसके पूर्व में जयपुर, कोटा, चित्तौड़ आदि राज्य थे और पश्चिम में जोधपुर, बीकानेर आदि राज्य थे। दक्षिण के रास्ते आक्रमण करने के लिए सरल थे, पर पश्चिम के राज्य सुरक्षित थे और वे प्रायः स्वतंत्र रहे।

बाबर और राजपूत

राजपूतों का मुगलों से संबंध बाबर के काल से ही प्रारंभ हो गया था। पानीपत की पहली लड़ाई जीतकर बाबर ने मुगल राज्य की नींव रखी। उस समय मेवाड़ का राणा संग्राम सिंह था। राणा सांगा महापराक्रमी योद्धा था। उसने राजपूतों का नेतृत्व किया और भारत में पुनः राजपूती राज्य की स्थापना का

प्रयास किया। कुछ लोगों का कहना है कि उसी ने बाबर को भारत पर चढ़ाई करने का निमंत्रण दिया था। उसका विश्वास था कि चंगेज, तैमूर की तरह वह भी भारत को लूट-खसोटकर चला जाएगा और तब राणा को अफगानों को नष्ट करने में आसानी होगी, लेकिन राणा सांगा का अनुमान गलत निकला। बाबर यहाँ का राजा बन बैठा। अब दोनों में युद्ध होना अनिवार्य था। बाबर भी यह समझ रहा था कि राजपूतों की शक्ति नष्ट किए बिना भारत का राज्य नहीं प्राप्त किया जा सकता। दोनों ही एक-दूसरे को शंका की नजर से देख रहे थे और मौके की ताक में लगे थे। अंत में खानवा का युद्ध हुआ। इस युद्ध में राजपूतों की शक्ति को बड़ा आघात पहुँचा। युद्ध में उनकी हार हो गई, लेकिन फिर भी बाबर राजपूतों की शक्ति को नष्ट नहीं कर सका और राजपूत अब और अधिक संगठित होकर मुगल साम्राज्य पर आक्रमण करने की सोचने लगे।

हुमायूँ और राजपूत

खानवा के युद्ध में राजपूतों की शक्ति नष्ट नहीं हुई। राणा सांगा की मृत्यु हो गई थी और उनके बाद उनके उत्तराधिकारी अपनी सैन्य शक्ति बढ़ा रहे थे। हुमायूँ अगर चाहता तो राजपूतों को अपना दोस्त बना सकता था और तब उस हाल में उसे शेरशाह के भय से मारा-मारा नहीं फिरना पड़ता। बहादुरशाह ने जब चित्तौड़ पर आक्रमण किया तो वहाँ के राणा की बहन कर्णवती ने हुमायूँ से सहायता की प्रार्थना की। हुमायूँ के पास राखी भेजकर उसने उसे अपना भाई बनाया, लेकिन हुमायूँ इस सुनहरे मौके का लाभ न उठा सका। उसने जान-बूझकर सहायता देने में देर कर दी और जब उसने सहायता की तब तक चित्तौड़ का दुर्ग बहादुरशाह के हाथ आ चुका था। अतः राजपूत मुगल साम्राज्य के दुश्मन बने ही रहे।

अकबर और राजपूत

अकबर ने राजपूतों के साथ सहानुभूति की नीति अपनाई। वह एक दूरदर्शी बादशाह था। उसने यह बात समझ ली कि भारत में राजपूतों को दुश्मन बनाकर कोई भी शासक शासन नहीं कर सकता। अतः उसने राजपूतों से दोस्ती का हाथ बढ़ाया। राजपूत बहादुर जाति थी तथा हिंदुओं का प्रतिनिधित्व करती थी। उनकी

सहायता प्राप्त कर संपूर्ण हिंदुस्तान पर शासन किया जा सकता था। अकबर के सामने कई ऐसी कठिनाइयाँ भी उपस्थित हुईं जिसमें राजपूतों की सहायता और भी आवश्यक हो गई। एक तो अकबर को सेना की कमी थी, दूसरे वह चारों ओर से आंतरिक और बाहरी शत्रुओं से घिरा था। साथ-साथ वह दिल से राजपूतों के गुणों का कायल भी था। उन सभी कारणों से उसने राजपूतों के संबंध में अपने पूर्वजों की नीति का परित्याग कर दिया और प्रेम तथा सहानुभूति की नीति अपनाकर राजपूतों से मित्रता कर ली।

वैवाहिक संबंध

सबसे पहले अकबर ने राजपूतों के साथ वैवाहिक संबंध जोड़ा, क्योंकि इस कार्य के फलस्वरूप दो राजवंशों में निकट का संबंध स्थापित हो जाता है। सन् 1562 ई. में उसने अम्बर के कछवाहा शासक बिहारीमल की पुत्री से शादी की। तदुपरांत सन् 1570 ई. में उसने बीकानेर और जैसलमेर के शासकों के साथ वैवाहिक नाता जोड़ा।

यद्यपि प्रारंभ में अकबर को इस कार्य में बड़ी कठिनाई हुई, क्योंकि राजपूतों की कन्या पाना आसान काम नहीं था। उसके लिए उसने भी मुगलों की कन्या राजपूतों से ब्याही। इस प्रकार बहुत से राजपूत राजे मुगल साम्राज्य के दोस्त बन गए। वेणी प्रसाद के अनुसार—"यह वैवाहिक संधि भारतीय राजनीति में एक नवीन युग का प्रतीक है। इसके द्वारा देश को प्रसिद्ध सम्राटों की वंश परंपरा प्रदान हुई। उसने चार पीढ़ियों तक मुगल सम्राटों को प्रमुख सेनापतियों तथा कूटनीतिज्ञों की सेवाएँ प्रदान कीं।"

उच्च सरकारी पदों पर नियुक्ति

राजपूतों को खुश करने के लिए अकबर ने उन्हें राज्य में ऊँचे-ऊँचे पद दिए। बिहारीमल को 5000 मनसबदार नियुक्त किया गया। उसके पुत्र भगवानदास तथा पोते मानसिंह को सेना में ऊँचा पद मिला। टोडरमल, बीरबल आदि हिंदुओं को भी सम्मानित पद मिला। टोडरमल ने संपूर्ण भूमि की पैमाइश की थी। बीरबल एक कुशल सेनापति तथा विनोदी प्रकृति का था।

धार्मिक उदारता

अकबर ने हिंदुओं के साथ उदारता की नीति अपनाई। धर्म को उसने राजनीति से अलग करके देखा। हिंदुओं को धार्मिक छूट मिली। उन पर से जजिया कर, तीर्थ कर आदि हटा लिये गए। गोहत्या बंद कर दी गई। हिंदू-मुसलिम एकता के लिए उसने दीने इलाही का भी निर्माण किया। (विशेष विवरण के लिए देखें—'अकबर की राजपूत नीति')

आक्रमणात्मक नीति

अकबर साम्राज्यवादी था। अतः साम्राज्य विस्तार की लालसा उसने नहीं छोड़ी। बहुत से राजपूत राज्य तो शादी-ब्याह के बँधन में बँधकर ही इसके अधिकार में आ गए थे और कुछ ने डरकर संधि कर ली थी लेकिन मेवाड़ ने अकबर की अधीनता मानने से इनकार कर दिया। उस समय वहाँ उदयसिंह का शासन था। वह डरपोक राजा था। अत: जब अकबर ने मेवाड़ पर चढ़ाई की तो उदयसिंह भागकर जंगलों में जा छिपा। जयमलफत्ता आदि सरदारों ने किले की रक्षा की, पर अंत में जीत मुगलों की ही हुई। यह देखकर कालिंजर, रणथंभौर आदि ने भी संधि कर ली।

राणा प्रताप के साथ युद्ध

यद्यपि चित्तौड़ पर मुगलों का कब्जा हो गया था, पर मेवाड़ में राणा प्रताप अभी भी डटा था। उदयसिंह की मृत्यु के बाद वह मेवाड़ की गद्दी पर बैठा था। वह महापराक्रमी राजा था। जीवनभर वह मुगलों से युद्ध करता रहा, लेकिन उनकी अधीनता स्वीकार नहीं की।

अंत में सन् 1576 ई. में हल्दी घाटी का युद्ध हुआ। इस युद्ध में महाराणा प्रताप ने अद्भुत वीरता का परिचय दिया। पर 1 लाख मुगल सेना के सामने मुठ्ठी भर राजपूत नहीं टिक सके और राणा प्रताप की हार हो गई। वे जंगल में चले गए। वहाँ पच्चीस वर्षों तक दुःख-तकलीफ से जूझते रहे, यहाँ तक कि उन्हें घास की रोटी भी खानी पड़ी, पर मुगलों की अधीनता कबूल नहीं की।

जहाँगीर और राजपूत

जहाँगीर ने अकबर की नीति का ही अनुसरण किया। उसने भी राजपूतों को

सरकारी नौकरियों में ऊँचे-ऊँचे पद दिए और उनसे मित्रता कायम रखी। लेकिन मेवाड़ के प्रति उसने आक्रमण की नीति अपनाई। वह इस दृष्टि से अकबर के अधूरे काम को पूरा करना चाहता था। उसने 1605 में पहला और 1608 में दूसरा आक्रमण किया। लेकिन दोनों ही युद्धों में जहाँगीर को विशेष सफलता नहीं मिली। अंत में सन् 1615 ई. में मुगलों की जीत हुई। अमर सिंह ने मुगलों से संधि कर ली। लेकिन जहाँगीर ने राणा के साथ शत्रु का व्यवहार नहीं किया वरन् उसका सम्मान किया तथा उसका राज्य लौटा दिया। इस तरह एक लंबे युद्ध का अंत हुआ। लेकिन जहाँगीर के शासन के उत्तरार्द्ध में नूरजहाँ के प्रभाव के चलते राजपूत लोग उससे असंतुष्ट हो गए।

शाहजहाँ और राजपूत

अब तक के सभी मुगल सम्राटों ने धार्मिक सहिष्णुता का परिचय दिया था, अतः धर्म राजनीति से अलग था, लेकिन शाहजहाँ ने राजनीति में धर्म को भी शामिल करना शुरू कर दिया। फलतः राजपूतों की सहानुभूति हटने लगी। लेकिन शाहजहाँ के काल में राजपूतों के संबंध में कोई महत्त्वपूर्ण परिवर्तन नहीं हुआ। इस समय तक राजपूत पूरी तरह मुगलों की अधीनता में आ चुके थे। यहाँ तक कि एक बार जब मेवाड़ के राणा ने चित्तौड़ दुर्ग की मरम्मत शुरू की तो शाहजहाँ बिगड़ पड़ा और तब राणा ने क्षमा माँग ली। फिर भी राजपूतों का स्थान सम्मानपूर्ण था। दारा की उदारता के कारण राजपूतों की स्थिति सुदृढ़ हो रही थी। जोधपुर के राणा जसवंत सिंह और जयपुर के राणा जयसिंह का दरबार में काफी मान था। उत्तराधिकार युद्ध में राजपूतों ने दारा का साथ भी दिया था।

औरंगजेब और राजपूत

औरंगजेब के गद्दी पर बैठते ही मुगलों के साथ राजपूतों के संबंध में असाधारण परिवर्तन आया। औरंगजेब ने अपने पूर्वजों की नीति छोड़ दी और अपने कार्यों से राजपूतों को अपना दुश्मन बना लिया। इसका फल उसके साम्राज्य के लिए घातक सिद्ध हुआ। जब शाहजहाँ के पुत्रों के बीच उत्तराधिकार का युद्ध छिड़ा था तब राजपूतों ने औरंगजेब के विरुद्ध दारा का साथ दिया था। अतः औरंगजेब प्रारंभ से राजपूतों से असंतुष्ट था। जब तक उसकी स्थिति दृढ़

नहीं हुई थी तब तक तो उसने राजपूतों के साथ मित्रता का संबंध बनाए रखा। यही कारण था कि जयसिंह और जसवंत सिंह का दरबार में काफी आदर और मान था, लेकिन जब औरंगजेब की स्थिति दृढ़ हो गई तो उसने जयसिंह और जसवंत सिंह दोनों को मरवा डाला। ये दोनों राजा औरंगजेब की नीति के कट्टर विरोधी थे, लेकिन इनके मारे जाने से अब औरंगजेब के मार्ग में बाधा न रही। उसने मारवाड़ को मुगल साम्राजय में मिलाने की कोशिश की। मेवाड़ पर अधिकार करके उसने वहाँ के हिंदुओं पर फिर से जजिया टैक्स लगा दिया। राजपूतों ने उससे आग्रह किया कि वह जसवंत सिंह के पुत्र अजीत सिंह को मारवाड़ का शासक स्वीकार कर ले, लेकिन औरंगजेब के कानों पर जूँ तक न रेंगी, उल्टे उसने अजीत सिंह एवं उसकी माता को कैद करना चाहा। अब राजपूतों ने धर्म, राजा और देश सभी को खतरे में देख औरंगजेब पर आक्रमण की तैयारी कर दी। दुर्गादास के नेतृत्व में राजपूत आक्रमण के लिए तैयार हो गए। दुर्गादास ने अजीत सिंह को छिपा दिया। औरंगजेब ने मारवाड़ पर आक्रमण करके उसे ले लिया, लेकिन राजपूत हमेशा पहाड़ियों में छिपकर उसके राज्य पर आक्रमण करते रहे। औरंगजेब ने मेवाड़ पर भी आक्रमण किया। मेवाड़ के राणा राजसिंह ने दुर्गादास से मिलकर औरंगजेब के विरुद्ध तैयारी की। औरंगजेब के पुत्र अकबर ने भी दुर्गादास का साथ दिया। लेकिन उसमें राजपूत हार गए। इस प्रकार औरंगजेब की राजपूत नीति असफल हो गई। एक तो राजपूतों की दुश्मनी से सारे राज्य पर बहुत बड़ा प्रभाव पड़ा, साथ–ही–साथ साम्राज्य की प्रतिष्ठा को भी गहरा आघात पहुँचा (विशेष विवरण के लिए देखे—औरंगजेब की राजपूत नीति)।

प्रश्न—

1. अकबर की राजपूत नीति का वर्णन कीजिए। इस नीति का उसके शासन पर क्या प्रभाव पड़ा?
2. औरंगजेब की राजपूत नीति का वर्णन कीजिए। इसका क्या परिणाम हुआ?
3. अकबर और औरंगजेब की राजपूत नीति में क्या अंतर है?

□

6

मराठों का उदय

मराठों का उदय

भारतीय इतिहास के रंगमंच पर मराठों का उदय इतिहास की महत्त्वपूर्ण घटना है। इस जाति ने भारत की राजनीतिक दिशा ही बदल दी और लगभग सौ वर्षों तक यह भारत के राजनीतिक जीवन को प्रभावित करती रही। इस मराठा जाति के संगठन का सारा श्रेय शिवाजी को है, लेकिन इससे पहले भी मराठों का संगठन हो चुका था। मध्ययुग के प्रारंभ में ही मराठों ने देवगिरि के राजा रामचंद्र के नेतृत्व में स्वतंत्रता का युद्ध छेड़ा था। बाद में अलाउद्दीन ने रामचंद्र को हरा दिया और तब मराठों की शक्ति भी छिन्न-भिन्न हो गई। लेकिन पुन: 17वीं सदी में शिवाजी ने उनकी बिखरी शक्ति बटोरकर उनमें नवजीवन का संचार कर दिया। मराठों की शक्ति सुदृढ़ होने के कई कारण भी थे। यह बात सही है कि उन्हें संगठित करने का श्रेय शिवाजी को है, पर यह भारतीय इतिहास की विभिन्न परिस्थितियों का परिणाम था।

महाराष्ट्र की भौगोलिक बनावट ने मराठों के उत्थान में बहुत बड़ा योगदान दिया। यह इलाका चारों ओर से पहाड़ों, नदियों तथा जंगलों से घिरा हुआ था। इस प्रकार पहाड़ियों की गोद में बसे इस इलाके पर आक्रमण करना दुश्मन के लिए आसान न था। अत: यह इलाका हमेशा सुरक्षित रहा और यहाँ के निवासी बाहरी आक्रमण से निश्चिंत होकर अपनी शक्ति बढ़ाते रहे। पहाड़ों पर मराठों ने बहुत से दुर्ग बनवाए थे, कुछ प्रकृति प्रदत दुर्ग भी उन्हें मिल गए थे। इन दुर्गों तक दुश्मनों का पहुँचना असंभव था और इसमें छिपकर मराठे अपना बचाव करते थे। पहाड़ी इलाका होने के कारण यहाँ कृषि की अवस्था अत्यंत खराब

थी। वर्षा का अभाव भी था। फलतः मराठों को अपना पेट भरने के लिए कठिन परिश्रम करना पड़ता था। इस तरह पेट की समस्या ने इन्हें परिश्रमी, स्वावलंबी और साहसी बना दिया था। मराठों में पर्दे की प्रथा भी नहीं थी, अतः स्त्रियाँ भी पुरुषों की तरह ही परिश्रमी और साहसी होती थीं।

मराठों के उदय के कारण

1. महाराष्ट्र की भौगोलिक बनावट
2. पथरीली जमीन
3. पर्दे की प्रथा का अभाव
4. धार्मिक आंदोलन
5. साहित्य और एक भाषा
6. राजनीतिक कार्यों में दिलचस्पी
7. शासन प्रबंध का ज्ञान
8. लड़ने की कला का ज्ञान
9. दक्षिण भारत की स्थिति
10. औरंगजेब की नीति
11. शिवाजी का योग्य नेतृत्व।

इसी समय 16वीं और 17वीं सदी में महाराष्ट्र में धार्मिक क्रांति आई। राजनीतिक क्रांति से पहले सामाजिक और धार्मिक क्रांति होती ही है। यही यहाँ भी हुआ। इस समय एकनाथ, तुकाराम, रामदास आदि कई प्रसिद्ध संत-महात्मा पैदा हुए। इन संतों ने ऊँच-नीच, धनी-गरीब आदि के भेदभाव को अपने उपदेशों से दूर किया तथा जातीय रक्षा का पाठ पढ़ाया। इससे एकता की भावना आई। मराठा साहित्य और भाषा के द्वारा भी मराठों में एकता का सूत्रपात हुआ। संत-महात्माओं ने अपने उपदेश मराठी में दिए तथा मराठी साहित्य की रचना की। एक भाषा होने के कारण सभी वर्ग के लोग एक सूत्र में बँधे। मराठों को राजनीति के कार्यों का भी ज्ञान था। उनके यहाँ स्वायत्त संस्था थी, जो शासन चलाती थी और इस प्रकार मराठों को राजनीतिक शिक्षा मिलती थी।

दक्षिण के राज्यों में मराठे उच्च पदों पर आसीन थे। यही कारण था कि इन्हें शासन प्रबंध की जानकारी थी। युद्ध में भी मराठों की सेना रहती थी, अतः इन्हें युद्ध की कला मालूम थी। पहाड़ियों में रहने के कारण गुरिल्ला युद्ध में मराठे सिद्धहस्त थे। उस समय दक्षिण के जितने भी छोटे-छोटे राज्य थे, वे पतन की ओर जा रहे थे, अतः मराठों के लिए उस पर आक्रमण करने का सुंदर मौका था। इस प्रकार मराठे पूर्ण रूप से तैयार थे, सिर्फ उन्हें एक नेता चाहिए था। और तभी शिवाजी का आविर्भाव हुआ। इनके व्यक्तित्व में आकर्षण था और इनमें संगठन की अपूर्व क्षमता थी। फलतः मराठों पर शिवाजी का जादू सा असर पड़ा और वे उनके नेतृत्व में औरंगजेब से लोहा लेने को तैयार हो गए। औरंगजेब की धार्मिक नीति ने भी उन्हें जी भर उभारा था।

शिवाजी का प्रारंभिक जीवन

शिवाजी का जन्म 6 अप्रैल, सन् 1627 ई. में शिवनेर के पहाड़ी दुर्ग में हुआ था। इनके पिता शाहजी भोंसले सिसोदिया वंश के थे और बीजापुर राज्य में एक उच्च सैनिक पद पर थे। इनकी माता का नाम जीजाबाई था। शिवाजी के जन्म के बाद शाहजी अपनी नई जागीर पर चले गए। अतः शिवाजी का बचपन जीजाबाई की देखरेख में ही बीता। जीजाबाई एक आदर्श स्त्री थी। उसने शुरू से ही शिवाजी को रामायण और महाभारत की वीरतापूर्ण कहानी सुनाकर उनमें शक्ति और साहस भर दिया। दादा कोणदेव, जो उनके गुरु थे, ने उन्हें युद्ध कला में निपुण बना दिया। रामदास ने उनके दिमाग में धर्म के बीज बो दिए। उन्हें हिंदू जाति और संस्कृति का रक्षक बताया। इस प्रकार शुरू से ही शिवाजी में हिंदू धर्म की रक्षा के भाव भर दिए गए थे। शिवाजी को साहित्यिक शिक्षा विशेष नहीं मिली, लेकिन युद्ध की सभी विद्याएँ उन्होंने सीख ली थीं। जीजाबाई, कोणदेव और अपने धर्मगुरु रामदास के उपदेशों का इन पर अभूतपूर्व प्रभाव पड़ा। उनके हृदय में हिंदू, गौर और ब्राह्मण आदि के प्रति श्रद्धा पैदा हो गई। अतः शिवाजी ने मराठों की बिखरी हुई शक्ति को एकत्रित किया और एक हिंदू साम्राज्य के निर्माण का निश्चय किया।

शिवाजी और दक्षिण के राज्य

अपनी शक्ति संगठित करके शिवाजी से दक्षिण के सुल्तानों को हटाने का

निश्चय किया। उस समय दक्षिण भारत की राजनीतिक स्थिति भी डाँवाँडोल थी। सन् 1646 ई. में पहली बार शिवाजी ने बीजापुर के तोरण गढ़ पर कब्जा कर लिया। यहाँ शिवाजी को दो लाख हून मिला। इस धन से उन्होंने रायगढ़ का किला बनवाया। इसके बाद चकन, कोंडाना, पुरंदर, रोहिंदा, सिंहगढ़ आदि किलों पर अधिकार कर लिया गया। लेकिन शिवाजी की इन विजयों से बीजापुर का सुलतान क्रोधित हो गया और उनके पिता शाहजी को कैद कर लिया। अतः शिवाजी ने लाचार होकर कोंडाना का किला लौटा दिया। कुछ समय शांत रहने के बाद 1656 में शिवाजी ने जावली पर अधिकार कर लिया। ''जावली की विजय शिवाजी के जीवन में एक उल्लेखनीय घटना थी, क्योंकि इस विजय के बाद उसके राज्य के दक्षिण-पश्चिम में विस्तार के लिए द्वार खुल गए थे।'' उनकी सैन्य शक्ति भी पहले से अधिक हो गई।

बीजापुर से संघर्ष

सन् 1657 ई. में औरंगजेब ने बीजापुर पर आक्रमण कर दिया। शिवाजी ने इस समय बीजापुर के सुलतान का साथ दिया और चुना तथा अहमदनगर के जिलों को लूट लिया। यहाँ शिवाजी को काफी धन हाथ लगा। लेकिन तभी बीजापुर के सुलतान ने औरंगजेब से संधि कर ली। लाचार होकर शिवाजी को भी अपना कार्य स्थगित कर देना पड़ा। जब उत्तराधिकार के युद्ध के चलते औरंगजेब आगरा चला गया तब फिर शिवाजी ने कोंकण पर अधिकार कर लिया।

शिवाजी और अफजल खाँ

शिवाजी की बढ़ती हुई ताकत से बीजापुर काफी भयभीत था। वहाँ के सुलतान अली आदिल शाह ने अफजल खाँ को शिवाजी के विरुद्ध युद्ध करने भेजा। अफजल खाँ ने शिवाजी को बंदी बनाकर लाने की घोषणा की और एक सेना लेकर रास्ते में दुर्गों, मंदिरों को तोड़ता-फोड़ता महाराष्ट्र पहुँचा, लेकिन शिवाजी के विरुद्ध युद्ध करने की उसकी हिम्मत नहीं हुई। अतः उसने छल का सहारा लिया और शिवाजी से गले मिलने की इच्छा जाहिर की। इस बहाने वह शिवाजी का गला दबाकर मार डालना चाहता था। उसने संधि का प्रस्ताव भेजा। शिवाजी भी पक्के खिलाड़ी निकले। वे अफजल खाँ की नीति ताड़ गए और

कपड़ों के नीचे लोहे का कवच पहनकर उससे मिलने गए। जब दोनों गले मिल रहे थे तब अफजल खाँ ने उन पर वार किया, लेकिन लोहे का कवच होने के कारण शिवाजी का बाल भी बाँका न हुआ और शिवाजी ने बाघनख उसके पेट में घुसेड़ दिया। इस तरह अफजल खाँ की मृत्यु हो गई।

शिवाजी और औरंगजेब

दक्षिण में लूटपाट मचाकर शिवाजी ने अपना दबदबा काफी बढ़ा लिया। अफजल खाँ की मृत्यु के बाद दक्षिण के सूबे शिवाजी से भयभीत हो गए। इन शानदार विजयों के परिणामस्वरूप शिवाजी का साहस भी बढ़ गया और अब वे मुगल प्रदेशों पर भी आक्रमण करने लगे। जब औरंगजेब को यह समाचार मिला तब वह बहुत चिंतित हुआ और शिवाजी के विरुद्ध आक्रमण की तैयारी आरंभ कर दी।

शिवाजी और शाइस्ता खाँ

शिवाजी की शक्ति कुचलने के लिए औरंगजेब ने सन् 1660 ई. में अपने मामा शाइस्ता खाँ को भेजा। उसे दक्षिण का सूबेदार भी नियुक्त किया गया। शाइस्ता खाँ ने अहमदनगर से प्रस्थान किया और रास्ते के सभी दुर्गों पर अधिकार करता हुआ वह पूना पहुँचा। आसपास के इलाकों पर भी मुगलों का अधिकार हो गया। शिवाजी बड़े चिंतित हुए। उन्होंने मुगलों से खुलकर लड़ना उचित न समझा और छल का सहारा लिया। 15 अप्रैल, 1660 को एक रात जब शाइस्ता खाँ अपने शिविर में आराम कर रहा था, शिवाजी ने बाराती का भेष बनाकर उस पर हमला कर दिया। इस अचानक हमले से मुगल घबरा गए और भाग खड़े हुए। शाइस्ता खाँ भी भागा, लेकिन उसकी उँगलियाँ कट गई। शिवाजी की इस विजय से उनकी प्रतिष्ठा और धाक में चार चाँद लग गए।

शिवाजी और जयसिंह

शिवाजी अपनी सफलता पर फूले न समाए। अब उन्होंने सूरत को लूटने का प्रयास किया। सूरत एक समृद्धशाली व्यापारिक नगर था। सन् 1664 में उन्होंने सूरत को लूट लिया। इस लूट में शिवाजी को अपार संपत्ति हाथ लगी।

औरंगजेब इस समाचार से बहुत दु:खी हुआ और उसने प्रसिद्ध सेनापति जयसिंह को शिवाजी के विरुद्ध युद्ध करने भेजा। जयसिंह बहुत बड़ा कूटनीतिज्ञ और योद्धा था। उसने आसपास के इलाकों के सरदारों को मिलाकर एक संघ बनाया और चारों ओर से शिवाजी पर आक्रमण कर दिया। शिवाजी इतनी बड़ी सेना का सामना नहीं कर सके और लाचार होकर उन्हें संधि कर लेनी पड़ी। यह संधि पुरंदर की संधि (1665) के नाम से प्रसिद्ध है। इस संधि में यह तय हुआ कि (1) शिवाजी 23 दुर्ग मुगलों को वापस कर देंगे। (2) शिवाजी को प्रतिज्ञा करनी पड़ी कि वे हमेशा मुगल साम्राज्य के भक्त बनकर रहेंगे। (3) शिवाजी के पुत्र संभाजी को पंचहजारी मनसबदार बनाया गया और उसे मुगल दरबार में रखा गया। (4) शिवाजी को जागीर प्रदान की गई तथा उनको जो हानि हुई, उसकी पूर्ति के लिए बीजापुर के इलाके से चौथ और सरदेशमुखी वसूल करने का अधिकार मिला।

शिवाजी का औरंगजेब के दरबार में जाना

पुरंदर की संधि के बाद जयसिंह ने शिवाजी को आगरा चलने के लिए राजी कर लिया। शुरू में शिवाजी ने आनाकानी की, लेकिन बाद में वे तैयार हो गए। जब वे आगरा पहुँचे तो औरंगजेब उनके साथ बुरी तरह पेश आया और शिवाजी को कैद कर लिया गया। शिवाजी ने यहाँ भी छल का सहारा लिया और एक दिन कैद से निकल भागे। बाद में औरंगजेब के पुत्र मुअज्जम और जयसिंह के प्रयास से शिवाजी और औरंगजेब में संधि हो गई और औरंगजेब ने उन्हें राजा स्वीकार कर लिया। लेकिन यह संधि अस्थायी थी। बाद में शिवाजी ने पुन: सिंहगढ़, पुरंदर, कल्याण आदि दुर्ग पर अधिकार कर लिया। 1660 में दूसरी बार सूरत को लूट लिया। अंत में 1674 में शिवाजी ने अपना राज्याभिषेक किया और छत्रपति की उपाधि धारण की।

शिवाजी की विजय

राज्याभिषेक के बाद शिवाजी ने आर्थिक कठिनाई का अनुभव किया और उसकी पूर्ति के लिए उन्होंने विजय की योजना बनाई। सबसे पहले उन्होंने बीजापुर राज्य के कोली प्रदेश पर आक्रमण किया, फिर बलगाव और खानदेश

पर आक्रमण करके उसे लूट लिया। अपने राज्य को पश्चिम की ओर बढ़ाने के लिए उन्हें सिद्दियों से संघर्ष करना पड़ा। सन् 1677 में उन्होंने कर्नाटक पर भी अधिकार किया और तंजौर को अपने अधिकार में कर लिया। 13 अप्रैल, 1680 को शिवाजी की मृत्यु हो गई।

शिवाजी का शासन प्रबंध

भारतीय इतिहास के रंगमंच पर शिवाजी का पदार्पण एक कुशल सेनानायक के रूप में ही नहीं हुआ वरन् एक सफल शासक के गुण भी उनमें विद्यमान थे। मजूमदार के शब्दों में—Shivaji was not merely a daring soldier and a successful military conqueror, but also an enlightened ruler of his peiple. अपने न्यायपूर्ण सुशासन तथा प्रजाहित चिंतन के कारण वे 'Hight rank in the pages of history' कहलाए। यद्यपि अपने समकालीन सभी शासकों की तरह शिवाजी भी स्वेच्छाचारी शासक थे, पर उनका प्रधान उद्‌देश्य जनता का कल्याण था।

शासन प्रबंध

1. केंद्रीय शासन
2. प्रांतीय शासन
3. स्थानीय शासन
4. आर्थिक प्रबंध
5. सैनिक प्रबंध
6. न्याय प्रबंध
7. धार्मिक नीति

केंद्रीय शासन

शिवाजी ने दृढ़ केंद्रीय शासन की स्थापना की। शासन पर उनका पूर्ण अधिकार था, लेकिन राजकार्य में सहायता देने के लिए एक समिति बनी थी जिसे अष्ट प्रधान कहते हैं। उसमें आठ मंत्री होते थे, जो राजा के प्रति उत्तरदायी थे। प्रत्येक मंत्री अपने विभाग की सुव्यवस्था का खयाल रखता था। अष्ट प्रधान में आठ निम्नलिखित मंत्री थे—

पेशवा

यह प्रधानमंत्री होता था। इसका मुख्य काम संपूर्ण शासन को देखना तथा जनता के सुख-शांति को बनाए रखना था। राजा की अनुपस्थिति में यह सर्वोच्च शासक होता था।

अमात्य

इसका काम राज्य की आय व्यय का लेखा जोखा रखना था तथा यह राज्य के हिसाब की जाँच-पड़ताल करता था।

मंत्री

यह व्यक्तिगत परामर्शदाता था। इसका काम राजा के दैनिक कार्यों की व्यवस्था करना तथा दरबार की काररवाइयों का विवरण रखना था।

सचिव

यह राजा के पत्र-व्यवहार की देखभाल करता था। राज्य के पत्रों से संबंधित प्रत्येक कार्य का दायित्व इसी पर रहता था।

न्यायाधीश

यह न्याय विभाग का सर्वोच्च पदाधिकारी था और न्याय संबंधी प्रत्येक कार्य करता था।

सामंत

यह राजा को विदेशी संबंधों जैसे युद्ध या संधि की सलाह देता था और विदेशों में अपने राज्य का गौरव बनाए रखता था।

सेनापति

यह सेना का प्रधान होता था और सेना की व्यवस्था तथा उसका संचालन करता था।

पंडितराव और दानाध्यक्ष

यह धार्मिक कार्यों को उचित ढंग से करवाता था और धार्मिक संस्थाओं को

दान देता था। इसका काम धार्मिक नियमों की व्याख्या करना तथा जनता का नैतिक स्तर उन्नत करना था।

सेनापति को छोड़कर सभी मंत्री ब्राह्मण होते थे। पंडितराव, दानाध्यक्ष और न्यायाधीश को छोड़कर सभी को जरूरत पड़ने पर युद्ध में जाना पड़ता था। मंत्रियों को जागीर के बदले राज्य की ओर से नगद वेतन मिलता था।

प्रांतीय शासन

राज्य विस्तृत हो जाने के बाद केंद्र से ही शासन संभव न था, अत: शिवाजी ने समूचे राज्य को 4 प्रांतों में बाँट दिया था। जो प्रदेश सीधे शिवाजी के नियंत्रण में था, उसकी देखभाल वे खुद करते थे। अन्य प्रांतों में सूबेदार होता था। इसकी नियुक्ति शिवाजी स्वयं करते थे। यह सूबेदार प्रांत का सर्वोच्च अधिकारी था और अपने कार्यों के लिए राजा के प्रति उत्तरदायी था। केंद्र की तरह प्रांत में ही अष्ट प्रधान संस्था थी।

स्थानीय शासन

ग्रामीण समुदाय पूर्णरूप से स्वतंत्र थे। पहले गाँव में लगान वसूल करने के लिए देशमुख, देशपांडे आदि पदाधिकारी होते थे। ये पदाधिकारी धीरे-धीरे सर्वोच्च बन गए। शिवाजी ने इस व्यवस्था को खत्म कर दिया और लगान वसूल करने के लिए अपने कर्मचारी बहाल किए। इस प्रकार शिवाजी का शासन प्रबंध सुंदर था। बुलाले के अनुसार—The machinary of this administration was simple but efficient. ग्रैंडफ के अनुसार—Under him the administration was conducieve to the welfare and happiness of the people.

आर्थिक प्रबंध

राज्य की ओर से संपूर्ण भूमि की नाप कराई गई। राज्य उपज का 2/5 भाग लगान के रूप में वसूल करता था। लगान अनाज या नगद दोनों रूपों में दिया जाता था। ये लगान सीधे राजकोष में जमा होते थे जिससे राजा का प्रजा से संबंध बना रहता था। राज्य की ओर से किसानों को बीज और पैसा भी दिया जाता था जिसकी वसूली किश्तों में होती थी। कर की वसूली में कड़ाई बरती जाती थी,

लेकिन सरकार अफसर रैयतों पर अत्याचार नहीं कर सकती थी। शिवाजी ने जागीरदारी प्रथा समाप्त कर दी और उसकी जगह रैयतवाड़ी प्रथा चलाई। आयात और निर्यात कर से तथा मालों पर चुंगी से भी राज्य को आमदनी होती थी। राज्य की आमदनी का प्रमुख स्रोत चौथ और सरदेशमुखी था।

सैनिक प्रबंध

खुद एक कुशल सैनिक होने के नाते शिवाजी ने सेना का सुंदर प्रबंध किया। उनके पास एक स्थायी सेना थी जिसमें 40 हजार घुड़सवार और एक लाख पैदल सैनिक थे। हाथी, ऊँट भी सेना के अंग थे। हाथियों की संख्या 1260 और ऊँटों की संख्या 3000 थी। हर दस सिपाही पर एक नायक, हर पच्चीस नायक पर एक हवलदार, फिर जुमलादार तथा हजारी होता था। शिवाजी के पास तोपखाना और बंदूकें भी थीं। जल सेना में करीब दो सौ जहाज थे। सेना में अनुशासन पर बहुत जोर दिया जाता था। शिवाजी ने जागीरदारी प्रथा खत्म करके सैनिकों को नगद वेतन देना प्रारंभ किया। शिवाजी की रणनीति चूँकि छिपकर लड़ने की थी अतः उनके पास तेज घोड़े थे। उन्होंने दुर्ग की रक्षा पर ध्यान दिया था। उनके पास 240 दुर्ग थे। इन दुर्गों की रक्षा के लिए कई कर्मचारी बहाल किए जाते थे। शिवाजी ने कई पुराने किलों की मरम्मत भी करवाई। ये किले ही शिवाजी की सेना की जान थे। सेना इन्हें अपनी माँ समझती थी।

न्याय प्रबंध

शिवाजी की न्याय प्रणाली पुराने ढंग की थी। न्यायालय का अभाव था और न कोई निश्चित नियम थे। गाँव की न्याय व्यवस्था पंचायत करती थी। न्याय संबंधी प्रत्येक बात के लिए न्यायाधीश जवाबदेह होता था। न्याय में हिंदू ग्रंथों, स्मृतियों तथा शुक्राचार्य के बनाए नियमों पर विशेष जोर दिया जाता था। दीवानी और फौजदारी दोनों प्रकार के मुकद्दमों को न्यायाधीश सुनते थे। संक्षेप में, शिवाजी की न्याय व्यवस्था में नवीनता नहीं आ पाई।

धार्मिक नीति

शिवाजी हिंदू थे, पर उनमें धार्मिक कट्टरता नहीं थी। वे सभी धर्मों का

आदर करते थे। मुसलमान औरतों के साथ उनका व्यवहार मधुर था। मुसलमानों को अपने धर्म की पूरी स्वतंत्रता थी। सेना में अथवा सरकारी नौकरी में धर्म को लेकर किसी प्रकार का भेदभाव नहीं किया जाता था। उनके लिए धर्म 'सही आचरण और उदारता का अक्षय स्रोत था।' उनकी उदारता के संबंध में खफी खाँ ने लिखा है—''शिवाजी ने यह नियम जारी किया कि जब उनके सैनिक लूटपाट करें तो वे मसजिद को, कुरान शरीफ को या किसी स्त्री को किसी तरह की क्षति नहीं पहुँचाएँ। यदि कुरान शरीफ की कोई प्रति उनके हाथ में चली आती थी तो वे उसे सम्मान की दृष्टि से देखते थे और अपने किसी मुसलमान अनुयायी को दे देते थे। जब कोई हिंदू या मुसलमान की स्त्री उनके आदमियों द्वारा कैद कर ली जाती थी तो शिवाजी स्वयं उसकी तब तक निगरानी करते थे जब तक उस स्त्री का कोई संबंधी उसे छुड़ाकर लेने के लिए नहीं आता था।'' इस प्रकार धर्म ने शिवाजी को कभी कट्टरता की ओर प्रेरित नहीं किया।

शिवाजी का चरित्र

1. कुछ प्राचीन विद्वानों की दृष्टि में लुटेरा
2. पारिवारिक प्रेम
3. साहसी, वीर, योग्य सैनिक
4. मनुष्यों के जन्मजात नेता
5. सैनिक कुशलता
6. संगठन की क्षमता
7. योग्य शासक
8. धार्मिक उदारता
9. मनुष्यों के पारखी
10. आकर्षक व्यक्तित्व
11. व्यक्तिगत दुर्बलता से दूर

शिवाजी का चरित्र

भारतीय इतिहास में शिवाजी का चरित्र सबसे अधिक विवादास्पद विषय है। जहाँ कुछ विद्धानों ने शिवाजी को लुटेरा सिद्ध करना चाहा है, वहीं आधुनिक

काल के विद्वानों ने उनके चरित्र का नया मूल्यांकन प्रस्तुत किया है। खफी खाँ ने लिखा है—"अपनी जाति में वह साहस तथा बुद्धि के लिए प्रसिद्ध था और कुटिलता तथा कुचाल में वह शैतान का बच्चा समझा जाता था।" स्मिथ ने भी लिखा है—"शिवाजी डाकू था और उसके द्वारा निर्मित राज्य डाकू राज्य था।" लेकिन उपर्युक्त ये सारे विचार भ्रमपूर्ण हैं। वस्तुतः शिवाजी का चरित्र एक आदर्श चरित्र था। उनका व्यक्तिगत जीवन उज्ज्वल था। अपने परिवारवालों के साथ शिवाजी का अगाध प्रेम था। माता के वे कट्टर भक्त थे। अपने पुत्र तथा स्त्री के प्रति भी उनके भीतर प्रेम विद्यमान था। अपनी वीरता, साहस और योग्यता के बल पर उन्होंने मराठा राज्य की स्थापना की और मुगल साम्राज्य के छक्के छुड़ा दिए। वे मनुष्यों के जन्मजात नेता थे। सैनिक कुशलता उनमें कूट-कूटकर भरी थी। उनका व्यक्तित्व इतना आकर्षक था कि जो व्यक्ति उन्हें एक बार देखता, उस पर उनका जादू चल जाता था। शिवाजी मनुष्य के पारखी थे। सेना की बहाली वह स्वयं करते थे। यही कारण था कि उनकी सेना सबल व सुसंगठित रहती थी। उनकी रणनीति सर्वोत्तम थी। फारस के बादशाह ने एक बार व्यंग्य करते हुए औरंगजेब को लिखा था—"आप स्वयं को बादशाह कहते हैं, किंतु शिवा जैसे साधारण जमींदार को भी वश में नहीं कर सकते।" शाइस्ता खाँ और अफजल खाँ को जो सबक शिवाजी ने दिया, उससे उनकी वीरता और रणनीति का पता चल जाता है। रणनीति के साथ शिवाजी कूटनीति में भी पारंगत थे। उन्होंने समय की गति पहचानकर और उसके अनुसार कार्य किया। उनमें संगठन की अपूर्व क्षमता थी। मराठा जाति की बिखरी हुई शक्ति को एकत्र कर उन्होंने अपनी संगठन शक्ति का परिचय दिया।

शासक के रूप में शिवाजी का अधिक महत्त्व है। उन्होंने जिस शासन व्यवस्था को स्थापित किया, वह प्रजाहित चिंतन के सिद्धांत पर आधारित थी। मजूमदार ने लिखा है—Shivaji was not merely a daring soldier and s successful military conqueror but also an enlightened ruler of his people. यह उनकी शासन व्यवस्था ही थी कि उनके मरने के बाद भी बहुत दिनों तक मराठा राज्य स्थापित रहा। बाद में जब उनके उत्तराधिकारियों ने उनकी नीति त्याग दी तब मराठों का पतन हो गया। शिवाजी

ने धर्म को राजनीति से अलग रखा और हिंदू होकर भी मुसलमानों को धार्मिक स्वतंत्रता दी। वे स्वयं पढ़े-लिखे नहीं थे, लेकिन विद्वानों का आदर करते थे। व्यक्तिगत दुर्गुण जैसे नशाखोरी, दुराचार आदि से वे परे थे। सर यदुनाथ सरकार के शब्दों में—"शिवाजी के समान सच्चे वीर राजा की स्मृति संपूर्ण मनुष्य जाति के लिए अमिट ऐतिहासिक विरासत है, जो आनेवाली पीढ़ियों के हृदय को ऊँची-से-ऊँची चेष्टाओं के लिए अनुप्राणित करती है, उनकी कल्पना को प्रज्वलित करती है और उनके मस्तिष्क को उत्साहित करती है।"

शिवाजी के उत्तराधिकारी

शिवाजी की मृत्यु 1680 ई. में हो गई थी। उनके मरने के बाद उनका पुत्र संभाजी गद्दी पर बैठा। वह विलासी था, अतः मुगल सेना के सामने न टिक सका। 1680 ई. में मुगलों ने उसे बंदी बनाकर मार डाला। उसके बाद संभाजी का भाई राजाराम गद्दी पर बैठाया गया। लेकिन मुगलों का आक्रमण होने पर यह भी भाग गया और 1700 ई. में उसकी मृत्यु हो गई। राजाराम की मृत्यु के बाद उसका पुत्र शिवाजी द्वितीय गद्दी पर बैठा। यह नाबालिग था, अतः इसकी माता ताराबाई इसकी संरक्षिका बनी और मुगलों से उसने युद्ध जारी रखा। उसके बाद मराठों में गृहयुद्ध आरंभ हो गया और धीरे-धीरे उनकी शक्ति क्षीण होती गई।

प्रश्न—

1. शिवाजी को मराठा राज्य का संस्थापक क्यों कहा जाता है ? भारत का नक्शा बनाकर उनकी जीतों को दिखाइए ?
2. शिवाजी की महत्ता का वर्णन कीजिए।
3. शिवाजी के अधीन मराठा शक्ति के विकास का वर्णन कीजिए तथा शिवाजी और औरंगजेब के संबंध पर प्रकाश डालिए।
4. शिवाजी की शासन प्रणाली का वर्णन कीजिए।
5. शिवाजी के चरित्र और कार्यों का मूल्यांकन करें।
6. मराठों के साथ औरंगजेब के संबंध का वर्णन करें।

नोट—अफजल खाँ, शाइस्ता खाँ, चौथ और सरदेशमुखी, संभाजी।

□

7

मुगल और उत्तरी-पश्चिमी सीमा

उत्तरी-पश्चिमी सीमा का महत्त्व

1. विदेशियों का आगमन
2. पहाड़ी इलाका
3. निवासियों से लूटपाट
4. स्वतंत्रप्रिय जाति
5. व्यापारिक केंद्र
6. कांधार का महत्त्व
7. पुर्तगालियों का हिंद महासागर पर अधिकार
8. 16वीं सदी में दो नए राज्यों का निर्माण

भारतीय इतिहास में उत्तरी-पश्चिमी सीमा का विशेष महत्त्व है। भारत में जितने भी साम्राज्य बने, सबके लिए यह सिरदर्द रहा। यहाँ की सीमा पर रहनेवाली जातियों से भारतीय राजे हमेशा चिंतित रहे। उत्तरी-पश्चिमी सीमा का सबसे बड़ा महत्त्व इस कारण रहा है कि इससे होकर ही भारत में विभिन्न जातियों का आगमन हुआ है। इसको छोड़कर भारत पर आक्रमण करने का और कोई आसान मार्ग नहीं था। यहाँ की पहाड़ियाँ बहुत नीची हैं और उनके बीच के दर्रों को पार कर सफलतापूर्वक भारत में प्रवेश किया जा सकता था। खुद मुगल इसी राह होकर भारत आए थे, अतः इस सीमा की सुरक्षा का उन्होंने हमेशा खयाल रखा। पहाड़ी इलाका होने के कारण यहाँ के निवासियों का भरण-पोषण नहीं हो

पाता था, अतः वे लूटपाट करके अपना जीवन निर्वाह करते थे। यही कारण था कि सीमा पार की जातियाँ हमेशा लूटपाट मचाती रहती थीं और आंतरिक अशांति पैदा करती रहती थीं। दूसरी बात यह थी कि यहाँ के निवासी स्वतंत्रताप्रिय थे। उन्होंने कभी किसी की अधीनता नहीं स्वीकार की थी। व्यापारिक दृष्टि से भी इस प्रदेश का महत्त्व था। कांधार सामरिक दृष्टि से महत्त्वपूर्ण था। काबुल के शासक के लिए कांधार पर अधिकार रखना जरूरी था। 14वीं सदी में जब पुर्तगालियों ने हिंद महासागर पर अधिकार कर लिया तब कांधार का महत्त्व और अधिक बढ़ गया। उस समय तुर्की, फारस, मध्य एशिया और भारत में व्यापार का केंद्र कांधार ही था। इसी समय 16वीं सदी में भारत और फारस दोनों देशों में दो नवीन राज्य कायम हुए और दोनों ही कांधार पर अधिकार करने की सोचने लगे। इससे कांधार का महत्त्व और अधिक बढ़ गया। इन सभी दृष्टियों से इस सीमा की सुरक्षा का खयाल रखना आवश्यक था।

बाबर, हुमायूँ और कांधार

16वीं शताब्दी में मुगलों में और फारस के बादशाह में कांधार को लेकर युद्ध छिड़ गया। सन् 1522 ई. में बाबर ने कांधार पर आक्रमण करके उसे छीन लिया। ऐसा करके उसने काबुल के राज्य को सुरक्षित कर लिया। उसकी मृत्यु के बाद उसके पुत्र हुमायूँ ने कांधार को जागीर के रूप में अपने भाई कामरान को दे दिया। लेकिन इससे हुमायूँ को हानि हुई। जब शेरशाह से हारकर भागता हुआ वह फारस पहुँचा तो वहाँ के शाह से सहायता माँगी और बदले में कांधार दे देने का वचन दिया। बाद में जब वह दिल्ली का शासक बना तो अपने वचन से मुकर गया।

अकबर और पश्चिमोत्तर सीमा

गद्दी पर बैठने के बाद अकबर अपनी आंतरिक स्थिति दृढ़ करने में इतना अधिक उलझा रहा कि उसने पश्चिमोत्तर सीमा की ओर ध्यान नहीं दिया। इससे फारस के शाह को मौका मिल गया और उसने पुनः 1552 में कांधार जीत लिया। इस समय काबुल का शासक मिर्जा हकीम था। वह दिल्ली पर अधिकार करना चाह रहा था। इसी उद्देश्य से उसने पंजाब पर आक्रमण भी किया, लेकिन

हार गया। अकबर ने उसे क्षमा कर दिया। सन् 1585 में मिर्जा हकीम मर गया। उसके मरने पर अकबर ने संपूर्ण काबुल को मुगल साम्राज्य में मिला लिया।

उजबेगों और यूसुफ भाइयों का दमन

सीमा पर कई प्रकार की जातियाँ थीं, जो आए दिन विद्रोह करके उपद्रव मचाया करती थीं। अकबर ने इन जातियों पर आक्रमण कर दिया। उजबेगों और यूसुफ भाइयों पर आक्रमण करने के लिए उसने बीरबल और जानी खाँ को एक विशाल सेना के साथ भेजा, लेकिन दोनों सेनापतियों की पारस्परिक कलह के कारण यह सेना हार गई। इसके बाद टोडरमल और मुराद भेजे गए। इस बार यूसुफ भाइयों का दमन कठोरतापूर्वक कर दिया गया। एक तीसरी जाति रोशनिया थी। उसका नेता जलाल बड़ा शक्तिशाली था लेकिन अकबर ने रोशनिया को भी पराजित किया। इस प्रकार सीमा पर रहनेवाली सभी जातियों का दमन कर दिया गया।

कांधार पर अधिकार

अब अकबर ने कांधार पर अधिकार करने का निश्चय किया। इस समय यहाँ का हाकिम हुसैन मुजफ्फर था। इसके सूबे पर उजबेग जातियों ने आक्रमण कर दिया था। जब हुसैन मुजफ्फर इस आक्रमण का सामना नहीं कर सका तब उसने सन् 1585 ई. में कांधार अकबर को दे दिया। इस प्रकार कांधार पर अकबर का अधिकार स्थापित हो गया। अकबर की इस सीमांत नीति के चलते मुगल साम्राज्य की वृद्धि हुई और स्थिति सुदृढ़ हो गई।

जहाँगीर और कांधार

कांधार पर मुगलों के अधिकार को फारस का शाह सहन नहीं कर सका। लेकिन जब तक अकबर जिंदा रहा तब तक उसने कांधार पर आक्रमण करने का साहस नहीं किया। सन् 1606 ई. में जब जहाँगीर के विरुद्ध खुसरो ने विद्रोह किया तो इस आंतरिक अव्यवस्था से लाभ उठाकर शाह ने कांधार पर हमला कर दिया पर उसे सफलता नहीं मिली। अब शाह ने कूटनीति का सहारा लिया। उसने जहाँगीर से मित्रता का दिखावा किया और उपहार आदि भेजकर उसे बहुत

दिनों तक भुलावे में रखा। इसका फल यह हुआ कि जहाँगीर कांधार की ओर से निश्चिंत हो गया। सन् 1622 में जब जहाँगीर और नूरजहाँ कश्मीर में थे, मौका पाकर शाह ने फिर कांधार पर आक्रमण करके उसे ले लिया। जहाँगीर ने खुर्रम को कांधार की ओर भेजा, लेकिन उसने जाने से इनकार कर दिया और विद्रोह कर बैठा। फल यह हुआ कि जहाँगीर उसके विद्रोह को दबाने में ही लगा रहा और कांधार उसके हाथ से निकल गया।

शाहजहाँ और कांधार

जब शाहजहाँ गद्दी पर बैठा तो उसने कांधार को लेने की योजना बनाई। इस समय कांधार का शासक अली मर्दान था, जो शाह का प्रतिनिधि था। पहले तो शाहजहाँ ने उसे अपनी ओर मिलाना चाहा और उसे अवसर भी मिल गया। किसी कारण शाह को अली मर्दान पर संदेह हो गया और उसने उसे कैद करना चाहा। जब अली मर्दान को यह सूचना मिली तो उसने शाहजहाँ से संधि कर ली और उसे कांधार दे दिया। इसी समय वल्ख और बदख्शां के घरेलू युद्ध का फायदा उठाकर शाहजहाँ ने उस पर भी अधिकार कर लिया। लेकिन इस युद्ध में शाहजहाँ की भारी हानि हुई। इस हानि का फायदा उठाकर शाह ने पुनः 1648 में कांधार पर अधिकार कर लिया। शाहजहाँ ने तीन बार कांधार का घेरा डाला। लाखों धन-जन की हानि हुई, लेकिन कांधार हाथ न आया। इससे मुगल साम्राज्य को गहरा धक्का लगा।

औरंगजेब और पश्चिमोत्तर सीमा

शाहजहाँ के समय उत्तरी-पश्चिमी सीमा असुरक्षित हो गई थी। जब औरंगजेब गद्दी पर बैठा तो उसका ध्यान पुनः इस ओर गया। इस समय फिर पहाड़ी जातियाँ आसपास में लूटपाट मचा रही थीं। धन के लोभ से वे भारत पर भी आक्रमण कर रही थीं। प्रारंभ में औरंगजेब ने इनके साथ संधि करना उचित समझा और इस उद्देश्य से उसने अपने राजदूत इन प्रदेशों में भेजे। लेकिन सन् 1667 ई. में भागू के नेतृत्व में यूसुफजाइ जाति ने विद्रोह कर दिया और सिंधु नदी पार कर मुगलों पर आक्रमण कर दिया। सन् 1672 ई. में अजमल खाँ के नेतृत्व में अफ्रीकियों ने और खुशहाल खाँ के नेतृत्व में खट्कों ने भी विद्रोह का झंडा

खड़ा कर दिया। औरंगजेब ने मदद के लिए महावत खाँ और सुजात खाँ को भेजा, लेकिन शाही सेना को विशेष सफलता नहीं मिली। अंत में औरंगजेब स्वयं सीमांत प्रदेश पहुँचा। उसने धन का लोभ देकर अफगानों को अपनी ओर मिला लिया और बाद में उन्हें आपस में लड़ा दिया। इस प्रकार ''दो हड्डियों को परस्पर मारकर तोड़ने की नीति' अपनाकर औरंगजेब ने वहाँ शांति की स्थापना की।

औरंगजेब ने सीमांत प्रदेशों पर किसी प्रकार विजय तो पाई, लेकिन उसका प्रभाव उसके साम्राज्य के लिए हितकर नहीं हुआ। एक तो धन का अपव्यय हुआ और उसका खजाना खाली हो गया। इसके राजनीतिक परिणाम भी सुखकर नहीं हुए। मुगलों की प्रतिष्ठा को गहरा आघात पहुँचा। अफगान मुगल के दुश्मन बन गए और औरंगजेब को राजपूतों के विरुद्ध इनकी सहायता नहीं मिली। इस ओर लगे रहने के कारण औरंगजेब शिवाजी की ओर विशेष ध्यान न दे सका और शिवाजी की शक्ति दिन-प्रतिदिन बढ़ती गई। इस प्रकार अफगान और अफरीदियों ने औरंगजेब को बेकार के युद्धों में फँसाकर मराठों की सहायता की।

औरंगजेब की पश्चिमोत्तर सीमा नीति के परिणाम

1. धन-जन की हानि
2. खजाना खाली हो जाना
3. मुगलों की प्रतिष्ठा को आघात
4. राजपूतों के विरुद्ध अफगानों की सहायता न मिलना
5. शिवाजी की शक्ति का बढ़ जाना

प्रश्न—

1. उत्तर-पश्चिमी सीमा के महत्त्व का वर्णन करें। मुगल सम्राटों ने इसकी सुरक्षा के लिए कौन से उपाय किए ?
2. कांधार का क्या महत्त्व था ? मुगलों ने उसे किस प्रकार पाया और खो दिया ?

□

8

मुगल और सिख

सिखों का इतिहास

मध्यकालीन भारत के इतिहास में सिख संप्रदाय की उत्पत्ति एक महत्त्वपूर्ण घटना है। यह संप्रदाय हिंदू धर्म का ही अंग है। 'सिख' शब्द का अर्थ होता है शिष्य। चौदहवीं और पंद्रहवीं सदी के पूर्व तक इस संप्रदाय का कोई चिह्न नहीं था। लेकिन 14वीं-15वीं शताब्दी में भारत में धार्मिक आंदोलन प्रारंभ हुए और उसी वातावरण में सिख संप्रदाय की उत्पत्ति हुई। आगे चलकर इस सिख जाति ने भारत की राजनीति में बहुत बड़ी भूमिका निभाई और मुगल साम्राज्य के पतन में इन्होंने पूरा सहयोग दिया।

सिख जाति का उदय

सिख संप्रदाय के प्रवर्तक गुरु नानक थे। इनका जन्म सन् 1469 ई. में पंजाब के तलवंडी नामक गाँव में हुआ था। आजकल यह स्थान ननकाना नाम से प्रसिद्ध है। इनके पिता कालू खत्री जाति के थे। नानक ने एक ऐसे धर्म की स्थापना की जो जाति-पाँति, बहुदेववाद तथा धार्मिक आडंबर से बहुत दूर था। उन्होंने सभी धर्मों को समान महत्त्व दिया तथा जाति-पाँति के भेदभाव को दूर किया। उनका सिद्धांत था—"जाति पाँति पूछे ना कोई, हरि को भजै सो हरि का होई।" उन्होंने एक ईश्वर की पूजा को बल दिया। ब्राह्मणों एवं मुल्लाओं के आडंबर पर उन्होंने करारी चोट की। उनके अनुसार, मनुष्य अपने सत्कर्मों से मुक्ति पा सकता है। मुक्ति पाने के लिए ईश्वर की आराधना सबसे जरूरी है। नानक ने आत्मा-परमात्मा के संबंधों पर प्रकाश डालते हुए बताया कि आत्मा

परमात्मा से भिन्न वस्तु नहीं है और इन दोनों का तादात्म्य संबंध होना ही मोक्ष पाना है। "मस्तिष्क की उदारता, धर्म की सारवस्तु के प्रति श्रद्धा एवं संपत्ति तथा शक्ति के प्रति घृणा ही उनका आदर्श था।" नानक ने कहा—"अपने आप को मिटा दो ताकि तुम्हें ईश्वर मिल सके। काम, क्रोध, मोह, लोभ तथा अभिमान मनुष्यों के पाँच भयानक शत्रु हैं।" नानक के उपदेश का तत्कालीन जनता पर बड़ा व्यापक प्रभाव पड़ा। लगभग तीस वर्षों तक वे उपदेश देने के लिए घूमते रहे। इस प्रकार गुरु नानक के सिद्धांतों को लेकर पंजाब में एक संप्रदाय ही चल पड़ा जो सिख संप्रदाय के नाम से विख्यात हुआ और गुरु नानक उसके आदिगुरु कहलाए। सन् 1538 ई. में उनका देहांत हो गया।

गुरु नानक के उपदेश

1. सभी धर्म समान हैं।
2. धार्मिक आडंबर छोड़ धर्म के सार को ग्रहण करो।
3. जाति-पाँति का भेद निरर्थक है।
4. ईश्वर एक है, वह सद्कर्मों से पाया जाता है।
5. मुक्ति पाने के लिए ईश्वर की पूजा आवश्यक है।
6. आत्मा-परमात्मा में अंतर नहीं है।
7. काम, क्रोध, लोभ, मोह, अभिमान—मनुष्य के शत्रु हैं।

गुरु अंगद (सन् 1538-1552)

गुरु नानक के बहुत से शिष्य थे। गुरु नानक ने गुरु अंगद को अपना उत्तराधिकारी चुना। इन्होंने गुरु नानक के सिद्धांतों का अपने जीवन में पालन किया और उसका प्रचार किया। इन्होंने गुरु लिपि का प्रचलन किया और इस लिपि को जनता के बीच फैलाया। इसी लिपि में इन्होंने नानक के उपदेशों का संकलन भी किया।

गुरु अमरदास (सन् 1552-1574)

गुरु अंगद की मृत्यु के बाद गुरु अमरदास उनके उत्तराधिकारी चुने गए। इन्होंने अपने शिष्यों की संख्या काफी बढ़ाई। इस समय पंजाब के जाट भी इस

धर्म में दीक्षित हो गए थे। गुरु अमरदास ने गोइंदवाल में एक तालाब खुदवाया। बाद में यह तालाब सिखों का पवित्र तीर्थ बन गया। इन्होंने संपूर्ण संप्रदाय को 22 'मंत्रियों' में बाँट दिया और उसे एक-एक सिख के अधिकार में दे दिया। उन्होंने सती प्रथा, मदिरापान आदि बंद करवा दिया तथा नए रीति-रिवाज प्रचलित किए। इंदुभूषण बनर्जी के अनुसार—"इनके समय से ही हिंदू और सिखों का भेद अधिक स्पष्ट रूप से प्रकट होने लगा और धीरे-धीरे वे पुराने हिंदू समाज से भिन्न भाईचारे की संस्था में बँध गए।" सन् 1574 में इनकी मृत्यु हो गई।

गुरु रामदास (1574-1581)

गुरु रामदास गुरु अमरदास के दामाद थे। अकबर ने अमृतसर के नजदीक इन्हें थोड़ी भूमि प्रदान की। वहाँ इन्होंने एक बड़ा सा तालाब बनवाया और उसके बीच स्वर्णमंदिर का निर्माण किया। तब से अमृतसर सिखों का प्रमुख स्थान बन गया है। सन् 1581 ई. में इनकी मृत्यु हो गई।

गुरु अर्जुन (1581-1606)

गुरु रामदास के बाद उनके पुत्र गुरु अर्जुन हुए। इनके समय में सिख संप्रदाय की आश्चर्यजनक उन्नति हुई। इन्होंने अमृतसर की खुदाई का कार्य पूरा किया तथा लाहौर में एक विशाल तालाब खुदवाया। दूर-दूर तक इनके अनुयायी फैल गए। 'मसनद प्रथा' इन्हीं की चलाई हुई है। सिखों से उनकी आय का दसवाँ हिस्सा इन्होंने कर के रूप में लेना शुरू किया। व्यापार को प्रोत्साहन देकर गुरु अर्जुन ने इसे सिखों का मुख्य पेशा बना दिया। इन्होंने सबसे बड़ा काम यह किया कि आदि ग्रंथ का संकलन करवाया। खुशवंत सिंह के अनुसार—"ग्रंथ एक अद्‍भुत ऐतिहासिक पुस्तक है। सारी धर्म पुस्तकों में एक यही ऐसा ग्रंथ है, जिसमें धार्मिक साहित्य बिना परीक्षित मिश्रण हुए मौलिक रूप में सुरक्षित है।" गुरु अर्जुन ने राजनीति में भी अपनी दिलचस्पी दिखाई। यहाँ तक कि साधुओं की वेशभूषा त्यागकर इन्होंने राजसी पोशाक धारण करना शुरू कर दिया। इनके सफल नेतृत्व में सिख संप्रदाय बहुत शक्तिशाली हो गया।

गुरु अर्जुन के समय से ही मुगलों के साथ सिखों की शत्रुता हो गई और सिख लोग मुगल साम्राज्य के पीछे हाथ धोकर पड़ गए। जहाँगीर का पुत्र खुसरो

धार्मिक मामले में बड़ा उदार था। अतः गुरु अर्जुन उसे श्रद्धा की दृष्टि से देखते थे। सन् 1606 ई. में खुसरो ने जहाँगीर के खिलाफ विद्रोह कर दिया। इस विद्रोह में गुरु अर्जुन ने उसे आर्थिक सहायता प्रदान की और अपनी सहानुभूति दिखाई। लेकिन खुसरो हार गया। जहाँगीर ने खुसरो को तो माफ कर दिया, लेकिन गुरु अर्जुन की सारी संपत्ति जब्त कर ली गई और दो लाख रुपया जुरमाना कर दिया गया। गुरु ने जुरमाने की रकम देने से इनकार कर दिया। फलस्वरूप उन्हें कैद करके मार डाला गया। जहाँगीर ने गुरु को मरवाकर बड़ी भारी राजनीतिक भूल की। यद्यपि कुछ लोगों ने गुरु को विद्रोही करार देकर जहाँगीर के काम को उचित बताया है, लेकिन सच यह था कि जहाँगीर ने विद्वेष के कारण ऐसा किया था। अब यहाँ से सिख मुगल राज्य के घोर शुत्र बन गए जिन्होंने इस साम्राज्य की कब्र खोद डाली। तेजसिंह के अनुसार—''जिस प्रकार से गुरु को मौत के घाट उतारा गया उससे सिखों का यह दृढ़ निश्चय हो गया कि यदि उन्हें जीवित रहना है तो उन्हें शस्त्र धारण करना पड़ेगा।''

गुरु हरगोविंद (1606-1645)

गुरु अर्जुन के बाद गुरु हरगोविंद सिखों के छठे गुरु हुए। इन्होंने 'सच्चे बादशाह' की उपाधि धारण की और सिखों की सेना संगठित करनी प्रारंभ कर दी। सिख संप्रदाय को इन्होंने एक राज्य के रूप में बदल दिया। इन्होंने एक छोटी सी सेना भी संगठित कर ली। अपने पिता की हत्या का बदला लेने के उद्देश्य से इन्होंने तीन बार मुगल राज्य पर आक्रमण किया। इसमें इन्हें प्रारंभ में थोड़ी-बहुत सफलता भी मिली। लेकिन अंत में इन्हें कश्मीर में छिपकर रहना पड़ा और वहीं इनकी मृत्यु 1645 में हो गई।

गुरु हरिराम तथा हरिकिशन

हरगोविंद के बाद हरिराम गुरु बने। ये शांतिप्रिय व्यक्ति थे। अतः इनके समय मुगलों से विशेष संघर्ष नहीं हुआ। 1661 में इनकी मृत्यु हुई। उसके बाद हरिकिशन गुरु बने, लेकिन तीन वर्ष बाद ही चेचक के कारण इनकी मृत्यु 1664 में हो गई।

औरंगजेब और सिख

गुरु तेगबहादुर (1664–1675)

गुरु हरिकिशन के बाद सिखों ने गुरु तेगबहादुर को अपना नौवाँ गुरु मान लिया। कीरतपुर से छह मील दूर आनंदपुर को इन्होंने अपना निवास स्थान चुना। एक बार ये पटना आए जहाँ इनके पुत्र गोविंद सिंह का जन्म हुआ। प्रारंभ में तेगबहादुर ने मुगल दरबार में नौकरी कर ली, लेकिन बाद में ये पंजाब चले आए और सिखों का संगठन आरंभ करके औरंगजेब की हिंदू विरोधी नीति का विरोध करने लगे। औरंगजेब इन पर पहले से ही कुपित था। उसने इन्हें दिल्ली बुलाकर कैद कर लिया। इन पर राजद्रोह का इल्जाम लगाया गया और इसलाम धर्म जबरन स्वीकार करने को कहा गया। गुरु ने यह अस्वीकार कर दिया। फलस्वरूप औरंगजेब ने इनका वध करवा दिया। मरते वक्त गुरु ने एक कागज के टुकड़े पर मंत्र लिखा और कहा कि उनकी गरदन पर चोट नहीं लग सकती। कहते हैं कि जब जल्लाद ने उनकी गरदन काटी तो कागज पर लिखा हुआ पाया गया—'सिर दिया सार न दिया।' इस तरह औरंगजेब ने तेगबहादुर की हत्या धार्मिक विद्वेष के कारण करवा दी। इतना ही नहीं उसने कई सिख मंदिरों को नष्ट करवा दिया और सिखों का अपमान करके उन्हें वहाँ से बाहर निकलवा दिया। डॉ. नारंग के अनुसार–"गुरु की हत्या सारे देश के हिंदुओं द्वारा उनके धर्म के प्रति बलिदान माना गया और सारे पंजाब में अपमान और प्रतिशोध की ज्वाला भड़क उठी।"

गुरु गोविंद सिंह (1675–1708)

गुरु तेगबहादुर ने अपना उत्तराधिकारी अपने पुत्र गुरु गोविंद सिंह को नियुक्त किया। ये सिखों के अंतिम गुरु हुए। इन्होंने सिख जाति को सैनिक रूप प्रदान किया। इनकी सेना 'खालसा' कहलाती थी। इन्होंने निम्नलिखित आदेश निकाले जिनका पालन करना प्रत्येक सिख के लिए आवश्यक था—

1. केश, कंघी, कच्छ, कृपाण और कड़ा प्रत्येक सिख को धारण करना चाहिए।

2. प्रत्येक सिख को सैन्य शिक्षा लेनी चाहिए।
3. किसी सिख को शत्रु से मित्रतापूर्वक व्यवहार नहीं करना चाहिए।
4. गुरु की आज्ञा पर सर्वस्व लुटा देने को तैयार रहना चाहिए।
5. संपूर्ण सिख जाति में समानता का व्यवहार होना चाहिए।
6. तंबाकू का सेवन नहीं करना चाहिए तथा केवल झटके का मांस खाना चाहिए और प्रत्येक को नाम के अंत में सिंह जोड़ना चाहिए।

गुरु गोविंद ने पहाड़ी किले बनवाकर मुगलों से खुला संघर्ष प्रारंभ कर दिया। ज्योतिषियों ने कभी भविष्यवाणी की थी—'He would convert jackals into tigers and sparrows into hawks. और इसे गुरु गोविंद ने अक्षरशः पूर्ण किया। उनके दो पुत्र भी युद्ध में काम आए और दो जीते-जी दीवार में चुन दिए गए, पर गुरु ने अपना साहस नहीं छोड़ा। अंत में मुक्तेश्वर में गुरु की विजय हुई। औरंगजेब ने संधि करने के लिए गुरु गोविंद को दक्षिण भारत बुलाया, लेकिन तभी औरंगजेब की मृत्यु हो गई।

बहादुरशाह और गुरु गोविंद सिंह

औरंगजेब की मृत्यु के बाद उसके पुत्रों के बीच उत्तराधिकार का युद्ध प्रारंभ हुआ। इस युद्ध में गुरु गोविंद सिंह ने बहादुरशाह का समर्थन किया और उसे सहायता देने के लिए वे दक्षिण गए। वहीं एक अफगान ने 1708 में इनकी हत्या कर दी। गुरु गोविंद सिंह बड़े दूरदर्शी थे। उन्होंने यह समझ लिया था कि आगे चलकर सिखों में गुरु पद को लेकर युद्ध होना अवश्यंभावी है। अतः उन्होंने गुरु का पद उठा दिया। सिखों की आध्यात्मिक उन्नति के लिए एक पंचायत कमेटी बनाई गई। उन्होंने बताया—''मैं सदा पाँच सिखों के बीच रहूँगा। जहाँ भी मेरे पाँच सिख इकट्ठे होंगे, वे सभी पुरोहितों-के-पुरोहित होंगे।'' उन्होंने आगे बताया—''जो गुरु को देखना चाहता है, उसे गुरु नानक के ग्रंथ को देखना चाहिए।'' गुरु गोविंद सिंह ने बंदा को अपना सैनिक उत्तराधिकारी चुना।

बंदा और मुगल

बंदा का जन्म 1660 ई. में हुआ था। युवावस्था में ही इसने वैराग्य धारण कर लिया, अतः लोग इसे बंदा वैरागी कहने लगे। 1708 ई. में जब गुरु गोविंद

सिंह से इसकी भेंट हुई तो गुरु ने इसे अपना बंदा बना लिया। बंदा का अर्थ 'सेवक' होता है। बंदा के सफल नेतृत्व में सिखों की शक्ति संगठित हुई और उनमें उत्साह तथा वीरता का संचार हुआ। बंदा ने सबसे पहले सरहिंद पर अधिकार किया। वहाँ इसने मुसलमानों से अपने गुरु पुत्रों की हत्या का भीषण बदला लिया। कितने मुसलमानों का सिर काट डाला गया। वजीर खाँ की लाश चील और गिद्धों के खाने के लिए छोड़ दी गई। पंजाब के आसपास के सभी इलाकों पर बंदा का अधिकार हो गया। सिखों की इस बढ़ती शक्ति से बहादुर शाह भयभीत हो गया। सन् 1710 ई. में उसने अमीन खाँ के नेतृत्व में एक बड़ी सेना भेजी। घमासान युद्ध के बाद मुगल विजयी हुए। बंदा को पहाड़ों में छिपना पड़ा। लेकिन बहादुरशाह की मृत्यु के बाद बंदा ने पुनः लूटपाट शुरू कर दी। अंत में 1736 ई. में सिखों की हार हो गई। बंदा को कैद कर लिया गया और नृशंसतापूर्वक उसका कत्ल कर दिया गया।

बंदा के बाद भी सिखों का हौसला पस्त नहीं हुआ। मुगल साम्राज्य के खिलाफ उन्होंने अपना अभियान जारी रखा। अंत में सन् 1761 ई. में पानीपत की तीसरी लड़ाई हुई। इस युद्ध में सिखों की कमर टूट गई। लगभग 12000 सिख मारे गए। लेकिन अहमद शाह अब्दाली के जाते ही पुनः सिखों ने समूचे पंजाब पर अधिकार कर लिया और छोटे-छोटे मिस्लों की स्थापना हुई।

प्रश्न—

1. गुरु गोविंद सिंह के मृत्युकाल तक सिखों के उत्थान का वर्णन करें।
2. सिखों के साथ औरंगजेब के संबंध की विवेचना कीजिए।
3. गुरु गोविंद सिंह ने सिखों को किस प्रकार संगठित किया? बिहार से उनका क्या संबंध है?
4. जहाँगीर के शासनकाल से लेकर औरंगजेब तक के सिखों के इतिहास को संक्षेप में लिखें।

□

9

मुगलकालीन शासन, समाज और संस्कृति

शासन व्यवस्था

शासन का स्वरूप

मुगलों की शासन व्यवस्था कोई नई व्यवस्था नहीं थी। बहुत अंशों में यह शासन व्यवस्था तुर्क अफगान काल की पद्धति पर आधारित थी। इसमें विदेशी और भारतीय दोनों पद्धतियों का मिश्रण था। "मुगल शासन भारतीय पृष्ठभूमि में फारसी–अरबी पद्धति थी।" इस शासन पद्धति में लेखा–जोखा बहुत अधिक रखना पड़ता था। यही कारण है कि मुगल राज्य को 'कागजी राज्य' कहा जाता था। यद्यपि शासन का स्वरूप निरंकुश और सैनिक ढंग का था, फिर भी प्रजा के हित को ध्यान में रखा जाता था। शासन में भूमि व्यवस्था प्राचीन नियम के आधार पर की गई। मुगल राजा सामाजिक कार्यों की ओर से उदासीन रहे। उनका उद्देश्य प्रजा के हित को ध्यान में रखते हुए राज्य में शांति और सुव्यवस्था की स्थापना करना था।

सम्राट

शासन का प्रधान सम्राट होता था। राज्य की सारी शक्ति इसी में केंद्रित रहती थी। सम्राट धरती पर ईश्वर का प्रतिनिधि समझा जाता था। वह न्याय और सेना का प्रधान होता था। अंतिम निर्णय उसी के हाथ में रहता था। वह इसलाम का रक्षक और मुसलमानों का आध्यात्मिक नेता था। कुरान के अनुसार उसके आचरण होते थे। यद्यपि सम्राट की सहायता के लिए मंत्री परिषद होती थी, लेकिन उसकी बात मानना या न मानना सम्राट की इच्छा पर निर्भर करता था।

राज्य के उच्च पदाधिकारियों की नियुक्ति या पदच्युति सम्राट स्वयं करता था। अपने कार्यों के लिए वह किसी के प्रति उत्तरादायी नहीं था। अबुल फजल ने लिखा है—"राजा ईश्वर का तेज और सूर्य की किरण है और वह सारे संसार को चमका देता है। वास्तव में वह ईश्वर का प्रतीक और गुणों की खान है।" संक्षेप में मुगल राजा निरंकुश और स्वेच्छाचारी थे। लेकिन कुछ अकबर जैसे ऐसे भी राजा हुए जिन्होंने प्रजाहित को ध्यान में रखा।

केंद्रीय शासन

शासन के विभाग

1. वजीर-ए-आजम
2. मीर बख्शी
3. खानसामा
4. प्रधान काजी
5. सद्र-उस-सुदूर
6. मुहतसीब
7. मीर आतिश
8. दारोगा-ए-डाक चौकी
9. दारोगा-ए-टकसाल

सम्राट को शासन कार्य में सहायता देने के लिए मंत्री होते थे, लेकिन इनकी बात मानना राजा की इच्छा पर था। शासन को सुचारु रूप से चलाने के लिए शासन को कई भागों में बाँट दिया गया था। प्रत्येक विभाग का एक अध्यक्ष होता था, जो अपने विभाग के कार्यों के लिए राजा के प्रति उत्तरदायी था। बाबर से अकबर तक ऐसे चार विभाग थे, लेकिन औरंगजेब के काल तक इसकी संख्या छह हो गई। ये विभाग निम्नलिखित मंत्री के अधीन होते थे—

1. **वजीरे आजम**—इसका पद सबसे अधिक महत्त्वपूर्ण होता था। यह सम्राट तथा अन्य मंत्रियों के बीच कड़ी का काम करता था। इसके

अधीन राजस्व विभाग था। खजाना, लगान और कर वसूलने का कार्य इसी के जिम्मे था।

2. **मीरबख्शी**—इसके अधिकार में सैनिकों का वेतन तथा आय-व्यय का विभाग था। सेना की बहाली भी यह करता था। मनसबदारों की सूची तैयार करना और समस्त सेना की सूची राजा को देना भी इसका काम था।
3. **खानसामा**—इसके अधीन गृह विभाग था। सम्राट के सभी नौकर-चाकर इसके अधीन होते थे। सम्राट के दैनिक भोजन की व्यवस्था करना इसका प्रधान कार्य था।
4. **प्रधान काजी**—यह न्याय विभाग का प्रधान था।
5. **सद्र-उस-सुदूर**—इसके अधीन धार्मिक संपत्ति का निर्धारण करना तथा दान देने का विभाग था। वह योग्य धार्मिक व्यक्तियों अथवा संस्थाओं को दान देता था।
6. **मुहतसीब**—यह जनता के सदाचार का निरीक्षण करता था। जनता के नैतिक स्तर को उठाना तथा उनके दुर्गुणों को दूर करना इसका प्रधान कार्य था।
7. **मीर आतिश**—इसके अधीन तोपखाना विभाग था। सेना की समस्त तोपें और बंदूकें इसके अधीन होती थीं।
8. **दारोगा-ए-डाक चौकी**—इसके अधीन डाक विभाग था। यह राज्य के संवाद, पत्र-व्यवहार आदि का कार्य संपादन करता था।
9. **दारोगा-ए-टकसाल**—यह राज्य के टकसाल विभाग का प्रधान था।

प्रांतीय शासन

1. संपूर्ण साम्राज्य प्रांतों में बँटे थे।

(क) सूबेदार (ख) दीवान (ग) फौजदार (घ) दीवान-ए-व्यूतत (ङ) प्रधान काजी।

2. सरकार

(क) फौजदार (ख) कोतवाल (ग) शिकदार (घ) दारोगा

3. परगना

(क) शिकदार (ख) आमिल (ग) खजांची (घ) लिपिक

प्रांतीय शासन

मुगल साम्राज्य काफी विशाल था, अतः एक जगह से संपूर्ण देश का शासन चलना असंभव था। शासन की सुविधा के लिए मुगल साम्राज्य को प्रांतों में बाँट दिया गया था। अकबर के राज्यकाल में ऐसे 15 सूबे थे, जहाँगीर के काल में 17, शाहजहाँ के समय 22 और औरंगजेब के शासनकाल में 21 सूबे थे। प्रांतीय शासन का ढाँचा केंद्रीय शासन जैसा था। प्रांत का प्रधान सूबेदार कहलाता था। इसके हाथ में सभी प्रकार के फौजदारी, दीवानी, सैनिक और असैनिक मामले थे। अपने कार्यों के लिए यह सम्राट के प्रति उत्तरदायी था। समय-समय पर अपने कार्यों की सूची यह सम्राट को देता था। सूबेदार का प्रमुख कार्य प्रांत के अंदर शांति और सुव्यवस्था रखना तथा आंतरिक विद्रोह को शांत करना था। इस कार्य के लिए इसके पास एक छोटी सी सेना भी रहती थी। सूबेदार के नीचे एक दीवान होता था। इसका प्रमुख कार्य राजस्व का प्रबंध करना था। यह कर लगाता था तथा उसे वसूलता था। सूबेदार को सैनिक सहायता के लिए फौजदार होता था। यह प्रांतीय सेना का प्रधान था। दीवान-ए-व्यूतत सड़कों, इमारतों, शाही सामानों, कारखानों, लावारिस संपत्ति की देखभाल करता था। प्रांत के न्याय विभाग का प्रधान काजी होता था। कोतवाल आंतरिक शांति बनाए रखता था।

प्रांत को सरकारों में बाँट दिया गया था और इसके प्रधान को फौजदार कहते थे। डॉ. दत्त के शब्दों में—''फौजदार, जैसा कि उसके नाम का अर्थ है, जिले की उस सेना का अधिकारी होता था, जो छोटे-मोटे विद्रोहों को दबाने या डाकुओं को खदेड़ने के लिए रखा जाता था। फौजदार को सहायता देने के लिए कोतवाल, शिकदार और दारोगा होते थे। सरकार कई परगनों में बँटी होती थी। प्रत्येक परगनों में एक शिकदार, एक आमिल और एक खजांची तथा कुछ अन्य

कर्मचारी होते थे। शिकदार परगने में शांति और सुव्यवस्था बनाए रखता था। आमिल के हाथ में राजस्व के कार्य थे।

पुलिस व्यवस्था

पुलिस-प्रबंध

1. नगर

(क) कोतवाल

2. गाँव

(क) मुखिया
(ख) चौकीदार

3. गुप्तचर विभाग

मुगलों ने नगर और गाँव की शांति और सुरक्षा के लिए पुलिस का उत्तम प्रबंध किया था। नगर के प्रबंध के लिए कोतवाल होता था। उसकी नियुक्ति केंद्रीय सरकार करती थी। उसके निम्नलिखित मुख्य कार्य थे—(क) नगर की रक्षा करना (ख) बाजार पर नियंत्रण रखना (ग) संपत्ति की उचित व्यवस्था करना (घ) जनता का नैतिक स्तर उठाना। (च) अपराधों को रोकना (छ) सामाजिक दुर्गुणों को दूर करना (झ) श्मशान, बूचड़खाना, कब्रिस्तान आदि का सुंदर प्रबंध करना। गाँव की शांति और सुरक्षा के लिए मुखिया एवं चौकीदार होते थे। पुलिस के साथ-साथ गुप्तचरों का जाल बिछा रहता था जिसकी सहायता से जनता की गतिविधियों का पता चलता था।

राजस्व प्रबंध

राजस्व प्रबंध

1. लगान
2. जमीन की माप
3. जमीन का वर्गीकरण

4. रैयतवाड़ी प्रथा की उत्पत्ति
5. अकबर के सुधार
6. कर्मचारियों की नियुक्ति
7. व्यापार कर
8. चुंगी
9. जजिया और तीर्थ यात्रा कर
10. लूटपाट की संपत्ति
11. मुद्रा प्रणाली

राज्य की आमदनी का प्रधान जरिया लगान था। अकबर ने लगान निश्चित करने के लिए शेरशाह की पद्धति पर जमीन की माप कराई थी। बाबर और हुमायूँ ने लगान की व्यवस्था प्राचीन पद्धति पर ही निर्धारित की थी। अकबर ने लगान संबंधी नियमों में कई सुधार भी किए। उसने खेती के लायक जमीन की माप करवाकर उसका वर्गीकरण करवाया। प्रथम श्रेणी के अंतर्गत आनेवाली जमीन को 'पोलज' कहते थे और द्वितीय श्रेणी को 'परौती'। तृतीय श्रेणी के अंतर्गत चाचर और चतुर्थ श्रेणी के अंतर्गत बंजर भूमि आती थी। दस वर्ष की उपज का औसत लेकर लगान निश्चित किया गया। अकबर ने राजस्व की स्थिति दृढ़ करने के उद्देश्य से जागीरदारी प्रथा को खत्म करके उसकी जगह पर रैयतवाड़ी प्रथा चलाई। इस प्रथा से आमदनी बढ़ी और जनता का सीधा सम्पर्क राजा से स्थापित हुआ। लगान अनाज या नगद पैसे में लिया जाता था। लगान निर्धारित करते समय नरमी, लेकिन वसूलते समय सख्ती का व्यवहार किया जाता था। आगे चलकर औरंगजेब ने कर संबंधी कई सुधार किए। लगान वसूलने के लिए राज्य की ओर से पटवारी, पोद्दार, कानूनगो आदि कई कर्मचारी बहाल किए जाते थे। लगान के अतिरिक्त चुंगी, व्यापार कर, जजिया कर, तीर्थयात्रा कर आदि भी राज्य की आमदनी के साधन थे। पीछे अकबर ने जजिया और तीर्थ यात्रा कर उठा दिए, लेकिन औरंगजेब ने पुनः उसे लागू कर दिया। लूटपाट से जो आमदनी होती थी, वह भी राज्य की ही थी। अर्थ विभाग मुद्रा की देखभाल करता था एवं टकसाल तथा खजाने पर नियंत्रण रखता था। अकबर ने मुद्रा प्रणाली में भी कई सुधार किए थे।

सैनिक प्रबंध

1. मनसबदारी प्रथा
2. सेना का वर्गीकरण
   (क) पैदल (ख) घुड़सवार (ग) तोपखाना (घ) हाथी (ज) जल सेना।
3. सेना में अनुशासन की कमी
4. एकता का अभाव

मुगल राजा साम्राज्यवादी थे अतः उन्होंने एक विशाल और संगठित सेना का निर्माण किया था। आरंभ में मुगल सेना मनसबदारी प्रथा पर आधारित थी। सब मिलाकर 33 प्रकार के मनसबदार होते थे। सबसे नीचे का मनसब 10 और सबसे ऊपर का 12000 का होता था। ये मनसबदार राजा द्वारा नियुक्त किए जाते थे। अकबर ने इस प्रथा को वैचारिक रूप प्रदान किया। उसने इन्हें नगद वेतन देना शुरू किया और सेना की संख्या निर्धारित कर दी। इरविन के अनुसार—''मनसबदार बेईमान थे, सेना की गलत सूची रखते थे और बाजार के निठल्ले व्यक्तियों को पकड़कर फौजी लिबास पहनाकर, घोड़े पर बैठाकर गिनती पूरी कर देते थे।'' सेना को पाँच विभागों में बाँट दिया गया था—पैदल, घुड़सवार, तोपखाना, हाथी और जलसेना। पैदल सेना के बंदूकची, शमशेरबाज आदि उप-विभाग होते थे। घुड़सवारों का सेना में विशेष महत्त्व था। ये दो प्रकार के होते थे। मुगलों के पास एक विशाल तोपखाना था। औरंगजेब के समय तोपखाने सुदृढ़ थे। जलसेना का विशेष महत्त्व नहीं था। युद्ध में हाथियों का प्रयोग भी किया जाता था। लेकिन इतना होते हुए भी मुगलों की सेना में एकता का अभाव था। सेनापति आपस में ही लड़ते रहते थे जिससे सेना में भी अनुशासन की कमी पाई जाती थी। सेना में चूँकि बहुत सी जाति के लोग थे, अतः राष्ट्रीय भावना सेना में न थी। सेना सम्राट के प्रति उत्तरदायी नहीं होती थी। वेतन के अभाव में सेना लूटपाट मचाया करती थी। बाद में जब मुगल राजा कमजोर हो गए तो सेना में भी कई बुराइयाँ आ गईं।

न्याय व्यवस्था

1. सम्राट न्यायप्रिय थे।
2. अंतिम फैसला सम्राट के हाथ था।
3. न्याय के दिन निश्चित थे।
4. न्याय का प्रधान काजी था।
5. न्याय विभाग के चार भाग थे।
6. न्याय का आधार कुरान और रीति-रिवाज था।
7. दंड विधान कठोर थे।
8. लिखित कानून का अभाव।
9. न्यायालय का अभाव।
10. काजी भ्रष्ट थे।

मुगलों की न्याय व्यवस्था उत्तम कोटि की नहीं कही जा सकती, फिर भी मुगल सम्राट न्याय के प्रति सजग रहते थे। उस समय न तो कोई श्रेणीबद्ध न्यायालय था और न निश्चित कानून थे। अकबर ने न्याय विभाग की ओर विशेष ध्यान दिया था। जहाँगीर ने तो फरियाद करने के लिए सोने का घंटा ही लटकवा दिया था। जहाँगीर, औरंगजेब आदि ने 'बारह कानून', 'फतवा-ए-आलमगीरी' आदि पुस्तकों के रूप में कानून का संग्रह भी करवाया था। सम्राट न्याय का स्रोत समझा जाता था। अंतिम फैसला उसी के अधीन था। न्याय के दिन निश्चित थे। बुधवार को प्राय: राजा न्याय के लिए बैठता था। सम्राट के अधीन प्रधान काजी और अन्य कई काजी होते थे। प्रांतों, जिलों, नगरों में काजियों की नियुक्ति प्रधान काजी द्वारा होती थी। न्याय के चार विभाग बने थे—राजस्व, दीवानी और फौजदारी, ग्राम पंचायत और सम्राट, फौजदार और सूबेदार। साधारणत: न्याय कुरान के आधार पर होता था, लेकिन प्रजा के रीति-रिवाज का भी खयाल रखा जाता था। औरंगजेब ने न्याय व्यवस्था को उन्नत करने के लिए इसलाम के आधार पर एक संहिता का निर्माण करवाया था। दंड व्यवस्था कठोर थी। अंगभंग की सजा प्रचलित थी। विद्रोह आदि करने पर फाँसी की सजा दी जाती

थी। जुरमाने की रकम से राज्य को काफी आमदनी होती थी। इतना सब होते हुए भी न्याय व्यवस्था में सबसे बड़ा दोष यह था कि काजी भ्रष्ट होते थे।

सामाजिक अवस्था

1. समाज में तीन वर्ग

(क) उच्च वर्ग (ख) मध्यम वर्ग (ग) निम्न वर्ग

उच्च वर्ग—आरामतलब, विलासी, घमंडी। कीमती पोशाक और भोजन, राज दरबार, शानशौकत का अड्डा, साहित्य कला के प्रेमी।

मध्यम वर्ग—छोटे-छोटे व्यापारी, कर्मचारी, विद्वान् आदि, सादा और पवित्र जीवन।

निम्न वर्ग—मजदूर, किसान, गुलाम आदि, सामाजिक स्थिति बुरी।

2. समाज में स्त्रियों की दशा

3. सामाजिक दोष

सामाजिक स्वरूप

किसी भी देश अथवा काल की राजनीतिक घटनाओं से ही उस देश अथवा काल के इतिहास का पूर्ण ज्ञान नहीं हो जाता। उसके लिए सामाजिक एवं अन्य दशाओं का ज्ञान भी आवश्यक हो जाता है। मुगल काल के इतिहास को जानने के लिए भी उसके समाज की जानकारी अनिवार्य है। दिल्ली के सुल्तानों के समय सामाजिक शांति की स्थापना नहीं हो सकी थी, लेकिन मुगल शासकों ने सामाजिक शांति की स्थापना में भरपूर प्रयास किया। विदेशी होने के नाते मुगलों ने भारत की सभ्यता एवं संस्कृति के प्रत्येक क्षेत्र में अपनी छाप लगाई, यहाँ तक कि साहित्य और कला भी उनके प्रभाव से अछूते न रहे। हिंदू और मुसलमान दोनों के संपर्क ने राजनीति के साथ-साथ समाज में भी मौलिकता ला दी। लेकिन इतना सब होते हुए भी मुगलों को राष्ट्रीय शासक नहीं माना जा सकता। "बाबर ने तो यहाँ दफनाया जाना भी पसंद नहीं किया और यदि हुमायूँ की आकस्मिक मृत्यु न हो जाती तो, वह भी अपने मृत शरीर की वसीयत कर जाता कि वह

हिंदुस्तान में न गाड़ा जाकर काबुल में गाड़ा जाए, जिससे कि वह अपने पिता के निकट चिर शांति प्राप्त कर सके।'' मुगल काल की सामाजिक स्थिति की जानकारी के साधन बहुत कम हैं। यूरोपीय जातियों ने आकर वहाँ का जो वर्णन किया है, उसी के द्वारा हमें जानकारी होती है। समाज कई वर्गों में विभक्त था और इसका रूप सामंतवादी था।

उच्च वर्ग

उच्च वर्ग के अंतर्गत सम्राट और मनसबदार आते थे। सम्राट का स्थान सबसे ऊँचा था। उच्च वर्गवालों के पास धन की बहुलता रहती थी, अत: इनका जीवन भोग-विलास और आमोद-प्रमोद में व्यतीत होता था। ये लोग बड़े-बड़े भवनों में निवास करते थे और मदिरा एवं स्त्रियों पर अपना सारा धन फूँक देते थे। खुद अकबर के हरम में 5000 स्त्रियाँ थीं। सामंत लोग भी राजा का अनुकरण करते थे। यद्यपि वे विद्या और कला के प्रेमी थे, फिर भी झूठे अहं और आत्मसम्मान के वे शिकार बने हुए थे। अमीरों की मृत्यु के बाद उनकी संपत्ति जब्त कर ली जाती थी, अत: ये अमीर अपने जीते-जी ही सारा धन फूँक देते थे। राजदरबार शान-शौकत के लिए विख्यात था। अमीर सुंदर और कीमती पोशाक पहनते थे, नृत्य और संगीत में पैसा पानी की तरह बहाते थे। इनका भोजन कीमती होता था। भोजन में फल ज्यादा प्रयोग में आता था। यह फल बुखारा से मँगाया जाता था। राजा की कृपा अमीरों को प्राप्त रहती थी, अत: ये साधारण जनता के साथ बुरी तरह पेश आते थे। पैल्सूर के अनुसार—''अमीरों के महलों में सज-धज विशेष रूप से विद्यमान रहती थी और वे व्यभिचार के केंद्र थे।'' आगे चलकर इन्हीं अमीरों के भ्रष्ट जीवन से मुगल साम्राज्य का पतन भी हो गया।

मध्यम वर्ग

इस वर्ग में व्यापारी और राजकीय पदाधिकारी आते थे। इसके अतिरिक्त विद्वान्, धार्मिक व्यक्ति, हकीम आदि भी इसी श्रेणी के अंतर्गत थे। इन लोगों के पास भी धन होता था, लेकिन वे उस धन का प्रदर्शन नहीं करते थे, फिर भी इनका जीवन आराम का जीवन था। ये सादा और पवित्र जीवन बिताते थे तथा अमीरों के चारित्रिक दुर्गुणों से अलग थे। सरकारी कर्मचारी घूसखोर होते थे।

व्यापारी भी अपनी संपत्ति को छिपाकर रखते थे। उन्हें भय था कि कहीं उनके धन पर अमीरों की आँख लगी तो वे हड़प जाएँगे।

निम्न वर्ग

समाज में सबसे बुरी दशा निम्न वर्गवालों की थी। इस वर्ग में मजदूर, छोटे व्यापारी, छोटे कर्मचारी, किसान, कारीगर और दास आदि थे। इनका जीवन दुःखी था। इन्हें कठिन परिश्रम करना पड़ता था, लेकिन ये मेहनती और ईमानदार थे। समाज में इनकी कोई पूछ नहीं थी और न ही आदर की दृष्टि से देखे जाते थे। इनके मकान भी फूँस या कच्ची मिट्टी के होते थे। मजदूरों की मजदूरी बहुत कम थी। साधारणतः उन्हें बेगार ही खटना पड़ता था। सरकार और दत्त के अनुसार—"श्रमिकों को बहुत कम वेतन मिलता था। सामंत तथा राजकीय अधिकारी वर्ग उनका शोषण करता था और वे बेगार करने के लिए बाध्य किए जाते थे।" इनका भोजन साधारण था और दिन में इन्हें एक बार ही खाना जुटता था, लेकिन ये अमीरों के दुर्व्यसन से जैसे शराब पीना, जुआ खेलना आदि से बचे थे। दासों की दशा सबसे शोचनीय थी। इन्हें अपने मालिकों की इच्छा पर ही निर्भर रहना पड़ता था।

स्त्रियों की दशा

समाज में स्त्रियों की दशा अच्छी नहीं थी। वे साधारणतः भोग-विलास की वस्तु समझी जाती थीं। उन्हें अपने पतियों की इच्छा पर निर्भर रहना पड़ता था। उन्हें किसी प्रकार की स्वतंत्रता प्राप्त नहीं थी। मुगलों ने पर्दा प्रथा को और कस दिया था। अमीरों की स्त्रियाँ बाहर नहीं निकलती थीं, लेकिन गरीबों की स्त्रियों को बाहर निकलकर अपनी जीविका के लिए कार्य करना पड़ता था। समाज में वेश्या की प्रथा थी। मुसलमानों में तलाक का रिवाज था। दहेज प्रथा, बाल विवाह आदि समाज में प्रचलित थे। फिर भी समाज में ऐसी स्त्रियाँ हुईं, जो प्रसिद्ध हुईं। रानी दुर्गावती, झाँसी की रानी जैसी स्त्रियों ने अपनी कुशलता का परिचय देकर राज्य का संचालन भी किया। मुसलमानों में भी नूरजहाँ, मुमताज महल, चाँद बीबी आदि प्रसिद्ध औरतें हुईं।

सामाजिक दोष

समाज में सबसे बड़ा दोष यह था कि शिक्षा पर ध्यान नहीं दिया गया था। शिक्षा के अभाव में समाज में बहुत सी कुरीतियाँ फैल गई थीं। जुआखोरी, मद्यपान आदि दुर्गुण सर्वत्र विद्यमान थे। बाल विवाह, सती प्रथा भी समाज के बड़े दुर्गुण थे। छुआछूत और जाति बंधन कठोर थे। लोग अंधविश्वासी होते थे और जादू-टोने में विश्वास करते थे। देवताओं को खुश करने के लिए मनुष्य की बलि चढ़ाई जाती थी। जनता का नैतिक पतन प्रारंभ हो चुका था। इस प्रकार—"यह कहना ठीक होगा कि मुगलों के काल में भारत की सामाजिक स्थिति उन्नत नहीं थी और उसका मानसिक तथा नैतिक पतन हो चुका था। लोगों की मनोभावनाएँ पतित तथा कलुषित जीवन की ओर अधिक आकर्षित थीं और सम्राटों ने इसको उद्यत करने की ओर विशेष ध्यान नहीं दिया।"

आर्थिक अवस्था

मुगल काल में आर्थिक अवस्था संतोषजनक नहीं थी। समाज के मुट्ठी भर लोगों का जीवन ही सुखमय था। अधिकांश जनता विपन्न थी। प्रारंभिक मुगल सम्राटों के समय की आर्थिक दशा का पता नहीं चलता, लेकिन अकबर ने राज्य की आर्थिक दशा सुधारने का भरपूर प्रयास किया था और उसके समय में आर्थिक स्थिति सुधरी भी थी। जहाँगीर और शाहजहाँ ने जो इतना आनंद लूटा, उसका श्रेय अकबर की आर्थिक नीति को ही जाता है। बाद में युद्धों और विलास में पैसा पानी की तरह बहाया जाने लगा जिसका फल यह हुआ कि मुगल साम्राज्य दिवालिया हो गया।

आर्थिक अवस्था

1. समृद्धशाली नगर
2. कृषि
3. व्यापार
4. यातायात
5. उद्योग-धंधे
6. वस्तुओं का मूल्य

समृद्धशाली नगर

मुगलकाल में उद्योग-धंधों की प्रगति के फलस्वरूप बड़े-बड़े नगरों का विकास हुआ। अमीर सामंत और उच्च वर्ग के लोग देहातों में रहना नहीं चाहते थे, अतः ऐसे व्यक्ति नगरों की ओर उन्मुख होने लगे, इससे भी नगरों का विकास हुआ। लाहौर, आगरा, बनारस, पटना, अहमदाबाद आदि प्रसिद्ध नगर थे। इन नगरों में भोग-विलास की सारी वस्तुएँ उपलब्ध थीं। एस्किन के अनुसार—"लाहौर एक बड़ा और समृद्धशाली नगर था। वह व्यापार का बहुत बड़ा केंद्र था और वहाँ प्रत्येक उपयोगी वस्तु सरलता से प्राप्त हो सकती थी।"

टैरी ने पंजाब के संबंध में लिखा है—"यह अत्यंत बड़ा तथा उपजाऊ प्रदेश है।" इस प्रकार मुगल काल में ऐसे कई बड़े शहर थे।

कृषि

भारत हमेशा से कृषिप्रधान देश रहा है। मुगल काल में भी यहाँ कृषि की अच्छी उन्नति हुई थी। अकबर ने कृषि की उन्नति के लिए शेरशाह की तरह कई सुधार किए थे। लेकिन खेती करने के तरीके पुराने थे। सिंचाई के अभाव एवं कभी-कभी दैवी प्रकोप के चलते कृषि की भारी क्षति हो जाती थी, अतः यदा-कदा अकाल भी पड़ते थी। शाहजहाँ के समय में ऐसा ही भयंकर अकाल पड़ा था। किसानों की मुख्य उपज गेहूँ, जौ, बाजरा, मक्का, गन्ना, आदि थे। बंगाल और बिहार में चावल की खेती अधिक होती थी। इतना सब होते हुए भी किसान सरकारी कर्मचारियों के अत्याचार से तबाह रहते थे। औरंगजेब के काल में इनकी दशा बड़ी दयनीय हो गई थी।

व्यापार

मुगल काल में व्यापार की काफी प्रगति हुई। भारत का व्यापार देश-विदेशों के साथ होता था। एशिया और यूरोप के कई देशों के साथ भारत का व्यापारिक संबंध था। अहमदाबाद, लाहौर, आगरा, बनारस आदि प्रमुख व्यापारिक केंद्र थे। पुर्तगीज, डच, अंग्रेज और फ्रांसीसी भारत की चीजें यूरोप के देशों में ले जाते थे। भारत अन्य देशों को सूती, रेशमी कपड़े, नील, काली मिर्च तथा मसाले भेजता था और दूसरे देशों से सोना, चाँदी, ताँबा एवं अन्य बहुमूल्य पत्थर मँगाता था।

व्यापार की उन्नति के लिए संपूर्ण देश में सड़कों का जाल बिछा था। व्यापारियों की सुविधा के लिए जगह-जगह सराएँ बनी थीं, जहाँ उनकी सुरक्षा का खयाल रखा जाता था। सड़कों के अलावा नदियों के द्वारा भी बड़ी-बड़ी नावों से व्यापार होता था। नदियों में पुल बने हुए थे।

उद्योग-धंधे

व्यापार के अलावा कई प्रकार के उद्योग-धंधे होते थे। मछली पकड़ना, खान, नमक, अफीम, शराब आदि मुख्य उद्योग थे। देश के अनेक भागों में लोहा पाया जाता था। पंजाब और कुमाऊँ पर्वत की नदियों से सोना निकाला जाता था। गोलकुंडा में हीरे की खान थी। सबसे बड़ा उद्योग रुई की उपज और सूती वस्त्र का व्यवसाय था। मुलतान और कश्मीर में ऊनी और सूती कपड़े बनते थे। राजस्थान और मध्य भारत में ताँबे की कई खानें थीं जिनमें से ताँबा निकाला जाता था। जयपुर और जोधपुर में संगमरमर का काम होता था। इस तरह मुगल काल में उद्योग-धंधे विकसित थे। इन सभी कारणों के चलते देश धन-धान्य से भरा रहता था। चीजों की कीमत बहुत कम थी। साधारण व्यक्ति भी अपनी आवश्यकताओं की वस्तुएँ सरलता से जुटा लेता था। दैनिक आवश्यकता की वस्तुएँ बहुत कम कीमत पर मिल जाती थीं। अकबर के समय 1 रुपए का 12 मन गेहूँ, 10 मन चावल, 18 मन मूँग और 44 सेर दूध मिलता था। डॉ. स्मिथ के अनुसार—"भूमिहीन मजदूर आज की अपेक्षा अकबर और जहाँगीर के शासनकाल में अधिक खा-पहन सकते थे। नीचे की तालिका में उस समय के मूल्य का पता चल सकता है।

वस्तुएँ	प्रति मन	मूल्य (दाम में)	वस्तुएँ	प्रतिमान	मूल्य (दामों में)
गेहूँ	"	12	दूध	"	23
आटा	"	22	दही	"	18
मोटा आटा	"	15	गुड़	"	6
जौ	"	8	धान	"	100
घी	"	105	चावल	"	20
तेल	"	80	सरसों	"	10

औरंगजेब के शासनकाल से जनता की आर्थिक स्थिति खराब होने लगी। विदेशियों के आक्रमण हुए फलतः यहाँ का सारा धन विदेश चला गया और यहाँ की जनता दिन-प्रतिदिन गरीब होती गई।

धार्मिक अवस्था

1. धार्मिक उदारता
2. हिंदू-मुसलमानों का आपसी प्रेम
3. भक्ति आंदोलन
4. औरंगजेब की नीति

मुगल सम्राटों में औरंगजेब को छोड़कर सबों ने धार्मिक उदारता की नीति अपनाई, जिसके फलस्वरूप हिंदुओं को धार्मिक स्वतंत्रता मिली। हिंदू-मुसलमान दोनों में पारस्परिक प्रेम था। दोनों एक-दूसरे के पर्व-त्योहारों में खुलकर भाग लेते थे। दोनों में अंधविश्वास फैला हुआ था। ज्योतिष, तंत्र-मंत्र, जादू-टोनों में लोगों का अधिक विश्वास था। हिंदू अनेक देवी-देवता तथा मुसलमान अनेक पैगंबरों में विश्वास करते थे। गंगा स्नान का महत्त्व हिंदुओं में अधिक था। मुसलमानों में शिया-सुन्नी का भेदभाव था। दोनों एक-दूसरे को काफिर समझते थे। हरिद्वार, प्रयाग, मथुरा आदि हिंदुओं के पवित्र तीर्थ थे, जहाँ मेला लगता था। मुगल काल में भक्ति आंदोलन प्रारंभ हो गया था। इस समय सूरदास, तुकाराम, मीरा, चैतन्य महाप्रभु, एकनाथ आदि कई महात्मा हुए जिन्होंने शुरू से भक्ति का मार्ग प्रशस्त किया। अकबर के बाद शाहजहाँ ने धार्मिक नीति बदल दी और हिंदुओं के साथ कठोरता का रुख अपनाया। औरंगजेब ने तो खुलकर हिंदुओं पर अत्याचार प्रारंभ कर दिए, अतः हिंदू मुगल राज्य के दुश्मन बन गए।

शिक्षा और साहित्य

किसी भी राज्य में शिक्षा और साहित्य के उत्थान के लिए यह परमावश्यक है कि वहाँ शांति की स्थापना हो। मुगल काल इस दृष्टि से महत्त्वपूर्ण है। योग्य सम्राटों के अधीन इस साम्राज्य में हमेशा शांति बनी रही, अतः मुगलों के

समय साहित्य, शिक्षा व कला की पर्याप्त उन्नति हुई। ''प्रस्तरखंडों में साधक कलाकारों की छेनी एवं तूलिका ने जो अमरत्व प्रदान किया है, वह हमारी अतीत की गरिमा की बोलती कहानी है। ताजमहल हो अथवा मोती मसजिद हो, लालकिला हो अथवा दिल्ली गेट, जहाँगीरी महल हो अथवा हुमायूँ का मकबरा, फतेहपुर सीकरी हो अथवा जामा मसजिद ये मुगलकाल के ऐश्वर्य एवं चरमोत्कर्ष की जीवित गाथाएँ हैं, जो विश्वकला के इतिहास में अतुलनीय एवं अपरिमेय हैं।''

शिक्षा

1. सम्राट शिक्षाप्रेमी होते थे।
2. स्कूल, कॉलेजों की स्थापना
3. हिंदू और मुसलमानों को मठ और मकतब में शिक्षा
4. स्त्री शिक्षा
5. पुस्तकालय

मुगल काल में आजकल की तरह शिक्षा की समुचित व्यवस्था नहीं थी। राज्य की ओर से शिक्षा पर कोई ध्यान नहीं दिया जाता था। शिक्षा का प्रचार करना ग्राम जनता का कार्य समझा जाता था। लेकिन सभी मुगल सम्राट शिक्षाप्रेमी थे और राज्य की ओर से शिक्षा की व्यवस्था नहीं होने पर भी सम्राट शिक्षा का प्रसार करते थे। हिंदू अपनी पाठशाला में और मुसलमान अपने मकतब में शिक्षा पाते थे। प्रारंभिक मुगल सम्राट बाबर और हुमायूँ स्वयं बड़े विद्वान् थे। हुमायूँ का पुस्तकालय समृद्ध था। उसने दिल्ली में एक पुस्तकालय और एक मदरसे का निर्माण भी करवाया था। अकबर ने शिक्षा के प्रसार की दिशा में बहुत अधिक कार्य किया था। ''विद्यालयों में शिक्षा देने की परिपाटी की दृष्टि से अकबर का शासनकाल नवयुग माना जाता है।'' उसने आगरा, फतेहपुर सीकरी आदि जगहों में विद्यालयों की स्थापना की। जहाँगीर ने भी अपने पिता की नीति का अनुसरण किया था। उसने तो यह आशा ही निकाल दी थी कि ''जब कोई धनी व्यक्ति या यात्री बिना उत्तराधिकारी के मरे, तो उसकी संपत्ति पर सरकार का अधिकार

होगा, जो मदरसों और मठों के बनवाने में खर्च होगी।'' शाहजहाँ भी शिक्षाप्रेमी था। उसने कई स्कूल और कॉलेजों का उद्धार किया। हिंदुओं को साहित्य, व्याकरण, ज्योतिष, दर्शन और चिकित्सा शास्त्र की शिक्षा दी जाती थी। लाहौर, जौनपुर, अहमदाबाद, बनारस आदि शिक्षा के प्रमुख केंद्र थे। स्त्रियों की शिक्षा की उचित व्यवस्था नहीं थी। केवल अमीर घराने की औरतें ही शिक्षा पा सकती थीं। फिर भी स्त्रियाँ विदुषी होती थीं। सलीमा, गुलबन, नूरजहाँ, जहाँआरा आदि पढ़ी-लिखी औरतें थी। बाद में औरंगजेब ने हिंदुओं की शिक्षा की उपेक्षा कर दी और उसे मिलनेवाली सहायता बंद कर दी। इस काल में पुस्तकालय भी शिक्षा के साधन थे।

साहित्य

1. उर्दू साहित्य में अनुवाद
2. हिंदी साहित्य में अनुवाद
3. प्रमुख उर्दू कवि
4. प्रमुख हिंदी कवि
5. सम्राटों का साहित्य प्रेम
6. प्रमुख ग्रंथ
7. बंगला साहित्य
8. मराठा साहित्य

मुगल सम्राट विद्याप्रेमी थे, अतः मुगलकाल में साहित्य की अभूतपूर्व उन्नति हुई। बाबर अरबी, फारसी और तुर्की भाषा का बहुत बड़ा विद्वान् था। 'बाबरनामा' उसकी कृति है, अपने पिता की तरह हुमायूँ भी विद्वान् था। युद्ध क्षेत्र में भी वह एक बहुत बड़ा पुस्तकालय लेकर चलता था। अकबर यद्यपि स्वयं पढ़ा-लिखा नहीं था, लेकिन विद्वानों का आदर करता था। उसके समय में विभिन्न भाषाओं में साहित्य का अनुवाद हुआ। उसने रामायण और महाभारत का भी अनुवाद कराया था। उसके समय का प्रसिद्ध विद्वान् अबुल फजल था। वह निबंधकार, आलोचक, कवि और इतिहासकार सब कुछ था। उसकी

लिखी पुस्तक 'आईने अकबरी' प्रसिद्ध ग्रंथ है। मुल्ला दाउद की प्रसिद्ध पुस्तक 'तारीख-ए-अल्फी' निजामुद्दीन अहमद की 'तवकात-ए-अकबरी', फैजी सरहिंद का 'अकबरनामा', गुलबदन बेगम का 'हुमायूँनामा' आदि प्रसिद्ध ग्रंथ हैं। शाहजहाँ भी एक विद्वान् था। उसका पुत्र दारा अपने समय का एक प्रसिद्ध विद्वान् और दार्शनिक था। उसने उपनिषद्, भगवद्गीता, योगवाशिष्ठ और रामायण का फारसी में अनुवाद करवाया था। हिंदी साहित्य के विकास के लिए भी यह युग स्वर्ण युग था। हिंदी, गुजराती, मराठी इत्यादि भारतीय भाषाओं में उच्चकोटि की साहित्यिक रचनाएँ हुईं। इसी समय भक्ति आंदोलन प्रारंभ हुआ जिसका प्रभाव साहित्य पर भी पड़ा और कई धार्मिक साहित्य लिखे गए। मलिक मुहम्मद जायसी ने अपना प्रसिद्ध ग्रंथ 'पद्मावत' लिखा। इसी काल में सूरदास ने 'सूरसागर' और तुलसीदास ने 'रामचरितमानस' की रचना की। रहीम इस युग के प्रसिद्ध कवि हुए। उनके लिखे दोहे आज भी प्रसिद्ध हैं। बिहारी का 'सतसई' श्रृंगार रस का अनुपम ग्रंथ है। इन कवियों के बाद रसखान, नंददास, विट्ठलनाथ आदि प्रमुख कवि हुए। वीर रस के साहित्य में भूषण का स्थान सर्वोपरि है।

बंगला साहित्य में

चैतन्य महाप्रभु, कृष्णदास, वृंदावनदास आदि प्रमुख कवि हुए। चंडी देवी और मंसा देवी की प्रशंसा में अनेक ग्रंथों की रचना हुई। तुकाराम, रामदास, बाबन पंडित, एकनाथ आदि मराठा साहित्य के प्रमुख कवि थे।

कला-कौशल

1. स्थापत्य कला
2. चित्रकला
3. मूर्तिकला
4. संगीत कला

कला-कौशल

मुगल काल कला की दृष्टि से स्वर्णिम काल है। प्राय: सभी सम्राट कलाप्रेमी हुए। अत: इस काल में कला के प्रत्येक क्षेत्र में प्रगति आई। इस

काल में हिंदू और मुसलिम दोनों कला का संगम होने से एक तीसरी ही शैली का आविर्भाव हुआ।

स्थापत्य कला

कला के क्षेत्र में सबसे अधिक उन्नति भवन निर्माण कला की हुई। बाबर ने ग्वालियर की शैली से प्रभावित होकर कई प्रसिद्ध भवन बनवाए, लेकिन आज एक-दो को छोड़कर सभी नष्ट हो चुके हैं। हुमायूँ यद्यपि कलाप्रेमी था, पर वह जिंदगी भर राज्य की समस्याओं में ही उलझा रहा, अतः इस ओर ध्यान न दे सका। फिर भी उसकी बनवाई फतेहाबाद की मसजिद आज भी प्रसिद्ध है। अकबर के समय इस दिशा में प्रगति हुई। उसके द्वारा बनवाए जामा मसजिद, बुलंद दरवाजा, फतेहपुर सीकरी आदि बड़े प्रसिद्ध हैं। उसका सर्वश्रेष्ठ भवन सिकंदरा का मकबरा है। फतेहपुर सीकरी के संबंध में अनेदूल ने लिखा है—"सारे भारतवर्ष में इससे सुंदर और शोकजनक स्थान और नहीं है जितना कि यह निर्जन नगर जो एक उजड़े हुए स्वप्न का मूक साक्षी बनकर खड़ा है।" अबुल फजल के अनुसार—He planned splendid edifices and dressed the work of his mind and heart is garment of stone and clay. शिल्पकला की सबसे अधिक उन्नति शाहजहाँ के समय में हुई। लाल किला, दीवाने खास, जामा मसजिद, ताजमहल आदि उसके बनाए प्रसिद्ध भवन हैं। ताजमहल को बनाने में 22 वर्ष लगे और उस पर तीस करोड़ रुपए खर्च हुए थे। "यमुना नदी के तट पर बसा हुआ यह मकबरा उसकी लहरों से खेलता हुआ वास्तव में दो प्रेमियों के सच्चे अनुराग का प्रतीक है और मानवता को शांति का संदेश देता है।" दीवाने खास की दीवारों पर आज भी अंकित है।

अगर फिरदौस-वरूये जमीं अस्त
हमीं अस्तो हमीं अस्ते, हमीं अस्तो।

(यदि पृथ्वी पर कहीं स्वर्ग है तो वह यहीं है, यहीं है, यहीं है।)

'तख्ते ताउस' इस युग की कला की सबसे प्रसिद्ध कृति है। औरंगजेब ने इस कला को कोई प्रोत्साहन नहीं दिया।

चित्रकला

स्थापत्य कला की तरह ही चित्रकला की भी उन्नति हुई। चित्रों में भी भारतीय और फारसी शैली का मिश्रण पाया गया। हुमायूँ ने फारस के कई चित्रकारों को भारत बुलाया भी था। अकबर ने चीनी और मंगोलियन चित्रकला को अपने यहाँ स्थान दिया। उसने फतेहपुर सीकरी की दीवारों पर सुंदर चित्रकारी करवाई। जहाँगीर स्वयं एक कुशल चित्रकार था। मंसूर, उस्ताद मुराद, मनोहर, गोवर्द्धन आदि उस काल के प्रसिद्ध चित्रकार थे। शाहजहाँ ने भी इस कला को प्रश्रय दिया। जहाँगीर ने तो इतना तक लिखा है कि—''यदि एक चित्र कई कलाकारों द्वारा बनाया गया है तो भी मैं प्रत्येक कलाकार की चित्रकारी अलग-अलग बता सकता हूँ।'' औरंगजेब के समय में ही इस कला का ह्रास हो गया। अकबर ने चित्रकला के साथ-साथ मूर्तिकला को भी प्रोत्साहन दिया। फतेहपुर सीकरी का हाथी पोल दो बड़े-बड़े अंगहीन हाथियों से आज भी शोभायमान है। औरंगजेब ने इस कला को भी नष्ट कर दिया।

संगीत कला

औरंगजेब को छोड़कर सभी मुगल सम्राट संगीत के प्रेमी थे। अकबर के दरबार में प्रसिद्ध गायक तानसेन रहता था। शाहजहाँ स्वयं संगीत का ज्ञाता था। एक बार वह राजकवि जगन्नाथ के गायन से इतना अधिक प्रसन्न हुआ कि उसके वजन का सोना प्रदान किया। औरंगजेब संगीत का कट्टर दुश्मन निकला, अत: धीरे-धीरे इस कला का ह्रास हो गया।

प्रश्न—

1. मुगलकाल में भारत की राजनीतिक, सामाजिक, आर्थिक और कला कौशल की दशा का वर्णन करें।
2. शाही मुगल बादशाहों के समय में भारत ने कला, साहित्य तथा भवन निर्माण कला में जो अद्‌भुत उन्नति की, उसका उल्लेख कीजिए।
3. मुगलकालीन समाज व अर्थव्यवस्था का ब्योरा दें।
4. मुगलों की शासन प्रणाली की विशेषताओं का वर्णन करें।

□

10

मुगल साम्राज्य का पतन

औरंगजेब के बाद के मुगल सम्राट

बहादुरशाह (सन् 1707-1712)

औरंगजेब के जीवनकाल में ही विशाल मुगल साम्राज्य के पतन के दृश्य दृष्टिगोचर होने लगे। सन् 1707 ई. में दक्षिण भारत में औरंगजेब की मृत्यु हो गई। उसके मरते ही उसके पुत्रों ने गद्दी के लिए छीना-झपटी शुरू कर दी। औरंगजेब जानता था कि उसके मरने पर उसके पुत्रों में गृहयुद्ध होगा, अतः उसने पहले ही अपने राज्य को चारों पुत्रों में बाँट दिया था। लेकिन उसके मरने पर पुत्रों ने इस वसीयत की ओर कोई ध्यान नहीं दिया और झगड़ने लगे। इस युद्ध में अंतिम विजय मुअज्जम की हुई और वह बहादुरशाह के नाम से गद्दी पर बैठा। उस समय उसकी उम्र 32 वर्ष की थी। उसमें राजनीति के कोई भी गुण विद्यमान नहीं थे। उसने राजपूतों से संधि कर ली और अजीत सिंह को मारवाड़ का शासक स्वीकार कर लिया। उसने पंजाब जाकर सिखों को भी परास्त करना चाहा, लेकिन तभी 1712 ई. में उसकी मृत्यु हो गई।

जहाँदरशाह (सन् 1712-1713)

बहादुरशाह के मरने के बाद उसके पुत्रों के बीच भी उत्तराधिकार का वही पुराना युद्ध छिड़ गया। इस युद्ध में जहाँदरशाह विजयी हुआ। गद्दी पर बैठने के समय उसकी उम्र 51 वर्ष की थी। मुगल वंश में वह सबसे अधिक निकम्मा राजा निकला। उसका चरित्र भ्रष्ट था। अपने संबंधियों के साथ उसने पक्षपात शुरू किया। लाल कुँवर नामक एक स्त्री के अधीन रहकर वह पूरा विलासी बन गया।

अतः सभी उससे घृणा करने लगे। अंत में सैयद बंदुओं की सहायता से उसके भतीजे फर्रुखसियर ने सन् 1713 ई. में उसे मरवा डाला और खुद बादशाह बन बैठा।

फर्रुखसियर (सन् 1713-1719)

फर्रुखसियर सैयद बंधुओं की सहायता पाकर गद्दी पर बैठा था। अतः उसने हुसैन अली को सेनापति और अब्दुला को अपना वजीर बनाया। बाद में सैयद बंधुओं की शक्ति बहुत बढ़ गई और वे अपनी शक्ति का दुरुपयोग करने लगे। उस समय राजपूतों ने अपनी हार मान ली। सिखों का नेता बंदा भी पकड़ा गया और मार डाला गया। जाटों का विद्रोह भी बुरी तरह कुचल दिया गया। लेकिन फर्रुखसियर सैयद बंधुओं की शक्ति बढ़ती हुई देखकर घबरा गया और उसके विरुद्ध षड्यंत्र रचने लगा। फल यह हुआ कि सैयद बंधुओं ने मराठों के साथ मिलकर उस पर आक्रमण कर दिया और गला घोंटकर उसे मार डाला।

मुहम्मदशाह (सन् 1718-1748)

फर्रुखसियर के बाद सैयद बंधुओं ने रफी उदराजात को गद्दी पर बैठाया, लेकिन 1719 में पुनः उसे गद्दी से उतार दिया गया और उसके भाई रफिलउद्दौला को गद्दी पर बैठाया गया, लेकिन कुछ दिन के बाद उसकी मृत्यु हो गई और तब सैयद बंधुओं ने मुहम्मदशाह को राजा चुना। इस प्रकार सैयद बंधु सम्राट निर्माता (King maker) बन गए। मुहम्मदशाह ने 25 वर्षों तक शासन किया, लेकिन उसमें भी राजनीतिक गुणों का सर्वथा अभाव था। वह भी विलासी और निकम्मा था। उसने सैयद बंधुओं की शक्ति समाप्त करने की कोशिश की और इस कार्य में उसे सफलता भी मिली। निजाम से मिलकर उसने हुसैन अली खाँ का वध करवा दिया। पुनः एक बड़ी सेना लेकर उसने अब्दुल्ला खाँ को कैद कर लिया और उसका भी वध कर डाला गया। फिर भी मुगल साम्राज्य की बिगड़ी हुई स्थिति वह नहीं सँभाल सका। निजाम उसके हाथ से निकलकर स्वतंत्र हो गया। मराठों ने भी 1338 में मुगल सेना को परास्त कर दिया। 1722 में अवध ने अपने को स्वतंत्र घोषित कर दिया। सन् 1740 में

बंगाल भी स्वतंत्र हो गया। जब मुगल साम्राज्य की ऐसी गिरती हुई हालत थी तभी नादिरशाह का आक्रमण हुआ और उसके एक ही धक्के से वह विशाल साम्राज्य ध्वस्त हो गया।

मुहम्मदशाह के बाद के बादशाह

मुहम्मदशाह की मृत्यु के बाद उसका पुत्र अहमदशाह सन् 1748 ई. में गद्दी पर बैठा। उसके समय में कई विद्रोह हुए और तंग आकर उसे मराठों की सहायता लेनी पड़ी। इसी समय अहमदशाह अब्दाली ने भारत पर आक्रमण किया। सन् 1754 ई. में अहमदशाह के मंत्री गाजीउद्दीन ने उसे गद्दी से उतार दिया और जहाँदरशाह के दूसरे पुत्र अजीजउद्दीन को आलमगीर द्वितीय के नाम से गद्दी पर बैठाया। उसे राज्य का कोई अनुभव प्राप्त नहीं था, अतः वह गाजीउद्दीन के हाथ का खिलौना बन गया। अंत में उसे भी गद्दी से उतार दिया गया और आलमगीर द्वितीय का पुत्र शाहआलम द्वितीय गद्दी पर बैठा, लेकिन 1806 में उसकी मृत्यु हो गई। उसके बाद अकबर द्वितीय गद्दी पर बैठा। वह केवल नाम का बादशाह था। उसकी मृत्यु होने पर सन् 1837 ई. में उसका पुत्र बहादुरशाह गद्दी पर बैठा। वह मुगल वंश का अंतिम सम्राट हुआ। 1857 में जब सिपाही विद्रोह हुआ तब उसने अंग्रेजों के खिलाफ कार्य दिया। फलस्वरूप वह कैद कर रंगून भेज दिया गया, जहाँ उसकी मृत्यु 1862 में हो गई।

विदेशी आक्रमण

औरंगजेब के मरते ही विशाल मुगल साम्राज्य लड़खड़ाने लगा। इसको लड़खड़ाते देख विदेशी आक्रमणकारियों को मौका लगा और वे भी इस पर चढ़ बैठे। ऐसे विदेशियों में पहला आक्रमण नादिरशाह का हुआ।

नादिरशाह

नादिरशाह फारस का रहनेवाला था। प्रारंभ में वह लुटेरा था, लेकिन धीरे-धीरे अपनी योग्यता के बल पर उसने फारस पर अधिकार कर लिया। 1737 ई.में भारत की राजनीतिक अव्यवस्था से फायदा उठाकर उसने भारत पर आक्रमण कर दिया। लाहौर पर आसानी से उसका अधिकार हो गया। अब वह आगे बढ़ा।

उस समय मुहम्मदशाह मुगल बादशाह था। उसने सेना लेकर उसका रास्ता रोकना चाहा। दोनों के बीच करनाल के नजदीक घमासान युद्ध हुआ। मुगल सेना हार गई। नादिरशाह शान से दिल्ली पहुँचा, वहाँ उसका भव्य स्वागत हुआ। उसने 20 करोड़ रुपए की माँग की, लेकिन तभी दिल्ली में दंगा हो गया। नादिशाह ने क्रुद्ध होकर कत्लेआम की आज्ञा दे दी। आठ घंटे में 30000 व्यक्ति मौत के घाट उतार दिए गए। नादिरशाह दो महीने तक दिल्ली में रहा। उसने अपने नाम का सिक्का भी चलाया। जाते समय अपने साथ वह 15 करोड़ रुपए, 70 करोड़ का सामान, 300 हाथी और 10000 घोड़े लेता गया। तख्ते ताउस और कोहिनूर हीरा भी वह अपने साथ फारस ले गया। मुगल बादशाह ने कश्मीर से कराँची तक के प्रदेश उसे दे दिए।

अहमदशाह अब्दाली

नादिशाह के आक्रमण से मुगलों का खोखलापन जाहिर हो गया, साथ–साथ विदेशी आक्रमण का मार्ग भी खुल गया। दूसरा आक्रमण अहमदशाह अब्दाली का हुआ। उसने 1748 से 1761 के बीच भारत पर पाँच बार आक्रमण किया। पहली बार 1748 में उसने लाहौर पर आक्रमण किया। सन् 1750 में दूसरी बार उसने दिल्ली और मथुरा पर आक्रमण किया। तीसरी बार 1752 में कश्मीर और सरहिंद के इलाके पर कब्जा कर लिया। चौथी बार की चढ़ाई में उसने दिल्ली, मथुरा आदि शहरों में भयंकर लूटपाट मचाई। अंत में शाह आलम ने उसे पंजाब, सिंध और कश्मीर के इलाके दे दिए। उसने पंजाब का सूबेदार अपने पुत्र तैमूर शाह को बनाया और अपने देश वापस लौट गया। लेकिन मराठों ने तैमूर शाह पर आक्रमण करके लाहौर छीन लिया। इसकी खबर जब अब्दाली को मिली तो वह बड़ा क्रुद्ध हुआ और उसने पाँचवीं बार भारत पर आक्रमण किया। 1761 में पानीपत के मैदान में मराठों से उसका युद्ध हुआ। यह पानीपत की तीसरी लड़ाई थी। इस लड़ाई में मराठों की कमर टूट गई। लेकिन अब्दाली को सिखों ने जमने नहीं दिया और उसके सारे हौसले पस्त हो गए। इस प्रकार अब्दाली के आक्रमण ने जहाँ मुगल राज्य का पतन कर दिया, मराठों की कमर तोड़ दी, वहीं सिखों के विकास का मार्ग भी खोल दिया।

मुगल साम्राज्य के पतन के कारण

कारण

(क) राजनीतिक कारण

1. स्वेच्छाचारी सम्राट
2. अयोग्य उत्तराधिकारी
3. विशाल साम्राज्य
4. गृहयुद्ध
5. सरदारों का भ्रष्ट जीवन
6. जागीरदारी प्रथा
7. औरंगजेब की दक्षिण नीति
8. सम्राटों के निर्माता

(ख) आर्थिक कारण

9. आर्थिक संकट

(ग) धार्मिक कारण

10. धार्मिक असहिष्णुता
11. मराठों का विद्रोह
12. सिखों का विद्रोह
13. जाटों का विद्रोह

(घ) सैनिक कारण

14. सैनिक कुव्यवस्था
15. जलसेना का अभाव

(ङ) अन्य कारण

16. नए राज्यों का उदय
17. बाहरी आक्रमण

18. सम्राटों की लंबी अवधि
19. मुगल साम्राज्य का विदेशी होना
20. प्रजा में अज्ञानता
21. ईस्ट इंडिया की स्थापना

"बाबर ने जिस मुगल साम्राज्य के महल के लिए झाड़-झंखाड़ साफ किया, हुमायूँ ने जिस महल की नींव डाली, अकबर ने जिस महल को बनाया, जहाँगीर ने जिसे सजाया, शाहजहाँ ने बैठकर जिसमें आनंद मनाया, उसी महल को औरंगजेब ने धराशायी कर दिया।" वस्तुतः मुगल साम्राज्य के पतन का सबसे बड़ा कारण खुद औरंगजेब है। लेकिन यहाँ गहरे पैठकर हम विचारें तो यह बात ठीक नहीं जँचती है। यह सही है कि औरंगजेब की धार्मिक नीति ने बहुत-कुछ उसके राज्य को हानि पहुँचाई, फिर भी सारा दोष उसी के मत्थे नहीं मढ़ा जा सकता। सच पूछा जाए तो इस विशाल साम्राज्य के पतन के कई कारण थे, जो धीरे-धीरे जमा हो रहे थे। इन कारणों को निम्नलिखित भागों में बाँटा जा सकता है—

राजनीतिक कारण, आर्थिक कारण, धार्मिक कारण, सैनिक कारण, अन्य कारण।

राजनीतिक कारण

(1) स्वेच्छाचारी सम्राट—मुगल सम्राट का पद वंशानुगत था और सभी सम्राट स्वेच्छाचारी होते थे। भीतरी या बाहरी, उन पर किसी प्रकार का नियंत्रण नहीं था। जब तक अकबर, जहाँगीर जैसे प्रजापालक बादशाह रहे तब तक तो स्थिति ठीक रही, लेकिन औरंगजेब के बाद राजाओं की स्वेच्छाचारिता खुलकर खेलने लगी। फलतः जनता का सहयोग इन सम्राटों को नहीं मिला। केंद्रीय शासन में भी सामूहिक हित को महत्त्व नहीं दिया गया। अतः जनता का विश्वास, जो किसी भी राज्य के लिए आवश्यक है, इस राज्य को नहीं मिला।

(2) अयोग्य उत्तराधिकारी—औरंगजेब के शासनकाल तक मुगल साम्राज्य का बहुत विस्तार हो गया था। इतने बड़े साम्राज्य के लिए योग्य शासकों की जरूरत थी। लेकिन औरंगजेब के बाद जितने भी राजा हुए, सभी

अयोग्य, निकम्मे और विलासी थे। उनमें राजनीति और कूटनीति का सर्वथा अभाव था। अत: वे इतने बड़े साम्राज्य को नहीं सँभाल सके।

(3) विशाल साम्राज्य—औरंगजेब ने साम्राज्य की सीमा काफी बढ़ा ली। जब तक वह जीवित रहा तब तक शासन जैसे-तैसे चला, लेकिन उसके बाद के सभी शासक निकम्मे निकले। उतने बड़े साम्राज्य का शासन एक जगह बैठकर करना मुश्किल हो गया। केंद्रीय शासन के कमजोर पड़ते ही प्रांतीय शासकों को मौका मिला और वे स्वतंत्र होने लगे। मुहम्मदशाह के समय में निजाम, अलीवर्दी खाँ, सआदत खाँ आदि अपने-अपने प्रांतों में स्वतंत्र हो गए।

(4) गृहयुद्ध—मुगलों में उत्तराधिकार नियम का अभाव था। तलवार ही निर्णायक थी। अत: राजा के मरते ही उसके पुत्रों में राज्य के लिए युद्ध ठन जाता था। हुमायूँ से गृहयुद्ध का जो ताँता बँधा, वह अंत तक लगा रहा। इस युद्ध से साम्राज्य में अशांति और अव्यवस्था फैल जाती थी और व्यर्थ के धन-जन की हानि होती थी। औरंगजेब के बाद जब यह युद्ध शुरू हुआ तो उस जर्जर साम्राज्य की नींव हिल गई।

(5) सरदारों का भ्रष्ट जीवन—मुगल सरदार और अमीर अत्यधिक धन कमाकर विलासी हो गए थे। स्वार्थ में अंधे बनकर वे अपनी नैतिकता खो चुके थे। इनके भ्रष्ट जीवन का प्रभाव शासन पर भी पड़ा। 'मासिर-उल-उमरा' में ठीक ही लिखा है—"यदि मुगल वंश के किसी सरदार की सफलताओं का वर्णन तीन पृष्ठों में आता था, तो उसके लड़के का वर्णन एक ही पृष्ठ में आता था और उसके पोते का वर्णन कुछ ही पंक्तियों में समाप्त हो जाता था। उसने कोई भी ऐसा कार्य नहीं किया जो वर्णित किया जाए।"

(6) जागीरदारी प्रथा—जागीरदारी प्रथा एक बहुत बड़ा दुर्गुण था। इससे अमीरों में आपसी वैमनस्य रहता था। धीरे-धीरे ये जागीरदार शक्तिशाली होकर स्वतंत्र हो जाते थे और राज्य की नींव कमजोर बना देते थे। इसी कारण अकबर ने इस प्रथा को बंद कर दिया था, लेकिन उसके बाद शासकों ने फिर से इसे चालू कर दिया।

(7) औरंगजेब की दक्षिण नीति—मुगल साम्राज्य के पतन में औरंगजेब की दक्षिण नीति बहुत सहायक हुई। यद्यपि दक्षिण में उसे सफलता मिली, लेकिन

यह सफलता क्षणिक थी। वह लगातार 25 वर्षों तक दक्षिण में रहा, फलतः उत्तरी भारत की राजनीतिक स्थिति डाँवाँडोल हो गई। इस युद्ध में धन भी काफी खर्च हुआ और खजाना लगभग खाली हो गया। गोलकुंडा, बीजापुर आदि राज्यों को मिलाने से मराठों को शक्ति विस्तार का मौका मिल गया। अत: औरंगजेब की दक्षिण विजय उसकी सबसे बड़ी भूल हुई।

(8) सम्राटों के निर्माता—शासन के अंतिम भाग में कई सम्राट निर्माता बन गए। सैयद बंधुओं का काफी दबदबा हो गया। वे किसी भी योग्य सम्राट को गद्दी पर बैठने ही नहीं देते थे। सम्राट इनके हाथों की कठपुतली बने रहते थे।

आर्थिक कारण

(9) आर्थिक संकट—मुगल साम्राज्य के पतन का बहुत बड़ा कारण आर्थिक संकट था। लगातार युद्धों में फँसे रहने के कारण साम्राज्य का खजाना एकदम खाली हो गया। फल यह हुआ कि जनता पर अधिक-से-अधिक कर लगाया जाने लगा। कर के बोझ से जनता तबाह हो गई। कृषि की हालत भी खराब हो गई। जनता जब भूख से मरने लगी तब उसने लूटपाट का सहारा लिया। इसका नतीजा यह हुआ कि संपूर्ण राज्य में अव्यवस्था फैल गई। राज्य की आर्थिक दशा कितनी दयनीय थी, यह सर यदुनाथ सरकार के इस कथन से स्पष्ट हो जाता है—No fire was kindled in Harem Ketechem for three days, and one day the princesses caused bear starvation no lower and in frantic disregar of 'Parda' ruched out of the palace to the City.

धार्मिक कारण

(10) औरंगजेब की धार्मिक असहिष्णुता—मुगल साम्राज्य के पतन के कारणों में औरंगजेब की धार्मिक नीति सबसे प्रधान है। जहाँ अकबर ने अपनी नीति से हिंदुओं को अपना दोस्त बनाया था, वहीं औरंगजेब ने उन्हें अपना दुश्मन बना लिया। जजिया कर, तीर्थ कर आदि के कारण हिंदू मुगल साम्राज्य के घोर विरोधी बन गए। हिंदू के साथ-साथ शिया मुसलमान भी औरंगजेब की नीति से बिगड़ गए।

(11) **मराठों का विद्रोह**—औरंगजेब की धार्मिक नीति के खिलाफ मराठों ने पहला स्वर उठाया। औरंगजेब चाहता तो मराठों से दोस्ती करके फायदा उठा सकता था, लेकिन उसने उनसे बैर मोल लिया और जिसका परिणाम उसके राज्य के लिए घातक हुआ। लेनयूल ने ठीक ही लिखा है—His mistaken policy towards Shivaji provided the foundation of a power that was to prove a successful rival to his own empire.

(12) **सिखों का विद्रोह**—मराठों की तरह सिखों ने मुगल साम्राज्य के पतन में बड़ा काम किया। नवें गुरु तेगबहादुर की हत्या से सिखों ने 'खालसा' सेना का निर्माण किया और मुगलों के विरुद्ध खुला विद्रोह शुरू कर दिया।

(13) **जाटों का विद्रोह**—औरंगजेब की धार्मिक कट्टरता से उबरकर जाटों ने भी विद्रोह का झंडा खड़ा कर दिया।

सैनिक कारण

(14) **सैनिक कुव्यवस्था**—मुगलों की सैन्य व्यवस्था दोषपूर्ण थी। मनसबदारी प्रथा के कारण सेना टुकड़ियों में बँटी रहती थी और सेना में राज्य भक्ति नाममात्र को भी नहीं रहती थी। मनसबदारों पर सेना के लिए राजा को निर्भर रहना पड़ता था। सेना के चरित्र का भी पतन प्रारंभ हो गया था। वेतन के अभाव में वह हमेशा लूटपाट मचाया करती थी। युद्धक्षेत्र में अपनी प्रेमिकाओं के साथ भोग-विलास में डूबी रहती थी। अत: राजा को ऐसी सेना पर भरोसा नहीं था।

(15) **जलसेना का अभाव**—मुगलों ने जलसेना की ओर कभी ध्यान नहीं दिया, अत: सेना का यह अंग हमेशा कमजोर रहा।

अन्य कारण

(16) **नए मुसलमान राज्यों का उदय**—शासन के अंतिम काल में आंतरिक अशांति से फायदा उठाकर बहुत से मुसलमान सरदारों ने अपने को स्वतंत्र घोषित कर दिया और उन्होंने नए-नए राज्यों की स्थापना कर ली। इससे साम्राज्य के शत्रुओं की संख्या और अधिक हो गई।

(17) **बाहरी आक्रमण**—जब मुगल साम्राज्य अंतिम साँस ले रहा था

तभी कुछ ऐसे बाहरी आक्रमण हुए जिससे यह साम्राज्य और लड़खड़ा गया। नादिरशाह, अहमदशाह अब्दाली आदि के आक्रमण से मुगल साम्राज्य का खोखलापन जाहिर हो गया।

(18) सम्राटों की लंबी शासन अवधि—बहुत से ऐसे मुगल सम्राट हुए जिन्होंने पचास-पचास वर्षों तक शासन किया। इसका परिणाम यह हुआ कि उसके उत्तराधिकार अयोग्य रह गए और जब शासन का भार उनके कंधों पर पड़ा तब वे उसे नहीं सँभाल सके।

(19) मुगल साम्राज्य का विदेशी होना—राज्य के सभी लोगों के मस्तिष्क में यह भावना भरी थी कि मुगल साम्राज्य विदेशी है, अतः लोगों की सहानुभूति इस राज्य के प्रति नहीं थी।

(20) प्रजा में अज्ञानता—प्रजा अज्ञानी थी। फारसी भाषा होने के कारण साधारण जनता न तो कुछ समझती थी, न उसे अपने विकास का मौका मिलता था। वनिर्यर के अनुसार—There were great ministers and generals, but the mass of the people were human sheep.

(21) ईस्ट इंडिया कंपनी की स्थापना—इसी समय भारत में ईस्ट इंडिया कंपनी की स्थापना हुई। प्रारंभ में तो इस कंपनी का उद्देश्य व्यापार करना था, पर बाद में यहाँ की राजनीतिक स्थिति से फायदा उठाकर उसने राज्य प्राप्ति का प्रयास प्रारंभ कर दिया। मुगल इसका सामना नहीं कर सके।

प्रश्न—

1. भारतवर्ष में मुगल राज्य के पतन के कौन-कौन से कारण थे ?
2. मुगल साम्राज्य के पतन के लिए औरंगजेब कहां तक उत्तरदायी था ?
3. नादिरशाह और अहमदशाह अब्दाली के भारत आक्रमणों का वर्णन करें। उसका भारतीय राजनीति पर क्या प्रभाव पड़ा ?

□

11

पेशवाओं का उदय

छत्रपति शाहू (सन् 1708–1749)

जिस समय मुगल साम्राज्य का भाग्य सूर्य अस्त हो रहा था, उस समय पेशवाओं के नियंत्रण में मराठों का नवजागरण हो रहा था। शिवाजी की मृत्यु के बाद उसके पुत्र संभाजी को मरवा डाला गया और उसके पुत्र शाहूजी को औरंगजेब ने कैद कर लिया। लेकिन औरंगजेब के मरने पर उसके पुत्र आजम ने शाहूजी को छोड़ दिया। शाहूजी महाराष्ट्र पहुँचा, लेकिन ताराबाई ने, जो मराठा राज्य का प्रबंध कर रही थी, उसे नेता मानने से इनकार कर दिया। फलतः 1707 में खेढ नामक जगह पर दोनों में युद्ध हुआ। इसमें शाहूजी की विजय हुई और वह मराठा राज्य का शासक बना। लेकिन शाहूजी विलासी निकला और उसने राज्य का इंतजाम विश्वनाथ नामक एक व्यक्ति के हाथों में दे दिया। इसे बालाजी पेशवा कहते थे। यहीं से राजा की जगह पेशवा प्रधान होने लगा। बालाजी अपनी शक्ति बढ़ाकर इतना अधिक शक्तिशाली हो गया कि वह सर्वोच्च हो गया।

बालाजी विश्वनाथ (सन् 1713–1720 ई.)

सन् 1713 ई. में पेशवा पद पर आसीन होने के बाद बालाजी ने राज्य में कई आंतरिक सुधार किए। उसने मराठों में एकता पैदा की। सन् 1714 ई. में उसने सैयद बंधुओं से संधि कर ली। इस संधि के अनुसार उन सभी प्रदेशों पर मराठों का आधिपत्य हो गया जिस पर शिवाजी का अधिकार था। मराठों को छह प्रदेशों से चौथ और सरदेशमुखी वसूलने का अधिकार मिला। इस प्रकार बालाजी ने मुगलों से संधि करके मराठों को ही लाभ पहुँचाया। उसने सैयद बंधुओं को सैनिक

सहायता भी दी, जिसकी सहायता से सैयद बंधुओं ने फर्रुखसियार को गद्दी से उतारा। अब मुगलों की दृष्टि में मराठों का महत्त्व बहुत अधिक बढ़ गया। इस प्रकार बालाजी भावी उत्तराधिकारियों की अपेक्षा अधिक क्रियाशील था। उसका प्रबंध कल्पनाशील तथा उत्साहवर्धक था। सन् 1720 में उसकी मृत्यु हो गई।

बाजीराव प्रथम (सन् 1720-1740)

बालाजी विश्वनाथ की मृत्यु के बाद शाहू ने उसके पुत्र बाजीराव प्रथम को पेशवा बनाया। इसी के समय से पेशवा का पद पैतृक हो गया। बाजीराव कुशल शासक और चतुर राजनीतिज्ञ था। मुगलों की गिरती दशा से वह पूरा लाभ उठाना चाहता था। सबसे पहले उसने राजपूतों से मित्रता की। छत्रसाल बुंदेला और आमेर के राजा सवाई जयसिंह से मित्रता करके उसने मालवा, गुजरात, बुंदेलखंड पर अधिकार कर लिया। मुगल बादशाह ने मराठों को 50 लाख रुपया देने का वादा किया। सन् 1738 ई. में उसने पुर्तगालियों से बेसिन का किला छीन लिया। इस प्रकार अपने काल में उसने मराठा शक्ति में चार चाँद लगा दिए। सन् 1745 में उसकी मृत्यु हो गई।

बालाजी बाजीराव (सन् 1740-1761)

बाजीराव की मृत्यु के बाद शाहूजी ने उसके पुत्र बालाजी को पेशवा नियुक्त किया। पेशवा बनने के समय इसकी उम्र केवल 18 वर्ष की थी, लेकिन उस कम उम्र में ही उसने अपनी योग्यता और प्रतिभा का पूर्ण परिचय दिया। मराठे उसे 'नाना साहेब' भी कहते थे। जब तक शाहूजी जीवित रहा, उसने मराठों को एक सूत्र में बाँधे रखने का प्रयास किया, लेकिन सन् 1749 ई. में उसकी मृत्यु हो गई। उसके मरते ही मराठे आपस में ईर्ष्या-द्वेष की अग्नि में जलने लगे। बालाजी ने इस विषम परिस्थिति में बड़ी कुशलता दिखाई। उसने सेना की संख्या बढ़ाई। सेना में घुड़सवारों को रखना शुरू किया। गैर मराठे भी सेना में रखे गए। उनके लड़ने का तरीका भी बदल दिया गया। अब वे लुकना-छिपना छोड़कर सामने लड़ने लगे। बालाजी ने राज्य विस्तार की नीति जारी रखी। सबसे पहले श्रीरंगपट्टम और आर्काट पर मराठों ने आक्रमण किया। सन् 1760 में निजाम भी हार गया और मराठों को बीजापुर और बीदर का आधा भाग तथा औरंगजेब के

बाद कुछ प्रदेश एवं दौलताबाद, अहमदनगर आदि के किले सौंप दिए। दक्षिण भारत में अपनी प्रभुता स्थापित करके मराठों ने उत्तर की ओर ध्यान दिया। पेशवा के भाई रघुनाथ राव ने बंगाल पर आक्रमण किया एवं जयपुर, बूँदी, कोटा आदि के इलाकों से कर वसूल किया। अहमदशाह अब्दाली के लौट जाने के बाद मराठों ने लाहौर और सरहिंद पर भी अधिकार कर लिया।

पानीपत की तीसरी लड़ाई (सन् 1761)

अहमदशाह अब्दाली ने एक विशाल सेना लेकर भारत पर आक्रमण किया। उसने जी भर भारत को लूटा और अपार संपत्ति अपने देश ले गया। लेकिन उसके जाने के बाद मराठों ने लाहौर पर अधिकार कर लिया और उसके बेटे को खदेड़ दिया। यह समाचार सुनकर अब्दाली आगबबूला हो गया और पुनः बड़ी तैयारी के साथ भारत पर चढ़ाई कर दी। इस समय मराठे दिल्ली पर अधिकार करके अन्न संकट का सामना कर रहे थे। अब्दाली ने मराठों के दुश्मनों के साथ संधि कर ली जिससे मराठों की स्थिति और भी कमजोर हो गई। लेकिन मराठों ने अब्दाली का सामना करने का निश्चय किया। इस प्रकार ऊपर से देखने पर पानीपत के युद्ध का यही कारण दिखाई पड़ता है, लेकिन विश्लेषण करने पर इसके कई कारण निकलते हैं—

कारण और परिणाम

कारण

1. अब्दाली के जीते इलाकों पर मराठों का कब्जा।
2. रूहेलों तथा राजपूतों का निमंत्रण
3. आंतरिक कलह
4. हिंदू शक्ति का उत्थान

परिणाम

1. मुगल सत्ता का अंत
2. विदेशियों का प्रोत्साहन
3. मुसलमानों की एकता

4. हिंदू शक्ति का अंत
5. मराठों की क्षति
6. पेशवाओं का अंत
7. निजाम, सिख, हैदर आदि की शक्ति बढ़ी।
8. नैतिक परिणाम।

(1) रूहेलों तथा राजपूतों का अब्दाली को निमंत्रण—मराठों की उन्नति देखकर राजपूत और रूहेले भीतर-ही-भीतर जल रहे थे, अतः इन दोनों ने अब्दाली को मराठों पर आक्रमण करने का निमंत्रण दिया था।

(2) आंतरिक कलह—मुगलों ने रूहेलों को हराने में मराठों की सहायता ली थी, इससे मुगलों पर मराठों का दबदबा बढ़ गया। जयपुर की राज्य गद्दी को लेकर राजपूतों में संघर्ष चल रहा था। इस संघर्ष में भी मराठों के दखल देने से राजपूत नाखुश थे। अतः अब्दाली ने मराठों के इन दुश्मनों को अपनी ओर मिलाकर उन्हें और कमजोर बना दिया।

(3) हिंदुओं का पुनः उत्थान—मराठों के प्रयास के कारण प्राचीन हिंदू धर्म काफी विकसित हो चला था। हिंदुओं की पुनः प्रतिष्ठापना के कारण मुसलमान उनसे जलने लगे थे। इन सभी कारणों के चलते मराठों का युद्ध अब्दाली के साथ निश्चित हो गया। अंत में 14 जनवरी, 1771 को पानीपत के मैदान में घमासान युद्ध हुआ। इस युद्ध में मराठे हार गए। पानीपत के इस युद्ध ने मराठों की कमर तोड़ दी। ''महाराष्ट्र में कोई भी ऐसा घर नहीं बचा जिसका कोई लाल इस युद्ध में नहीं मारा गया हो।'' कदाचित् भारत के इतिहास में इससे अधिक न तो कोई निर्णयात्मक पराजय हुई थी और न निश्चयात्मक विजय ही।''

परिणाम

परिणाम की दृष्टि से पानीपत का तीसरा युद्ध बहुत महत्त्वपूर्ण है। पानीपत के मैदान में एक ही राजवंश के समय में तीन युद्ध लड़े गए और तीनों ही निर्णयात्मक थे।

1. **मुगल सत्ता का अंत**—मुगल साम्राज्य अब केवल नाम का रह गया था। उसके चारों ओर स्वतंत्र राज्य स्थापित हो गए थे।
2. **विदेशी जातियों को प्रोत्साहन**—इस युद्ध ने भारत के साम्राज्य

के खोखलेपन को प्रकट कर दिया। इससे विदेशियों को मौका मिला और उन्होंने यहाँ की आपसी फूट से फायदा उठाकर अपना राज्य कायम किया।

3. **मुसलमानों की एकता**—इस युद्ध में मुसलमानों में एकता आई। इसलाम के नाम पर सभी मुसलमान मिल गए और उन्होंने अब्दाली का साथ दिया।
4. **हिंदुओं का अंत**—मराठे जिस हिंदू शक्ति की पुनःस्थापना का स्वप्न देख रहे थे वह टूट गया।
5. **मराठों की क्षति**—इस युद्ध में मराठों की अपार क्षति हुई। करीब 75000 आदमी मारे गए और अपार धन का नाश हुआ।
6. **पेशवाओं का अंत**—पेशवाओं की शक्ति का दिन-दिन ह्रास होता गया जिससे मराठों की एकता भी समाप्त होती गई।
7. **शक्ति विस्तार**—इस युद्ध में निजाम, हैदर अली और सिखों को अपनी शक्ति विस्तार का मौका मिला।
8. **नैतिक परिणाम**—इस युद्ध में यह निश्चित हो गया कि जरूरत पड़ने पर मराठे मिलकर नहीं लड़ सकते। इससे मराठों के नैतिक बल का ह्रास हो गया।

प्रश्न—

1. पानीपत की तीसरी लड़ाई के क्या कारण थे? उसका क्या प्रभाव पड़ा?
2. प्रथम तीनों पेशवाओं के विषय में आप क्या जानते हैं?
3. सन् 1707 से 1760 ई. के बीच मराठा साम्राज्य के विकास का वर्णन कीजिए।
4. बाजीराव प्रथम को मराठा साम्राज्य का दूसरा संस्थापक क्यों कहते हैं?
5. पानीपत के मैदान ने भारत के भाग्य का तीन बार फैसला किया—सिद्ध करें।

□

12

यूरोपीय जातियों का आगमन

प्राचीन काल से ही भारत का पश्चिमी देशों के साथ व्यापारिक और राजनीतिक संबंध रहा है। लेकिन व्यापारिक सुविधा के लिए इन दोनों देशों के बीच कोई सीधा समुद्री रास्ता नहीं था। 1453 में तुर्की ने जब कुस्तुनतुनिया पर अधिकार कर लिया तब भारत और यूरोप के बीच स्थल मार्ग द्वारा व्यापार ठप पड़ गया। लेकिन यूरोपीय यात्रियों ने भारत के साथ व्यापार का जो फायदा उठाया उसके मोह ने उन्हें दूसरा रास्ता ढूँढ़ने को विवश कर दिया। भारत का अपार वैभव उनके दिल को कचोटने लगा, फलतः उन्होंने जलमार्ग खोज निकाला। इसी समय 16वीं और 17वीं शताब्दी में यूरोप में बौद्धिक पुनर्जागरण प्रारंभ हुआ।

बहुत सारी भौगोलिक खोजें हुईं और इस सबका बड़ा प्रभाव यह पड़ा कि बहुत से यूरोपीय व्यापारी जलमार्ग द्वारा नए देशों का पता लगाने निकल पड़े। सबसे पहले पुर्तगालवालों ने अफ्रीका के तटीय भाग का पता लगाया। 1492 ई. में स्पेन के सम्राट फर्जलेंड और साम्राज्ञी इलाबेला की मदद से कोलंबस ने एक नए संसार का पता लगाया। सन् 1498 में वास्कोडिगामा ने पुर्तगाल के राजा सैमुअल की सहायता पाकर भारत का पता पा लिया। अब इस नए मार्ग द्वारा विदेशियों का भारत आने का ताँता लग गया।

पुर्तगीज, डच, फ्रेंच और अंग्रेज आदि कई यूरोपीय जातियों का आगमन हुआ और इन लोगों ने व्यापारिक कोठियाँ बनाना प्रारंभ कर दिया। यह एक नई घटना घटी थी। एक इतिहासकार के शब्दों में—"शायद मध्ययुग की अन्य किसी भी घटना का सभ्य संसार पर इतना गहरा प्रभाव नहीं पड़ा जैसा कि भारत

जाने के समुद्री रास्ते के खुलने का।'' अब भारत और यूरोप के साथ सीधा व्यापारिक संबंध कायम हुआ।

पुर्तगालियों का आगमन

जलमार्ग द्वारा भारत का पता लगाने का श्रेय पुर्तगीजों को ही दिया जाएगा। 27 मई, सन् 1498 ई. को वास्कोडिगामा कालीकट की धरती पर उतरा। वहाँ के राजा जमोरिन ने उसका भव्य स्वागत किया और पुर्तगालियों को व्यापार करने की आज्ञा भी दे दी। इस व्यापार में पुर्तगालियों का अरबवालों से झगड़ा होना स्वाभाविक था। लेकिन इस झगड़े में पुर्तगालियों की ही अंतिम जीत हुई। उन्होंने अरबवालों के कई जहाज लूट लिये। धीरे-धीरे पुर्तगालियों ने अपनी कई व्यापारिक कोठियाँ भी कायम कर लीं। इतना ही नहीं, कालीकट के व्यापार पर पुर्तगीजों का एकाधिकार स्थापित हो गया और उन्होंने समुद्र के तट पर कई उपनिवेश और व्यापारिक केंद्र स्थापित किए। सन् 1503 ई. में एलफेन्जो. डी.एल. बुकर्क जहाजी बेड का कमांडर बनकर भारत आया। उसने व्यापार के साथ-साथ भारत में राजनीतिक सत्ता की स्थापना का भी प्रयास किया। पश्चिमी हिंद महासागर पर उसका पूर्ण अधिकार स्थापित हो गया। 1510 में गोवा, और सन् 1511 ई. में मलंदा पर भी पुर्तगीजों ने अधिकार कर लिया। पश्चिमी तट पर कई उपनिवेश भी कायम किए गए जिनमें दमन, दीव, सालखेट और वेसीन प्रमुख थे। इस प्रकार लगभग सौ वर्ष तक पुर्तगीजों का व्यापार निर्विरोध रूप से चलता रहा। न तो भारत के किसी शासक ने उनकी ओर ध्यान दिया और न कोई इनका प्रतियोगी ही हुआ, फलतः उस समय पुर्तगीज प्रमुख व्यापारी बने रहे। लेकिन जितनी जल्द इनका उत्थान हुआ, उतनी ही तेजी से इनका पतन भी हो गया। इनके पतन के कारणों में सबसे प्रमुख था इनकी धार्मिक कट्टरता। पुर्तगीजों ने जबरन हिंदू और मुसलमान जनता को ईसाई बनाना शुरू कर दिया। यहाँ तक कि इन लोगों ने कई मंदिरों और मस्जिदों को नष्ट कर दिया। एक बार उन्होंने मुमताज महल की दो दासियों को कैद कर लिया जिससे शाहजहाँ बड़ा क्रोधित हुआ और उसने हजारों पुर्तगीजों को मौत के घाट उतरवा दिया। पुर्तगीजों का शासन भी दोषपूर्ण था। अफसर अपने ही स्वार्थ में लगे थे। उनकी दंड व्यवस्था भी कठोर और अन्यायपूर्ण थी। जिस प्रदेशों

पर उन्होंने अधिकार किया, उनके शासन का कोई भी उचित प्रबंध नहीं किया। अतः जनता का सहयोग उन्हें नहीं मिला। उनके पास उचित सामुद्रिक शक्ति का अभाव था। अतः जब अन्य यूरोपीय जातियों का आगमन हुआ तो उनके समक्ष ये नहीं टिक सके। पुर्तगीजों ने स्थल सेना का प्रबंध नहीं किया, अतः जब स्थल की ओर से इन पर आक्रमण हुआ तो इन्हें घुटने टेक देने पड़े। मुगलों तथा मराठों की नीति से भी पुर्तगीजों को असुविधा का सामना करना पड़ा। संक्षेप में, पुर्तगीज व्यापारी से अधिक समुद्री डाकू बनकर रह गए। सबसे बड़ी भूल जो उन्होंने की, वह यह कि बहुत पहले ही उन्होंने अपने राजनीतिक उद्देश्य प्रकट कर दिए, अतः इन सभी कारणों से पुर्तगीजों का पतन हो गया। केवल गोवा, दमन, दीव नामक स्थान पर इनका अधिकार शेष रह गया। हाल में भारत सरकार ने गोवा पर पुनः अधिकार कर लिया है।

पुर्तगीजों के पतन के कारण

1. धार्मिक कट्टरता
2. दोषपूर्ण शासन
3. सामुद्रिक शक्ति का अभाव
4. अन्य यूरोपियों की तुलना में कमजोर
5. राजनीति में हस्तक्षेप
6. स्थल सेना का अभाव
7. मुगलों और मराठों की शत्रुता
8. भ्रष्ट जीवन
9. बहुत जल्द अपने राजनीतिक उद्देश्य प्रकट कर देना
10. जनता का असहयोग

डचों का आगमन

पुर्तगीजों की देखा-देखी अन्य कई यूरोपीय जातियाँ भारत में आईं। पुर्तगीजों के बाद डचों का आगमन हुआ। ये लोग प्रारंभ से ही अच्छे नाविक थे। सन् 1592 ई. में डचों ने एक कंपनी की स्थापना की। अब पुर्तगीजों से व्यापारिक संघर्ष होना स्वाभाविक था और उन्हें कई बार संघर्ष करना पड़े। सन् 1605 में डचों

ने पुर्तगीजों को युद्ध में हरा दिया और पूर्वी द्वीप समूहों पर अधिकार कर लिया। उनके प्रमुख व्यापारिक केंद्र पूलीकट, चिन्सुरा, सूरत, पटना आदि थे। पुर्तगीजों से मिलकर उन्हें अंग्रेजों से उलझना पड़ा, लेकिन अंग्रेजों ने डचों को परास्त कर दिया और डचों की कंपनी को ईस्ट इंडिया कंपनी में मिला लिया गया। इस प्रकार डचों का ही पतन हो गया। उनके पतन का सबसे बड़ा कारण यह था कि उनका संबंध सीधा हॉलैंड की सरकार से था और हॉलैंड की सरकार हमेशा यूरोप के युद्धों में उसकी रही, अतः डचों को सरकार से कोई सहायता नहीं मिली। डचों के पास अंग्रेजों और फ्रांसीसियों की तुलना में सैनिक साधन भी नहीं थे। डच अफसर घूसखोर और भ्रष्ट थे जिससे कि कंपनी को हमेशा घाटे का सामना करना पड़ा।

अंग्रेजों का आगमन

भारत के साथ व्यापार करने के लिए यूरोप में विभिन्न जातियों में प्रतियोगिता होने लगी। डचों के बाद अंग्रेजों का आगमन हुआ। सन् 1600 ई. में ईस्ट इंडिया कंपनी की स्थापना हुई। इंग्लैंड की महारानी एलिजाबेथ ने इस कंपनी को व्यापार करने की आज्ञा भी दे दी। फलतः अंग्रेजों को पुर्तगीज और डचों से उलझना पड़ा। इस युद्ध में अंतिम जीत अंग्रेजों की हुई। सन् 1612 ई. में अंग्रेजों ने पहली कोठी सूरत में कायम की। पुनः दूसरी कोठी 1631 में मछलीपट्टम में स्थापित की गई। सन् 1640 में मद्रास में सेंट जॉर्ज नामक किला बनवाया गया। सन् 1651 ई. में अंग्रेजों ने हुगली में एक कारखाना स्थापित किया। इसी समय चार्ल्स द्वितीय ने कंपनी को बंबई का इलाका दे दिया। अंग्रेजों का व्यापार तेजी से चल निकला और उसके सभी प्रतिद्वंद्वी पीछे रह गए। अंग्रेजों के व्यापार को देखकर इंग्लैंड की दूसरी जातियों ने भी ईर्ष्यावश कंपनी की स्थापना की। अतः इन दोनों कंपनियों में प्रतियोगिता प्रारंभ हो गई। लेकिन आगे चलकर दोनों कंपनियों में समझौता हो गया और दोनों कंपनियाँ मिल गईं जिसका नाम यूनाइटेड ईस्ट इंडिया कंपनी पड़ा।

फ्रांसीसियों का आगमन

यूरोपीय जातियों में फ्रांसीसी सबसे बाद में आए। सन् 1664 ई. में फ्रांस के सम्राट लुई 14वें के प्रयास के बावजूद फ्रांसीसी ईस्ट इंडिया कंपनी की स्थापना

हुई। फ्रांसीसियों ने चंदरनगर, पांडिचेरी, सूरत आदि जगहों पर अपनी कोठियाँ स्थापित कीं। फ्रांसीसियों को डचों और पुर्तगीजों से भी उलझना पड़ा, लेकिन यह विजयी हुए। 1720 ई. में फ्रांसीसियों ने मॉरीशस, माही और कालीकट पर अधिकार कर लिया। इससे उनका व्यापार चमक उठा। इस समय भारत की राजनीतिक स्थिति डाँवाँडोल थी। अंग्रेज इस स्थिति का फायदा उठाकर भारत की राजनीति में दिलचस्पी ले रहे थे। यह देखकर फ्रांसीसियों ने भी यहाँ की राजनीति में भाग लेना प्रारंभ कर दिया। अतः व्यापारिक और राजनीतिक दोनों कारणों से फ्रांसीसियों का अंग्रेजों से युद्ध करना अनिवार्य हो गया।

अंग्रेजों और फ्रांसीसियों में संघर्ष

आरंभ में जितनी भी विदेशी कंपनियाँ आईं सभी का उद्‌देश्य व्यापार करना था। किसी ने स्वप्न में भी यह नहीं विचारा था कि भारत की राजनीति में भी वे कूदेंगे। भारत में मुगल सम्राटों की धाक जमी हुई थी। उनकी सैन्य शक्ति के आगे खड़ा होने का साहस उन विदेशी कंपनियों में नहीं था। फिर वे विदेशी कंपनियों की सरकारें अपनी आंतरिक समस्याओं से इस प्रकार जकड़ी थीं कि भारत की राजनीति में हस्तक्षेप का उन्हें अवसर ही नहीं मिला। लेकिन यह स्थिति बहुत दिनों तक न रही। उन विदेशियों को ऐसा अवसर मिला कि उनकी भारतीय राजनीति में दिलचस्पी बढ़ने लगी। जब तक मुगल सम्राट योग्य रहे तब तक इनकी दाल न गली, लेकिन औरंगजेब की मृत्यु के बाद मुगल साम्राज्य दहलने लगा। राजा निकम्मे और कमजोर होने लगे। गृहयुद्ध का ताँता बँध गया। शासन तंत्र टूटने लगा। संक्षेप में, भारत का सिंहासन सूना था और उस पर बैठे सम्राट नाम के थे। भारत की राजनीतिक एकता समाप्त हो गई थी। संपूर्ण देश में छोटी–छोटी ताकतों का संघर्ष चल रहा था। विदेशियों के लिए यह सुनहरा मौका था। इस समय तक पुर्तगीज और डच बहुत पीछे रह गए थे और अंग्रेज और फ्रांसीसी अपने पैर जमा रहे थे। अंग्रेजों ने कलकत्ता, बंबई, मद्रास, सूरत आदि जगहों पर अपनी कोठियाँ स्थापित कीं और किलेबंदी करवाई तो फ्रांसीसियों ने भी माही, पांडिचेरी, चंदरनगर आदि स्थानों पर अपनी कोठियाँ खोलीं। दोनों का संपर्क यहाँ के कई राजदरबारों से था। इन लोगों ने भारत के

खोखलेपन को पहचान लिया था और दोनों अपना-अपना प्रभुत्व स्थापित करने की सोच रहे थे। फलतः दोनों झगड़ पड़े। इसी समय उन्हें ऐसा मौका मिला जिससे वे और अधिक इस दिशा में पिल पड़े। यह मौका उन्हें कर्नाटक के पहले युद्ध में मिला। ऊपर से देखने पर तो अंग्रेज और फ्रांसीसियों के युद्ध का एकमात्र कारण भारत पर राजनीतिक प्रभुत्व दिखाई पड़ता है, लेकिन इन दोनों के युद्ध के अन्य भी कई कारण थे। वे दोनों राजनीति के साथ-साथ व्यापारिक प्रभुत्व भी चाह रहे थे। धार्मिक मतभेद के चलते भी दोनों में युद्ध अनिवार्य हो गया। डूप्ले की नीति ने भी दोनों के युद्ध को संभव बना दिया और अंत में वे दोनों लड़ पड़े।

कर्नाटक का पहला युद्ध (1744-48)

कर्नाटक दक्षिण भारत में स्थित है। उस समय दक्षिण भारत की राजनीतिक अवस्था डाँवाँडोल थी। सारा दक्षिण भारत छोटे-छोटे राज्यों में बँटा था। कर्नाटक हैदराबाद सूबे का ही अंग था और वहाँ का नवाब अनवरुद्दीन हैदराबाद के अधीन था, लेकिन वह सभी बातों में अपने को स्वतंत्र रखता था। हैदराबाद का नवाब निजामुलमुल्क भी नाम के लिए ही मुगल सम्राट के अधीन था। इस प्रकार दक्षिण भारत राजनीतिक दुर्दिन से गुजर रहा था। अंग्रेज और फ्रांसीसी बड़े धैर्य से इस नाजुक परिस्थिति का लाभ उठाने का इंतजार कर रहे थे। तभी सन् 1740 ई. में यूरोप में 'आस्ट्रियन उत्तराधिकार' का युद्ध छिड़ गया। इस युद्ध में इंग्लैंड और फ्रांस एक-दूसरे के विरोधी थे। इस युद्ध की खबर जब भारत पहुँची तो यहाँ भी दोनों लड़ पड़े। बहुत दिनों से व्यापार के लिए प्रतिद्वंद्विता होती रही थी, अब खुली लड़ाई शुरू हो गई। फ्रांसीसियों ने मद्रास पर आक्रमण कर दिया और उसे अंग्रेजों से छीन लिया। अंग्रेजों ने भी पांडिचेरी पर अधिकार करना चाहा, लेकिन उन्हें सफलता नहीं मिली। इसी समय सन् 1748 में यूरोप में दोनों के बीच एलाशपल की संधि हो गई और तब भारत में भी युद्ध बंद हो गया। दोनों ने एक-दूसरे के जीते हुए इलाके लौटा दिए। इस तरह ऊपर से देखने पर इस युद्ध का कोई महत्त्व नहीं दिखाई पड़ता है, लेकिन सच पूछा जाए तो कर्नाटक का पहला युद्ध भारतीय इतिहास की सबसे अधिक महत्त्वपूर्ण और युगांतकारी घटना है।

परिणाम

1. दोनों ने एक-दूसरे के जीते हुए इलाके लौटा दिए।
2. भारत की राजनीतिक सीमाएँ ज्यों-की-त्यों रहीं।
3. यह सिद्ध हो गया कि भारतीय राज्य व्यवस्था जर्जर हो चुकी है।
4. यह सिद्ध हो गया कि यूरोपीय सेना भारतीय सेना से अधिक कुशल है।
5. स्थल शक्ति का पता भी यूरोपियनों को मिला।
6. समुद्री शक्ति का पता चल गया।
7. फ्रांसीसियों की प्रतिष्ठा बढ़ गई।
8. अंग्रेज और फ्रांसीसी दोनों ही व्यापार से अधिक सेना पर ध्यान देने लगे।
9. देशी नरेश अब इन विदेशियों की मदद लेने लगे।

कर्नाटक के पहले युद्ध के परिणाम पर प्रकाश डालते हुए एक विद्वान् ने लिखा है—''यद्यपि बाहर से देखने पर आस्ट्रियन उत्तराधिकार के युद्ध का कुछ भी परिणाम नहीं निकला और भारत की राजनीतिक सीमाएँ ज्यों-की-त्यों बनी रहीं, फिर भी यह भारतीय इतिहास की एक युगांतकारी घटना है। इसने जाहिर कर दिया कि बुद्धिमानी के साथ प्रयोग किए जाने पर समुद्री शक्ति का कितना अधिक प्रभाव पड़ सकता था, इसने दिखा दिया कि यूरोपियन युद्ध पद्धति भारतीय सेनाओं द्वारा अनुकरण की जानेवाली युद्ध पद्धति से कहीं ऊपर थी। इसने प्रकट कर दिया कि किस तरह भारतीय राज्य व्यवस्था के केंद्र तक राजनीतिक पतन पहुँच चुका था, और सबसे अंत में यह दिखा दिया कि किस तरह इसके परिणामस्वरूप यूरोपियन व्यापारियों में अब उस क्षेत्र में घुसने की प्रवृत्ति जाग्रत् हुई जिसने अब तक उन लोगों की एकदम उपेक्षा की थी। संक्षेप में, इसने डूप्ले के प्रयोगों और क्लाइव की विजयों के लिए स्टेज तैयार कर दिया।'' सचमुच इस युद्ध ने भारतीय राजनीतिक व्यवस्था के खोखलेपन को सब पर जाहिर कर दिया। विदेशियों ने इस तथ्य को समझ लिया कि एक छोटी सी यूरोपियन संगठित सेना विशाल भारतीय सेना को हराने के लिए काफी है। जब फ्रांसीसियों ने मद्रास पर

हमला किया था तो अंग्रेजों ने कर्नाटक के नवाब अनवरुद्दीन के पास अपनी फरियाद सुनाई और रक्षा की प्रार्थना की। अनवरुद्दीन ने फ्रांसीसियों को मना किया, लेकिन उसकी बात उन्होंने नहीं मानी। क्रोधित होकर नवाब ने फ्रांसीसियों के विरुद्ध एक सेना भेज दी, लेकिन नवाब की सेना हार गई। इस घटना से फ्रांसीसियों को एक नई प्रेरणा मिली। डूप्ले ने समझ लिया कि हिंदुस्तानी नवाबों के झगड़े में किसी का पक्ष लेकर उसे जिताया जा सकता है। उस समय ऐसे राजा भी कई थे जो डूप्ले की मदद चाह सकते थे। डूप्ले के पास यही अवसर था जब वह अंग्रेजों को नीचा दिखा सकता था। कर्नाटक के पहले युद्ध ने जल शक्ति के महत्त्व को तो स्पष्ट कर ही दिया यह भी सिद्ध हो गया कि स्थल शक्ति में भी विदेशी भारतीयों से ज्यादा कुशल हैं। फ्रांसीसियों की प्रतिष्ठा बढ़ गई और वे अब व्यापार से हटकर राजनीति में पूरी तरह आ गए। इस प्रकार कर्नाटक के पहले युद्ध में आनेवाली घटनाओं के बीज छिपे थे।

कर्नाटक का दूसरा युद्ध

कर्नाटक के पहले युद्ध की समाप्ति के बाद लोगों का ऐसा खयाल था कि भविष्य में अंग्रेज और फ्रांसीसी मिल-जुलकर रहेंगे लेकिन यह आशा निर्मूल सिद्ध हुई। पहले युद्ध की आग अभी पूरी तरह बुझी भी नहीं थी कि दूसरा युद्ध प्रारंभ हो गया। पहले युद्ध के बाद से ही दोनों अवसर की तलाश में थे। जो आशा इनके भीतर उठी थी, वह इतनी बलवती थी कि अपने रास्ते से हट जाना इनके लिए असंभव था। उस समय दक्षिण भारत आपसी संघर्ष का अखाड़ा बना हुआ था। ऐसा ही संघर्ष हैदराबाद और कर्नाटक में प्रारंभ हुआ। हैदराबाद के नवाब निजामुलमुल्क की मृत्यु सन् 1748 में हो गई। उसकी मृत्यु के बाद उसका पोता मुजफ्फर जंग अपने को गद्दी का हकदार कहता था, लेकिन गद्दी पर निजामुलमुल्क का बेटा नासिर जंग बैठा था। कर्नाटक में भी ऐसी ही अवस्था थी। दोस्तअली की मृत्यु के बाद अनवरुद्दीन गद्दी पर बैठा, लेकिन बहुत से लोग उससे नाखुश थे और उसके दामाद चंदा साहब को नवाब बनाना चाह रहे थे। फ्रांसीसी कंपनी का गवर्नर डूप्ले ऐसे ही मौके की ताक में था। उसने तुरंत मुजफ्फर जंग और चंदा साहब से संधि कर ली और उन्हें गद्दी पर

बैठा देने का आश्वासन भी दिया। इधर मौका हाथ में से जाते देखकर अंग्रेजों ने भी नासिर जंग और अनवरुद्दीन से उन्हें गद्दी पर बिठाए रखने की संधि कर ली।

युद्ध आरंभ हुआ। डूप्ले ने इस युद्ध में आशातीत सफलता पाई। सन् 1749 में अनवरुद्दीन अंबर नामक स्थान पर मार डाला गया। पुनः दूसरे साल सन् 1750 में नासिर जंग की भी यही गति हुई और इस प्रकार चंदा साहब तथा मुजफ्फर जंग क्रमशः कर्नाटक और हैदराबाद की गद्दी पर बैठ गए। इस शानदार विजय से फ्रांसीसियों की प्रतिष्ठा बहुत अधिक बढ़ गई।

इस युद्ध में फ्रांसीसियों को काफी संपत्ति हाथ लगी तथा चंदा साहब की ओर से 80 गाँव मिले। मुजफ्फर जंग ने भी मुस्तफा नगर, एलोरा चिकाकोल आदि के इलाके दे दिए। इस प्रकार हैदराबाद और कर्नाटक में फ्रांसीसियों का प्रभुत्व स्थापित हो गया। फ्रांसीसियों के इस बढ़ते हुए प्रभाव से अंग्रेजों में घबराहट हो गई। इसी समय अंग्रेजों की सेना भी क्लाइव ले आया। क्लाइव एक दूरदर्शी और कुशल सेनापति था। उसने मुहम्मद अली को युद्ध के लिए उभारा और फ्रांसीसियों से संधि करने का भुलावा देने की सलाह दी। फ्रांसीसियों ने त्रिचनापल्ली, जहाँ मुहम्मद अली छुपा हुआ था, की ओर कूच किया, लेकिन मुहम्मद अली उन्हें संधि के भुलावे में रखे रहा। इतने समय तक अंग्रेजों ने पूरी तैयारी कर ली और मुहम्मद अली की सहायता करने त्रिचनापल्ली की ओर रवाना हुए। अब फ्रांसीसियों की आँख खुली, फिर भी अंग्रेज फ्रांसीसियों को पूरी तरह नहीं हटा सके। इसी समय क्लाइव ने चंदा साहब की राजधानी आर्काट पर घेरा डालने का विचार किया। उसने सोचा कि अपनी राजधानी की रक्षा के लिए चंदा साहब अवश्य ही सेना भेजेगा और तब त्रिचनापल्ली में उसकी शक्ति कमजोर पड़ जाएगी जिससे वह आसानी से हराया जा सकेगा। यही हुआ भी। आर्काट पर धावा बोल दिया गया। क्लाइव एक सेना लेकर वहाँ डटा रहा। चंदा साहब ने एक विशाल सेना भेजी। इससे मुहम्मद अली की जान बच गई और आर्काट पर भी चंदा साहब का अधिकार न हो सका। अंग्रेजों की यह बड़ी शानदार विजय हुई। चंदा साहब मार डाला गया और बहुत से फ्रांसीसी कैद कर लिये गए। डूप्ले के चारों ओर घोर निराशा छा गई थी। वह दिलेर था। उसने

हिम्मत नहीं हारी और अपने ध्येय पर अटल रहा। पुनः उसने सेना इकट्ठी कर त्रिचनापल्ली का घेरा डाला। लेकिन तभी फ्रांस की सरकार ने उसे वापस बुला लिया। उसके बाद गोडेहू आया। उसने डूप्ले की नीति का त्याग करके अंग्रेजों से संधि कर ली। संधि के अनुसार दोनों ने एक-दूसरे के जीते हुए इलाके लौटा दिए और यह प्रतिज्ञा की कि वे भारतीय राजाओं के झगड़ों में नहीं पड़ेंगे तथा यह तय हुआ कि वे मुगल सम्राट द्वारा प्रदत्त उपाधि का त्याग कर देंगे। डूप्ले ने इस संधि का विरोध किया था। उसने कहा था—''गोडेहू ने एक ऐसे संधि पत्र पर हस्ताक्षर किए हैं, जिसमें उसके देश का सर्वनाश और उसके राष्ट्र का अपमान निहित है।''

परिणाम

कर्नाटक के दूसरे युद्ध का परिणाम पहले युद्ध से अधिक महत्त्वपूर्ण था। पहले युद्ध में अंग्रेज और फ्रांसीसियों के झगड़े का कारण व्यापार था। लेकिन दूसरे युद्ध ने यह स्पष्ट कर दिया कि अब उन दोनों का उद्देश्य व्यापार नहीं वरन् राजनीति है। कर्नाटक के दूसरे युद्ध में अंग्रेज फ्रांसीसी स्वयं नहीं लड़े थे वरन् भारतीय राजाओं का पक्ष लेकर लड़े थे। इससे यह निश्चित हो गया कि ऐसे पक्ष लेकर युद्ध करने का सिलसिला रुका नहीं है वरन् आरंभ हुआ है। यह बात भी निश्चित हो गई कि फ्रांसीसियों की तुलना में अंग्रेज अधिक योग्य और कुशल थे। फिर भी फ्रांसीसी सत्ता का लोप नहीं हुआ। इस युद्ध ने दोनों शक्तियों के बीच दुश्मनी की खाई और भी गहरी कर दी। अब यह देखना रह गया था कि अंतिम जीत किसकी होती है।

परिणाम

1. दोनों व्यापार से हटकर राजनीति में आ गए।
2. भारतीय राजाओं के पक्ष लेने का क्रम चला।
3. अंग्रेजों की शक्ति का सिक्का जम गया।
4. फ्रांसीसियों का लोप नहीं हुआ।
5. दोनों के बीच दुश्मनी की खाई और भी गहरी हो गई।

कर्नाटक का तीसरा युद्ध

कर्नाटक के दूसरे युद्ध से अंग्रेज और फ्रांसीसियों की शत्रुता और भी बढ़ गई। दोनों एक-दूसरे को निकाल बाहर करने के लिए जी-जान से भिड़ गए। गोडेहू ने जो पांडिचेरी की संधि की, वह स्थायी नहीं हो सकी। वस्तुतः इस संधि के बहाने दोनों कुछ दिनों के लिए युद्ध को टाल देना चाह रहे थे। सन् 1763 ई. में पुनः यूरोप में 'सप्तवर्षीय युद्ध' आरंभ हो गया। अतः फिर भारत में दोनों को लड़ने का मौका मिल गया। लेकिन इतने समय तक अंग्रेजों की शक्ति काफी सुदृढ़ हो चुकी थी। बंगाल पर उनका अधिकार हो चुका था जिससे उनकी आर्थिक और सैन्य शक्ति दृढ़ हो चुकी थी। समुद्र पर भी उनका एकाधिपत्य स्थापित हो चुका था। ऐसी स्थिति में फ्रांसीसियों की हार स्वाभाविक थी। फ्रांस की सरकार ने काउंट लैली के नेतृत्व में एक विशाल सेना भेजी, लेकिन इस सेना को सफलता नहीं मिली। चंदरनगर पर अंग्रेजों ने अधिकार कर लिया। शुरू में लैली ने भी सेंट डेविड के किले को छीना और मद्रास पर धावा बोल दिया, लेकिन अंत में सन् 1760 ई. में सर आयरकूट ने वांडिवांश के युद्ध में फ्रांसीसियों को बुरी तरह हराया। इस युद्ध में उनकी कमर हमेशा के लिए टूट गई और वे फिर कभी नहीं उठ पाए। इसी तरह 1763 ई. में पेरिस की संधि हुई जिसके अनुसार सप्त वर्षीय युद्ध समाप्त हो गया। फलस्वरूप यहाँ भी दोनों के बीच के युद्ध का अंत हो गया और संधि हो गई। इस संधि के अनुसार पांडिचेरी फ्रांसीसियों को दे दिया गया, लेकिन वहाँ किला बंदी का अधिकार नहीं दिया गया। फ्रांसीसियों की सैन्य शक्ति कम कर दी गई और प्रत्येक जगह से उनका प्रभाव समाप्त कर दिया गया। इस प्रकार फ्रांसीसी हमेशा के लिए नष्ट हो गए। किसी इतिहासकार ने लिखा भी है—"पांडिचेरी से चलकर और उस शक्ति से लड़कर, जिसका आधिपत्य बंगाल तथा समुद्र पर कायम हो, भारत का साम्राज्य न तो सिकंदर महान् प्राप्त कर सकता था, न नेपोलियन ही।"

परिणाम

कर्नाटक के तीसरे युद्ध के बाद फ्रांसीसियों का प्रभुत्व हमेशा के लिए समाप्त हो गया। इस युद्ध ने अंग्रेजों का सिक्का जमा दिया और उनके लिए

विजयों का दरवाजा खोल दिया। यहीं से भारत में अंग्रेजी राज्य की नींव पड़ी, जिसका परिणाम भारत को डेढ़ सौ वर्षों तक भुगतना पड़ा।

फ्रांसीसियों की असफलता के कारण

भारत में व्यापार करने के लिए जितनी भी यूरोपीय जातियाँ आईं, सभी में फ्रांसीसी ही बाद में आए, लेकिन इन्होंने व्यापार में सबको पीछे छोड़ दिया। यहाँ तक कि राजनीति में भी वे अंग्रेजों से बाजी मार ले गए और अल्पकाल में ही दक्षिण भारत में अपना सिक्का जमा लिया। लेकिन जिस तेजी से इतनी प्रगति हुई, उसी तेजी से इनका पतन भी हो गया। अंग्रेजों के सामने इनकी एक न चली और अंत में इन्हें मुँह की खानी पड़ी। संक्षेप में इनके पतन के निम्नलिखित प्रमुख कारण थे—

फ्रांसीसियों की हार के कारण

1. आर्थिक कठिनाई
2. फ्रांसीसी सरकार की उदासीनता
3. समुद्री शक्ति के महत्त्व को न समझना
4. सरकारी नियंत्रण
5. पदाधिकारियों की दुर्बलता
6. धार्मिक कट्टरता
7. देशी राजाओं के झगड़ों में हस्तक्षेप
8. जनशक्ति का विकास
9. यूरोप में पराजय
10. सारी शक्ति का एक ही जगह केंद्रित होना।
11. डूप्ले का वापस बुला लिया जाना।

1. आर्थिक कठिनाई

फ्रांसीसियों की हार का सबसे बड़ा कारण था पैसे का अभाव। उनका व्यापार उन्नत नहीं था, क्योंकि उन्होंने शुरू से ही व्यापार की अवहेलना की थी और राजनीति में अपना सारा समय लगाया था। इसका फल यह हुआ कि उन्हें हमेशा पैसे का अभाव रहा। लेकिन इसके विपरीत अंग्रेजों का व्यापार दिन-

प्रतिदिन तरक्की करता जा रहा था। साथ-साथ बंगाल पर उनका अधिकार हो चुका था। अतः अंग्रेजों को पैसे का अभाव नहीं खला। डूप्ले पैसे के अभाव में सेना का उचित प्रबंध नहीं कर सका।

2. फ्रांसीसी सरकार की उदासीनता

फ्रांसीसियों को अपनी सरकार से पूरी सहायता नहीं मिली। फ्रांस की सरकार यूरोप में हमेशा युद्ध में संलग्न रही। अतः वह भारत में पूरा ध्यान न दे सकी। साथ-साथ फ्रांस की सरकार डूप्ले की नीति भी पसंद नहीं करती थी। फलतः उसने भारत में कोई दिलचस्पी नहीं दिखाई। दूसरी ओर अंग्रेजी सरकार धन और सेना दोनों से अंग्रेजों की मदद कर रही थी।

3. समुद्री शक्ति के महत्त्व को न समझना

फ्रांसीसियों ने समुद्री शक्ति के महत्त्व पर ध्यान नहीं दिया। उसने स्थल सेना पर ही भरोसा रखा। लेकिन यूरोप से आकर भारत पर विजय पाने के लिए समुद्री शक्ति का दृढ़ होना आवश्यक था। अंग्रेजों ने इस तथ्य को समझा था, अतः समुद्र पर उनका अधिकार था।

4. सरकारी नियंत्रण

फ्रांसीसियों की कंपनी फ्रांस की सरकार के नियंत्रण में थी। उसकी नीति का निर्धारण वही करती थी। अतः डूप्ले को काफी दिक्कतों का सामना करना पड़ा था। इसके विपरीत अंग्रेजों की ईस्ट इंडिया कंपनी स्वतंत्र थी।

5. पदाधिकारियों की दुर्बलता

फ्रांसीसी पदाधिकारी भी अंग्रेज पदाधिकारियों की तुलना में कम कुशल थे। डूप्ले स्वयं बड़ा घमंडी था। दूसरे की सलाह नहीं मानता था। एक काम को खत्म किए बिना वह दूसरे को प्रारंभ कर देता था। अतः हमेशा उसे पराजित होना पड़ा। लैली, बूसी आदि सभी पदाधिकारी आपसी मतभेद और वैमनस्यता के शिकार बने थे। वे आपस में ही लड़ते रहते थे एवं एक-दूसरे की बात नहीं मानते थे। सेनापतियों में नेतृत्व का अभाव था। दूसरी ओर अंग्रेजों को क्लाइव जैसा दूरदर्शी और कूटनीतिज्ञ नेता मिला जिसने अपनी कुशलता का परिचय दिया।

6. धार्मिक कट्टरता

फ्रांसीसी लोगों ने धर्म और राजनीति को मिला दिया। वे हिंदुओं के साथ कट्टरता का व्यवहार करते थे और जबरन अपने धर्म का प्रचार करते थे। फलस्वरूप जनता का सहयोग उन्हें नहीं मिला।

7. देशी राजाओं के झगड़ों में हस्तक्षेप

फ्रांसीसी भारतीय देशी राजाओं के झगड़े में टाँग अड़ाने लगे जिसका असर भी बुरा पड़ा। देशी नरेशों की सहानुभूति भी उन्हें नहीं मिली और वे उनके खिलाफ हो गए।

8. जनशक्ति का विकास

अंग्रेजों की जनशक्ति काफी बढ़ी-चढ़ी थी। दुनिया की कोई ताकत उनका सामना नहीं कर सकती थी। अगर स्थल में वे हार भी जाते थे, तो समुद्र में जीत जाते थे। फ्रांसीसियों की जनशक्ति का ऐसा विकास नहीं हुआ था।

9. यूरोप में पराजय

यूरोप के युद्ध में फ्रांस की हार हो गई थी। इसका प्रभाव भारत में भी पड़ा और वे हार गए।

10. सारी शक्ति का एक ही जगह केंद्रित होना

अंग्रेजों का अधिकार कलकत्ता, बंबई और मद्रास पर था। वे तीनों एक-दूसरे से दूर थे। अतः फ्रांसीसी एक साथ तीनों पर विजय नहीं पा सकते थे। लेकिन फ्रांसीसियों की शक्ति पांडिचेरी में थी, अतः पांडिचेरी की हार से उनकी हार निश्चित थी।

11. डूप्ले का वापस बुला दिया जाना

जबकि फ्रांसीसियों का युद्ध नाजुक स्थिति से गुजर रहा था कि फ्रांस की सरकार ने डूप्ले को वापस बुला लिया। अगर डूप्ले रहता तो किसी तरह विजय पाने का उपाय सोचता, लेकिन उसके जाते ही विजय की आशा भी जाती रही।

इन्हीं सब काराणों से फ्रांसीसियों की हार हो गई और भारत में राज्य स्थापित करने के उनके सारे मनसूबे ढह गए।

प्रश्न

1. भारत में अंग्रेजों की विजय और फ्रांसीसियों की पराजय के कौन-कौन से कारण थे ? से.वी.-1856 पू.
2. तीनों कर्नाटक युद्धों के विषय में आप क्या जानते हैं ? से.वो. 1860 पू.
3. दक्षिण भारत में फ्रांसीसियों और अंग्रेजों में युद्ध क्यों हुआ ? फ्रांसीसियों की हार के क्या कारण थे ? से.वो.-1862 पू.

□

13

अंग्रेजी राज्य की स्थापना

बंगाल मुगल साम्राज्य के अंदर एक प्रांत था, लेकिन दक्षिण भारत के कर्नाटक और हैदराबाद की तरह यह भी स्वतंत्र था। जिस समय दक्षिण भारत में राजनीति के रंगमंच पर अंग्रेज और फ्रांसीसी भाग ले रहे थे, उस समय पूर्वी भारत के रंगमंच पर एक-दूसरे नाटक की तैयारी हो रही थी। अंग्रेज और फ्रांसीसियों ने यहाँ भी अपनी कोठियाँ बनवाई थीं। अंग्रेजों का कलकत्ता, फ्रांसीसियों का चंदरनगर और डचों का चिनसुरा व्यापारिक केंद्र थे। लेकिन जब तक मुगल साम्राज्य मजबूत रहा, ये लोग केवल व्यापार तक ही सीमित रहे। जब औरंगजेब की मृत्यु के बाद मुगल साम्राज्य का पतन होने लगा तब उन लोगों ने मौका देखकर राजनीति में भी दखल देना शुरू कर दिया। फिर भी अलीवर्दी खाँ के कठोर नियंत्रण के कारण अंग्रेजों को सिर उठाने का मौका नहीं मिला। अलीवर्दी खाँ दक्षिण की परिस्थिति से सचेत हो गया था। उसने अंग्रेजों के व्यापार को कोई हानि नहीं पहुँचाई, क्योंकि इससे राज्य को आमदनी होती थी, लेकिन वह उनको मधुमक्खी के समान समझता था जिससे मधु तो प्राप्त किया जा सकता है, परंतु उनको छेड़ने पर वे डंक भी मार सकती हैं। फलतः अलीवर्दी खाँ हमेशा अंग्रेजों को नियंत्रण में रखे रहा। इसका परिणाम यह हुआ कि अंग्रेजों को राजनीति में हस्तक्षेप का मौका नहीं मिला और बंगाल में शांति रही। लेकिन सन् 1756 ई. में अलीवर्दी खाँ की मृत्यु हो गई। उसकी मृत्यु केवल बंगाल के लिए ही नहीं, पूरे भारत के लिए हानिकारक साबित हुई। उसके मरने के बाद उसका नाती सिराजुद्दौला बंगाल की गद्दी पर बैठा।

यद्यपि अलीवर्दी खाँ सिराजुद्दौला को अपना उत्तराधिकारी बना गया था, फिर भी सिराजुद्दौला को गद्दी पर बैठते ही कई कठिनाइयों का सामना करना पड़ा और साथ-साथ अंग्रेजों से संघर्ष भी करना पड़ा।

संघर्ष के कारण

सिराजुद्दौला जिस समय युवराज था तभी से वह अंग्रेजों को घृणा की दृष्टि से देखता था और उन्हें निकाल बाहर करने की सोचता था। अलीवर्दी खाँ ने भी उसे अंग्रेजों की चाल समझा दी थी। अतः जब वह गद्दी पर बैठा तो तत्काल ही अंग्रेजों से युद्ध छेड़ दिया। इस युद्ध के कई अन्य भी कारण थे।

(1) सबसे बड़ा कारण था अंग्रेजों का नवाब की आज्ञा के बिना ही किला बनवाना। उनका कहना था कि ऐसा वे फ्रांसीसियों से अपनी रक्षा के लिए कर रहे हैं। सिराजुद्दौला ने उनकी किलेबंदी रोक देने की आज्ञा दी, लेकिन अंग्रेजों ने उसकी आज्ञा नहीं मानी। यह सुनते ही नवाब आगबबूला हो गया। उसने सोचा कि अगर ये व्यापारी इसी तरह हमेशा उसकी आज्ञा का उल्लंघन करते गए तो फिर कर्नाटक और बंगाल में भेद ही क्या रहेगा। अतः एक विशाल सेना लेकर उसने कलकत्ता पर आक्रमण कर दिया।

(2) अंग्रेजों को बिना चुंगी दिए ही व्यापार करने का अधिकार मिला था, लेकिन वे इस अधिकार का दुरुपयोग कर रहे थे। कंपनी के कर्मचारी कंपनी के नाम पर निजी व्यापार करते थे और चुंगी नहीं देते थे। भारतीय व्यापारियों को भी 'दस्तक' देकर निःशुल्क व्यापार करने के लिए प्रोत्साहित करते थे। इससे राज्य की आमदनी दिनोंदिन समाप्त होती जा रही थी।

(3) सिराजुद्दौला के विरुद्ध दरबार में षड्यंत्र चल रहा था। इस षड्यंत्र में घसीटी बेगम प्रमुख थी। सिराजुद्दौला का भाई शौकत जंग भी षड्यंत्र रच रहा था और सिराजुद्दौला के इन सभी दुश्मनों की सहायता अंग्रेज कर रहे थे। अतः इन सभी कारणों से नवाब युद्ध के लिए तैयार हो गया।

काली कोठरी की घटना

अंग्रेजों पर आक्रमण करने से पहले घर में दुश्मनों से निपटना जरूरी था। अतः सिराजुद्दौला ने पहले बड़ी चतुराई से घसीटी बेगम को महल में बुलाकर कैद कर लिया। अब वह शौकत जंग को दबाने पूर्णिया की ओर चला, लेकिन अभी वह रास्ते में ही था कि उसे खबर मिली कि अंग्रेज किलाबंदी रोकने नहीं जा रहे हैं। यह खबर सुनकर नवाब के क्रोध का ठिकाना नहीं रहा और उसने सन् 1756 ई. में कलकत्ता पर चढ़ाई कर दी। बहुत से अंग्रेज मारे गए, बहुत से कैद कर लिए गए और जो बचे वे भाग खड़े हुए। कासिम बाजार और कलकत्ता पर नवाब का अधिकार हो गया। उसने मानिक चंद को वहाँ का हाकिम बना दिया और वह अपनी राजधानी मुर्शिदाबाद लौट आया। इस संबंध में एक दुःखद घटना का उल्लेख मिलता है। कलकत्ता के युद्ध में बहुत से अंग्रेज कैद कर लिये गए थे। रात में जब नवाब आराम करने को चला गया तो वे सारे कैदी एक तंग कोठरी में, जिसका क्षेत्रफल केवल 200 वर्गफीट था, बंद कर दिए गए। इन कैदियों की संख्या 146 थी और इनका नेता हॉलबेल था। सुबह जब कोठरी खोली गई तो केवल 22 व्यक्ति जीवित निकले, 124 की मृत्यु हो गई थी। इतिहास में यह घटना 'ब्लैक डॉल ट्रेजेडी' के नाम से प्रसिद्ध है। लेकिन आधुनिक इतिहासकार इस घटना की सत्यता पर संदेह करते हैं और इसे हॉलबेल की उर्वर कल्पनाशक्ति की उपज मानते हैं। यह संभव हो सकता है कि कैदियों में जो घायल हुए, वे मर गए, लेकिन इतने व्यक्तियों की मृत्यु सर्वथा काल्पनिक है। और यदि ऐसा हुआ भी हो तो इसका दोष नवाब के मत्थे नहीं मढ़ा जा सकता।

अलीनगर की संधि

नवाब कलकत्ता में मानिक चंद को छोड़ अपनी राजधानी मुर्शिदाबाद लौट आया। लेकिन अंग्रेजों की कोठियाँ केवल कलकत्ता में ही नहीं थीं, वरन् बंबई और मद्रास में भी थीं। अतः जब कलकत्ता की हार की खबर इन जगहों पर पहुँची तो मद्रास से क्लाइव और वाट्सन की अधीनता में एक विशाल फौज बंगाल की ओर चली। यद्यपि भागे हुए अंग्रेजों का ऐसा विचार था कि नवाब से संधि कर लेने में ही भलाई है, लेकिन क्लाइव दक्षिण भारत में हिंदुस्तानी राजाओं

की ताकत देख चुका था, अत: उसने नवाब से अंग्रेजों के पुराने अधिकारों की माँग की साथ-साथ उसने मानिक चंद को लोभ देकर अपनी ओर मिला लिया और सन् 1757 ई. में कलकत्ता पर चढ़ाई कर दी। मानिक चंद जानबूझकर हार गया और इस प्रकार पुन: कलकत्ता पर अंग्रेजों का अधिकार हो गया। जब इस हार की खबर नवाब को मिली तो बाध्य होकर उसने अंग्रेजों से संधि कर ली। यह संधि 'अलीनगर की संधि' कहलाती है। इस संधि के अनुसार अंग्रेजों के सभी पुराने अधिकार लौटा दिए गए। उन्हें किलेबंदी की आज्ञा दे दी गई। युद्ध का हरजाना भी नवाब ने दिया और प्रतिज्ञा की कि अंग्रेजों को छोड़कर किसी अन्य यूरोपियन को अपने दरबार में नहीं रखेगा। इस प्रकार बंगाल में पुन: शांति स्थापित हो गई। लेकिन यह शांति तूफान से पहले की शांति थी।

पलासी का युद्ध

अलीनगर की संधि के बाद बंगाल में शांति छा गई। लेकिन सच बात यह थी कि अब अशांति शुरू होनेवाली थी। अंग्रेज अब बंगाल पर अधिकार जमाने का मौका खोजने लगे। जो नाटक वे खेलने जा रहे थे, उसके लिए अलीगनर की संधि ने उन्हें पर्याप्त समय दे दिया। क्लाइव इस तथ्य को समझता था कि लड़कर नवाब को नहीं हराया जा सकता। अत: उसने छल का सहारा लिया। उसने नवाब के सेनापति मीर जाफर को नवाब बना देने का लोभ दिया। इसके साथ ही कई अमीर भी इस षड्यंत्र में शामिल हो गए। अमीचंद और जगत् सेठ इस षड्यंत्र के प्रमुख पात्र थे। इस प्रकार—''क्लाइव षड्यंत्र का मुख्य संचालक था, वाट्सन उसके प्रतिनिधि की हैसियत से मुर्शिदाबाद में रहकर षड्यंत्र का ताना-बाना बुनता था, अमीचंद विश्वासघात के गंदे जाल को रचने के लिए वाट्सन का एजेंट बना हुआ था और मीर जाफर षड्यंत्र के नीचतापूर्ण नाटक का प्रधान नायक था।'' इस तरह क्लाइव अपने षड्यंत्र में सफल हुआ। अब केवल उसे मौका चाहिए था और वह मौका भी उसे मिल गया। इसी समय यूरोप में सप्तवर्षीय युद्ध छिड़ गया। जब उसकी खबर यहाँ आई तो यहाँ भी अंग्रेज और फ्रांसीसी लड़ पड़े। अंग्रेजों ने चंदरनगर पर अधिकार कर लिया। फ्रांसीसियों ने सिराजुद्दौला से सहायता माँगी, लेकिन सिराजुद्दौला ने उन्हें

सहायता नही दी। हाँ, जो फ्रांसीसी भागकर उसकी शरण में आए, उन्हें अपने पास रख लिया। अब अंग्रेजों को मौका मिल गया। उन्होंने नवाब पर अलीनगर की संधि तोड़ने का इल्जाम लगाया और उस पर आक्रमण की तैयारी कर दी। जब नवाब ने यह समाचार सुना तो उसने भी अपनी सेना को कूच का आदेश दे दिया। उसे मीर जाफर के षड्यंत्र का कुछ पता नहीं था। अंत में दोनों की सेना का सामना 23 जून, सन् 1757 ई. को पलासी के मैदान में हुआ। नवाब की सेना का सेनापति मीर जाफर था और उसका जो परिणाम होना चाहिए था, वही हुआ। मीर जाफर चुपचाप युद्ध का तमाशा देखता रहा। जब नवाब को असलियत का ज्ञान हुआ तो वह घबरा गया और युद्ध क्षेत्र से भाग खड़ा हुआ और अंत में पकड़े जाकर मीर जाफर के बेटे मीरन द्वारा मार डाला गया। इस प्रकार पलासी के युद्ध का अंत हुआ। मीर जाफर बंगाल का नवाब बना। अंग्रेजों को 24 परगनों की जमींदारी और काफी धन मिला। अंग्रेजों के सभी विशेषाधिकार सुरक्षित कर दिए गए।

युद्ध के परिणाम और महत्त्व

सैनिक दृष्टि से पलासी का युद्ध कोई बड़ा युद्ध नहीं था। मगर इसके परिणाम बड़े महत्त्वपूर्ण सिद्ध हुए। परिणाम की दृष्टि से यह युद्ध विश्व के बड़े युद्धों में गिना जाता है। इस युद्ध के बाद बंगाल में अंग्रेजों के पैर जम गए, उनकी व्यापारिक सुरक्षा पर राज्य की मुहर लग गई। कंपनी और कर्मचारियों को अपार धन हाथ लगा। अकेले क्लाइव को दो लाख 24 हजार पौंड मिले। अब बंगाल की गद्दी पर एक ऐसा नवाब बैठा जो अंग्रेजों का मित्र था। बंगाल पर अधिकार होने से अंग्रेजों का व्यापार चमक उठा। उनके सामने फ्रांसीसियों का टिकना असंभव हो गया। विलियम पिट् ने लिखा था—"अब ब्रिटिश सरकार को भारत संबंधी बातों की सीधी जिम्मेदारी ले लेनी चाहिए।" इस युद्ध में भारतीय राजाओं और सेना की दुर्बलता का पता चल गया। अंग्रेजों ने यह बात भलीभाँति समझ ली कि यहाँ फूट डालकर शासन किया जा सकताा है। हिंदू जनता मुसलमान शासकों को पसंद नहीं करती। यह बात भी स्पष्ट हो गई। इस प्रकार पलासी युद्ध के कई महत्त्वपूर्ण परिणाम निकले।

मीर जाफर को रुपया चुकाने के लिए महल के सोनेचाँदी के बरतन तक बेचने पड़े जिसका परिणाम आर्थिक व्यवस्था पर बुरा पड़ा। धीरे-धीरे राज्य की वास्तविक शक्ति क्लाइव के हाथों में चली आई। इस प्रकार पलासी के युद्ध ने भारत में अंग्रेजी राज्य के विस्तार का दरवाजा खोल दिया। बंगाल पर अधिकार हो जाने से अंग्रेजों का व्यापार चमकने लगा और उसकी संपत्ति में वृद्धि हुई। अब अंग्रेजों के सामने फ्रांसीसियों का टिकना सर्वथा असंभव हो गया और यही कारण था कि कर्नाटक के तीसरे युद्ध में उनकी करारी हार हो गई। क्लाइव ने पलासी के महत्त्व को बहुत पहले ही समझ लिया था जबकि बहुत से लोग पलासी के युद्ध को बहुत ज्यादा महत्त्व नहीं दे रहे थे। उसने विलियम पिट् को लिखा भी था कि "अब ब्रिटिश सरकार को सीधे भारत संबंधी बातों की जिम्मेदारी ले लेनी चाहिए।" इस युद्ध से भारतीय राजाओं, सेना और जनता की दुर्बलता का पता चल गया। अंग्रेजों ने इस तथ्य को अच्छी तरह समझ लिया कि वे भारत में फूट डालकर शासन कर सकते हैं। हिंदू जनता मुसलमान शासकों को पसंद नहीं करती। इस बात की जानकारी भी उन्हें मिल गई। साथ-साथ यह भी निश्चित हो गया कि देशी नरेशों की शक्ति का अंत आसानी से नहीं किया जा सकता। इस तरह पलासी के युद्ध के परिणाम महत्त्वपूर्ण थे।

मीर जाफर (सन् 1757-1760)

पलासी के युद्ध से पहले मीर जाफर से अंग्रेजों की जो संधि हुई थी उसके अनुसार पलासी के युद्ध के बाद मीर जाफर गद्दी पर बैठा। लेकिन वह अब क्लाइव के हाथ की कठपुतली था। वास्तविक सत्ता क्लाइव ने अपने हाथों में ले ली। मीर जाफर यद्यपि अंग्रेजों की नीयत समझ रहा था, फिर भी वह लाचार था। एक तो उसे अंग्रेजों को इतना धन देना पड़ा कि उसका खजाना खाली हो गया। सरकार का दिवालियापन प्रकट होने लगा। संपूर्ण राज्य की आर्थिक स्थिति डाँवाँडोल हो गई। पैसे के अभाव में वह सेना संगठित करने में भी असमर्थ था। अंग्रेजों का बकाया रुपया चुकाने का उसने भरपूर प्रयत्न किया, लेकिन सफल न हो सका। इधर अंग्रेज अपना बकाया चुका देने को उसे बराबर तंग कर रहे थे। मीर जाफर ने हिंदुओं के साथ कठोर व्यवहार करके उन्हें भी अपना दुश्मन

बना लिया था। दरबार के अमीर–उमराव भी उसके खिलाफ अंग्रेजों से गठबंधन कर रहे थे। इसी समय अली गौहर के आक्रमण की संभावना हो गई। इन सभी कारणों से मीर जाफर परेशान था। वह अब अंग्रेजों से मुक्ति का उपाय सोचने लगा। इस कार्य में, जैसा कि कुछ इतिहासकारों का कहना है, उसने डचों की सहायता भी ली। लेकिन अपने उद्देश्य में उसे सफलता नहीं मिली। मीर जाफर के इस कार्य से अंग्रेजों के कान खड़े हो गए। एक तो अंग्रेज वैसे ही मीर जाफर को गद्दी से उतारना चाह रहे थे, जब यह समाचार उन्हें मालूम हुआ तो वे मीर जाफर को गद्दी से उतारने को तैयार हो गए। उन्होंने मीर जाफर के दामाद मीर कासिम के साथ एक संधि की और उसे बंगाल की गद्दी पर बैठा देने का वचन दिया। मीर कासिम ने भी वर्दमान, मिदनापुर और चटगाँव के जिले अंग्रेजों को दे देने का वचन दिया तथा कंपनी का बकाया रुपया भी चुका देने का वादा किया। अब अंग्रेजों ने मीर जाफर पर बंगाल में फैली अराजकता का आरोप लगाया और अपना बकाया रुपया देने को कहा। मीर जाफर ने अंग्रेजों की इस नीति का विरोध करना चाहा, लेकिन उसने सभी विरोधों को व्यर्थ समझकर स्वयं गद्दी छोड़ दी। इसे इतिहास में 'सन् 1760 की रक्तहीन क्रांति' कहते हैं। इस प्रकार मीर जाफर ने जैसा बोया वैसा पाया। ''लेकिन मीर जाफर को गद्दी से उतारकर कंपनी ने अंग्रेजों के राष्ट्रीय चरित्र पर धब्बा लगा दिया।''

मीर कासिम (सन् 1760–1763 ई.)

मीर जाफर को गद्दी से उतारकर पूर्व निश्चित संधि के अनुसार अंग्रेजों ने मीर कासिम को गद्दी पर बैठाया। मीर कासिम एक योग्य शासक और कुशल राजनीतिज्ञ था। वह ऊपर से तो अंग्रेजों का मित्र बना रहा, लेकिन भीतर–ही–भीतर उन्हें निकाल बाहर करने का उपाय भी सोचता रहा। इसके लिए आंतरिक समस्याओं का समाधान जरूरी था। सबसे पहले उसने राज्य की आर्थिक व्यवस्था को दृढ़ किया। मीर कासिम को खजाना खाली मिला था। उसने राजकर्मचारियों के पास की संपत्ति को छीन लिया तथा खर्च के मद को घटा दिया। इतना ही नहीं, उसने कई बड़े–बड़े ऋण भी लिये। इन सबसे उसके पास धन जमा हो गया। अब वह अंग्रेजों के विरुद्ध लोहा लेने की तैयारी करने लगा। वह जानता था कि

अंग्रेजों से उसका युद्ध अवश्यंभावी है और छिपे-छिपे उसने इसकी तैयारी भी कर ली। अंग्रेजों के प्रभाव से दूर रहने के लिए उसने अपनी राजधानी मुंगेर में बना ली। कई कुशल फ्रांसीसी सेनापतियों को बहाल कर छिपे रूप से उसने सेना को ट्रेनिंग दिलाना शुरू किया। पुराने कई किले भी उसने मरम्मत करवाए और कई नए किलों तथा सुरंगों का निर्माण किया। इस तरह अपने प्रति वह पूरा सावधान था। अंग्रेजों को आखिरकार इसकी भनक मिल ही गई। वे सचेत हो गए और मीर कासिम को गद्दी से उतारने के बहाने खोजने लगे। इसी समय व्यापार पर चुंगी का प्रश्न उठा। अंग्रेज कंपनी के नाम पर निजी व्यापार करते थे और चुंगी नहीं देते थे। उनका कहना था कि मुगल बादशाह फर्रुखसियर के समय से ही उन्हें बिना चुंगी दिए व्यापार करने का अधिकार है। इससे सरकार को तो हानि होती ही थी देशी व्यापारियों को भी नुकसान पहुँचता था। उन लोगों ने मीर कासिम से इसकी फरियाद की। मीर मासिम ने कंपनी सरकार से इस संबंध में काफी लिखा-पढ़ी की, पर फल कुछ नहीं निकला। अंत में तंग आकर मीर कासिम ने देशी व्यापारियों पर से भी चुंगी हटा दी। यही न्याय भी था। अब दोनों समान स्तर पर आ गए, लेकिन अंग्रेजों को यह बात पसंद नहीं आई। उन्होंने मीर कासिम से युद्ध छेड़ दिया। पुनः मीर जाफर को गद्दी देने की बात तय हुई। युद्ध में मीर कासिम हार गया और भागकर पटना चला गया। बूढ़ा मीर जाफर पुनः गद्दी पर बैठाया गया। उसने कंपनी को सभी पुरानी सुविधाएँ दीं और तीनों जिले भी दिए।

बक्सर का युद्ध (23 अक्तूबर, सन् 1764 ई.)

अंग्रेजों से हारकर मीर कासिम पटना पहुँचा। लेकिन वहाँ उसे कोई मदद नहीं मिली। वरन् उसके विरुद्ध कई षड्यंत्रकारी लग गए। क्रोध में आकर उसने सभी षड्यंत्रकारियों को मरवा डाला। यह घटना 'पटना हत्याकांड' के नाम से प्रसिद्ध है। पटना से भागकर मीर कासिम अवध पहुँचा। वहाँ उसने अवध के नवाब शुजाउद्दौला से सहायता की प्रार्थना की। वहीं मुगल सम्राट शाह आलम भी था। दोनों ने मीर कासिम को सहायता देना स्वीकार कर लिया। तीनों में एक संधि हुई। तीनों की मिली-जुली सेना अंग्रेजों के विरुद्ध चल पड़ी। अंग्रेज भी आगे बढे और दोनों का सामना 23 अक्तूबर, सन् 1764 को बक्सर के मैदान में

हुआ। इस युद्ध में अंग्रेजों की ही जीत हुई। मीर कासिम की मिली-जुली सेना हार गई। शुजाउद्दौला और शाह आलम ने अंग्रेजों से संधि कर ली और मीर कासिम अपनी बनवाई हुई सुरंग से भाग निकला और बाद में उसकी मृत्यु हो गई। इस प्रकार बक्सर का युद्ध समाप्त हो गया।

बक्सर के युद्ध का परिणाम और महत्त्व

परिणाम

1. निर्णयात्मक युद्ध
2. मीर कासिम, अवध का नवाब और शाह आलम तीनों हार गए।
3. अंग्रेजों का प्रभुत्व पूर्ण रूप से स्थापित हो गया।
4. अंग्रेजों की प्रतिष्ठा बढ़ गई।
5. अन्य विदेशियों की कमर टूट गई।
6. यह सिद्ध हो गया कि अंग्रेज सैनिक दृष्टि से अधिक कुशल हैं।
7. अंग्रेजी राज्य की सीमा बढ़ गई।
8. अंग्रेजों को राजनीतिक अधिकार प्राप्त हुए।
9. भारत पर अधिकार करने का अवसर मिला।
10. पलासी के अधूरे कार्य को पूरा किया।
11. भारत का भाग्य अस्त हो गया।

बबरार के गुद्ध का महत्त्व पलासी के युद्ध से बढ़कर है। 'स्मिथ' ने लिखा भी है—"यह विजय पूर्ण रूप से निर्णयात्मक थी और इसने पलासी के अधूरे कार्य को पूरा किया।" डॉ. के.के. दत्त के अनुसार—The battle of Buxar was more decesive in lesalts than the battle of Plassey. वस्तुत: जहाँ पलासी में केवल बंगाल का नवाब हारा था, वहाँ बक्सर में बंगाल का नवाब, अवध का नवाब और मुगल बादशाह तक हार गए थे। इस युद्ध ने सही मायने में अंग्रेजों के प्रभुत्व को स्थापित कर दिया और वे अब केवल बंगाल के ही शासक नहीं रहे वरन् धीरे-धीरे भारत के सम्राट हो गए। इससे अंग्रेजों की प्रतिष्ठा बहुत बढ़ गई और अब जितने भी अन्य विदेशी थे, उनकी कमर टूट गई।

अंग्रेजों से लड़ने का साहस अब किसी में नहीं रहा। सच पूछा जाए तो पलासी का युद्ध, युद्ध था ही नहीं। इसमें अंग्रेजों का उद्‌देश्य था कि बंगाल की गद्‌दी पर कोई ऐसा नवाब रहे जो उन्हें हर प्रकार की सुविधा देता रहे और उनके प्रभाव में रहे। लेकिन बक्सर के युद्ध में स्वयं सम्राट बनने की इच्छा थी। पलासी का युद्ध जहाँ धोखे का युद्ध था, वहीं बक्सर का युद्ध वीरता से लड़ा गया। पलासी में किसी की शक्ति का ठीक-ठीक पता नहीं मिला था, लेकिन बक्सर ने सिद्ध कर दिया कि अंग्रेज युद्ध कला में भारतीयों से बढ़कर हैं। पलासी के युद्ध ने एक प्रश्न खड़ा कर दिया था कि बंगाल पर असल शासन किसका रहेगा—कंपनी का या नवाब का? और इसी प्रश्न का उत्तर बक्सर ने दिया। इस अर्थ में बक्सर ने पलासी के अधूरे कार्य को पूरा कर दिया। जो बीज पलासी के युद्ध में बोया गया, वह बक्सर के युद्ध में विशाल वृक्ष के रूप में खड़ा हो गया। भारत के सम्राट शाह-आलम की हार से अंग्रेजों को काफी प्रसिद्धि मिली। अवध का नवाब उस समय सबसे बढ़कर शक्तिशाली समझा जाता था, लेकिन उसकी हार ने अब अंग्रेजी राज्य की सीमा काफी बढ़ा दी। ''बक्सर की विजय ने अंग्रेजी सीमा को करीब-करीब इलाहाबाद तक बढ़ा दिया।'' इस प्रकार ''चाहे इसे विदेशी और देशी ताकतों के संघर्ष के रूप में देखा जाए, चाहे ऐसी घटना के रूप में जो बहुत बड़े-बड़े स्थायी परिणामों की जननी थी, बक्सर का स्थान उन बड़ी-से-बड़ी लड़ाइयों की श्रेणी में है, जो कभी भी लड़ी गई हैं।''

मीर जाफर (सन् 1763-1765)

बक्सर के युद्ध की समाप्ति के बाद पुनः अंग्रेजों ने मीर जाफर को नवाब बनाया। मीर जाफर ने अंग्रेजों के सभी पुराने अधिकार लौटा दिए साथ-साथ युद्ध की क्षतिपूर्ति भी कर दी। नवाब की सेना भंग कर दी गई और उसके पास एक अंग्रेज रेजीमेंट रख दिया गया। इतना सब होते हुए भी बंगाल की हालत दिन-ब-दिन खराब ही होती गई। अंत में सन् 1765 ई. में मीर जाफर की मृत्यु हो गई।

नज्मुद्‌दौला (सन् 1765 ई.)

मीर जाफर की मृत्यु के बाद उसका दूसरा बेटा नज्मुद्‌दौला नवाब बना। इसने कंपनी के साथ एक संधि की जिसके अनुसार एक नवाब सूबेदार की

बहाली हुई। यह बहाली कंपनी करती थी। शासन का सारा प्रबंध इसी नायब सूबेदार के हाथ में आ गया। नवाब की सेना नाममात्र की रहने दी गई। इस प्रकार अब पूर्ण रूप से बंगाल का शासन कंपनी के हाथ में आ गया।

बंगाल का गवर्नर क्लाइव (सन् 1765–1767 ई.)

सन् 1765 में क्लाइव दूसरी बार गवर्नर जनरल बनकर हिंदुस्तान आया। उसने आकर सबसे पहले अवध के नवाब और शाह आलम से संधि कर ली। अवध के नवाब शुजाउद्दौला के साथ इलाहाबाद की संधि हुई। इस संधि के अनुसार नवाब ने 50 लाख खर्च रूप में कंपनी को देना कबूल किया तथा इलाहाबाद और कड़ा के इलाके दे दिए। अवध में बिना चुंगी दिए ही व्यापार करने का अधिकार मिला। अंग्रेजों ने अवध की रक्षा के लिए नवाब को एक सेना दी जिसका खर्च नवाब ने देना स्वीकार किया।

दीवानी की प्राप्ति

क्लाइव ने दूसरी संधि शाह आलम से की। शाह आलम ने बंगाल, बिहार और उड़ीसा की दीवानी अंग्रेजों को दे दी। बदले में क्लाइव ने अवध के नवाब से मिले कड़ा और इलाहाबाद शाह आलम को दे दिए। क्लाइव ने 26 लाख रुपए वार्षिक कर के रूप में देना स्वीकार किया।

क्लाइव का चरित्र तथा उसके कार्यों का मूल्यांकन

इतिहास में क्लाइव का महत्त्व साम्राज्य निर्माता के रूप में है। अपनी असाधारण प्रतिभा से उसने जिस विशाल अंग्रेजी राज्य की नींव डाली, वह उसके बाद कई सौ वर्षों तक कायम रही। उसका जन्म सन् 1725 ई. में इंग्लैंड के एक छोटे से कस्बे में हुआ था। पढ़ाई-लिखाई में आरंभ से ही उसकी रुचि नहीं थी। अंत में वह ईस्ट इंडिया कंपनी का एक मामूली किरानी बनकर भारत आया था। आगे चलकर वह अपनी असाधारण सूझ के बल पर ब्रिटिश राज्य का संस्थापक बन गया।

क्लाइव परिश्रमी, बुद्धिमान और योग्य व्यक्ति था। कठिनाइयों की पाठशाला में उसने शिक्षा पाई थी, अतः भीषण-से-भीषण परिस्थिति में भी वह अपना साहस और धैर्य नहीं छोड़ता था। वह एक कुशल राजनीतिज्ञ और योग्य सेनापति

था। दक्षिण भारत की राजनीति के रंगमंच पर आते ही उसने राजनीति का सारा पासा ही पलट दिया। फूट डालकर उसने अपनी राजनीतिक कुशलता का परिचय दिया। कर्नाटक के दूसरे युद्ध में अंग्रेजों की हालत दयनीय थी, पर क्लाइव ने अंग्रेजों की डूबती इज्जत को बचा लिया। उसकी नीति के आगे फ्रांसीसियों को हमेशा मुँह की खानी पड़ी। पलासी के युद्ध में जो सफलता अंग्रेजों की मिली, उसका श्रेय क्लाइव को ही है।

क्लाइव का चरित्र

गुण

1. साम्राज्य निर्माता
2. व्यक्तिगत गुण
3. कुशल राजनीतिज्ञ और कूटनीतिज्ञ
4. योग्य सेनापति
5. योग्य प्रशासक

अवगुण

1. भ्रष्ट और अनैतिक चरित्र
2. धन का लोभी

एक कुशल प्रशासक के रूप में भी क्लाइव प्रसिद्ध है। दूसरी बार जब वह गवर्नर जनरल बनकर आया, उस अवधि में उसने शासन में पर्याप्त सुधार किए जिससे अंग्रेजी राज्य की नींव और भी दृढ़ हो गई। इस तरह क्लाइव में कई गुणों का समावेश था। लॉर्ड कर्जन ने क्लाइव के संबंध में लिखा है—"अंग्रेज जाति में क्लाइव एक महान् आत्मा का व्यक्ति था। उसकी गणना उन शक्तियों में की जाती है, जो मानव जाति के निर्माण के लिए इस विश्व में अवतरित होती हैं। क्लाइव ऐसा व्यक्ति था जो अपने साथियों की सतह से उसी प्रकार ऊँचा उठा रहा जिस प्रकार जहाज समुद्र के प्रहार से ऊँचा उठा रहता है।" लेकिन इतना सब कुछ होते हुए भी क्लाइव दोषों से दूर नहीं था। उसका चरित्र भ्रष्ट और

अनैतिक था। उसे धन से प्रेम था और उसकी प्राप्ति के लिए वह नीच-से-नीच काम करने से भी नहीं हिचकता था। अमीचंद, जगत् सेठ आदि के साथ उसने जो विश्वासघात किया, वह उसके चरित्र में हमेशा के लिए कालिख पोत देता है। इंग्लैंड वापस जाते समय वह अपार संपत्ति लेता गया। इंग्लैंड के लोगों की नजर में वह हमेशा दुष्ट ही रहा। यहाँ तक कि उसे आत्महत्या कर लेनी पड़ी। फिर भी उसने जो कुछ किया, अंग्रेजी राज्य के लिए किया और इसी कारण ब्रिटिश पार्लियामेंट ने उसके सारे दोषों को माफ कर दिया।

क्लाइव के सुधार

क्लाइव जब इंग्लैंड वापस लौट गया तब कंपनी की दशा बदतर होने लगी। कंपनी के कर्मचारी भ्रष्ट हो गए थे। वे कंपनी के नाम पर निजी व्यापार करके मालामाल हो रहे थे और दूसरी ओर कंपनी की आर्थिक अवस्था दिनोंदिन गिरती जा रही थी। बेंसिटार्ट में सफल संचालन का बिल्कुल अभाव था। एक इतिहासकार ने लिखा है—There is no Page in Indian History so revolting as the four years of the weak and inefficient rule of Hr. Vanistlart. क्लाइव ने बंगाल की बिखरी हुई दशा देखकर स्वयं लिखा था—"मैं केवल यही कहूँगा कि अराजकता, अव्यवस्था, उत्कोच, भ्रष्टाचार और शोषण का ऐसा दृश्य बंगाल के अतिरिक्त न किसी देश में देखा गया है, न सुना गया है और न इतने अन्यायपूर्ण तथा लोलुप ढंग से इतने लाभ प्राप्त किए गए हैं।" अत: जब बंगाल में ऐसी स्थिति उत्पन्न हो गई तो कंपनी के डायरेक्टरों ने पुन: क्लाइव को बंगाल का गवर्नर बनाकर भारत भेजा। क्लाइव ने इस बार भी अपनी स्वाभाविक निश्चयात्मक तत्परता से काम लिया। उसने शासन में दृढ़ता और स्थिरता लाने के लिए निम्नलिखित सुधार किए—

क्लाइव के सुधार

1. प्रतिज्ञा-पत्र की प्रथा का प्रचलन
2. निजी व्यापार पर नियंत्रण
3. कर्मचारियों के वेतन में वृद्धि
4. सैनिक सुधार

5. कलकत्ता कौंसिल संबंधी सुधार
6. आर्थिक सुधार
7. सीमा संबंधी सुधार
8. द्वैध शासन की स्थापना
9. क्लाइव कोष की स्थापना
10. सामाजिक सुधार

1. प्रतिज्ञा पत्र की प्रथा का आरंभ

अभी तक कंपनी के कर्मचारी कंपनी के नाम पर खुद घूस लेते थे तथा कई प्रकार की भेंट आदि पाकर मालामाल हो रहे थे। अब क्लाइव ने सभी कर्मचारियों से प्रतिज्ञा–पत्र पर हस्ताक्षर करवाना शुरू किया। उसने सभी से यह प्रतिज्ञा–पत्र लिखवाए कि वे कर्मचारी भारतीयों से किसी प्रकार की भेंट या उपहार नहीं लिया करेंगे। इससे भेंट लेने की प्रथा का अंत हो गया और कंपनी की आर्थिक दशा में प्रगति आई।

2. निजी व्यापार पर नियंत्रण

कंपनी के कर्मचारी कंपनी के नाम पर बिना चुंगी दिए ही अपना निजी व्यापार करने लगे थे। इस कारण कंपनी के व्यापार को बड़ा नुकसान हो रहा था। अब क्लाइव ने कानून बनाकर इस व्यक्तिगत व्यापार को रोक दिया। इससे कंपनी के व्यापार को लाभ हुआ।

3. कर्मचारियों के वेतन में वृद्धि

क्लाइव ने यह महसूस किया कि कर्मचारियों में जो भ्रष्टाचार है उसका कारण उनका कम वेतन मिलना है। साथ ही कम वेतन के कारण योग्य कर्मचारी नहीं मिलते थे। अत: क्लाइव ने कर्मचारियों के वेतन बढ़ा दिए। उसने एक व्यापारिक मंडल की स्थापना की और उसे नमक, तंबाकू, पान आदि के व्यापार एकाधिकार दे दिया। पीछे चलकर यह एकाधिकार भी बंद कर दिया गया।

4. सैनिक सुधार

क्लाइव ने सेना में भी महत्त्वपूर्ण सुधार किए। उसने सेना को तीन भागों

में बाँट दिया और हर भाग को अलग-अलग जगहों पर रखा। सैनिकों को मिलनेवाला दूना भत्ता बंद कर दिया गया। इस कार्य का विरोध कई अफसरों ने किया और त्याग-पत्र दे दिया। क्लाइव इससे घबराया नहीं और जिसने त्याग-पत्र दिया उसका त्याग-पत्र मंजूर कर लिया और विद्रोही कर्मचारियों तथा सैनिकों को निकाल बाहर कर दिया। इससे सेना डर गई और पूर्ण अनुशासित हो गई।

5. कलकत्ता कौंसिल संबंधी सुधार

क्लाइव के सुधारों का कलकत्ता कौंसिल ने घोर विरोध किया, क्योंकि सबसे ज्यादा घूसखोर कलकत्ता कौंसिल के ही पदाधिकारी थे। अतः क्लाइव ने इसमें भी सुधार किया। उसने एक विशेष समिति की स्थापना की जिसमें चार सदस्य थे और वह उसका अध्यक्ष बना। कौंसिल के कई कर्मचारियों को निकाल दिया गया और उनकी जगह मद्रास से कर्मचारी मँगाकर बहाल किए गए।

6. आर्थिक सुधार

क्लाइव ने कंपनी की आर्थिक दशा उन्नत करने के लिए कई सुधार किए। उसने वार्षिक 26 लाख रुपए की पेंशन देकर शाह आलम से बंगाल, बिहार और उड़ीसा की दीवानी प्राप्त कर ली तथा चौबीस परगने, वर्दमान, मिदनापुर तथा चटगाँव की जमींदारियाँ ले लीं। अवध के नवाब से संधि कर उसने 50 लाख रुपए प्राप्त किए तथा सेना का खर्च भी नवाब से वसूल किया। नवाब ने अंग्रेजों को अपने राज्य में बिना चुंगी दिए ही व्यापार करने की छूट दे दी। इस प्रकार कंपनी की आर्थिक दशा में आशातीत प्रगति आई।

7. सीमा संबंधी सुधार

क्लाइव ने अंग्रेजी राज्य की सीमा की रक्षा का सुंदर इंतजाम किया। अवध के नवाब से संधि कर बनारस, इलाहाबाद, लखनऊ आदि जगहों में अंग्रेजी छावनियाँ स्थापित की गईं जिससे कंपनी की सीमाएँ सुरक्षित हो गईं। अवध को अपने राज्य में न मिलाकर क्लाइव ने बड़ी बुद्धिमानी का कार्य किया और इससे क्लाइव के राज्य की सीमा और भी मजबूत हो गई। मराठों से संधि कर उन्हें चौथ देना कबूल कर लिया।

8. द्वैध शासन की स्थापना

क्लाइव ने बंगाल में द्वैध शासन लागू किया। चूँकि कंपनी के कर्मचारियों को शासन-कार्य का ज्ञान नहीं था। अत: भारतीय कर्मचारियों के हाथ मालगुजारी वसूलने तथा न्याय करने का भार दिया गया। इनकी देखरेख के लिए अंग्रेज निरीक्षकों की बहाली हुई। इससे बंगाल में दोहरा शासन लागू हो गया। इस द्वैध शासन से कई लाभ हुए। कंपनी को कार्यों में सुविधा मिली और उसकी आर्थिक स्थिति भी सुधरी। हिंदुओं का सहयोग भी क्लाइव को मिला। इस प्रकार क्लाइव ने बहुत से सुधार लाकर शासन में दृढ़ता प्रदान की।

9. क्लाइव कोष की स्थापना

क्लाइव ने मीर जाफर से 50 लाख रुपए प्राप्त किए। इस रुपए से उसने एक कोष की स्थापना की जिसे क्लाइव कोष कहते थे। इस कोष द्वारा उन भारतीय सैनिकों तथा पदाधिकारियों को सहायता दी जाती थी, जो किसी कारणवश कार्य करने योग्य नहीं रह जाते थे।

10. सामाजिक सुधार

क्लाइव ने तत्कालीन समाज के कई दुर्गुणों को दूर करने का प्रयास किया। यद्यपि उसे अपने इस कार्य में सफलता नहीं मिली, फिर भी उसका प्रयास प्रशंसनीय है।

प्रश्न—

1. प्लासी तथा बक्सर की लड़ाइयों के महत्त्व की विवेचना की कीजिए। सवे. 1959 ई. 1919
2. क्लाइव ने भारत में अंग्रेजी राज्य की नींव कैसे डाली?
3. बंगाल में अंग्रेजों का अधिकार किस प्रकार स्थापित हुआ?
4. प्लासी ने जिस कार्य को शुरू किया, बक्सर ने उसे पूरा किया—विवेचना करें।
5. क्लाइव एक विजेता ही नहीं, बल्कि सुधारक भी था। सिद्ध करें।

□

14

ब्रिटिश साम्राज्य का विस्तार और संगठन

वारेन हेस्टिंग्स (1772–1785 ई.)

लॉर्ड क्लाइव भारत में अंग्रेजी राज्य की नींव डालकर सन् 1767 में हमेशा के लिए भारत से विदा हो गया। उसके जाते ही संपूर्ण बंगाल में अराजकता, अव्यवस्था और अशांति छा गई। उसने जिस द्वैध शासन की स्थापना की थी, उसके दुर्गुण प्रकट होने लगे। कंपनी के कर्मचारियों में उत्तरदायित्व की भावना का सर्वथा अभाव दिखाई पड़ने लगा। कर वसूलने में कठोरता की नीति बरती जाने लगी। कंपनी ने शासन में दिलचस्पी लेना बिल्कुल छोड़ दिया। भारतीय उद्योग–धंधों का तो नाश हुआ, ही कंपनी के हित में भी द्वैध शासन का बुरा प्रभाव पड़ा। प्रसिद्ध विद्वान् Kaye ने लिखा है—The Dual administration made confusion more confounded and corruption more corrupt. वस्तुतः संपूर्ण बंगाल और बिहार में अराजकता व्याप्त हो गई। कर वसूलने में जिस अत्याचार और कठोरता का प्रदर्शन हुआ, उससे जनता त्राहि–त्राहि कर उठी। चोरी–डकैती आदि मामूली बात हो गई। जान–माल की सुरक्षा पर खतरा उपस्थित हो गया। अभी जनता इन कष्टों में पड़ी तड़प ही रही थी कि सन् 1772 में एक भयानक अकाल पड़ गया। इस अकाल में एक–तिहाई जनसंख्या समाप्त हो गई। क्लाइव के बाद क्रमशः वेरेलस्ट और कार्टियर आदि गवर्नर आए, लेकिन इस अव्यवस्था को रोकने में वे पूर्णतया असमर्थ रहे। अंत में सन् 1772 में वारेन हेस्टिंग्स को बंगाल का गवर्नर जनरल नियुक्त किया गया।

हेस्टिंग्स की कठिनाइयाँ

1. बंगाल में अराजकता छाई थी।
2. नवाब की शक्ति नाममात्र थी।
3. जनता अकाल, बीमारी और गरीबी से परेशान थी।
4. राज्य की सुरक्षा अरक्षित थी।
5. अंग्रेजों के कई दुश्मन पैदा हो गए थे।
6. द्वैध शासन के कुपरिणाम प्रकट हो रहे थे।
7. खजाना खाली था।
8. ब्रिटेन यूरोपीय राजनीति में उलझा था।

हेस्टिंग्स की कठिनाइयाँ

जिस समय वारेन हेस्टिंग्स बंगाल का गवर्नर जनरल बनकर आया, उस समय उसके सामने कई समस्याएँ थीं, जिनका समाधान ढूँढ़ने में अनेक कठिनाइयों का सामना करना था। बंगाल अराजकता का केंद्र बना हुआ था। नवाब की शक्ति नाममात्र की भी न रही थी। बीमारी, अकाल और गरीबी से जनता तबाह हो रही थी। सन् 1772 के दुर्भिक्ष ने तो जनता की कमर ही तोड़ दी थी। इस दिशा में सुधार का प्रयास कंपनी बिल्कुल नहीं करती थी। क्लाइव ने ब्रिटिश राज्य की नींव तो डाली थी, पर उसकी सुरक्षा का कोई समुचित प्रबंध नहीं कर सका था। भारत की राजनीति भी डाँवाँडोल थी। कई नई ताकतें पैदा हो रही थीं। मराठे, मैसूर, निजाम सभी अंग्रेजों के दुश्मन बने बैठे थे। द्वैध शासन के चलते भी जनता को अपार कष्टों का सामना करना पड़ रहा था। इधर कंपनी का खजाना खाली था। ब्रिटेन भी यूरोपीय राजनीति में बुरी तरह उलझा हुआ था। इस प्रकार वारेन हेस्टिंग्स के चारों ओर कठिनाइयों का पहाड़ खड़ा था। लेकिन उसने एक कुशल राजनीतिज्ञ की तरह अपनी सभी बाधाओं पर विजय पाई। इन बाधाओं को दूर करने के लिए उसने सुधार की योजना अपनाई और राज्य में कई महत्त्वपूर्ण सुधार किए।

हेस्टिंग्स के सुधार

(क) शासन संबंधी सुधार

1. द्वैध शासन का अंत

(ख) व्यापारिक सुधार

1. दस्तक प्रथा का अंत
2. चुंगी में कमी
3. चौकियों का अंत
4. बैंक की स्थापना
5. नमक और अफीम के व्यापार पर नियंत्रण
6. टकसाल की स्थापना
7. व्यापारिक संधियाँ
8. दादनी का अंत

(ग) राजस्व संबंधी सुधार

1. जमीन की पंचवर्षीय व्यवस्था
2. राजस्व समिति की नियुक्ति

(घ) आर्थिक सुधार

1. नवाब की पेंशन में कमी
2. शाह आलम की पेंशन बंद

(ङ) न्याय संबंधी सुधार

1. न्यायालयों का संगठन
2. कानून का संकलन
3. फौजदार की नियुक्ति
4. दीवानी और फौजदारी न्यायालयों के कार्य क्षेत्र

(च) अन्य सुधार

शासन संबंधी सुधार

1. द्वैध शासन का अंत

द्वैध शासन के कारण शासन में बड़ी गड़बड़ी फैल गई थी। अत: हेस्टिंग्स ने सबसे पहले द्वैध शासन का अंत कर दिया। अब कंपनी ने अपने कर्मचारियों द्वारा कर वसूलना शुरू किया। इस प्रकार दीवानी का कार्य कंपनी के जिम्मे हो गया। प्रत्येक जिले में एक-एक अंग्रेज कलेक्टर नियुक्त हुआ। कलकत्ता राजधानी बनाई गई और राजकोष भी वहीं रखा जाने लगा। बंगाल के नवाब को शासन कार्य से मुक्त करके पेंशन दे दी गई। पीछे यह पेंशन घटा दी गई।

व्यापारिक सुधार

1. दस्तक प्रथा का अंत

दस्तक प्रथा के द्वारा कंपनी के बहुत से कर्मचारी निजी व्यापार करते थे। इस दोष को दूर करने के उद्देश्य से हेस्टिंग्स ने दस्तक प्रथा का अंत कर दिया। इससे एक लाभ यह हुआ कि अब चुंगी की आय सीधे कंपनी को मिलने लगी।

2. चुंगी की कमी

अंग्रेज व्यापारियों की तुलना में भारतीय व्यापारियों को अधिक चुंगी देनी पड़ती थी जिस कारण उनके माल महँगे होते थे। लेकिन हेस्टिंग्स ने बहुत सी चुंगियों को हटा दिया। इससे राष्ट्रीय व्यापार को प्रोत्साहन मिला।

3. चौकियों का अंत

जमींदारों ने बहुत सी चौकियों की स्थापना की थी। इन चौकियों पर व्यापारिक यातायात में बड़ी कठिनाई होती थी। अत: हेस्टिंग्स ने कलकत्ता, हुगली, मुर्शिदाबाद, ढाका और पटना को छोड़कर सभी चौकियों को समाप्त कर दिया। इससे व्यापार में सुविधा हुई।

4. बैंक की स्थापना

व्यापारियों को सस्ते दर के ब्याज पर कर्ज देने के लिए कलकत्ता में एक बैंक की स्थापना हुई। अब व्यापारियों को पैसे का अभाव नहीं रहा।

5. नमक और अफीम के व्यापार पर नियंत्रण

नमक और अफीम के व्यापार को सरकारी नियंत्रण में ले लिया गया और ठेकेदारों को ठेके पर इसे बेचने का अधिकार दिया गया।

6. टकसाल की स्थापना

हेस्टिंग्स ने विभिन्न प्रकार के सिक्कों का अंत कर दिया और मुद्रा की समुचित व्यवस्था के लिए कलकत्ता में एक टकसाल की स्थापना की।

7. व्यापारिक संधियाँ

व्यापार की प्रगति के लिए हेस्टिंग्स ने विभिन्न देशों से व्यापारिक संधियाँ कीं। ऐसे देशों में तिब्बत, भूटान आदि प्रमुख हैं।

8. दादनी का अंत

दादनी के अनुसार कंपनी के कर्मचारी कारीगरों को दादनी देकर उसका तैयार किया हुआ माल निश्चित दामों पर बेचने के लिए बाध्य करते थे। इससे भारतीय उद्योग-धंधों का ह्रास हो रहा था। हेस्टिंग्स ने दादनी की प्रथा का अंत करके भारतीय उद्योग-धंधों को प्रोत्साहन दिया।

राजस्व संबंधी सुधार

1. जमीन की पंचवर्षीय व्यवस्था

जमीन पर जमींदारों का प्रभुत्व स्थापित हो गया था। ये जमींदार प्रजा पर अत्याचार करते रहते थे। हेस्टिंग्स ने अब एक कमिटी बनाकर भूमि का प्रबंध ठेकेदारों को दे दिया और भूमि कर पाँच वर्ष तक के लिए निश्चित कर दिया। लेकिन बाद में चलकर इस व्यवस्था के भीषण परिणाम निकले।

2. राजस्व समिति की नियुक्ति

सन् 1773 ई. में कलेक्टर का पद समाप्त करके एक राजस्व समिति की नियुक्ति की गई। इसमें कंपनी के तीन और कौंसिल के दो सदस्य होते थे। तीनों प्रांतों को 6 भागों में बाँटा गया और प्रत्येक के लिए एक प्रांतीय समिति बनाई

गई। जिले का काम भारतीय दीवान को सौंपा गया। लगान की दर निश्चित कर दी गई।

आर्थिक सुधार

1. नवाब की पेंशन में कमी

1765 की संधि के अनुसार नवाब को 53 लाख वार्षिक पेंशन मिलती थी। 1769 में उसे घटाकर 32 लाख कर दिया गया। बाद में वारेन हेस्टिंग्स ने उसे और घटाकर 16 लाख कर दिया।

2. शाह आलम की पेंशन बंद

हेस्टिंग्स ने शाह आलम को मिलनेवाली 25 लाख की पेंशन भी बंद कर दी।

न्याय संबंधी सुधार

1. न्यायालयों का संगठन

पहले जमींदारों को न्याय संबंधी कुछ अधिकार मिले थे, लेकिन हेस्टिंग्स ने उस अधिकार को समाप्त कर दिया। उसने प्रत्येक जिले में एक दीवानी और एक फौजदारी न्यायालय की स्थापना की। दीवानी अदालत का अध्यक्ष कलेक्टर होता था और फौजदारी का अध्यक्ष काजी होता था।

2. कानून का संकलन

पक्षपातरहित फैसले के लिए उसने हिंदू और मुसलमानों के कानूनों का संकलन करवाया।

3. फौजदार की नियुक्ति

प्रत्येक जिले में अपराधियों को पकड़ने के लिए एक फौजदार की नियुक्ति की गई।

4. दीवानी और फौजदारी न्यायालयों के कार्यक्षेत्र

हेस्टिंग्स ने दीवानी और फौजदारी न्यायालयों के कार्यक्षेत्र अलग-अलग बाँट दिए। संपत्ति, उत्तराधिकारी, विवाह, जाति, ऋण एवं ब्याज आदि दीवानी के अंतर्गत थे तथा हत्या, डकैती आदि फौजदारी के जिम्मे थे।

अन्य सुधार

हेस्टिंग्स ने पुलिस का सुंदर प्रबंध किया। उसके समय में चारों ओर चोर-डाकुओं का भय बना हुआ था। बहुत से डाकू संन्यासी के भेष में घूमा करते थे। हेस्टिंग्स ने इस प्रकार के सभी चोर-डाकुओं का दमन किया और प्रजा को सुख-शांति प्रदान की।

रेग्युलेटिंग एक्ट (नियम-कानून)- सन् 1773

प्रारंभ में ईस्ट इंडिया कंपनी एक स्वतंत्र संस्था थी जिसका मकसद व्यापार करना था। उसका प्रबंध एक समिति द्वारा होता था। जिसे 'बोर्ड ऑफ डायरेक्टर्स' कहते थे। जब कंपनी ने शासन अधिकार पाया तब लोगों ने सोचा कि अब इंग्लैंड की पार्लियामेंट को भारत के शासन को अपने हाथ में ले लेना चाहिए। कंपनी के लाभ का कुछ भाग अंग्रेजी राजकोष में देने की बात भी उठाई गई। लेकिन कंपनी की आर्थिक दशा दिन-ब-दिन बिगड़ती जा रही थी। सन् 1772 में कंपनी के संचालकों ने इंग्लैंड की सरकार से 90 लाख ऋण की माँग की। इंग्लैंड की सरकार को यह सूचना मिली कि अगर कंपनी की आर्थिक सहायता न की गई तब इसका दिवाला निकल जाएगा। इसके साथ-साथ उस समय गवर्नर जनरल के अधिकार असीमित थे। अतः इंग्लैंड की सरकार उसके अधिकारों पर भी प्रतिबंध लगाना चाहती थी। इन सभी कारणों से पार्लियामेंट ने बड़े वाद-विवाद के बाद दो एक्ट पास किए। पहले एक्ट के अनुसार कंपनी को 14 लाख पौंड 4 प्रतिशत ब्याज के ऊपर ऋण दिया गया। कंपनी के लाभांश निश्चित कर दिए गए तथा उसके लिए हिसाब-किताब राज्यकोष को देना अनिवार्य कर दिया गया। दूसरे एक्ट का नाम रेग्यूलेटिंग एक्ट पड़ा। इस एक्ट के अनुसार कंपनी के कार्यों पर पार्लियामेंट का नियंत्रण हो गया और कंपनी के शासन विधान में कई

परिवर्तन कर दिए गए। इस एक्ट के अनुसार निम्नलिखित बातें हुईं—

1. बंगाल के गवर्नर को भारत का गवर्नर जनरल बना दिया गया। मद्रास और बंबई को उसके नियंत्रण में दे दिया गया। गवर्नर जनरल का कार्यकाल 5 वर्ष नियत किया गया। देशी राज्यों पर उसका पूरा नियंत्रण हो गया।
2. गवर्नर जनरल को सहायता देने के लिए 4 मैंबरों की एक कौंसिल बनाई गई। लेकिन मतभेद होने पर गवर्नर जनरल कौंसिल की राय को रद्द कर सकता था।
3. मालगुजारी संबंधी कागजात पार्लियामेंट के सामने उपस्थित करने को कंपनी के संचालक बाध्य हो गए। फौजी और व्यापारिक मामलों में भी कंपनी पर सरकार का नियंत्रण हो गया।
4. कलकत्ता में एक सुप्रीम कोर्ट की स्थापना की गई। यह गवर्नर जनरल और उसकी कौंसिल के प्रभाव से मुक्त था।
5. गवर्नर जनरल का वेतन 25 हजार पौंड तथा कौंसिल के सदस्यों का वेतन 10 हजार पौंड प्रतिवर्ष तय हुआ।
6. कोई भी कर्मचारी अब बिना आज्ञा लिये व्यक्तिगत व्यापार नहीं कर सकता था।

इस प्रकार इस एक्ट के द्वारा कंपनी पूरी तरह इंग्लैंड की सरकार के अधीन हो गई। इस एक्ट में कई गुण विद्यमान थे।

रेग्युलेटिंग एक्ट के गुण

1. शासन व्यवस्था दृढ़ हुई
2. बंबई और मद्रास को कलकत्ता के अधीन कर दिया गया
3. सुप्रीम कोर्ट की स्थापना
4. व्यक्तिगत व्यापार पर नियंत्रण
5. कंपनी का नया विधान

इस एक्ट के द्वारा शासन व्यवस्था को उन्नत और दृढ़ करने का प्रयास किया गया था। अब तक बंबई, मद्रास और कलकत्ता के गवर्नर स्वतंत्र थे।

अत: कंपनी का कार्य सुचारु ढंग से नहीं चलता था। अब इस एक्ट के द्वारा बंबई और मद्रास को कलकत्ता के अधीन कर दिया गया। इस एक्ट की सबसे बड़ी विशेषता है सुप्रीम कोर्ट की स्थापना। इससे उत्तम न्याय की व्यवस्था कायम हुई। कंपनी के कर्मचारियों के व्यक्तिगत व्यापार को रोककर इस एक्ट ने एक ठोस कदम उठाया, इससे कंपनी की आर्थिक दशा में बहुत कुछ सुधार हुआ। कंपनी के लिए नया विधान बनाकर भी इस एक्ट ने कंपनी के अधिकार को बहुत हद तक सीमित कर दिया। प्रो. कीथ के शब्दों में—''इस एक्ट ने कंपनी की इंग्लैंड स्थित संस्थाओं के विधान में परिवर्तन किया, भारत सरकार के स्वरूप में कुछ सुधार किए। कंपनी के समस्त विजित भागों पर एक शक्ति का नियंत्रण स्थापित किया गया। किसी अंश तक कंपनी को ब्रिटिश मंत्रिमंडल की देखरेख करने का प्रयत्न किया गया।''

दोष

1. गवर्नर जनरल का अधिकार सीमित हो गया।
2. कौंसिल और गवर्नर जनरल के बीच मतभेद।
3. कार्य में अनावश्यक देरी।
4. बंबई और मद्रास का कलकत्ता से मनमुटाव।
5. सुप्रीम कोर्ट के अधिकार की अस्पष्टता।
6. कर्मचारियों में भ्रष्टाचार।
7. कौंसिल और सुप्रीम कोर्ट में झगड़ा।
8. नई नियुक्ति।
9. मैंबरों में गुटबंदी।

यद्यपि इस एक्ट के द्वारा इंग्लैंड की सरकार ने भारत के शासन को नया रूप दिया, फिर भी इसमें कई दोष विद्यमान थे। सबसे बड़ा दोष इस एक्ट में यह था कि गवर्नर जनरल का अधिकार सीमित कर दिया गया था और उसे कौंसिल के नियंत्रण में रख दिया गया था। अत: दोनों में मतभेद होना स्वाभाविक था जिसका फल यह हुआ कि किसी कार्य में अनावश्यक वाद-विवाद में काफी

समय बेकार चला जाता था। बंबई और मद्रास से मनमुटाव हो गया। साथ ही देर से अनुमति मिलने के कारण कभी-कभी कार्यों में बाधा भी पहुँच जाती थी। कलकत्ता में सुप्रीम कोर्ट की स्थापना तो हुई पर उसके अधिकार अस्पष्ट थे। इससे न्याय के क्षेत्र में कई भ्रम और दोष उत्पन्न हो गए। एक ओर जहाँ कंपनी के कर्मचारियों के व्यक्तिगत व्यापार को रोक दिया गया, वहीं दूसरी ओर उनकी आय का उचित प्रबंध नहीं किया गया। फलत: अपनी आय बढ़ाने के लिए कर्मचारी घूसखोर हो गए। अत: उनमें भ्रष्टाचार घुस गया। गवर्नर जनरल तथा उसकी कौंसिल को सुप्रीम कोर्ट के अधीन कर देने का प्रभाव शासन पर अच्छा नहीं पड़ा। इंग्लैंड की पार्लियामेंट ने कुछ ऐसे पदाधिकारियों को नियुक्त किया जो गवर्नर जनरल के हर कामों का विरोध करता रहता था। मंत्रिमंडल को अपने कामों से ही फुरसत नहीं मिल पाती थी कि वह भारत के शसन में पूरा ध्यान दे, अत: मैंबरों की दलबंदी और गुटबंदी से शासन के कार्यों में बड़ी बाधा आई। प्रो. रॉबर्ट्स ने सही लिखा है कि ''रेग्युलेटिंग एक्ट—एक अधूरा उपाय था। बहुत-सी बातों में तो यह बुरी तरह अस्पष्ट था। इसमें नाममात्र को बंगाल के नवाब की सत्ता को जान-बूझकर ज्यों-का-त्यों छोड़ दिया गया था और भारत में राजछत्र अथवा कंपनी की सर्वोच्चता के संबंध में भी कोई निश्चित बात नहीं कही गई थी।" इस तरह स्पष्ट है कि इस एक्ट में गुण से अधिक दोष ही थे और इन दोषों को दूर करने के लिए 1781 का एक्ट और 1784 का 'पिट्स इंडिया एक्ट' पास हुआ।

भारतीय शक्तियों के साथ हेस्टिंग्स का संबंध

अंग्रेजी राज्य के विस्तार तथा उसकी बिगड़ी हुई दशा सुधारने के लिए हेस्टिंग्स को भारतीय शक्तियों से उलझना पड़ा। अत: हेस्टिंग्स ने संधि की नीति अपनाई।

हेस्टिंग्स और शाह आलम

सन् 1765 की इलाहाबाद की संधि के अनुसार कंपनी ने मुगल सम्राट शाह आलम से जो दीवानी पाई थी, उसके बदले में उसे 26 लाख रुपए वार्षिक कर देती थी। लेकिन 1771 ई. में शाह आलम अंग्रेजों के विरुद्ध मराठों से मिल गया।

अतः क्रुद्ध होकर हेस्टिंग्स ने उसको कर देना बंद कर दिया। साथ ही उसने कड़ा और इलाहाबाद शाह आलम से छीनकर अवध के नवाब को 50 लाख रुपए लेकर दे दिया। पुनः सन् 1773 में बनारस की संधि द्वारा इसे स्थिर रूप दिया गया। अब अवध के नवाब ने अपने खर्च से अपनी रक्षा के लिए अंग्रेजी सेना रखना भी स्वीकार कर लिया। इस संधि का फल यह हुआ कि कंपनी को काफी पैसा मिला। साथ ही उसके राज्य की सीमा सुरक्षित हो गई। अवध का नवाब अंग्रेजों का दोस्त बन गया। मराठे, जो अंग्रेजों के सबसे बड़े दुश्मन थे, उनका भय जाता रहा, क्योंकि कड़ा और इलाहाबाद अवध को दे देने से मराठे अवध के दुश्मन बन गए और उनका ध्यान अवध की ओर बँट गया। लेकिन इतना होने पर भी हेस्टिंग्स के इन कार्यों को लोगों ने धोखा देना कहा।

हेस्टिंग्स और रूहेलखंड

रूहेलखंड दोआब का एक उपजाऊ प्रदेश है। यह अवध के उत्तर-पश्चिम में स्थित था। मुगल साम्राज्य के पतन के बाद रूहेला-अफगान सरदारों ने इस प्रदेश पर अधिकार कर लिया था। उनका नेता हाफिज रहमत खाँ था। इसके नेतृत्व में रूहेलों ने अपनी शक्ति काफी संगठित कर ली थी। इन पर मराठे हमेशा आक्रमण करते रहते थे। अतः मराठों से तंग आकर रूहेलों ने अवध के नवाब से एक संधि की। यह तय हुआ कि अवध का नवाब मराठों को रूहेलों की सीमा से निकाल बाहर कर देगा और बदले में रूहेले उसे 40 लाख रुपए देंगे। 1773 में मराठों ने रूहेलों पर आक्रमण कर दिया, लेकिन वे अवध के नवाब की सेना से डरकर भाग गए। अब नवाब ने अपने रुपए रूहेलों से माँगे लेकिन रूहेले रुपए देने से इनकार करने लगे। क्रुद्ध होकर नवाब ने हेस्टिंग्स से एक संधि की और उसे 40 लाख रुपए देने का वादा कर उससे सैनिक सहायता लेकर रूहेलों पर आक्रमण कर दिया। मीरनपुर कटरा में दोनों के बीच भयंकर युद्ध हुआ। इस युद्ध में रूहेले हार गए। हाफिज रहमत खाँ मारा गया और रूहेलखंड को अवध के राज्य में मिला दिया गया। अंत में फैजुल्ला खाँ नामक रूहेला सरदार को रामपुर तथा उसके आसपास के प्रदेशों की जागीर सौंप दी गई तथा उसकी सैन्य शक्ति नियंत्रित कर दी गई।

रूहेलों के साथ इस युद्ध से कंपनी को कई लाभ हुए। अंग्रेजों की उत्तरी-पश्चिमी सीमा पूर्णतः सुरक्षित हो गई, क्योंकि मराठे रूहेलों पर विजय पा लेते तो बंगाल पर भी खतरा उपस्थित हो जाता। कंपनी को इस युद्ध से 50 लाख रुपए मिले जिससे उसकी आर्थिक दशा बहुत कुछ सुधरी। लेकिन नैतिकता की दृष्टि से हेस्टिंग्स का यह कार्य अनुचित था। रूहेला शांतिप्रिय जाति थी। उसने कंपनी को कोई हानि नहीं पहुँचाई थी। रॉबट्‌र्स ने सही लिखा है—Hastings grant to help Nawab of oudh is not lie happiest or most efficient King of Political conduct.

हेस्टिंग्स और चेतसिंह

हेस्टिंग्स को आर्थिक कठिनाई का सामना करना पड़ रहा था। मराठों और मैसूर के साथ युद्ध करते-करते कंपनी का सारा धन समाप्त हो गया था। अतः हेस्टिंग्स ने बनारस के राजा चेतसिंह से धन छीनना चाहा। पहले बनारस का राजा अवध राज्य के अधीन एक सामंत था। लेकिन सन् 1775 में उसने अपनी सुरक्षा के लिए कंपनी की अधीनता मान ली। उसने साढ़े बाईस लाख रुपए वार्षिक कर देने का वादा भी किया। हेस्टिंग्स को जब रुपए की कमी महसूस हुई तो उसने राजा से 5 लाख रुपए की अतिरिक्त माँग की। राजा ने यह राशि दे दी। सन् 1779 में इतनी ही रकम हेस्टिंग्स ने पुनः माँगी और चेतसिंह ने वह भी दे दी। सन् 1780 में हेस्टिंग्स ने राजा को 2000 सैनिक भेजने को लिखा, लेकिन राजा ने इतने सैनिक भेजने में अपनी लाचारी प्रकट की और किसी तरह 1000 सैनिक भेज दिए। राजा के इस व्यवहार पर क्रुद्ध होकर हेस्टिंग्स ने उस पर 50 लाख रुपए जुरमाना कर दिया। चेतसिंह ने इस जुरमाने को देने से इनकार कर दिया। फलतः हेस्टिंग्स ने बनारस पर आक्रमण कर दिया और चेतसिंह को कैद कर लिया। लेकिन चेतसिंह के कैद होने से उसकी सेना पर इसका बुरा असर हुआ और सेना ने विद्रोह कर दिया। हेस्टिंग्स को भागकर अपने प्राण बचाने पड़े। चेतसिंह भी अपना खजाना लेकर ग्वालियर भाग गया। अंत में चेतसिंह के भतीजे को बनारस का राजा बनाया गया। जिसने 40 लाख रुपए प्रतिवर्ष देना स्वीकार किया। हेस्टिंग्स का राजा के प्रति यह रुख कठोर और अनुचित था। राजा के साथ जो संधि हुई थी, उससे अधिक रुपए की माँग सर्वथा अनुचित थी।

हेस्टिंग्स और अवध की बेगमें

जिस धन को पाने के उद्देश्य से हेस्टिंग्स ने चेतसिंह पर आक्रमण किया, वह उद्देश्य उसका पूरा नहीं हुआ वरन् उसे आर्थिक हानि हो गई। अतः इस कमी को पूरा करने के उद्देश्य से उसने अवध के नवाब आसफुद्दौला की ओर अपना ध्यान दिया। उसने फैजाबाद की संधि में कंपनी को अधिक रुपए देना स्वीकार किया था। लेकिन असलियत यह थी कि उसके पास पैसे का बिल्कुल अभाव था। अतः जब-जब हेस्टिंग्स ने उससे रुपए की माँग की, तब-तब वह टालता रहा। शुजाउद्दौला की पत्नी तथा माता के पास काफी संपत्ति थी। एक बार आसफउद्दौला को संकट में देखकर बेगमों ने उसे 25 लाख रुपए दिए। उन्होंने सन् 1775 ई. में पुनः 30 लाख रुपए नवाब को दिए। कलकत्ता कौंसिल की ओर से बेगमों को यह आश्वासन मिला कि नवाब भविष्य में उन्हें रुपए के लिए तंग नहीं करेंगे। सन् 1721 ई. में हेस्टिंग्स ने फिर नवाब से रुपए की माँग की। नवाब ने हेस्टिंग्स से सैनिक सहायता माँगी जिससे वह इन बेगमों की संपत्ति छीन सके। हेस्टिंग्स को धन की चिंता थी, अतः उसने बेगमों के साथ की गई संधि तोड़ दी और नवाब के पास एक छोटी सी सेना भेज दी। उसने कहा कि बेगमों का किसी प्रकार का लिहाज न किया जाए और तब तक उन पर दबाव डाला जाए जब तक खजाना अंदर से बाहर न आ जाए। अंग्रेजी सेना फैजाबाद पहुँची जहाँ बेगमें रहती थीं, वहाँ बेगमों पर बहुत ज्यादा अत्याचार किया गया। महलों के दरवाजे उनसे जबरन खुलवाए गए। उन्हें कमरे में बंद कर खजाने की चाबी देने पर मजबूर किया गया। उन पर बहुत सारे अत्याचार किए गए। अंत में बेगमों ने एक लाख पौंड देकर मुक्ति पाई।

हेस्टिंग्स का यह कार्य सबसे अधिक अमानुषिक हुआ। स्त्रियों से जबरदस्ती न लेने की नीति का समर्थन कोई भी नहीं कर सकता है। स्त्रियों को इस प्रकार डरा-धमकाकर, उन पर अत्याचार करके उन्हें झुकाना बिल्कुल न्यायसंगत नहीं है। ''यह बर्बरता तथा अन्याय की पराकाष्ठा थी, असहाय महिलाओं के घर को घेरना, उनके नौकरों को बंदी बनाना तथा अन्य यातनाएँ देना सर्वथा अनुचित था। हेस्टिंग्स के पक्ष का किसी भी दृष्टि से समर्थन नहीं किया जा सकता।'' कुछ लोगों ने हेस्टिंग्स का पक्ष लेते हुए यह सिद्ध करने का प्रयास किया है कि

अवध की बेगमें चेतसिंह से मिली हुई थीं और उसे अंग्रेजों के खिलाफ उभारने में उनका हाथ था। कुछ लोगों ने ऐसा भी कहा है कि वह संपत्ति बेगमों की नहीं थी वरन् राज्य की थी और उसे ले लेना ही उचित था। लेकिन ये सारी दलीलें बाद की बनाई हुई हैं। कुछ भी हो, हेस्टिंग्स के इस कार्य ने उसके जीवन पर कलंक लगा दिया। मजूमदार के शब्दों में—The conduct of hastings on this occasion exceeded all limits of decency and justice.

हेस्टिंग्स और मराठे

यद्यपि पानीपत की तीसरी लड़ाई में मराठों की कमर टूट गई थी। फिर भी उनमें शक्ति बाकी थी। उस भीषण पराजय के बाद भी उन्होंने साहस नहीं छोड़ा। पेशवा माधवराव के नेतृत्व में मराठे संगठित होकर अपनी खोई शक्ति लौटा रहे थे। अब वे पुनः उत्तर भारत की राजनीति में दिलचस्पी लेने लगे थे। शाह आलम को दिल्ली की गद्दी पर मराठों ने ही बैठाया था। लेकिन अभी मराठे पूरी तरह संगठित नहीं हुए थे कि सन् 1771 ई. में माधवराव की मृत्यु हो गई। एक इतिहासकार के शब्दों में माधवराव की मृत्यु मराठों के लिए पानीपत के युद्ध से भी अधिक हानिकारक हुई। अब मराठों पर से अंकुश उठ गया और वे छल, प्रपंच, कलह, गृहयुद्ध आदि के शिकार हो गए। अतः मराठों के पारस्परिक द्वेष के चलते उनके साम्राज्य की एकता पूर्णतः नष्ट हो गई और गृहयुद्ध प्रारंभ हो गया। माधवराव की मृत्य के बाद नारायण राव पेशवा बना, लेकिन रघुनाथ राव ने उसकी हत्या करवा दी और खुद पेशवा बन बैठा। रघुनाथ राव पेशवा तो बना, लेकिन बहुत से सरदार उससे प्रसन्न नहीं थे और उसके विरुद्ध षड्यंत्र रच रहे थे। इसी समय नारायण राव की विधवा पत्नी को एक पुत्र हुआ। अब क्या था ? रघुनाथ राव के विरोधियों ने उस नाबालिग को ही गद्दी पर बैठा दिया और उनके शासन-प्रबंध के लिए संरक्षकों की एक परिषद स्थापित कर दी। संरक्षकों में नाना फड़नवीस मुख्य थे।

सूरत की संधि

जब रघुनाथ राव ने कोई चारा न देखा तब वह बंबई के अंग्रेजों के संरक्षण में चला आया और उनसे सहायता की माँग की। मराठों की इस आंतरिक फूट

से अंग्रेजों को उनकी राजनीति में दखल देने का मौका मिला, अतः सन् 1775 ई. में बंबई की सरकार और राघोवा के बीच 'सूरत की संधि' हुई। इस संधि के अनुसार अंग्रेज राघोवा को सैनिक सहायता देने के लिए राजी हो गए। बदले में राघोवा ने भी सेना का खर्च तथा सालसेट, वेसिन, सूरत आदि के राजस्व का कुछ हिस्सा देना स्वीकार किया। राघोवा ने यह वादा किया कि वह अंग्रेजों के शत्रु से अपना कोई संबंध नहीं रखेगा।

प्रथम अंग्रेज-मराठा युद्ध—पुरंदर की संधि

रघुनाथ राव से अंग्रेजों की जो सूरत की संधि हुई, उसके अनुसार अंग्रेजों ने उसकी सहायता करना स्वीकार कर लिया और 18 मई, सन् 1775 ई. को बंबई और पूना की सेना में युद्ध हुआ। लेकिन कलकत्ता कौंसिल के हस्तक्षेप से यह युद्ध बंद हो गया। रेग्युलेटिंग एक्ट के अनुसार बंबई और मद्रास कलकत्ता के अधीन हुए थे। अतः बंबई कौंसिल और कलकत्ता कौंसिल ने सूरत की संधि को रद्द कर दिया और बंबई कौंसिल को अपनी सेना हटा लेने की आज्ञा दे दी। 1 मार्च, सन् 1776 को कलकत्ता कौंसिल और मराठों में 'पुरंदर की संधि' हो गई। इस संधि के अनुसार सूरत की संधि रद्द कर दी गई। भरौच और सालसेट अंग्रेजों को मिला, मराठों ने युद्ध की क्षतिपूर्ति भी दी और बदले में अंग्रेजों ने राघोवा का पक्ष छोड़ दिया।

बदगाँव की संधि

पुरंदर की संधि स्थायी नहीं हो सकी। मराठे और बंबई सरकार दोनों ने इस संधि की अवहेलना शुरू कर दी। इसी समय मराठे फ्रांसीसियों से अपना मेल बढ़ा रहे थे। यह देखकर अंग्रेजों के कान खड़े हुए। कंपनी के संचालकों ने अंत में मराठों से युद्ध की आज्ञा दे दी। सन् 1772 में बंबई की सरकार ने पूना की सरकार पर आक्रमण कर दिया। लेकिन अंग्रेजों की बुरी तरह हार हो गई। लाचार होकर उसे बदगाँव की अपमानजनक संधि करनी पड़ी। इस संधि के अनुसार अंग्रेजों को मराठों के जीते सभी इलाके लौटा देने पड़े। उन्हें 41000 रुपए क्षतिपूर्ति के रूप में देने पड़े तथा भविष्य में अपने अच्छे व्यवहार के लिए दो आदमियों को बंधक रखना पड़ा। हेस्टिंग्स ने स्वयं लिखा था—''हम लोगों ने

पहले ही बदगाँव की संधि तोड़ दी है। भगवान् करे कि हमारे राष्ट्रीय चरित्र पर जो कलंक लगा है, उसे आसानी से हटा सकें।''

सालबाई की संधि (1783)

बदगाँव गाँव की संधि में अंग्रेजों का जो अपमान हुआ था, उसे जीत में बदलने के लिए हेस्टिंग्स ने पुनः मराठों पर आक्रमण कर दिया। तभी बंगाल से एक दूसरी सेना भी चल पड़ी। अंत में सिप्री के युद्ध में सिंधिया की हार हो गई। इस हार के बाद मराठों और अंग्रेजों में संधि हो गई। यह संधि इतिहास में सालबाई की संधि के नाम से प्रसिद्ध है। अब सालबाई पर अंग्रेजों का अधिकार हो गया। सालसेट को छोड़कर मराठों के सारे इलाके उन्हें वापस मिल गए। रघुनाथ राव को 25000 की मासिक पेंशन दे दी गई और माधवराव नारायण पेशवा मान लिया गया।

सालबाई की संधि का महत्त्व

1. अंग्रेज-मराठों का पहला युद्ध समाप्त हुआ।
2. अंग्रेजों का महत्त्व स्थापित हुआ।
3. मराठों की कमजोरी प्रकट हो गई।
4. 20 वर्षों तक दोनों शांत रहे।
5. मराठों की शक्ति का ह्रास हुआ।

ऊपर से देखने पर सालबाई की संधि में महत्त्व की कोई बात नहीं दिखती। अंग्रेजों को इससे कोई विशेष लाभ नहीं हुआ। लेकिन इतिहास में यह संधि महत्त्वपूर्ण है। सालबाई की संधि के साथ ही अंग्रेज और मराठों के पहले युद्ध का अंत हो गया। इस संधि ने अंग्रेजों के स्थान को अब प्रमुख बना दिया। अंग्रेज मराठों की आंतरिक कमजोरी से परिचित हो गए और भविष्य में इसका उन्होंने फायदा उठाया। इस संधि के अनुसार 20 वर्षों तक दोनों में शांति संबंध स्थापित रहा और इतने दिनों में दोनों को अपनी शक्ति बढ़ाने का पर्याप्त मौका मिला। डॉ. के.के. दत्त का कहना है कि—''भारत में अंग्रेजी सत्ता का इतिहास इस समय से एक नई दिशा की ओर मुड़ता है।'' लेकिन इतना सब कुछ होने के बाद भी

अभी मराठों की शक्ति का अंत नहीं हुआ था और अंग्रेजों को अभी कई राजाओं से निबटना बाकी था।

हेस्टिंग्स और मैसूर—हैदर अली का उत्थान

जिस समय दक्षित भारत और बंगाल में अंग्रेज अपनी धाक जमा रहे थे, उस समय मैसूर में हैदरअली के नेतृत्व में एक नई ताकत पैदा हो रही थी। हैदरअली का जन्म सन् 1722 ई. में मैसूर राज्य के कोलर जिले में हुआ था। प्रारंभ में यह एक मामूली सैनिक था, लेकिन पीछे अपनी असाधारण योग्यता के बल पर मैसूर का राजा बन बैठा। उसके पूर्वज विदेशी थे। बचपन में पिता की मृत्यु हो जाने से उसकी शिक्षा-दीक्षा की उचित व्यवस्था नहीं हुई, लेकिन सैनिक गुणों में वह निपुण हो गया और मैसूर की गिरती दशा से फायदा उठाकर उस पर अधिकार जमा लिया।

प्रथम अंग्रेज-मैसूर युद्ध

राज्य पर अधिकार पाते ही हैदर ने अपनी सीमा बढ़ानी शुरू कर दी। प्रारंभ में यद्यपि अंग्रेजी सरकार हैदर से मित्रता करने के लिए झुकी थी, लेकिन उसकी बढ़ती हुई शक्ति से अंग्रेज डर गए। हैदर ने अंग्रेजों के कई मित्र देशों को भी हराया था। अत: पहले से भी अंग्रेजों का संबंध हैदर से अच्छा नहीं था। हैदर की बढ़ती हुई ताकत से निजाम और मराठे भी चिंतित थे। अत: अंग्रेजों ने निजाम और मराठों से संधि कर ली और तीनों मिलकर हैदर पर आक्रमण करने की योजना बनाने लगे। सबसे पहले मराठे मैदान में आए। हैदर ने चालाकी से मराठों को धन का लोभ देकर अपनी ओर मिला लिया। अब निजाम और अंग्रेजों की सेना आगे बढ़ी और उसने 1767 में हैदर के राज्य पर आक्रमण कर दिया। हैदर ने पुन: चालाकी से निजाम को अपने पक्ष में कर लिया। अब अंग्रेज अकेले रह गए। यद्यपि प्रारंभ में अंग्रेजों की विजय हुई और चंगामा तथा त्रिनोमाली में हैदर हार गया। लेकिन हैदर ने युद्ध जारी रखा और अंग्रेजों को अकेला देख भीषण वेग से उन पर टूट पड़ा। उसने तुरंत मंगलोर पर कब्जा कर लिया। सन् 1769 ई. में हैदर ने मद्रास पर आक्रमण किया और उसके पाँच मील भीतर तक पहुँच गया। अंग्रेजों ने घबराकर हैदर से संधि कर ली। इस संधि के अनुसार दोनों

ने एक-दूसरे के जीते हुए इलाके लौटा दिए और प्रतिज्ञा की कि किसी अन्य शक्ति के आक्रमण के समय दोनों एक-दूसरे की मदद करेंगे। इस संधि के साथ अंग्रेज-मैसूर प्रथम युद्ध समाप्त हो गया।

द्वितीय अंग्रेज-मैसूर युद्ध

प्रथम मैसूर युद्ध में अंग्रेजों को बड़ी अपमानजनक संधि करनी पड़ी थी। अत: वे इस अपमान का बदला लेने का मौका खोज रहे थे। इधर हैदर की दिन-प्रतिदिन बढ़ती हुई शक्ति से भी उन्हें भय लग रहा था। अत: इन सभी कारणों से अंग्रेजों ने संधि की शर्तों की उपेक्षा करनी शुरू कर दी। इसी समय सन् 1771 में मराठों ने हैदर पर आक्रमण कर दिया। हैदर ने संधि की शर्तों के अनुसार अंग्रेजों से सहायता माँगी, लेकिन अंग्रेजों ने कोई सहायता नहीं दी। इससे हैदर के क्रोध का ठिकाना नहीं रहा। अब वह मौके की ताक में था। इस समय उसकी शक्ति काफी विकसित थी। उसके पास 80000 सैनिक और 100 तोपें थीं। इसके विपरीत अंग्रेजों की दशा बड़ी शोचनीय थी। भारत के प्राय: सभी हिस्सों में या तो वे युद्ध कर रहे थे या युद्ध की आशंका से घिरे थे। इसी समय सन् 1780 में अमेरिका में अंग्रेजों और फ्रांसीसियों का युद्ध छिड़ गया। इसके फलस्वरूप भारत में भी दोनों लड़ पड़े। अंग्रेजों ने माही पर अधिकार कर लिया। यह हैदर के राज्य में पड़ता था। बस हैदर तो इसी मौके की ताक में था। उसने मराठों और निजाम को मिलाकर भयंकर वेग से अंग्रेजों पर आक्रमण कर दिया। पहले उसने कर्नाटक पर हमला किया। वहाँ का नवाबडर कर मद्रास भाग गया। उस समय अंग्रेजों की दशा अत्यंत शोचनीय हो गई थी। अलफ्रेड लायल के अनुसार, अंग्रेजों की स्थिति अंतिम अवस्था में पहुँच गई थी। (The fortunes of the english in India had fallen to their lowest water mark) अंग्रेजों ने हैदर के विरुद्ध मनरो और बेली के नेतृत्व में एक सेना भेजी, पर वह सेना हार गई। हैदर ने कर्नाटक की राजधानी आर्काट ले ली। इस हार की खबर जब वारेन हेस्टिंग्स को मिली तो उसने सर आयरकूट की अधीनता में एक विशाल सेना भेजी। उसने मराठे और निजाम को भी छल से अपनी ओर मिला लिया। आयरकूट सफल योद्धा था, पर हैदर ने हिम्मत नहीं हारी। अकेले ही उसने युद्ध

जारी रखा। अंत में पोर्टोनोवो के युद्ध में उसकी हार हो गई। लेकिन अभी युद्ध जारी ही था कि बीच ही में सन् 1782 में हैदर की मृत्यु हो गई। हैदर के पुत्र टीपू ने युद्ध जारी रखा। लेकिन तभी यूरोप में अंग्रेजों और फ्रांसीसियों ने संधि कर ली। इसके अनुसार दोनों ने एक-दूसरे के जीते हुए इलाके लौटा दिए और कैदियों को रिहा कर दिया। इस प्रकार दूसरे मैसूर युद्ध का अंत हुआ।

हैदरअली का चरित्र

1. कुशल विजेता
2. सफल शासक
3. न्यायप्रिय सम्राट
4. योग्य सेनानायक
5. कूटनीतिज्ञ
6. अनोखी सूझ, तेज स्मरण शक्ति
7. मनुष्य के गुणों का पारखी
8. शत्रु के प्रति कठोर
9. धार्मिक बातों में उदार
10. महान् देशभक्त

अठारहवीं शताब्दी के भारतीय इतिहास में हैदर सबसे प्रमुख चरित्र है। उसमें वे सारे गुण विद्यमान थे, जो किसी को छोटे से बड़ा बनाते हैं। अपने असाधारण गुणों से ही वह एक मामूली सिपाही से सम्राट बना था। वह केवल कुशल विजेता ही नहीं था, सफल शासक भी था और उसके शासनकाल में प्रजा खुशहाल थी। एक योग्य सेनानायक के गुण उसमें मौजूद थे। सेना में उसने कई आवश्यक सुधार किए और पाश्चात्य ढंग पर सेना का संगठन किया। पहली बार भारतीय राजाओं में उसने ही जहाजी बेड़े की ओर ध्यान दिया था। कूटनीति में हैदरअली पारंगत था। अपनी इसी नीति के कारण उसने दो-दो बार मराठों और निजाम को अंग्रेजों के विरुद्ध कर दिया था। हैदर की सूझबूझ पैनी थी। मनुष्य के गुणों को परखने में वह सिद्धहस्त था। यद्यपि वह पढ़ा-लिखा नहीं था, फिर

भी कई भाषाओं का ज्ञाता था। उसकी स्मरण शक्ति विलक्षण थी। शत्रुओं के प्रति उसका व्यवहार कठोर था। लेकिन हृदय का वह कोमल था। उसने धर्म को राजनीति का विषय नहीं बनाया। धार्मिक बातों में वह उदार था। खुद उसका अपना कोई धर्म नहीं था। साहस, शक्ति और धैर्य की उसमें कमी न थी। अपने इन्हीं गुणों के कारण वह अंग्रेजों से लड़ सका। हैदरअली महान् देशभक्त था। वह अठारहवीं सदी का पहला व्यक्ति था, जिसने अंग्रेजों को निकाल बाहर करने का प्रयास किया था। यद्यपि अंग्रेजों ने उसके चरित्र को कलुषित करने का प्रयास किया, पर वास्तव में उसका चरित्र उज्ज्वल था।

हेस्टिंग्स के कार्यों का मूल्यांकन

भारत में अंग्रेजी राज्य की नींव डालने का श्रेय यदि क्लाइव को है तो उस नींव को दृढ़ और स्थायी करने का श्रेय वारेन हेस्टिंग्स को दिया जा सकता है। क्लाइव की तरह उसमें प्रतिभा की कमी नहीं थी। अपनी असाधारण प्रतिभा के बल पर वह भी क्लाइव की तरह एक मामूली किरानी से भारत का गवर्नर जनरल बना था। जिस समय वह भारत आया था, उसके सामने कठिनाइयों का पहाड़ खड़ा था। कंपनी दिवालिया हो गई थी। लेकिन हेस्टिंग्स ने सभी कठिनाइयों को यथासंभव दूर किया। उसके शासन संबंधी सुधार महत्त्वपूर्ण थे। "वह एक चतुर लोमड़ी के समान था, जिसने अपनी चालाकी और कूटनीति से देशी शक्तियों को पंगु बना दिया और कंपनी की शक्ति काफी बढ़ा दी। इस कारण उसे 'पूर्व का चैथम' कहा जाता है। लेकिन इतना सब होते हुए भी उसने कुछ ऐसे कार्य किए जिससे उसके चरित्र पर हमेशा के लिए कलंक लग गया। अवध की बेगमों, चेतसिंह, रूहेला आदि के साथ उसने जैसा व्यवहार किया, वह हमेशा के लिए उसकी नीयत प्रदर्शित करते रहेंगे। नंदकुमार को फाँसी दिलवाकर उसने अपनी नीचतम प्रवृत्ति का परिचय दिया। 'बेभेरिज' के अनुसार—The execution of Nand Kumar was a judicial murder. लेकिन उसने जो कुछ किया था, अपने राज्य की रक्षा के लिए किया था और इसी कारण जब इंग्लैंड की पार्लियामेंट में उसपर मुकदमा चला तो वह रिहा कर दिया गया। विद्वानों ने हेस्टिंग्स के कार्यों की प्रशंसा की है। श्री पी.ई. रॉबर्ट्स ने उसके संबंध में

लिखा है—The carier of warren Hastings has always been and probably always will be a Street to Controversy.

लॉर्ड कार्नवालिस (सन् 1786-1793)

वारेन हेस्टिंग्स के चले जाने के बाद बहुत दिनों तक अंग्रेजों ने तटस्थता की नीति अपनाने का स्वाँग रचा। लेकिन यह केवल दिखावा था। देशी राजाओं की चोट पर मलहग लगाना उनका उद्देश्य था। आगे आनेवाली घटनाओं ने तुरंत ही उनके दिखावे को खोलकर रख दिया। वारेन हेस्टिंग्स के बाद डेढ़ वर्षों तक जान मैकफर्सन भारत का गवर्नर रहा। लेकिन सन् 1786 ई. में कार्नवालिस गवर्नर जनरल बनकर भारत आया।

आंतरिक नीति

कार्नवालिस को पिट्स इंडिया एक्ट के मुताबिक देशी राज्यों के आंतरिक मामले में हस्तक्षेप करने से मना किया गया था। यही कारण था कि कार्नवालिस ने शाह आलम के बेटे को सिंहासन प्राप्त करने में सहायता नहीं की और अवध के मामले में हस्तक्षेप करने से महादजी सिंधिया को मना किया। लेकिन भारत आने पर कार्नवालिस को यह अनुभव हो गया कि वह पिट्स इंडिया एक्ट के नियमों का पालन नहीं कर सकेगा। उस समय टीपू सुलतान अपनी शक्ति बढ़ाने में संलग्न था। उसने फ्रांस तथा टर्की में सहायता के लिए राजदूत भी भेजे। कार्नवालिस जानता था कि भविष्य में टीपू से युद्ध निश्चित है। अतः उस समय की राजनीतिक परिस्थिति को देखते हुए कार्नवालिस हस्तक्षेप की नीति का पूर्णतः पालन नहीं कर सका।

निजाम से संधि (सन् 1788 ई.)

निजाम अंग्रेजों का मित्र था। अंग्रेज गंटूर को ले लेने का प्रयास कर रहे थे। लेकिन गंटूर निजाम के लिए भी समान महत्त्व रखता था। कंपनी ने उत्तरी सरकार को अपने अधीन तो कर ही लिया था, अब वह दक्षिणी हिस्से को मिलाना चाहती थी जिसमें गंटूर सबसे अधिक सहायक था। लेकिन निजाम कंपनी को गंटूर नहीं देना चाहता था, क्योंकि उसके जिले के द्वारा उसका समुद्र से संपर्क था। निराश

होकर अंग्रेजों ने निजाम से गंटूर छीनने का प्रयास किया। अतः निजाम हैदरअली से मिल गया और अंग्रेजों पर आक्रमण कर दिया। बाद में जब मैसूर के साथ संधि हुई तब गंटूर पर निजाम का ही स्वामित्व रहा। जब कार्नवालिस भारत आया तो उसने गंटूर की माँग की। फलतः अंग्रेजों और निजाम में एक संधि हुई जिसके अनुसार निजाम ने गंटूर देना स्वीकार कर लिया। बदले में अंग्रेजों ने उसे हैदर के विरुद्ध सहायता देना स्वीकार कर लिया। अंत में यह तय हुआ कि अंग्रेजों की सेना का उपयोग निजाम अंग्रेजों के मित्रों के विरुद्ध नहीं करेगा। कार्नवालिस ने अंग्रेजों के मित्रों का नाम भी निजाम को दिया, जिसमें टीपू का नाम नहीं था। इस प्रकार कार्नवालिस ने टीपू के विरुद्ध तैयारी शुरू कर दी।

तीसरा अंग्रेज–मैसूर युद्ध (सन् 1790–92)

मंगलोर की संधि से दूसरा अंग्रेज–मैसूर युद्ध समाप्त हो गया था। लेकिन मंगलोर की संधि अधिक दिनों तक कायम नहीं रही। जिस समय कार्नवालिस गवर्नर जनरल बनकर आया उस समय टीपू सुलतान अपनी शक्ति संगठित कर रहा था। उसने सहायता पाने के उद्देश्य से फ्रांस और टर्की के पास अपने दूत भी भेजे थे। इस सबसे कार्नवालिस के कान खड़े हुए। उसने टीपू के विरुद्ध निजाम और मराठों को अपनी ओर मिला लिया। इस प्रकार कार्नवालिस ने एक गुट तैयार कर लिया। टीपू भी उसकी चाल समझ रहा था। अतः दोनों लड़ने को तैयार थे, केवल मौका खोज रहे थे। इसी समय टीपू ने त्रावणकोर के राज्य पर आक्रमण कर दिया। त्रावणकोर अंग्रेजों के संरक्षण में था। अतः कार्नवालिस ने टीपू के विरुद्ध युद्ध की घोषणा कर दी (1790)। इस प्रकार मैसूर का तीसरा युद्ध प्रारंभ हुआ। यह युद्ध तीन वर्षों तक चला। शुरू में अंग्रेज असफल रहे, टीपू की सफलता से घबराकर कार्नवालिस ने स्वयं युद्ध का नेतृत्व किया। उसने मैसूर की राजधानी श्री रंगपट्टम को घेर लिया। निजाम और मराठे भी उसके साथ थे। टीपू ने बहादुरी दिखलाई, पर अंत में उसकी हार हो गई। लाचार होकर उसे 'श्रीरंगपट्टम' की संधि करनी पड़ी (सन् 1792)। इस संधि के अनुसार टीपू को आधा राज्य अंग्रेजों को दे देना पड़ा तथा युद्ध की क्षतिपूर्ति के लिए 3 करोड़ 20 लाख रुपए भी उसे देने पड़े और अपने दो पुत्रों को अंग्रेजों के पास बंधक के

रूप में रखना पड़ा। बाद में मराठों और निजाम को भी जीते हुए इलाकों में हिस्सा मिला। मालाबार, डिंडिल, बरामल, कुर्ग आदि इलाके अंग्रेजों को मिले। मराठों को कृष्णा और तुंगभद्रा के बीच के इलाके मिले और निजाम को कृष्णा और पन्ना नदी के बीच के इलाके प्राप्त हुए। इस प्रकार मैसूर के तीसरे युद्ध का अंत हुआ। इस अवसर पर कार्नवालिस ने अपनी राजनीतिक कुशलता का परिचय दिया। उसने मैसूर के राज्य को पूरी तरह अपने राज्य में न मिलाकर दूरदर्शिता दरशाई क्योंकि ऐसा करने पर मराठे और निजाम उसके दुश्मन बन जाते। उसने कहा भी था—"बिना अपने मित्रों को अधिक शक्तिशाली बनाए, हमने शत्रु को पंगु बना दिया।" इस प्रकार टीपू की शक्ति वस्तुतः पंगु बन गई।

कार्नवालिस के सुधार

1. व्यापार में सुधार
2. नौकरी में सुधार
3. न्याय संबंधी सुधार
4. पुलिस प्रबंध
5. स्थायी प्रबंध

लॉर्ड कार्नवालिस परिश्रमी और ईमानदार गवर्नर जनरल था। उसने प्रजा हित का ध्यान रखा और इसके लिए उसने कई महत्त्वपूर्ण सुधार करके हेस्टिंग्स के अधूरे कार्य को पूरा किया। उसने शासन के प्रत्येक क्षेत्र में सुधार किए—

व्यापारिक सुधार

1. व्यापार को प्रोत्साहन देने के लिए उसने भारतीय कारीगरों की सहायता की और उनके लिए यह नियम बना दिया गया कि वे उतना ही काम कर सकते हैं जितने के लिए उन्हें रुपए पेशगी दे दिया जाएगा।
2. उसने बोर्ड ऑफ ट्रेड के सदस्यों की संख्या पाँच कर दी और उनको कलकत्ता कौंसिल के अधीन कर दिया।
3. कंपनी के कर्मचारियों में ठेके की प्रथा बंद कर दी गई। अब कंपनी माल बेचने पर केवल कमीशन पाती थी।

नौकरी में सुधार

1. कंपनी के कर्मचारियों में घूसखोरी, भ्रष्टाचार आदि दुर्गुण फैले हुए थे। वे निजी व्यापार करते थे। अब कार्नवालिस ने इस घूसखोरी को दूर करने के लिए कर्मचारियों की संख्या घटा दी और उनका वेतन बढ़ा दिया। नियुक्ति में सिफारिश अयोग्यता समझी गई। उसने भारतीयों को ऊँचे पद पर जाने में रोक लगा दी।

न्याय संबंधी सुधार

1. अब तक कलेक्टर ही भूमि कर वसूलता था और दीवानी अदालत का जज भी होता था। अब कार्नवालिस ने कलेक्टर के जिम्मे केवल भूमि कर वसूलने का काम रहने दिया। दीवानी अदालत के लिए प्रत्येक जिले में एक-एक अंग्रेज न्यायाधीश नियुक्त किया गया।
2. इसके विरुद्ध अपील सुनने के लिए ढाका, कलकत्ता, मुर्शिदाबाद और पटना में अलग न्यायालय की स्थापना हुई।
3. कई पुराने कठोर दंड समाप्त कर दिए गए।
4. उसने जजों के लिए कानूनों का संग्रह भी किया, जो कार्नवालिस कोड कहलाया। इस कोड के अनुसार न्याय संबंधी और मजिस्ट्रेटों के अधिकार कलेक्टरों से ले लिये गए और वे जज नामक अफसरों को सौंप दिए गए।
5. प्रांतीय न्यायालयों के न्यायाधीश प्रत्येक जिले में दौरा किया करते थे और फौजदारी मुकदमों की जाँच किया करते थे।
6. फौजदारी मामलों में मुसलमानी कानून काम में लाए जाते थे।

पुलिस प्रबंध

1. इससे पहले पुलिस का प्रबंध जमींदारों के हाथ में था, लेकिन कार्नवालिस ने जमींदारों के हाथ से पुलिस का प्रबंध छीन लिया।
2. प्रत्येक जिला कई थानों में बाँट दिया गया और प्रत्येक थाने का भार एक-एक हिंदुस्तानी दारोगा के जिम्मे सौंपा गया।

स्थायी प्रबंध

कार्नवालिस का सबसे मुख्य सुधार स्थायी प्रबंध है। हेस्टिंग्स के अनुसार सबसे अधिक वार्षिक कर देनेवाले ठेकेदार को पाँच वर्ष के लिए भूमि दे दी जाती थी। इस व्यवस्था में बड़ी गड़बड़ी होती थी। ठेकेदार पाँच ही वर्ष में बन जाना चाहते थे और इसके लिए वे किसानों का शोषण करते थे। कभी-कभी वे कंपनी को लगान नहीं देते थे। जिससे कंपनी को बहुत घाटे का सामना करना पड़ा था। लेकिन अब इन दोषों को दूर करने के लिए कार्नवालिस ने जमीन का स्थायी प्रबंध किया। उसने तत्कालीन मालगुजारी का 90 प्रतिशत भाग राज्य का स्थायी अंश नियत कर दिया। इस प्रकार मालगुजारी की रकम हमेशा के लिए नियत कर दी गई। यही स्थायी प्रबंध था। इस प्रबंध से कई लाभ हुए।

स्थायी प्रबंध से लाभ

1. कृषि की उन्नति
2. बंगाल का धनी हो जाना
3. स्थायी रूप से जमींदारों को जमीन दे दी गई
4. व्यापार की उन्नति हुई
5. जमींदारों का महत्त्व बढ़ गया
6. सरकार भी खर्च से बच गई
7. किसानों पर से अत्याचार कम हो गया

लाभ

1. इस व्यवस्था से कृषि में महान् उन्नति हुई और थोड़े ही दिन में बंगाल एक धनी और समृद्धशाली देश बन गया। जमींदार लोग अब स्थायी रूप से जमीन के मालिक बन गए। अब जमींदारों ने बंजर भूमि को भी उपजाना प्रारंभ किया।
2. कृषि की उन्नति होने से व्यापार के क्षेत्र में भी उन्नति आई।
3. समाज में जमींदारों की प्रतिष्ठा बढ़ गई। गाँव की सुख-सुविधा का दायित्व भी अब उनका न रहा।
4. जमींदारों की आर्थिक स्थिति में सुधार होने से उन्होंने शिक्षा और

संस्कृति के विकास में पूर्ण योग दिया।

5. सरकार भी भूमि के बार-बार प्रबंध करने के खर्च से बच गई और उसकी आय भी निश्चित हो गई। साथ-साथ अंग्रेजों को जमींदारों का सहयोग भी मिलने लगा।
6. लगान निश्चित हो जाने से किसानों पर जमींदारों का अत्याचार कम होने लगा। लगान देने के बाद जो बचता था, वह किसान का होता था। अतः किसान भी अब मुस्तैदी से कृषि करने लगे।

इस प्रकार स्थायी प्रबंध के कई लाभ हुए। एक अंग्रेज इतिहासकार ने इसकी प्रशंसा करते हुए लिखा—The permanent settlement gave popularity and stability to the British Govt. and has helped to make Bengal the wealthiest and most flourishing in India.

लेकिन इतने गुण होते हुए भी स्थायी प्रबंध में निम्नलिखित कई दोष भी मौजूद थे।

स्थायी प्रबंध से हानि

1. किसानों की दशा खराब होने लगी।
2. जमींदार लगान नहीं दे पाए।
3. जमींदारों का जीवन विलासी हो गया।
4. उनकी राष्ट्रीय भावना का लोप हो गया।
5. अकाल आदि के अवसर पर लगान में छूट नहीं दी गई।
6. सरकार की आमदनी कम हो गई।
7. भारत के कई भागों पर टैक्स लगे।

दोष

1. इस व्यवस्था से जहाँ जमींदारों को अधिक लाभ हुआ, वहीं किसानों की स्थिति खराब हो गई। अब किसानों का जीवन जमींदारों की कृपा पर रहने लगा।
2. कार्नवालिस ने जो लगान निश्चित किया था, वह अधिक था। अतः

बहुत से जमींदार उस रकम को अदा नहीं कर पाए।

3. जमींदारों का जीवन विलास का जीवन बन गया। अंग्रेजों का भक्त बन जाने के कारण उनकी राष्ट्रीयता भावना भी मर गई।
4. जमींदारों ने भी अब जमीन ठेके पर देना प्रारंभ कर दिया और जमीन की ओर से वे उदासीन हो गए।
5. यदि कभी अकाल या अन्य कारण से पैदावार में कमी हुई तो लगान में किसी प्रकार की छूट नहीं दी गई।
6. जहाँ सरकार का खर्च बढ़ता गया, वहाँ आमदनी निश्चित होने से उसे दिक्कत का सामना करना पड़ा। फलतः सरकार ने भारत के अन्य भागों पर टैक्स लगा दिया।

इस प्रकार स्थायी प्रबंध में कई दोष थे। होम्स के अनुसार—The permanent settlement was a sad blunder. भारत सरकार ने स्वतंत्रता के बाद इस व्यवस्था को समाप्त कर दिया है।

सरजॉन शोर (सन् 1793–1798 ई.)

सन् 1793 ई. में लॉर्ड कार्नवालिस के जाने के बाद सरजॉन शोर भारत का गवर्नर जनरल बना। उसने तटस्थता की नीति अपनाई और देशी राजाओं के पारस्परिक संघर्ष में भाग नहीं लिया। यही कारण था कि उसने सन् 1795 ई. में मराठों के विरुद्ध निजाम की सहायता नहीं की। फिर भी अवध के मामले में वह चुप न बैठा रहा। सन् 1797 ई. में आसफुद्दौला की मृत्यु हो गई। उसका उत्तराधिकारी वजीर अली था, लेकिन उसका भाई सआदत अली अपने को गद्दी का हकदार कहता था। अतः दोनों में झगड़ा होना स्वाभाविक था। सरजॉन शोर ने इस झगड़े में हस्तक्षेप किया और सआदत अली को गद्दी पर बैठा दिया। सआदत अली से अंग्रेजों की एक संधि हुई। जिसके अनुसार नवाब ने वजीर अली को डेढ़ लाख रुपए वार्षिक पेंशन देना स्वीकार किया। कंपनी को दिया जानेवाला कर 50 लाख से बढ़ाकर 76 लाख कर दिया गया और उसे इलाहाबाद का किला भी दे दिया गया। इलाहाबाद का किला मिलना अंग्रेजों की राजनीतिक दृष्टि से महत्त्वपूर्ण सिद्ध हुआ।

लॉर्ड वेलेस्ली (सन् 1798-1805 ई.)

वेलेस्ली की कठिनाइयाँ

सरजॉन शोर के बाद कुछ दिनों तक सर एलियोर्ड क्लर्क ने गवर्नर जनरल का काम किया। उसके बाद सन् 1798 ई. में लॉर्ड वेलेस्ली गवर्नर जनरल बनकर आया। वह घोर साम्राज्यवादी था अतः उसके समय में छोटे-छोटे राज्यों के लिए कोई स्थान न था। उस समय ईस्ट इंडिया कंपनी की राजनीतिक स्थिति अच्छी नहीं थी। यद्यपि मैसूर की तीसरी लड़ाई में टीपू की शक्ति को गहरा आघात पहुँचा था। फिर भी वह अंग्रेजों से बदला लेने की तैयारी कर रहा था। निजाम भी अंग्रेजों से क्रुद्ध था। मराठों की शक्ति पुनः बढ़ रही थी। कर्नाटक और अवध की अवस्था भी दिन-ब-दिन खराब होती जा रही थी। सरजॉन शोर की तटस्थता की नीति ने भारतीय राजाओं के हौसले बढ़ा दिए थे। वे फ्रांसीसियों की देखरेख में अपनी सेना संगठित करवा रहे थे। काबुल के राजा जामाशाह के आक्रमण का भय अलग बना हुआ था। यूरोप में फ्रांसीसियों के साथ अंग्रेजों का युद्ध चल रहा था। नेपोलियन मिस्त्र तक आ पहुँचा था। सबसे बड़ी दिक्कत कंपनी की खराब आर्थिक स्थिति थी। जबकि कंपनी ऐसी विषम स्थिति से गुजर रही थी तभी वेलेस्ली आया। आते ही उसने सात ही वर्षों में सभी कठिनाइयों पर विजय पा ली और अंग्रेजी राज्य की सीमा का काफी विस्तार किया।

सहायक संधि की शर्तें

1. कंपनी की सत्ता स्वीकार करना
2. कंपनी की आज्ञा के बिना किसी देश से युद्ध या संधि नहीं करना
3. अपने यहाँ अंग्रेजी फौज रखना और उसका खर्च देना
4. किसी यूरोपियन को अपने यहाँ नौकर न रखना
5. अपने राज्य में एक अंग्रेज रेजिडेंट रखना
6. अंग्रेजों को अपना पंच बनाना
7. कंपनी इन शर्तों के बदले देशी राजाओं की रक्षा करेगी

सहायक संधि

वेलेस्ली ने आते ही साम्राज्यवादी चक्र चलाना आरंभ किया। उसने सभी कठिनाइयों पर विजय पाई और अंग्रेजी राज्य की सीमा भी बढ़ाई। मैसूर का राज्य समाप्त कर दिया गया। कर्नाटक, सूरत, तंजोर पर कंपनी का अधिकार हो गया। निजाम की फ्रांसीसियों द्वारा प्रशिक्षित सेना भंग कर दी गई। अवध से उत्तर-पश्चिमी प्रदेश कंपनी को मिला। मराठे भी कंपनी के नियंत्रण में हमेशा के लिए आ गए। फ्रांसीसियों का प्रभाव हमेशा के लिए समाप्त कर दिया गया। मुगल सम्राट भी अंग्रेजों की अधीनता में आ गया। इस प्रकार वेलेस्ली के समय में संपूर्ण भारत में अंग्रेजी राज्य फैल गया। इस कार्य के लिए वेलेस्ली ने 'सहायक संधि' की नीति का अनुसरण किया। इस संधि को स्वीकार करने पर कंपनी जिस देशी नरेश को सैनिक सहायता देने का वचन देती थी, उसके बदले में कंपनी उस नरेश से निश्चित आर्थिक सहायता प्राप्त करती थी। इस संधि के तीन मुख्य उद्‍देश्य थे—(1) देशी राज्यों के साथ मित्रता, (2) राज्यों को ब्रिटिश राज्य में मिलाना, (3) युद्ध द्वारा राज्य विस्तार। इसकी शर्तें निम्नलिखित थीं—

1. इस संधि को स्वीकार करनेवाला देशी राज्य कंपनी की सत्ता स्वीकार करे और बिना कंपनी की आज्ञा से किसी देश से संधि या युद्ध नहीं करे।
2. इस संधि को माननेवाला राज्य अपने यहाँ अंग्रेजी फौज रखे और उसके खर्च के लिए रुपए या राज्य का एक हिस्सा कंपनी सरकार को दे दे।
3. इस संधि को स्वीकारनेवाले राज्य अन्य किसी यूरोपियनों को अपने यहाँ नौकर नहीं रखें।
4. इस संधि को स्वीकार करनेवाले देशी राजे अपने राज्य में एक अंग्रेज रेजीडेंट रखें जिससे शासन संबंधी बातों में परामर्श लें।
5. यदि सहायक संधि मानने वाले राजाओं के बीच किसी प्रकार का झगड़ा हो जाए तो उन्हें अपना पंच अंग्रेजों को बनाना होगा।
6. इन शर्तों को मानने के बदले में कंपनी उन राज्यों की बाहरी आक्रमणों से तथा आंतरिक विद्रोहों से रक्षा करती थी।

सहायक संधि से लाभ

1. अंग्रेजों की नींव भारत में दृढ़ हो गई।
2. कंपनी के साधनों में वृद्धि हुई।
3. देशी राजाओं की बाह्य नीति पर कंपनी का पूर्ण अधिकार हो गया।
4. कंपनी के पास एक विशाल सेना बिना खर्च के ही हो गई।
5. देश में शांति की स्थापना हुई।
6. कंपनी को अनावश्यक युद्धों से छुटकारा मिल गया।
7. देशी राजे अंग्रेजों के विरुद्ध आपस में नहीं मिल सके।
8. फ्रांसीसियों का प्रभाव नष्ट हो गया।
9. विदेशियों को ईर्ष्या न हुई।
10. कंपनी युद्ध के बुरे परिणामों से बच गई।
11. डलहौजी को अपने उद्देश्य में सफलता मिली।

सहायक संधि से लाभ

सहायक संधि अंग्रेजों के लिए बड़ी लाभदायक सिद्ध हुई। इस संधि से अंग्रेजों की नींव भारत में दृढ़ हो गई। वेलेस्ली ने यह नीति अपनाकर कंपनी में कई सुधार किए और देशी राजाओं के राज्य से विदेशियों को निकाल बाहर किया। इंग्लैंड में वेलेस्ली के इन कार्यों की बड़ी सराहना की गई। इससे निम्नलिखित लाभ हुए—

1. इस संधि के द्वारा कंपनी के साधनों में बड़ी वृद्धि हुई। वह भारत में सर्वोच्च सत्ता बन गई। देशी राजाओं की बाह्य नीति पर कंपनी का पूर्ण नियंत्रण हो गया।
2. कंपनी के पास बिना खर्च के ही एक विशाल सेना संगठित हो गई। इससे अंग्रेजों के साम्राज्य विस्तार में काफी मदद मिली।
3. देशी राजाओं की रक्षा का भार जब कंपनी ने अपने ऊपर ले लिया तब देशी राजा निश्चिंत होकर प्रजा के कल्याण में जुट गए। इससे संपूर्ण देश में शांति और सुव्यवस्था की स्थापना हुई।
4. कंपनी को सबसे बड़ा लाभ यह पहुँचा कि उसे बहुत से अनावश्यक

युद्धों से छुटकारा मिल गया और इससे उसकी स्थिति सुरक्षित हो गई।

5. देशी रियासतों पर अंग्रेजों का प्रभाव स्थापित हो जाने से आपस में वे अंग्रेजों के विरुद्ध संधि आदि करने में असमर्थ हो गए।
6. अब फ्रांसीसियों का प्रभाव देशी राजाओं के यहाँ से समाप्त होने लगा।
7. देशी राजाओं को पूर्ण आंतरिक स्वतंत्रता दी गई थी। अतः इस संधि से किसी भी यूरोपीय शक्ति को ईर्ष्या नहीं हुई।
8. अब जो भी युद्ध होते थे, देशी राजाओं के राज्य में, न कि कंपनी के राज्य में। इससे कंपनी युद्ध के भीषण परिणामों से बच गई।
9. लॉर्ड डलहौजी को अपने उद्देश्य की पूर्ति में बड़ी सहायता मिली।

सहायक संधि से हानि

सहायक संधि से जहाँ कंपनी को कई लाभ पहुँचे, वहीं देशी राजाओं पर इसका बड़ा बुरा परिणाम निकला। इससे निम्नलिखित हानियाँ हुईं–

1. इस संधि से देशी राजा शक्तिहीन हो गए। उनका अपने राज्य की वैदेशिक नीति पर कोई अधिकार ही नहीं रह गया।
2. देशी राजाओं को अपने राज्य में सेना रखनी पड़ती थी और उसका सारा खर्च देना पड़ता था। अतः उन्हें घोर आर्थिक संकट का सामना करना पड़ा।
3. अंग्रेजी सेना देशी राजाओं को अनिवार्य रूप से रखनी पड़ती थी। अतः उन्होंने देशी सेना को नौकरी से हटा दिया। इससे बेकारी की समस्या बढ़ गई। सेना ने चारों ओर लूटपाट मचाना शुरू कर दिया। जिसके कारण संपूर्ण राज्य में अराजकता फैल गई।
4. अंग्रेजी सेना और रेजिमेंट रखने के कारण देशी राजा अंग्रेजों का विरोध नहीं कर सकते थे।
5. देशी राजाओं को अब आर्थिक संकट का सामना करना पड़ गया। फलतः उन्होंने जनता पर कई तरह के टैक्स लगा दिए। जिससे राज्य की जनता परेशान हो उठी।

6. देशी राजाओं की रक्षा का भार कंपनी के ऊपर आ जाने से वे राजकार्य के प्रति उदासीन हो गए। उनका जीवन विलासमय हो गया।
7. रेजिमेंट के दखल के कारण शासन तंत्र ढीला पड़ गया।

सहायक संधि का प्रयोग

वेलेस्ली ने सहायक संधि को व्यापक रूप से कार्य में परिणत करना प्रारंभ किया। इस संधि के संबंध में उसने तीन महत्त्वपूर्ण तरीके अपनाए। पहले तरीके के अनुसार उसने युद्ध में हारे राजा के राज्य को अपने राज्य में मिला लिया। दूसरे तरीके के अनुसार किसी राजा के मरने पर उत्पन्न हुई परिस्थिति का लाभ उठाकर उसके राज्य पर अधिकार कर लिया और उसने उत्तराधिकारी के पास सिर्फ उसकी उपाधि और खर्च के लिए रुपए छोड़ दिए और तीसरे तरीके के अनुसार उसने बहुत से राजाओं से सहायक संधि की शर्तों को स्वीकार कर लिया।

चौथा मैसूर-अंग्रेज युद्ध

भारत आने पर सबसे पहले वेलेस्ली का ध्यान मैसूर की ओर गया। यद्यपि मैसूर की तीसरी लड़ाई में टीपू की हार हो गई थी, लेकिन टीपू इससे हतोत्साहित नहीं हुआ था और अंग्रेजों से बदला लेने की तैयारी कर रहा था। टीपू ने अपने शासन में सुधार किया। अपनी सेना में फ्रांसीसियों को भरती किया तथा उनके सहयोग से अपनी सेना का संगठन करवाना आरंभ कर दिया था। सेना की संख्या पहले से बढ़ा दी गई और पुराने किलों की मरम्मत करवाई गई। उसने फ्रांस की सरकार से संबंध स्थापित किया और जैकोबिन दल का सदस्य भी बन गया। उसकी राजधानी में फ्रांसीसियों के दल रहने लगे। अरब, कौंसटैटिनोपुल, काबुल आदि देशों में भी इसने अपने दूत भेजे और सहायता की प्रार्थना की। वेलेस्ली टीपू की इन काररवाइयों को युद्ध की सूचना समझ रहा था। अतः उसने भी युद्ध की तैयारी आरंभ कर दी। पहले उसने टीपू से सहायक संधि मानने को कहा, लेकिन टीपू ने इसे स्वीकार नहीं किया और तब वेलेस्ली ने टीपू के विरुद्ध युद्ध की घोषणा कर दी। इसके पहले उसने निजाम और मराठों को लोभ देकर अपनी ओर मिला लिया था।

सन् 1699 ई. में अंग्रेजों ने दो तरफ से मैसूर पर आक्रमण किया। इस युद्ध

में टीपू की हार हो गई। अंत में उसकी राजधानी श्रीरंगपट्टम का घेरा अंग्रेजों ने डाला। टीपू ने बहादुरी से अंग्रेजों का सामना किया, लेकिन अंत में अपनी राजधानी की रक्षा करते हुए वह मारा गया। इस प्रकार मैसूर-अंग्रेज युद्ध का अंत हो गया। अंग्रेजों को कनाडा, कोयंबटूर और श्रीरंगपट्टम के किले मिले। निजाम को गूटी और चित्तल दुर्ग के कुछ प्रदेश मिले, शेष भागों को पुराने हिंदू राजवंश के एक अल्प वयस्क बालक को दे दिया गया।

टीपू का चरित्र

भारतीय इतिहास में टीपू का चरित्र महान् है। वह अपने पिता की तरह ही बहादुर और साहसी था। अंग्रेज उसके नाम से थर्राते थे। टीपू अपने जीवनभर अंग्रेजों को भारत से निकाल बाहर करने के प्रयत्न में लगा रहा। यही कारण है कि कुछ अंग्रेज इतिहासकारों ने उसके चरित्र पर कीचड़ उछाली हैं और उसे बदनाम करने का प्रयत्न किया है। कर्क पैट्रिक ने लिखा है—"उसका दृष्टिकोण बड़ा कुंठित और बर्बर था। हैदर अली ने जिस राज्य को अपने श्रम तथा शौर्य से स्थापित किया, टीपू ने उसी राज्य को अपनी अदूरदर्शिता तथा अनीतिज्ञता के कारण समाप्त कर डाला।" लेकिन ऐसे विचार भ्रमात्मक हैं। टीपू एक वीर तथा उत्साही सैनिक था। कठिनाइयों की पाठशाला में ही उसे शिक्षा मिली थी। अतः भयंकर-से-भयंकर विपत्ति के अवसर पर भी वह घबराता नहीं था। शूरता एवं आत्मगौरव उसके चरित्र के मुख्य गुण थे। उसने अपने प्राण दे दिए, लेकिन अपनी स्वतंत्रता नहीं दी। धर्म को टीपू ने राजनीति का विषय नहीं बनाया। वह स्वयं इसलाम धर्म को मानता था। लेकिन हिंदुओं के साथ उसका व्यवहार कोमल था। खुद उसने कई मंदिरों की मरम्मत करवाई थी। कूटनीति में टीपू पारंगत था। उसने अंग्रेजी की चाल भलीभाँति जान ली थी। यही कारण था कि उसने विदेशों से सहायता प्राप्त करने का प्रयास किया था। सफल शासक के सारे गुण उसमें विद्यमान थे। उसके शासन में प्रजा खुशहाल थी। एक अंग्रेज इतिहासकार के अनुसार—"टीपू का राज्य खूब घना बसा हुआ था, उसके उर्वर प्रदेशों में अच्छी खेती होती थी। मैसूर राज्य की सेना का अनुशासन तथा राजभक्ति प्रशंसनीय थी। उसका राज्य सुखी-संपन्न था। व्यापार की उन्नति हो रही थी।"

टीपू खुदा का भक्त था। फारसी, कनाड़ी एवं उर्दू भाषाओं का उसे अच्छा ज्ञान था। वह स्पष्ट वक्ता था। इस प्रकार टीपू के चरित्र में कई मौलिक गुण थे। फिर भी अपने पिता की तरह वह दूरदर्शी नहीं था। इसी कारण उसकी पराजय भी हुई। मैसूर में एक कहावत प्रचलित है—''हैदर अली साम्राज्य स्थापित करने के लिए उत्पन्न हुआ था और टीपू उसे खोने के लिए।'' विल्कस के शब्दों में—''हैदर शायद ही कभी गलती करता था और टीपू शायद ही कभी सही था।'' फिर भी टीपू की गणना भारतीय इतिहास के प्रमुख पात्रों में होती है। जैसा कि मिल ने भी लिखा है—As a domestic ruler, he sustains an advantageous comparison with the greatest princes of the each.

वेलेस्ली और निजाम

मैसूर के पतन के बाद वेलेस्ली ने निजाम के सामने सहायक संधि का प्रस्ताव रखा। निजाम मराठों की मार से दुर्बल पड़ गया था। अत: उसने बिना किसी आनाकानी के सहायक संधि मान ली। फलत: उसने दीवार से फ्रांसीसी सेना हटा दी। उसकी रक्षा के लिए एक अंग्रेजी फौज हैदराबाद में रहने लगी और उसका खर्च निजाम ने देना स्वीकार किया। पुन: सन् 1800 ई. में निजाम ने कंपनी के साथ एक संधि की जिसके अनुसार सेना की संख्या बढ़ा दी गई और इसके खर्च के लिए निजाम के मैसूर राज्य से मिले हिस्से अंग्रेजों को दे दिए।

तंजोर और कर्नाटक

तंजोर पर मराठों का अधिकार था। वेलेस्ली के भारत आगमन पर यहाँ उत्तराधिकार का प्रश्न चल रहा था। वेलेस्ली ने वहाँ के राजा को सहायक संधि स्वीकार करने पर बाध्य किया। फलत: सन् 1799 ई. में दोनों में संधि हो गई। इसके अनुसार अंग्रेजों ने राजा को 40 हजार पौंड सालाना पेंशन दे दी और तंजोर कंपनी के राज्य में मिला लिया गया। सूरत के साथ भी ऐसी ही बात हुई। वहाँ का शासक मुगल सम्राट के अधीन था। बाद में जब मुगल साम्राज्य का पतन हो गया तब सन् 1759 में अंग्रेजों ने उसकी रक्षा का भार अपने ऊपर ले लिया था।

सन् 1799 में वहाँ के नवाब की मृत्यु हो गई। अतः वेलेस्ली ने सूरत के राज्य को भी कंपनी के राज्य में मिला लिया।

कर्नाटक के साथ अंग्रेजों का पुराना संबंध था। मैसूर के पतन के बाद श्रीरंगपट्टम में कुछ ऐसे कागज-पत्र मिले जिसके आधार पर यह सिद्ध हो गया कि कर्नाटक के नवाब और टीपू के बीच पत्राचार हुआ था। इस पत्र में कर्नाटक के नवाब ने टीपू को अंग्रेजों को भगाने में सहायता देने का वचन दिया था। वेलेस्ली को अच्छा मौका मिला। इसी समय सन् 1801 में कर्नाटक का नवाब मर गया। इस मौके से लाभ उठाकर वेलेस्ली ने कर्नाटक का राज्य को कंपनी के राज्य में मिला लिया। आसफउद्दौला को कर्नाटक का नवाब घोषित किया गया और उसे राजस्व का पाँचवाँ भाग पेंशन के रूप में दिया जाने लगा।

वेलेस्ली और अवध

जब से कंपनी ने अवध के शासन में हस्तक्षेप किया तब से अवध की स्थिति खराब हो रही थी। शासन में चारों ओर भ्रष्टाचार फैला हुआ था। आर्थिक व्यवस्था दिन-ब-दिन खराब होती जा रही थी। सेना में अनुशासन की कमी थी। अवध की इस आंतरिक परिस्थिति से लाभ उठाकर वेलेस्ली ने उसे अपने राज्य में मिलाना चाहा। उत्तर-पश्चिमी सीमा की सुरक्षा के लिए अवध का लेना जरूरी था। इसी समय जामा शाह का भारत पर आक्रमण होने की खबर फैली। वेलेस्ली ने इसी बहाने अवध को अंग्रेजी सेना बढ़ाने की आज्ञा दी और उसके खर्च के लिए अधिक धन की माँग की। तंग आकर नवाब गद्दी छोड़ देने को तैयार हो गया। इस समाचार से वेलेस्ली प्रसन्न हुआ, लेकिन तभी नवाब ने अपना इरादा बदल दिया। यह सुनकर वेलेस्ली अत्यधिक क्रोधित हो गया और उसने नवाब को सहायक सेना का खर्च तथा फौज बढ़ाने को विवश किया। अंत में दोनों में सन् 1801 में एक संधि हुई। इस संधि के अनुसार अवध की सेना तोड़ दी गई और अंग्रेजी फौज बढ़ाई गई। इसके खर्च के लिए अवध का आधा राज्य अंग्रेजों को मिला। अंग्रेज रेजीडेंट को अवध के शासन में हस्तक्षेप करने का अधिकार मिला। इस प्रकार अब अवध का वास्तविक शासन कंपनी के हाथ में चला आया।

इस संधि से अंग्रेजों को कई लाभ हुए। अब अवध पर कंपनी का पूर्ण नियंत्रण स्थापित हो गया। कंपनी की पश्चिमी सीमा सुरक्षित हो गई। फिर भी कुछ इतिहासकारों ने अवध के साथ वेलेस्ली के इस व्यवहार को अन्यायपूर्ण कहा है। अवध के साथ अंग्रेजों का जो मित्रतापूर्ण संबंध था, उसे देखते हुए वेलेस्ली का यह कार्य सर्वथा अन्यायपूर्ण था।

वेलेस्ली और मराठे

बेसिन की संधि

वेलेस्ली जब भारत आया था, उस समय मराठों की स्थिति अच्छी नहीं थी। केंद्रीय शक्ति का ह्रास हो गया था और इससे फायदा उठाकर मराठा सरदारों ने अपना-अपना अलग राज्य स्थापित कर लिया था। उनमें आपसी कलह, वैमनस्य का बाजार गरम था। पेशवा, सिंधिया, भोंसले, होल्कर, गायकवाड़ आदि सरदारों में मन-मुटाव रहा करता था। अहिल्याबाई, तुकोजी, माधोजी आदि जितने भी योग्य नेता थे, चल बसे थे। इतने पर भी नाना फडणवीस ने मराठों को एकता के सूत्र में बाँधे रखा, लेकिन सन् 1800 ई. में इनकी भी मृत्यु हो गई। इनके मरते ही मराठों पर से अंकुश जाता रहा और वे खुलकर लड़ने लगे। दौलतराव सिंधिया और जसवंत राव होल्कर पेशवा पर अपना प्रभाव जमाने के लिए आपस में लड़ने लगे। पेशवा बाजीराव सिंधिया के पक्ष में आ गया। यह देखकर होल्कर क्रुद्ध हो गया और उसने पेशवा तथा सिंधिया पर आक्रमण कर दिया। इस युद्ध में पेशवा और सिंधिया की सम्मिलित सेना हार गई। होल्कर ने पेशवा की राजधानी छीन ली। बाजीराव कोई दूसरा चारा न देखकर अंग्रेजों की शरण में पहुँचा और सहायता की प्रार्थना की। वेलेस्ली तो इसी मौके की तलाश में था। उसने पेशवा से सहायक संधि मान लेने को कहा। अंत में सन् 1802 ई. में अंग्रेजों के साथ पेशवा की संधि हुई जिसे 'बेसिन की संधि' कहते हैं। इस संधि के अनुसार बाजीराव को पेशवा मान लिया गया। दोनों में एक-दूसरे की सहायता करना स्वीकार किया। पेशवा की सहायता के लिए एक अंग्रेजी फौज पूना में रहने लगी जिसका खर्च पेशवा ने देना स्वीकार कर लिया। पेशवा की वैदेशिक नीति पर कंपनी का नियंत्रण स्थापित हो गया।

इस संधि का महत्त्व है। अब अंग्रेजों का प्रभुत्व मराठा राज्य पर स्थापित हो गया। पेशवा के अंग्रेजों की अधीनता में जाने से संपूर्ण भारत पर अंग्रेजों का अधिकार हो गया। डीन हटन के शब्दों में—''यह निःसंदेह एक ऐसा कदम था, जिसने पश्चिमी भारत में अंग्रेजी राज्य के आधार को बिल्कुल बदल दिया। इसने एक ही क्षण में अंग्रेजों का उत्तरदायित्व तिगुना कर दिया।''

द्वितीय अंग्रेज-मराठा युद्ध

बाजीराव ने बेसिन की संधि स्वीकार तो कर ली, लेकिन बहुत से मराठा सरदारों ने इसे अपमान समझा। आपसी फूट उनमें भले ही थी। फिर भी अभी उनमें आत्मगौरव और राष्ट्रीय स्वतंत्रता का भाव वर्तमान था। भोंसले और सिंधिया ने जब संधि का समाचार सुना तब बड़े दुःखी हुए और उन्होंने मिलकर अंग्रेजों के विरुद्ध आक्रमण की योजना बनाई। इन लोगों ने होल्कर को भी मिलने का आग्रह किया, लेकिन वह नहीं मिला। इस प्रकार इस समय भी मराठा सरदार आपस में मिलकर काम न कर सके। सिंधिया और भोंसले की सेना अंग्रेजों के विरुद्ध चल पड़ी। अंग्रेज पहले से ही तैयार थे। इस प्रकार 1803 ई. में युद्ध का श्रीगणेश हो गया। यह युद्ध पाँच महीने तक चलता रहा, लेकिन जीत अंग्रेजों की ही हुई। उन्होंने दिल्ली और आगरा पर अधिकार कर लिया। अंत में सिंधिया और भोंसले ने हारकर अलग-अलग संधि कर ली।

देवगाँव की संधि

सन् 1803 ई. में भोंसले के साथ अंग्रेजों की देवगाँव की संधि हुई। इस संधि के अनुसार अंग्रेजों को कटक और वार्दा नदी के पश्चिम के सभी इलाके मिले। भोंसले को अंग्रेज रेजिडेंट रखना पड़ा। उसने अपने झगड़े में अंग्रेजों की मध्यस्थता स्वीकार कर ली और यह प्रतिज्ञा की कि अंग्रेजों की आज्ञा के बिना वह किसी यूरोपियन को अपने यहाँ नहीं रखेगा।

सुर्जी अर्जुन गाँव की संधि

यह संधि 1803 ई. में अंग्रेजों और सिंधिया के बीच हुई थी। इस संधि के अनुसार सिंधिया ने गंगा और यमुना के मध्य का समस्त प्रदेश अंग्रेजों को दे

दिया। साथ ही जयपुर, जोधपुर, गोहद के उत्तर के सभी क्षेत्र भी अंग्रेजों को मिले। पश्चिम में अहमदनगर, भरौच आदि के प्रदेश भी सिंधिया ने दे दिए। मुगल सम्राट शाह आलम, पेशवा और निजाम पर से सिंधिया का नियंत्रण समाप्त हो गया। सिंधिया ने रेजिडेंट रखना स्वीकार कर लिया और सहायक संधि मान ली।

इन संधियों का इतिहास में बड़ा महत्त्व है। अब मराठों की शक्ति नहीं के बराबर रही। उनकी सेना तोड़ दी गई। मनरो ने लिखा था—We are now complete masters of India, and nothing can shake our powers, if we take proper measures to confirm it.

होल्कर से युद्ध

वेलेस्ली की ऐसी धारणा थी कि इन संधियों से शांति स्थापित हो जाएगी, लेकिन अभी यह संधि समाप्त ही हुई थी कि होल्कर के साथ अंग्रेजों का युद्ध छिड़ गया। होल्कर ने राजपूत राज्यों पर आक्रमण कर दिया और कंपनी से चौथ माँगी। ये राजपूत राज्य अंग्रेजों के संरक्षण में आ गए थे। अब वेलेस्ली ने भी युद्ध की घोषणा कर दी। होल्कर ने कर्नल मॉरिसस को बुरी तरह परास्त किया। उसने दिल्ली पर भी आक्रमण किया, लेकिन हारकर भरतपुर के राजा ने अंग्रेजों से संधि कर ली। होल्कर की हार-पर-हार होने लगी। लेकिन इसी समय वेलेस्ली वापस इंग्लैंड बुला लिया गया।

लॉर्ड कार्नवालिस, सर जॉर्ज बार्लो और लॉर्ड मिंटो

लॉर्ड वेलेस्ली की साम्राज्यवादी नीति के चलते कंपनी का ऋण बहुत अधिक बढ़ गया। साथ ही साम्राज्य भी इतना विशाल हो गया कि उसकी व्यवस्था कठिन थी। अतः इंग्लैंड की सरकार ने वेलेस्ली को वापस बुला लिया और उसकी जगह पुनः कार्नवालिस दूसरी बार आया। लेकिन आते ही उसकी मृत्यु हो गई।

कार्नवालिस के बाद सर जॉर्ज बार्लो गवर्नर जनरल बना। उसने सिंधिया के साथ सन् 1805 में एक नई संधि की जिसके अनुसार सिंधिया को ग्वालियर का दुर्ग और गोहद वापस दे दिए गए और उसे चार लाख रुपए वार्षिक पेंशन दी जाने लगी। 1805 में बार्लो ने होल्कर के साथ भी संधि कर ली और उसके

जीते हुए सभी इलाके लौटा दिए। इसके समय में वेलोर में सिपाहियों ने विद्रोह कर दिया था, इस विद्रोह में टीपू के पुत्रों का हाथ था। लेकिन तुरंत यह विद्रोह दबा दिया गया।

सन् 1807 ई. में लॉर्ड मिंटो गवर्नर जनरल बना। उसके शासनकाल में पूर्ण शांति रही। लेकिन इसी समय पिंडारी लुटेरों ने मध्य भारत में उपद्रव मचाया और उनका दमन कर दिया गया।

लॉर्ड हेस्टिंग्स (सन् 1813-1823 ई.)

अंग्रेजी राज्य के विस्तार में लॉर्ड हेस्टिंग्स का महत्त्वपूर्ण योगदान है। भारत में आते ही उसे कितनी ही समस्याओं का सामना करना पड़ा। कंपनी का राज्य विस्तृत हो गया था, लेकिन उसकी आर्थिक दशा अच्छी नहीं थी। होल्कर, सिंधिया, गोरखे सभी अंग्रेजी राज्य के सिरदर्द बने हुए थे। हेस्टिंग्स ने इन सभी समस्याओं का समाधान ढूँढ़ा। इसके लिए उसने दो कार्य किए—आंतरिक सुधार और राज्य विस्तार।

आंतरिक सुधार

लॉर्ड हेस्टिंग्स का शासनकाल शांति का काल था। अत: उसे शासन क्षेत्र में सुधार करने का मौका मिला। उसने निम्नलिखित सुधार किए—

लॉर्ड हेस्टिंग्स के सुधार

1. शिक्षा में वृद्धि
2. शासन में सुधार
3. भारतीय अफसरों के अधिकारों में वृद्धि
4. कृषि में सुधार
5. समाचार-पत्रों को प्रोत्साहन

1. शिक्षा में वृद्धि

सबसे पहले हेस्टिंग्स ने शिक्षा को प्रोत्साहन दिया, क्योंकि इसके अभाव में कोई सुधार संभव नहीं था। भारतीयों की उचित शिक्षा के लिए 1813 में 1 लाख

रुपए के व्यय की स्वीकृति हुई। इससे यह सिद्ध हो गया कि अब भारतीयों के मानसिक विकास का प्रयास कंपनी कर रही है।

2. शासन में सुधार

हेस्टिंग्स ने शासन में भी कई महत्त्वपूर्ण सुधार किए। न्याय और राजस्व के क्षेत्र में कई महत्त्वपूर्ण परिवर्तन हुए। पुलिस की सुंदर व्यवस्था कायम हुई। पुलिस के लिए नियम बनाए गए। सैनिक अफसरों को अपने आचार-विचार उच्च करने का आदेश दिया गया। जनता की भलाई के लिए सड़कों, पुलों, नहरों का निर्माण किया गया।

3. भारतीय अफसरों के अधिकारों में वृद्धि

भारतीयों का सहयोग पाने के लिए हेस्टिंग ने भारतीय अफसरों को खुश करना आवश्यक समझा। अत: भारतीय अफसरों की संख्या बढ़ा दी गई। उनके अधिकार में वृद्धि कर दी गई। अब भारतीयों को भी न्यायाधीश के पद पर बहाल किया जाने लगा। कलेक्टर और मजिस्ट्रेट का पद एक कर दिया गया।

4. कृषि में सुधार

किसानों का सरकार से सीधा संपर्क रखने का प्रबंध हुआ। इसके लिए रैयतवाड़ी बंदोबस्त किया गया। किसानों के अधिकारों को सुरक्षित कर दिया गया।

5. समाचार-पत्रों को प्रोत्साहन

भारतीय प्रेसों पर जो प्रतिबंध लगे थे, हेस्टिंग्स ने उन्हें हटा दिया। अब ये प्रेस सरकार की आलोचना करने लगीं। इससे शासन में दृढ़ता आई।

राज्य विस्तार

लॉर्ड हेस्टिंग्स जब हिंदुस्तान आया था तब वह वेलेस्ली की नीति का विरोधी था और तटस्थता की नीति का समर्थक। लेकिन बाद की घटनाओं से प्रभावित होकर वह तटस्थता की नीति पर दृढ़ न रह सका और साम्राज्य विस्तार की

योजना बनाई। इसके लिए प्रारंभ में आंतरिक सुधार की आवश्यकता थी। अतः हेस्टिंग्स ने सुधार की नीति अपनाई और शासन में कई महत्त्वपूर्ण सुधार किए। उसके बाद उसने राज्य विस्तार की ओर कदम उठाया। अपनी कूटनीति और राजनीतिक सूझ की बदौलत उसने अंग्रेजी साम्राज्य की सीमा हिमालय से लेकर कन्याकुमारी तक और ब्रह्मपुत्र से लेकर सतलज तक स्थापित कर दी।

तीसरा अंग्रेज-मराठा युद्ध

यद्यपि वेलेस्ली ने मराठों की शक्ति को तहस-नहस कर डाला था, गृहयुद्ध के कारण भी मराठों की शक्ति छिन्न-भिन्न हो चुकी थी, फिर भी वे पूरी तरह नष्ट नहीं हुए थे। वेलेस्ली के बाद के गवर्नर जनरलों की नीति से फायदा उठाकर मराठों ने पुनः अपनी खोई शक्ति संगठित कर ली थी। सिंधिया, भोंसले, होल्कर आदि सरदार अंग्रेजी राज्य पर आक्रमण की योजना बना रहे थे। हेस्टिंग्स मराठों की शक्ति कुचल देना चाहता था। अतः सबसे पहले उसने भोंसले को कब्जे में किया। सन् 1816 में भोंसले की मृत्यु हो गई थी और उसकी गद्दी के लिए कूकाबाई और अप्पा साहेब में झगड़ा चल रहा था। हेस्टिंग्स ने इस मौके का फायदा उठाना चाहा। उसने अप्पा साहेब का पक्ष लिया और उसे सहायक संधि मान लेने पर विवश किया। अतः दोनों में संधि हो गई। इस संधि से मराठा राज्य का एक स्तंभ टूटकर गिर पड़ा। उसके बाद हेस्टिंग्स ने पेशवा को भी सन् 1817 ई. में पूना की संधि करने के लिए विवश किया। इस संधि के बाद से पेशवा को अपना पद छोड़ देना पड़ा और राज्य का बहुत बड़ा हिस्सा अंग्रेजों को दे देना पड़ा। हेस्टिंग्स के अनुसार उस समय सबसे अधिक शक्तिशाली सिंधिया था। हेस्टिंग्स ने उसके राज्य पर आक्रमण कर दिया। डरकर सिंधिया ने भी सन् 1817 में ग्वालियर की संधि कर ली। उसके अनुसार उसने पिंडारियों के विरुद्ध अंग्रेजों को सहायता करने का वचन दिया। इसी समय मराठों का तीसरा युद्ध आरंभ हो गया। पेशवा अंग्रेजों से क्रुद्ध था। मराठों को अभी भी अपनी स्वतंत्रता प्यारी थी। अतः जिस दिन सिंधिया ने संधि-पत्र पर हस्ताक्षर किए, उसी दिन पेशवा ने पूना में अंग्रेजी रेजिडेंट के दफ्तर में आग लगा दी और अंग्रेजी सेना पर आक्रमण कर दिया। इसी समय नागपुर में अप्पा साहेब और होल्कर ने भी युद्ध

की घोषणा कर दी। यही मराठों की तीसरी लड़ाई थी। इस लड़ाई में सभी जगहों पर अंग्रेजों की जीत हुई। पूना में पेशवा और सीतावल्दी में अप्पा साहब की हार हो गई। महीदपुर में होल्कर भी हार गया। युद्ध की समाप्ति पर पेशवा का पद उठा दिया गया। सतारा का राज्य शिवाजी के पोते प्रताप सिंह को दे दिया गया। सिंधिया के राज्य का उत्तरी भाग कंपनी राज्य में मिला लिया गया। होल्कर के राज्य का नर्मदा का दक्षिणी हिस्सा भी अंग्रेजी राज्य में मिला लिया गया। पेशवा को आठ लाख रुपया पेंशन देकर बिठूर भेज दिया गया। इस प्रकार मराठा राज्य अब हमेशा के लिए समाप्त हो गया।

मराठों के पतन का कारण

मुगल साम्राज्य के पतन के बाद मराठों ने भारत में अपना राज्य स्थापित करने का स्वप्न देखा था। इस स्वप्न को चरितार्थ करने का उन्होंने प्रयास भी किया। मुगलों के बाद मराठे ही एक ऐसी शक्ति थे जो अंग्रेजों से लोहा ले सकते थे। अंग्रेज भी इस बात से भलीभाँति अवगत थे। अतः उन्होंने मराठों की शक्ति को नष्ट करने की दिशा में आकाश–पाताल एक कर दिया और मराठा शक्ति समाप्त भी हो गई। मराठों के पतन के कई कारण थे—

1. आर्थिक कठिनाई
2. लूटपाट की नीति
3. असफल शासन व्यवस्था
4. दोषपूर्ण सैनिक संगठन
5. जागीरदारी की प्रथा
6. एकता का अभाव
7. अयोग्य नेता
8. उच्च आदर्शों का त्याग
9. भौगोलिक ज्ञान का अभाव
10. समुद्री शक्ति का अभाव
11. अन्य कारण

आर्थिक कठिनाई

मराठों को हमेशा से आर्थिक कठिनाई का सामना करना पड़ा। पैसे के अभाव में न तो वे सेना का संगठन कर सके और न अपनी राजनीतिक स्थिति दृढ़ कर सके। उनकी आय के साधन निश्चित नहीं थे। पहाड़ी इलाका होने के कारण कृषि और व्यापार भी उन्नत नहीं था। अतः पैसे के लिए उन्हें चौथ और सरदेशमुखी पर निर्भर रहना पड़ता था। अपनी आर्थिक हालत दृढ़ करने का उन्होंने कोई प्रयास नहीं किया। अतः आर्थिक संकट होने पर राजनीतिक संकट का उपस्थित हो जाना स्वाभाविक था।

लूटपाट की नीति

चौथ और सरदेशमुखी वसूल करने के लिए उन्हें युद्ध की शरण लेनी पड़ी। इसी प्रकार आर्थिक कठिनाई को दूर करने के लिए मराठे लूटपाट भी मचाया करते थे। अतः ऐसी सरकार जनता का विश्वास और सहानुभूति नहीं प्राप्त कर सकी। राज्य में हमेशा अराजकता कायम रही। मराठों ने शासन में सुव्यवस्था लाने का भी कोई प्रयास नहीं किया।

दोषपूर्ण सैनिक संगठन

मराठों की सैनिक व्यवस्था दोषपूर्ण थी। उन्होंने अपनी प्राचीन युद्ध प्रणाली तथा छापामार रणनीति का परित्याग कर भूल की। अतः खुले मैदान में वे अंग्रेजों का सामना नहीं कर सके। उनके पास यद्यपि सेना की संख्या अधिक थी पर उन्होंने उसकी उचित शिक्षा-दीक्षा और संचालन की व्यवस्था नहीं की थी। दूसरी ओर अंग्रेज वैज्ञानिक ढंग पर संगठित थे।

जागीरदारी प्रथा

जब तक शिवाजी जिंदा रहे, उन्होंने जागीरदारी प्रथा को उत्पन्न नहीं होने दिया। लेकिन उनके मरते ही मराठों में इस प्रथा का जन्म हो गया। अतः मराठों की एकता का अंत होने लगा।

एकता का अभाव

मराठों में एकता का अभाव था। कुछ योग्य सरदारों ने एकता लाने का

काफी प्रयास किया था, लेकिन उनकी मृत्यु के बाद मराठों की एकता जाती रही और बहुत से सरदारों ने अपना अलग राज्य स्थापित कर लिया। फलतः आपसी कलह, ईर्ष्या और गृहयुद्ध आरंभ हो गया। केंद्रीय शक्ति के अभाव का अंग्रेजों ने पूरा फायदा उठाया।

अयोग्य नेता

जब तक मराठों में योग्य नेता रहे तब तक किसी तरह उनमें एकता बनी रही, लेकिन जसवंत राव, महादजी सिंधिया, अहिल्याबाई, नाना साहेब आदि सभी योग्य सरदार मर गए। उनकी मृत्यु के बाद योग्य नेता का अभाव रहा। जिससे युद्ध और राजनीति का सफल संचालन नहीं हो सका। दूसरी ओर अंग्रेजों में वेलेस्ली, हेस्टिंग्स आदि जैसे योग्य नेता थे।

उच्च आदर्शों का त्याग

जिस पवित्र उद्देश्य की पूर्ति के लिए शिवाजी ने मराठा राज्य की स्थापना की थी, वह उद्देश्य बाद के राजाओं ने भुला दिया। हिंदू राज्य की स्थापना का लक्ष्य टूट गया। राजपूतों के साथ भी मराठों ने अच्छा व्यवहार नहीं किया। अतः राजपूत लोग भी उसके दुश्मन बन गए। सरदार विलासी थे और आमोद-प्रमोद में ही ज्यादा समय बिताने लगे। उन्होंने देशी राजाओं के साथ सहयोग नहीं किया, अतः देशी राजा भी उनसे असंतुष्ट ही रहे।

भौगोलिक ज्ञान का अभाव

मराठों को अपने प्रदेश का भौगोलिक ज्ञान नहीं था। इस कारण भी उन्हें कई कठिनाइयों का सामना करना पड़ा।

समुद्री शक्ति का अभाव

शिवाजी ने समुद्री शक्ति पर ध्यान दिया था। लेकिन बाद के राजाओं ने इस ओर कोई ध्यान नहीं दिया। इसके विपरीत अंग्रेज समुद्री शक्ति में अद्वितीय थे।

अन्य कारण

पानीपत के तीसरे युद्ध में मराठों की अपार क्षति हुई थी जिसकी पूर्ति नहीं

हो सकी। मराठों ने समाज सुधार के भी कोई कार्य नहीं किए। अंग्रेजों के साथ भारतीय ताकतों के युद्ध में उन्होंने अंग्रेजों का साथ दिया। इन सब कारणों से जनता उनसे घृणा करने लगी। मराठों में राष्ट्रीयता का भी पूर्ण अभाव था। बहुत से सरदार अपने स्वार्थ के लिए अंग्रेजों की शरण में चले गए। इस सबसे अंग्रेजों को मौका मिला और इस प्रकार जिस राज्य का निर्माण शिवाजी ने अपने खून से सींचकर किया था, वह समाप्त हो गया।

हेस्टिंग्स और नेपाल

18वीं शताब्दी के प्रारंभ में हिमालय की तलहटी में गुरखा (गोरखा) शक्ति का उदय हो रहा था। गुरखे युद्ध कार्य में बड़े चतुर थे। उन्होंने 1801 में गोरखपुर पर अधिकार कर लिया जिससे अंग्रेजी राज्य की सीमा और उनकी सीमा मिल गई। सीमा विवाद को लेकर दोनों में जब-तब युद्ध भी हो जाते थे। लेकिन प्रारंभ में अंग्रेजों ने उनकी ओर विशेष ध्यान नहीं दिया। सन् 1814 ई. में हेस्टिंग्स ने युद्ध की घोषणा कर दी। इस युद्ध में अंग्रेजों की जीत हुई। नेपाल की सरकार ने अंग्रेजों से सुगौली की संधि कर ली। इस संधि से अंग्रेजों की उत्तरी-पश्चिमी सीमा हिमालय की तराई तक फैल गई। नेपाल सरकार को हमेशा के लिए सिक्किम से हट जाना पड़ा। गरमी में आबोहवा बदलने के लिए अंग्रेजों को शिमला, नैनीताल, मसूरी, अल्मोड़ा आदि प्राकृतिक सौंदर्य के स्थान प्राप्त हुए। गुरखा सेना अंग्रेजी सेना में भरती होकर उसके साम्राज्य बढ़ाने में सहायता करने लगी।

हेस्टिंग्स और पिंडारी

नेपाल के युद्ध की समाप्ति के बाद हेस्टिंग्स ने पिंडारियों की ओर ध्यान दिया। पिंडारी जाति के लोग मध्य भारत के जंगलों में रहते थे और आए दिन लूटपाट मचाया करते थे। आगे चलकर उन्होंने अंग्रेजी राज्य के भीतरी इलाकों में भी लूटपाट मचाना शुरू कर दिया। अत: हेस्टिंग्स ने एक विशाल सेना लेकर चारों ओर से उन्हें घेर लिया। सन् 1818 तक उन्होंने पूरी तरह आत्मसमर्पण कर दिया। उनके सभी नेता कैद कर लिये गए या मार डाले गए।

हेस्टिंग्स और पठान

पठान जाति भी लूटपाट मचाया करती थी। उनका हमला अधिकतर सरकारी कर्मचारियों पर होता था। हेस्टिंग्स ने उनके नेता अमीर खाँ से सन् 1817 ई. में संधि कर ली और उसे टोंक का नवाब मान लिया। तब से पठान अंग्रेजों के मित्र बन गए।

अन्य देशी राज्य

हेस्टिंग्स के समय में राजपूताना भी अंग्रेजों के प्रभाव में आ गया। कोटा, बूँदी, उदयपुर, जयपुर, बीकानेर आदि सभी राज्यों ने हेस्टिंग्स से संधि कर ली जिसके अनुसार इन राज्यों की रक्षा का भार अंग्रेजों ने अपने ऊपर ले लिया और इसके बदले इन राज्यों की वैदेशिक नीति पर कंपनी का नियंत्रण हो गया। भोपाल के राजा के साथ भी संधि हो गई। मालवा और बुंदेलखंड भी अंग्रेजी प्रभाव में आ गए। इस प्रकार लॉर्ड हेस्टिंग्स ने भारत में अंग्रेजी राज्य की सत्ता दृढ़ कर दी।

प्रश्न—

1. भारत में ब्रिटिश साम्राज्य की स्थापना में क्लाइव, वारेन हेस्टिंग्स और वेलेस्ली की सेवाओं का तुलनात्मक मूल्यांकन कीजिए।
2. भारत में अंग्रेजी सत्ता के विस्तार में लॉर्ड हेस्टिंग्स ने जो कार्य किए, उनका वर्णन कीजिए। (से.वो. 1958 ई.) 1960 पू.
3. लॉर्ड वेलेस्ली की सहायक संधि ने किस तरह भारतवर्ष में अंग्रेजी शक्ति के विकास में सहायता की। (से.वोकृ 1959 बा.) 1961
4. ईस्ट इंडिया कंपनी के साथ मैसूर के संबंधों के विषय में आप क्या जानते हैं? (से.वो. 1961)
5. हैदर अली किस प्रकार मैसूर का राजा हुआ? अंग्रेजों के साथ उसके संबंध का वर्णन करें। से.वो. 1961
6. रेगुलेटिंग एक्ट और पिट्स इंडिया एक्ट से देश के शासन में क्या परिवर्तन हुए? से.बो. 1961

7. 1803 से 1812 तक के मराठों और अंग्रेजों के संबंध का इतिहास लिखें (से.वो. 1963)
8. लॉर्ड कार्नवालिस द्वारा किए गए सुधारों का विवरण दें? (से.बो. 1963 पू.)

□

15

ब्रिटिश साम्राज्य का विस्तार

लॉर्ड हेस्टिंग्स के शासनकाल तक आते-आते भारत के प्राय: सभी मुख्य भागों पर अंग्रेजों का अधिकार स्थापित हो गया था। लेकिन भारतीय साम्राज्य की पूर्वी और पश्चिमी सीमाओं पर अभी भी ऐसी शक्तियाँ थीं जिनके अधिकार में लाने के बाद ही अंग्रेजी राज्य सुरक्षित हो सकता था। भारत में शक्ति स्थापित हो जाने के बाद अब अंग्रेजों को बाहरी आक्रमण का भय बना हुआ था। यद्यपि फ्रांस का डर अब नहीं रहा था, क्योंकि वाटरलू की लड़ाई में नेपोलियन की हार हो चुकी थी। लेकिन अब एक नई ताकत उत्पन्न हो गई और यह रूस की ताकत थी। अत: रूसी आक्रमण से रक्षा के लिए भारत के इन सीमा प्रदेशों को अधिकार में लाना जरूरी था। सन् 1824 के बीच कई गवर्नर जनरल आए जिनके समय में सतलज और ब्रह्मपुत्र के पार के क्षेत्रों पर अधिकार किया गया तथा पंजाब और सिंध को जीता गया। ये गवर्नर जनरल निम्नलिखित थे—

1. लॉर्ड एमस्टर्ड (1823-1828)
2. लॉर्ड विलियम बेंटिक (1828-1835)
3. लॉर्ड ऑकलैंड (1835-1842)
4. लॉर्ड एलेनबरा (1842-1844)
5. लॉर्ड हार्किज (1844-1848)
6. लॉर्ड डलहौजी (1848-1856)

अंग्रेज और बर्मा

जिस समय भारत में अंग्रेजी राज्य की स्थापना हो रही थी, उस समय भारत की पूर्वी सीमा पर बर्मा की नई ताकत पैदा हो रही थी। आगे चलकर दोनों की

सीमा एक-दूसरे के नजदीक आ गई और तब सीमा विवाद को लेकर युद्ध अनिवार्य हो गया। लेकिन उस समय अंग्रेज देश के दूसरे भाग में युद्ध करने में व्यस्त थे, अतः उन्होंने बर्मा की ओर ध्यान नहीं दिया। प्रारंभ में अंग्रेजों ने बर्मा से युद्ध कुछ दिनों के लिए रोकने की कोशिश की। सन् 1795 से लेकर 1811 ई. तक कई बार अंग्रेजों की ओर से दूत भेजे गए। लेकिन बर्मा के राजा ने इस ओर ध्यान नहीं दिया। धीरे-धीरे दोनों के संबंध कटु होते गए। बर्मा के राजा ने सन् 1813 ई. में मणिपुर पर अधिकार कर लिया। उसने ढाका, चटगाँव, मुर्शिदाबाद और कासिम बाजार पर भी अपना अधिकार बताया और इन प्रदेशों पर आक्रमण करना प्रारंभ कर दिया। सन् 1822 ई. में बर्मावालों ने आसाम पर भी अधिकार कर लिया और चटगाँव के पास शाहपुरी पर धावा बोल दिया। इससे बंगाल की सीमा खतरे में पड़ गई।

बर्मा की पहली लड़ाई (सन् 1824 ई.)

बर्मा की इस बढ़ती हुई शक्ति को रोकने के लिए लॉर्ड एमहर्स्ट ने युद्ध की घोषणा कर दी (सन् 1824 ई.)। यही बर्मा की पहली लड़ाई थी। बर्मा की भौगोलिक स्थिति ऐसी थी जिस कारण युद्ध में उसे अधिक परेशानी नहीं हुई। इस देश में चारों ओर जंगल, पहाड़ और दलदल भरे हुए हैं, जिसमें बर्मावाले लड़ने के अभ्यस्त थे। लेकिन अंग्रेजों को बड़ी कठिनाइयों का सामना करना पड़ा। फिर भी अंतिम जीत अंग्रेजों की ही हुई। उन्होंने आसाम जीत लिया और समुद्री रास्ते से चलकर रंगून पर चढ़ाई कर दी। इस युद्ध में बर्मा सेनापति बंदुला मारा गया और अंग्रेजी फौज विजय प्राप्त करती हुई यंडाबू तक पहुँच गई, जो बर्मा की राजधानी से सिर्फ आठ मील की दूरी पर था। अब घबराकर बर्मा ने अंग्रेजों से संधि कर ली (फरवरी 24, 1826 ई.)।

यंडाबू की संधि

यंडाबू की संधि के अनुसार बर्मा ने आराकान, तेनासरीम, आसाम, चाचर, जयंतिया और मणिपुर छोड़ दिया तथा अंग्रेजों को 1 करोड़ रुपया हर्जाने के रूप में दिया। दोनों के प्रतिनिधि एक-दूसरे की राजधानी में रहने लगे। आगे चलकर दोनों में एक व्यापारिक संधि भी हुई। बर्मा की पहली लड़ाई और यंडाबू की संधि

से अंग्रेजी राज्य की सीमा पूरब में और आगे बढ़ गई। लेकिन उनकी अपार हानि भी हुई थी। भारत पर भी इस युद्ध का प्रभाव पड़ा और कई जगह विद्रोह हो गए जिसमें भरतपुर, बरकपुर आदि का विद्रोह प्रसिद्ध है।

बर्मा की दूसरी लड़ाई

यंडाबू की संधि से बर्मा की शक्ति पर कोई विशेष रुकावट नहीं आई। सन् 1837 ई. में बर्मा का राजा मर गया और तब उसका भाई थरावड़ी बर्मा की गद्दी पर बैठा। उसने यंडाबू की संधि की अवहेलना कर दी। उसका कहना था—The english beat my brother, not me, the treaty of a yandabo is not binding on me, for I did not make it. इतना ही नहीं, वह बर्मा स्थित अंग्रेज व्यापारियों पर अत्याचार करने लगा। उसने रेजिडेंट की बात मानने से इनकार कर दिया। इसी समय लॉर्ड डलहौजी गवर्नर जनरल बनकर आया। उसने एक फौजी अफसर को एक जहाजी बेड़े के साथ बर्मा भेजा। वहाँ के राजा से यह माँग की गई कि रंगून के गवर्नर को हटा दिया जाए और अंग्रेज व्यापारी को हर्जाना दिया जाए। बर्मा का राजा डरकर संधि करने को तैयार हो गया तभी अंग्रेज और बर्मी जहाजी बेड़े में झगड़ा हो गया और गोली भी चली। अंग्रेज अफसरों के साथ बर्मा के राजा का व्यवहार भी बड़ा कठोर हुआ। अत: इन सब कारणों से बिगड़कर डलहौजी ने युद्ध की घोषणा कर दी। इस प्रकार दूसरा बर्मा युद्ध आरंभ हुआ। सन् 1821 ई. में रंगून पर अधिकार कर लिया गया। रंगून के बाद बेसिन, प्रोम और पेगू पर भी अधिकार कर लिया गया। इस प्रकार बर्मा का दक्षिणी भाग अंग्रेजों के अधिकार में आ गया। बंगाल की खाड़ी के समूचे पूर्वी किनारे पर अब कंपनी का अधिकार हो गया।

बर्मा की तीसरी लड़ाई

बर्मा की दूसरी लड़ाई के बाद ही तीसरी लड़ाई प्रारंभ हो गई। सन् 1878 ई. में बर्मा की गद्दी पर थीबा नामक राजा बैठा। उसने अंग्रेजों के प्रति और भी अधिक कठोरता की नीति बरती। उनके व्यापारिक नियम अधिक कठोर कर दिए गए। अंग्रेजों के विरुद्ध उसने इटली, जर्मनी, फ्रांस आदि देशों के साथ व्यापारिक संबंध स्थापित करने की चेष्टा की। इस समय लॉर्ड डफरिन भारत के गवर्नर

जनरल थे। उन्होंने बर्मा के राजा का ऐसा रुख देखकर उसे धमकाया भी, लेकिन थीबा पर इसका कोई प्रभाव नहीं पड़ा। उलटे उसने एक अंग्रेजी संस्था पर 25 लाख रुपए का जुरमाना कर दिया। डफरिन ने इसकी जाँच की माँग की, लेकिन थीबा ने इस माँग को ठुकरा दिया। लाचार होकर डफरिन ने युद्ध की घोषणा कर दी। यही बर्मा के साथ अंग्रेजों की तीसरी लड़ाई थी। इस युद्ध में भी अंग्रेजों की जीत हुई। उत्तरी बर्मा अंग्रेजी साम्राज्य में मिला लिया गया। उस समय से बर्मा भारत का ही प्रांत बना रहा। सन् 1935 ई. में भारत-शासन अधिनियम के अनुसार वह भारत से अलग कर दिया गया। सन् 1948 ई. में वह स्वतंत्र राज्य घोषित हो गया।

लॉर्ड विलियम बेंटिक (सन् 1828-1835 ई.)

लॉर्ड एमहर्स्ट के बाद लॉर्ड विलियम बेंटिक गवर्नर जनरल बनकर आया। बेंटिक का शासनकाल अंग्रेजी इतिहास में शांति और सुव्यवस्था के लिए प्रसिद्ध है। लॉर्ड एमहर्स्ट की साम्राज्यवादी नीति के चलते कंपनी को अनेक लड़ाइयों में जूझना पड़ा था। जिसके चलते उसका खजाना खाली पड़ गया था। लगातार युद्ध होते रहने से अंग्रेज सेना भी ऊब गई थी। जनता का जीवन अलग तबाह हो रहा था। लॉर्ड बेंटिक स्वयं सुधारवादी प्रकृति का व्यक्ति था। अत: इन सभी कारणों के चलते उसने सुधार की नीति अपनाई। बेंटिक के संबंध में रॉबर्ट्स ने लिखा है—"नि:संदेह वह पहला गवर्नर जनरल था जिसने खुलेआम इस सिद्धांत पर आचरण किया कि भारत में अंग्रेजी सरकार का मुख्य कर्तव्य प्रत्युत प्राथमिक कर्तव्य शासितों के हित के लिए शासन करना है।" लेकिन इसका यह अर्थ नहीं है कि बेंटिक साम्राज्य विस्तार की नीति का विरोधी था। यद्यपि हृदय से वह साम्राज्य का विस्तार करना चाहता था। लेकिन खजाना खाली होने के कारण वह किसी ऐसे युद्ध में नहीं फँसना चाहता था जिसमें अधिक व्यय हो। फिर भी बिना व्यय के जहाँ भी उसे अवसर मिला, उसने साम्राज्य का विस्तार किया।

राज्य विस्तार

सन् 1831 ई. में बेंटिक ने अव्यवस्थित शासन का बहाना बनाकर मैसूर

के राज्य को कंपनी के अधिकार में कर लिया और वहाँ के शासक को पेंशन दे दी गई। इसी प्रकार 1832 ई. में कछार और 1835 ई. में जयंतिया का राज्य भी अंग्रेजी राज्य में मिला लिया गया। सन् 1834 ई. में कुर्ग का छोटा सा राज्य भी वेंटिंक ने ले लिया। उस समय सिखों की शक्ति रणजीत सिंह के नेतृत्व में बढ़ रही थी। अत: बेंटिक ने रणजीत सिंह से संधि कर ली।

बेंटिक के सुधार

1. आर्थिक सुधार
   - (क) सैनिक समिति और सिविल समिति की स्थापना
   - (ख) सैनिकों का भत्ता बंद
   - (ग) कर्मचारियों के वेतन में कमी
   - (घ) बेकार सैनिकों की बरखास्तगी
   - (ङ) अफीम के व्यापार पर नियंत्रण
   - (च) चाय की खेती
   - (छ) अपील और सर्किट अदालत बंद
2. भूमि सुधार
3. लगान प्रबंध
4. भारतीयों की नियुक्ति
5. न्याय सुधार
6. शिक्षा सुधार
7. सामाजिक सुधार
   - (क) सती प्रथा, नरबलि, शिशु हत्या आदि पर रोक
   - (ख) ठगों का अंत
8. स्वतंत्र विचार
9. वैधानिक सुधार

बेंटिक के सुधार

1. आर्थिक सुधार

जैसा कि ऊपर लिखा गया है, लगातार के युद्धों के चलते कंपनी का खजाना बिल्कुल खाली हो गया था। अतः बेंटिक ने सबसे पहले कंपनी की आर्थिक दशा सुधारने की ओर ध्यान दिया। आय के साधनों को बढ़ाने के लिए उसने सैनिक और सिविल समिति नाम की दो समितियाँ बनाईं, जो आय के साधनों को बढ़ाने के उपाय सोचती थी। बेंटिक ने सैनिकों को दिए जानेवाले भत्ते बंद कर दिए तथा राजकर्मचारियों के वेतन में कटौती कर दी। बहुत से ऐसे सैनिक थे, जो बेकार थे। ऐसे सैनिकों को निकाल दिया गया। इन सैनिकों ने विद्रोह भी किया, लेकिन उनका विरोध तुरंत दबा दिया गया। बेंटिक ने प्रांतीय अपील अदालतों और सर्किट अदालतों का अंत कर दिया। मालवा के अफीम पर टैक्स लगा दिया गया। अफीम का उचित रीति से एकाधिपत्य वाणिज्य कंपनी की ओर से प्रचलित करा दिया गया। आसाम और कछार में चाय की खेती शुरू की गई। इन सभी कारणों से कंपनी की आय में काफी वृद्धि हुई।

भूमि सुधार

राजा ने जागीरदारों को बहुत सी जमीन दे दी थी। बेंटिक ने इस प्रकार की सभी भूमियों की जाँच कराई और जमीन के मालिकों से जमीन के प्रमाण-पत्र माँगे। जिसने प्रमाण-पत्र नहीं दिया उसकी भूमि जब्त कर ली गई। इस प्रकार कंपनी को बहुत जमीन प्राप्त हो गई।

लगान प्रबंध

उत्तर-पश्चिमी प्रांतों में पुनः भूमि का बंदोबस्त किया गया और उपज के अनुसार कर निर्धारित किया गया।

शासन में भारतीयों की नियुक्ति

बेंटिक ने भारतीयों को भी सरकारी नौकरी में ऊँचा पद देना प्रारंभ किया। इससे दो फायदे हुए। भारतीय कर्मचारी को कम वेतन दिया जाता था। इससे

आर्थिक लाभ हुआ और दूसरा फायदा यह हुआ कि भारतीयों में जो असंतोष फैला हुआ था, वह दूर हो गया।

न्याय सुधार

न्याय विभाग में तीन बड़े दोष व्याप्त थे—देरी, फिजूलखर्ची और अनिश्चितता। अत: बेंटिक ने प्रांतों की अपील और दौरा अदालतें बंद कर दीं। दीवानी अदालतों का कार्यभार सदर अदालत को दे दिया गया। इसी प्रकार सेशन का कार्य कमिश्नर के हाथ में दे दिया गया, लेकिन बाद में यह कार्य जिला जज के हाथ में आ गया। न्यायालय की भाषा उर्दू घोषित हुई। कलेक्टर और मजिस्ट्रेट का पद एक ही कर दिया गया।

शिक्षा सुधार

सर्वप्रथम सन् 1813 ई. में चार्टर अधिनियम द्वारा कंपनी ने भारत में शिक्षा के लिए प्रत्येक वर्ष 1 लाख रुपए की स्वीकृति दी लेकिन उस धन के व्यय का निश्चय नहीं हो सका। मैकाले की नीति मानकर बेंटिक ने अंग्रेजी भाषा द्वारा शिक्षा देने का कार्य आरंभ किया। उसने घोषणा की—"अंग्रेजी शासन का मुख्य उद्देश्य भारतीयों को साहित्य तथा विज्ञान का ज्ञान प्राप्त कराना है। इसीलिए कंपनी सरकार द्वारा शिक्षा की मद में दिया जाने वाला सारा धन केवल अंग्रेजी शिक्षा पर ही व्यय किया जाना चाहिए।" इसी उद्देश्य से कलकत्ता में एक मेडिकल कॉलेज और बंबई में एलफिंस्टन कॉलेज खोला गया।

सामाजिक सुधार

बेंटिक ने भारतीयों के सामाजिक और धार्मिक क्षेत्र में भी हस्तक्षेप किया और तत्कालीन समाज की कई बुराइयों को दूर किया। सबसे पहले उसने कानून बनाकर सती प्रथा को रोक दिया। बेंटिक की इस सफलता पर हेग ने लिखा है—This was the most daring inter ference with religious and Social customs undertaking by the companys Govt. इसके अलावा नरबलि, शिशु हत्या, स्त्री व्यापार आदि अनैतिक कार्यों को भी दूर किया। उस समय समाज में ठगों का प्रकोप बढ़ गया था। ये ठग आदमियों

को मारकर उसकी संपत्ति छीन लेते थे। बेंटिक ने इन सभी ठगों को मरवा डाला अथवा कैद कर लिया।

स्वतंत्र विचार

बेंटिक ने जनता को अपने विचार व्यक्त करने की स्वतंत्रता दी। यह स्वतंत्रता प्रेसों को भी दी गई जिससे जनता सरलता एवं स्वतंत्रतापूर्वक अपने विचारों का आदान-प्रदान करती थी। इसके अलावा बेंटिक ने कई वैधानिक सुधार भी किए। अपने इन्हीं सुधारों के कारण वह भारतीयों के दिल में बस गया। रॉबर्ट्स के शब्दों में—The peaceful and financially prosperous administration and obtdly did the east India Company a great service.

अंग्रेज और अफगानिस्तान

लॉर्ड बेंटिक के इंग्लैंड लौट जाने के बाद कुछ दिनों तक चार्ल्स मेटकाफ गवर्नर जनरल रहा। लेकिन सन् 1836 ई. में ऑकलैंड ने गवर्नर जनरल के पद का भार ग्रहण किया। आते ही सबसे पहले उसे अफगानिस्तान से उलझना पड़ा।

अफगानिस्तान की समस्या

भारत के लिए उत्तरी-पश्चिमी सीमा हमेशा सिरदर्द रही, क्योंकि इसी रास्ते होकर भारत पर हमेशा आक्रमण होते रहे हैं थे। इस बात को ध्यान में रखकर सभी भारतीय राजाओं ने इस सीमा की सुरक्षा का भरपूर प्रयत्न किया था। मुगलों के काल में नादिरशाह और अहमदशाह का आक्रमण इसी रास्ते हुआ था। अंग्रेजों के काल में भी रूस के आक्रमण का भय बना हुआ था। अफगानिस्तान और सिंधु नदी के बीच का पहाड़ी भाग उत्तर-पश्चिमी सीमा का काम करता है। अत: अफगानिस्तान का महत्त्व है। जब उत्तर-पश्चिम में अंग्रेजी राज्य का विस्तार होते-होते सतलज नदी तक पहुँच गया तब अंग्रेजों के लिए अफगानिस्तान के साथ राजनीतिक संबंध रखना आवश्यक हो गया। सन् 1826 ई. में दोस्त मुहम्मद अगानिस्तान का अमीर बना। इस समय उसके चारों ओर दुश्मन लगे थे। "उत्तर में बल्ख में विद्रोह हो रहे थे, दक्षिण में उसका भाई कांधार में डटा था, पूरब में रणजीत सिह तंग कर रहा था और पश्चिम में फारस में षड्यंत्र चल रहा था।"

रूस अंग्रेजों को भयभीत करने के लिए अफगानिस्तान से संधि करना चाहता था। यह सब देख-सुनकर अंग्रेज घबरा गए और उन्होंने दोस्त मुहम्मद को अपनी ओर करना चाहा। वह भी बाहरी आक्रमण से रक्षा के लिए अंग्रेजों से सहायता पाना चाहता था।

प्रथम अंग्रेज-अफगान युद्ध (1838-1842 ई.)

लॉर्ड ऑकलैंड ने दोस्त मुहम्मद को अपनी नीति स्पष्ट करते हुए कहा कि दूसरे स्वतंत्र राज्यों के मामले में हस्तक्षेप करना अंग्रेजी सरकार की नीति के विरुद्ध है। लाचार होकर दोस्त मुहम्मद ने रूस के साथ बातचीत चलाई। इसी समय ब्रिटिश प्रधानमंत्री पार्मस्टन ने ऑकलैंड से रूसी प्रभाव रोकने को कहा। अतः ऑकलैंड ने दोस्त मुहम्मद के पास अपने दूत भेजे। दोस्त मुहम्मद अंग्रेजों से संधि करने के लिए तैयार हो गया, लेकिन उसने एक शर्त रखी कि रणजीत सिंह से पेशावर लेने में अंग्रेज उसकी सहायता करें। लेकिन ऑकलैंड को यह शर्त मंजूर नहीं हुई। फलतः दोनों में कोई संधि नहीं हो सकी। लाचार होकर दोस्त मुहम्मद ने रूस के साथ संधि कर ली। अब ऑकलैंड को अपनी भूल मालूम हुई। अब उसने दोस्त मुहम्मद को गद्दी पर से उतारकर शाहशुजा को गद्दी पर बैठाना चाहा और इसके लिए ऑकलैंड, रणजीत सिंह और शाहशुजा से एक संधि हुई। यह संधि त्रिदलीय संधि के नाम से विख्यात है। इस संधि के अनुसार शाहशुजा को काबुल की गद्दी पर बैठाने की बात तय हुई और शाहशुजा ने प्रतिज्ञा की कि वह रणजीत सिंह तथा अंग्रेजों से हमेशा मित्रतापूर्ण संबंध रखेगा। अब ऑकलैंड ने दोस्त मुहम्मद के कार्यों को गलत बताकर उसके विरुद्ध युद्ध छेड़ दिया। यही अफगानों के साथ अंग्रेजों की पहली लड़ाई थी। युद्ध में अमीर की हार हो गई और अफगानिस्तान पर अंग्रेजों का कब्जा हो गया। शाहशुजा को अफगानिस्तान की गद्दी पर बैठाया गया। लेकिन 'की' के अनुसार—"उसका राजधानी में प्रवेश करना एक मृत शरीर के जुलूस के समान था।" (It was more like a funeral procession than the entry of King into the capital of his restored dominos.) शाहशुजा एक अयोग्य बादशाह था। जनता इससे खुश न हो सकी। अंत में दोस्त मुहम्मद के लड़के अकबर खाँ के नेतृत्व में भीषण विद्रोह शुरू हो गया। इसी समय रणजीत सिंह की मृत्यु

हो जाने के कारण सिखों से सहायता मिलने की आशा जाती रही। ऑकलैंड ने विद्रोह को दबाना चाहा, लेकिन उसे सफलता नहीं मिली और लाचार होकर उसे विद्रोहियों से अपमानजनक संधि कर लेनी पड़ी। अब दोस्त मुहम्मद पुनः गद्दी पर बैठाया गया और अंग्रेजों को काबुल छोड़ देना पड़ा। जिस समय अंग्रेजी सेना भारत लौट रही थी उसी समय अफगान उन पर टूट पड़े। 19000 सेना में केवल एक व्यक्ति शेष बचा। जब इस घटना की सूचना ऑकलैंड को मिली तो वह बेहद घबरा गया। उसने एक वक्तव्य निकालकर अपनी भूल पर परदा डालने का प्रयास किया और पुन: अपनी खोई प्रतिष्ठा प्राप्त करने का प्रयास किया। लेकिन इन बातों की खबर इंग्लैंड भी पहुँची और ऑकलैंड वापस बुला लिया गया।

लॉर्ड एलेनबरा (सन् 1842–1844 ई.)

अफगान युद्ध का अंत

ऑकलैंड के बाद लॉर्ड एलेनबरा गवर्नर जनरल बनकर भारत आया। उसने आते ही ऑकलैंड की नीति का त्याग कर दिया और अफगानों के आंतरिक मामले में हस्तक्षेप न करने का निश्चय किया। लेकिन उसने यह जरूरी समझा कि ऑकलैंड के कारण अंग्रेजों की प्रतिष्ठा पर जो आघात पहुँचा है, उस प्रतिष्ठा को पुन: कायम किया जाए। अत: अफगानों को हराना जरूरी था। इसके लिए सिंध से एक बड़ी सेना चली। अफगानों को हरा दिया गया। अंग्रेजों से अफगानों ने कसकर बदला लिया। काबुल के बाजार को बारूद से उड़ा दिया गया। अंग्रेज कैदियों को छुड़ा लिया गया। गजनी के किले को नष्ट-भ्रष्ट कर दिया गया। ग्यारहवीं शताब्दी में महमूद गजनी सोमनाथ का जो फाटक लेता गया था, उसे भी छीन लिया गया। इस प्रकार आठ सौ वर्ष का बदला चुका लिया गया। अंग्रेजी फौज अफगानिस्तान से लौट आई। एलेनबरा ने अफगानों के आंतरिक मामले में हस्तक्षेप नहीं करने की घोषणा की। उसने कहा—''गवर्नर जनरल अफगानों के द्वारा किसी ऐसी सरकार को, जो पड़ोस के राज्यों के साथ शांति बनाए रखने की इच्छुक हो, और उनके योग्य हो, स्वेच्छा से स्वीकार करने को तैयार है।'' दोस्त मुहम्मद बिना किसी शर्त के अमीर बना, जो सदा अंग्रेजों का मित्र बना रहा।

सिंध विजय

सिंध पर अंग्रेजों की आँख बहुत पहले से लगी हुई थी। अफगान युद्ध के कारण उनके लिए सिंध विजय और भी आवश्यक हो गई। रणजीत सिंह भी सिंध पर अपना अधिकार करना चाहता था। लेकिन अंग्रेजों ने ऐसा नहीं होने दिया। रणजीत सिंह ने सिंध के बँटवारे का भी प्रस्ताव रखा, लेकिन अंग्रेजों को यह भी मान्य नहीं हुआ, क्योंकि वे तो खुद ही उस पर कब्जा करना चाहते थे। अत: सन् 1839 ई. में लॉर्ड ऑकलैंड ने सिंध के अमीरों के साथ एक संधि की। इस संधि के अनुसार अमीरों ने अपने राज्य में एक अंग्रेजी सेना रखना स्वीकार किया और उसके खर्च के लिए तीन लाख रुपए देने चाहे। बदले में अंग्रेजों ने भी रणजीत सिंह से उसकी रक्षा करने का वचन दिया। तब से कंपनी के साथ सिंध का अच्छा संबंध था। जब एलिनबरा आया तब उसने सिंध को कंपनी के राज्य में मिला लेना चाहा। उसने सिंध के अमीरों पर गैर-वफादारी का झूठा आरोप लगाकर संधि के लिए बाध्य किया और चार्ल्स नेपियर की अधीनता में एक सेना भी भेज दी। इस सेना ने जबरन इमानगढ़ के किले पर आक्रमण कर लिया। फलत: बलूचियों ने क्रोधित होकर अंग्रेज रेजिडेंसी पर आक्रमण कर दिया। एलेनबरा को मौका मिला और उसने युद्ध की घोषणा कर दी। यही सिंध के साथ अंग्रेजों की लड़ाई थी। दो युद्धों में अमीरों की बुरी तरह हार हुई और सन् 1843 में उसने अंग्रेजों से संधि कर ली। सिंध अंग्रेजी राज्य में मिला लिया गया। अमीर निष्कासित कर दिए गए और नेपियर वहाँ का गवर्नर बना। सिंध पर अंग्रेजों के आक्रमण की काफी निंदा हुई। 'इन्स' ने लिखा है—''यदि अफगान घटना हमारे भारतीय इतिहास में सबसे अधिक विनाशकारी है तो नैतिक दृष्टि से सिंध की घटना और भी अधिक लज्जाजनक है।'' खुद 'नेपियर' ने लिखा था—''हम लोगों को सिंध पर अधिकार स्थापित करने का कोई अधिकार नहीं है, तो भी हम लोग उसे अपने अधिकार में अवश्य करेंगे और यह बहुत ही लाभदायक, उपयोगी और मानवीय ढंग की शैतानी होगी।'' इस प्रकार सिंध को अंग्रेजों ने अनीतिपूर्वक जीता।

ग्वालियर पर आक्रमण

ग्वालियर का राजा जनकोजी सन् 1843 ई. में नि:संतान मर गया। उसकी मृत्यु के बाद जयाजीराव नाम का एक नाबालिग लड़का गद्दी पर बैठाया गया।

एलेनबरा ने वहाँ की आंतरिक परिस्थिति से लाभ उठाना चाहा। उसने जनकोजी के मामा को रेजिडेंट नियुक्त किया। लेकिन लोगों ने उसका विरोध किया। अतः एलेनबरा ने ग्वालियर पर आक्रमण कर दिया। महाराजपुर और पनियार के युद्ध में मराठे हार गए और उन्होंने अंग्रेजों से संधि कर ली। इस प्रकार ग्वालियर पर कंपनी का अधिकार हो गया। ग्वालियर की सेना घटा दी गई और वहाँ एक मंत्रिमंडल की स्थापना हुई।

अंग्रेज और सिख

सिखों की स्थिति

सिंध के बाद पंजाब की बारी आई। जिस समय अंग्रेज भारत के अन्य भागों में अपना राज्य कायम करने में लगे हुए थे। उस समय पंजाब में सिखों की शक्ति का विकास हो रहा था। पानीपत की तीसरी लड़ाई से पहले पंजाब पर मराठों का अधिकार था, लेकिन अब्दाली के आक्रमण से पंजाब में अराजकता फैल गई। इस अव्यवस्था का फायदा उठाकर सिखों ने समूचे पंजाब पर अधिकार जमा लिया। समूचा पंजाब 12 मिस्लों में बँट गया और प्रत्येक मिस्ल पर एक-एक शासक स्वतंत्र रूप से शासन करने लगा। इनमें परस्पर के प्रेम का अभाव था। अतः 18वीं शताब्दी में रणजीत सिंह ने सभी मिस्लों को जीतकर पंजाब में एक सुदृढ़ केंद्रीय शासन की स्थापना की।

रणजीत सिंह का प्रारंभिक जीवन

रणजीत सिंह का जन्म नवंबर 1780 में हुआ था। उनके पिता का नाम महान् सिंह था। ये सकुरचकिया मिस्ल के नेता थे। जब रणजीत सिंह केवल 12 वर्ष के थे तभी उनके पिता की मृत्यु गुजरानवाला में हो गई। अतः रणजीत सिंह की शिक्षा-दीक्षा उचित रीति से नहीं हुई। उनका मन शिकार खेलने और सैनिक कार्यों में अधिक लगता था। सन् 1798 ई. में जब काबुल के शासक जामाशाह ने पंजाब पर आक्रमण किया तब रणजीत सिंह ने उसकी सहायता की थी। अतः खुश होकर जामाशाह ने उसे लाहौर का सूबेदार बना दिया। इससे रणजीत सिंह की प्रतिष्ठा बहुत अधिक बढ़ गई और वे अब अपनी शक्ति के विकास की दिशा

में लग गए। पंजाब के सभी मिस्लों पर अधिकार करने के बाद उन्होंने सतलज नदी के पश्चिम के सभी इलाकों को जीत लिया। सन् 1808 ई. में भंगियों को हराकर अमृतसर पर भी अधिकार कर लिया गया। इसी प्रकार सन् 1807 ई. में लुधियाना पर उसका अधिकार हो गया।

अमृतसर की संधि

रणजीत सिंह यमुना और सतलज के बीच के प्रदेशों को जीतना चाहता था। उसके पार के मिस्लों पर अधिकार करने के उद्‌देश्य से उसने तीन बार आक्रमण भी किया। उसकी इस बढ़ती हुई शक्ति से अंग्रेज घबरा रहे थे और उसे कुचलने का उपाय सोच रहे थे। लेकिन इस समय फ्रांसीसी आक्रमण का डर था। अतः लॉर्ड मिंटो ने रणजीत सिंह से संधि कर लेने में ही फायदा देखा। इसी समय नाभा और पाटियाला के शासकों ने रणजीत सिंह के विरुद्ध अंग्रेजों से सहायता माँगी। अंग्रेजों ने सेना भेज दी। रणजीत सिंह ने भी अंग्रेजों से संधि कर लेने में ही अपना कल्याण समझा। फलतः सन् 1809 ई. में दोनों के बीच संधि हो गई। यह संधि अमृतसर की संधि के नाम से विख्यात है। इस संधि के अनुसार दोनों में दोस्ती कायम हो गई। लुधियाना में अंग्रेजी सेना तैनात कर दी गई। अंग्रेजों ने सतलज के उत्तर की ओर हस्तक्षेप नहीं करने का वादा किया।

अमृतसर की संधि से रणजीत सिंह की महत्त्वाकांक्षा को बहुत बड़ा धक्का लगा। सभी मिस्लों को जीतकर राजा बनने का उसका ख्वाब टूट गया। फिर भी साम्राज्य विस्तार की लालसा नहीं मिटी। अतः अब उसने अपने कार्य क्षेत्र का विस्तार उत्तर, उत्तर-पश्चिम और पश्चिम की ओर किया। इसी उद्‌देश्य से उसने सन् 1819 ई. में मुलतान पर अधिकार कर लिया। इसी प्रकार सन् 1819 ई. में कश्मीर तथा 1824 ई. में सिंधु नदी को पार कर पेशावर पर अधिकार कर लिया। इसी समय रूसी प्रभाव बढ़ रहा था, जिससे अंग्रेज डर रहे थे। इसी कारण बेंटिक ने पुनः रणजीत सिंह से संधि दोहराई और मित्रता की संधि की। रणजीत सिंह सिंध पर भी आक्रमण की योजना बना रहा था। लेकिन अंग्रेजों के विरोध के कारण उसे सफलता नहीं मिली। सन् 1839 ई. में इस महान् पुरुष का देहांत हो गया।

रणजीत सिंह का चरित्र

1. प्रभावशाली व्यक्तित्व
2. कूटनीतिज्ञ और राजनीतिज्ञ
3. कुशल सेनानायक
4. तेज स्मरण शक्ति
5. धार्मिक बातों में उदार
6. सफल शासक
7. विलासी

रणजीत सिंह का चरित्र भारतीय इतिहास के महान् चरित्रों में आता है। उनकी आकृति अच्छी न थी, चेचक के कारण उनकी एक आँख जाती रही थी। उनकी आकृति के संबंध में वैरनलेगल ने लिखा है—''मैं उन्हें पंजाब में सबसे कुरूप तथा आकर्षणहीन मानता हूँ, क्योंकि सारे पंजाब में ऐसा अन्य कोई व्यक्ति नहीं देखा।'' फिर भी उनका व्यक्तित्व आकर्षक था। जो भी उनके संपर्क में आता था, उस पर गहरा प्रभाव पड़ता था। रणजीत सिंह सफल कूटनीतिज्ञ और राजनीतिज्ञ थे। अंग्रेजों की चाल से वे भलीभाँति परिचित थे। उन्होंने पंजाब को अव्यवस्था की स्थिति से निकालकर वहाँ एक सुदृढ़ केंद्रीय शासन की स्थापना की। वे एक कुशल सैनिक संगठनकर्ता थे। उन्होंने सेना में कई मौलिक सुधार किए। सैनिकों के साथ उनका व्यवहार कोमल था। सैनिक भी उनके लिए जान देते थे। यद्यपि वे पढ़े-लिखे नहीं थे। फिर भी उनकी स्मरण शक्ति तेज थी। धार्मिक बातों में वह अत्यंत उदार थी। वे कट्टर सिख थे पर अन्य संप्रदायवालों के साथ उनका व्यवहार अच्छा था। वह केवल विजेता ही नहीं थे वरन् सफल शासक भी थे। उन्होंने शासन में कई सुधार किए। युद्ध में वह घबराते नहीं थे। 'गिफिन' के शब्दों में—''वह एक बाँका सिपाही था—दृढ़, चुस्त, साहसी तथा धैर्यशाली।'' उनमें कुछ व्यक्तिगत दोष थे। वह शराब पीते थे तथा विलासी थे, लेकिन उनके इन दुर्गुणों से राजकार्य में कभी बाधा उपस्थित नहीं हुई। सब कुछ मिलाकर वह एक महान् चरित्र थे। उनके इन्हीं गुणों के कारण उन्हें 'पंजाब केसरी' कहा गया है।

रणजीत सिंह का शासन प्रबंध

रणजीत सिंह एक विजेता ही नहीं कुशल शासक भी थे। उन्होंने शासन का उचित प्रबंध किया। रणजीत सिंह ने अपनी शासन व्यवस्था में मुगलों की व्यवस्था का अनुकरण किया, फिर भी उनका शासन प्रबंध उत्तम था।

1. प्रांतीय शासन
2. भूमि व्यवस्था
3. न्याय व्यवस्था
4. सैनिक व्यवस्था

प्रांतीय शासन

शासन की सुविधा के लिए रणजीत सिंह ने अपने समस्त राज्य को चार प्रांतों में बाँट दिया था। ये प्रांत कश्मीर, मुलतान, लाहौर और पेशावर थे। प्रांतों के नीचे परगना होता था। प्रत्येक प्रांत में एक 'नाजिम' होता था जिसकी नियुक्ति रणजीत सिंह स्वयं करते थे। नाजिम प्रजा के सुख-दुःख का ध्यान रखता था। वह नागरिक और सैनिक दोनों प्रकार के शासन के लिए उत्तरदायी था। परगना तालुकों में बँटा था और प्रत्येक तालुक में 5 से 10 मौजे होते थे। तालुक में एक कारदार होता था। शासन में योग्य व्यक्ति रखे जाते थे।

भूमि व्यवस्था

जमीन पर जमींदारों और सरदारों का अधिकार था। वे किसानों से मालगुजारी वसूल करके राजकोष में जमा करते थे। कर के रूप में किसानों से उपज का 1/3 से 3/5 भाग तक लिया जाता था। इसके अलावा राज्य की आय के और भी कई साधन थे। लगान वसूलनेवाले पदाधिकारी को करदार कहते थे। अकाल या बाढ़ से फसल की क्षति के समय सरकार की ओर से किसानों की सहायता की जाती थी।

न्याय व्यवस्था

न्याय का सबसे बड़ा हाकिम स्वयं राजा था। वह मुकदमों की अपील सुना करता था। राज्य में लिखित कानून का अभाव था और न निश्चित दंड विधान थे।

मुकदमों का फैसला प्राचीन रीति-रिवाज के अनुसार होता था। शहरों में करदार न्यायाधीश का कार्य करता था और गाँव में ग्राम पंचायतें होती थीं। आधुनिक हाईकोर्ट की तरह राजधानी में एक अदालत उल आला होती थी। न्यायालय दोनों पक्ष से जुरमाने वसूलता था। दंड विधान कठोर थे।

सैनिक व्यवस्था

रणजीत सिंह का शासन सैनिक था, अतः उसने सेना का सुंदर प्रबंध किया था। उसने अपनी सेना को यूरोपीय ढंग से शिक्षित किया। उसकी सेना तीन भागों में बँटी थी—फौज-ए-खास, फौजे कवायद, और फौजे-बे-कवायद। अश्वारोहियों की जगह उसने पैदल सेना और तोपखाने को अधिक महत्त्व दिया।

पैदल सेना में 38000 सैनिक थे। सेना में अनुशासन पर अधिक बल दिया जाता था। सैनिकों के हितों का खयाल रखा जाता था। उन्हें नगद वेतन दिया जाता था। अंग्रेजों ने भी रणजीत सिंह की सेना की प्रशंसा की है।

प्रथम सिख युद्ध

सन् 1839 ई. में रणजीत सिंह की मृत्यु हो गई। उनके मरते ही सिखों में आपसी कलह प्रारंभ हो गई। एक के बाद एक कई कमजोर और अयोग्य नेता गद्दी पर बैठे। अंत में सन् 1843 ई. में नाबालिग दलीप सिंह गद्दी पर बैठा और उसकी माँ रानी झिंदन उसकी संरक्षिका बनी। रानी झिंदन सिद्धांत शून्य नारी थी। अतः उसके समय में सेना का प्रभाव बहुत अधिक बढ़ गया और सेना ही राज्य का वास्तविक शासक बन बैठी। ऐसी स्थिति में सिख सरदारों ने सेना के प्रभाव को कम करने के लिए उसे अंग्रेजों से भिड़ा देना आवश्यक समझा। सरदारों ने सोचा था कि अगर खालसा सेना जीत गई तो उसे सारा हिंदुस्तान विजय करने में लगा रहना पड़ेगा और यदि हार गई तो उसकी शक्ति कम हो जाएगी। अतः सरदारों ने खालसा सेना को अंग्रेजों के विरुद्ध उभार दिया। उन्होंने सेना को विश्वास दिलाया कि अंग्रेज पंजाब को जीतना चाहते हैं। इसी समय सतलज की ओर ब्रिटिश सेना जमा हो रही थी। सतलज पर पुल बनाया जा रहा था। लुधियाना, अंबाला आदि स्थानों पर अंग्रेजी सेना पहले से थी। अतः खालसा सेना को पूरा विश्वास हो गया। सेना ने सन् 1845 ई. में सतलज को

पार कर लिया और अंग्रेजों पर टूट पड़े। इस समय लॉर्ड हार्किंज गवर्नर जनरल था। उसने युद्ध की घोषणा कर दी। इस प्रकार प्रथम सिख-अंग्रेज युद्ध प्रारंभ हो गया। मुदकी, फिरोजशाह अलीवाल और सोवराव में युद्ध हुआ। इन चारों स्थलों पर सिखों की हार हो गई। "सिखों में जीवटवाले और कार्य संपादन करनेवाले बहुतेरे व्यक्ति थे। परंतु सबों को संचालित करनेवाला और उनमें प्राण संचार करनेवाला कोई व्यक्ति नहीं था।" अत: सिखों की पारस्परिक फूट और कलह के कारण उनकी हार हो गई। इस युद्ध में अंग्रेजों को भी काफी हानि उठानी पड़ी थी। अंत में दोनों में 'लाहौर की संधि' हो गई।

लाहौर की संधि

सन् 1846 ई. में अंग्रेज और सिखों के बीच लाहौर की संधि हो गई। इस संधि के अनुसार सतलज के बाईं ओर के सभी इलाके अंग्रेजों को मिले। सिखों को हर्जाने के रूप में डेढ़ करोड़ रुपए देना पड़ा और उनकी सैनिक संख्या घटा दी गई। लाहौर में दलीप सिंह की रक्षा के लिए एक अंग्रेजी सेना रख दी गई। यह निश्चित हुआ कि बिना कंपनी की आज्ञा से राजा किसी अन्य यूरोपियन को अपने यहाँ नहीं रखेगा। अंग्रेजों ने दलीप सिंह को राजा मान लिया और उसके आंतरिक मामलों में हस्तक्षेप न करने का वादा किया। सिख राज्य को छोटा करने के उद्देश्य से अंग्रेजों ने जम्मू और कश्मीर का इलाका गुलाब सिंह के हाथ बेच दिया। सिखों के शासन के लिए 8 व्यक्तियों की एक संरक्षक परिषद बनाई गई और उसे अंग्रेज रेजिडेंट के अधीन कर दिया गया। एक अंग्रेजी फौज पंजाब में रखी गई। जिसका खर्च प्रतिवर्ष 22 लाख सिखों को देना पड़ा। इस तरह लाहौर की संधि से अंग्रेज पंजाब के वास्तविक शासक बन बैठे।

दूसरा सिख युद्ध

लाहौर की संधि स्थायी नहीं हो सकी। सिख आपसी फूट के कारण पहले युद्ध में हारे थे, लेकिन उन्हें अपनी स्वतंत्रता अभी भी प्यारी थी। उनकी शक्ति भी पूर्णत: नष्ट नहीं हुई थी। अत: वे पुन: अंग्रेजों की अधीनता से मुक्त होने का उपाय सोचने लगे। जबकि सिख अंग्रेजों के विरुद्ध क्रुद्ध थे। तभी अंग्रेजों ने रानी झिंदन पर झूठा षड्यंत्र का आरोप लगाकर उसे कैद कर लिया। इसी समय एक

दूसरी घटना घटी। गुलतार के शासक मूलराज के पास अंग्रेजों का बहुत सा रुपया बाकी था। अत: अंग्रेजों ने उसे गद्दी से उतारकर सरदार खानसिंह को वहाँ का शासक बनाया और दो अंग्रेज अफसर के साथ उसे मुलतान भेजा। सिख जनता पहले से क्रुद्ध थी ही, इन दो घटनाओं ने आग में घी का काम किया। जैसे ही अंग्रेज अफसर मुलतान पहुँचे, वहाँ विद्रोह हो गया और दोनों अफसर मार डाले गए। मूलराज विद्रोहियों का नेता बन गया। धीरे-धीरे समूचे पंजाब में विद्रोह की आग फैल गई। अंग्रेजों की ओर से शेरसिंह भेजा गया, लेकिन वह भी विद्रोहियों से मिल गया। सिखों ने पेशावर लौटाकर अफगान को भी मिला लिया। अंत में लॉर्ड डलहौजी ने निम्नलिखित घोषणा के साथ युद्ध छेड़ दिया—"सिख राष्ट्र बिना किसी पूर्व घटना के उदाहरण से प्रभावित हुए लड़ाई की माँग कह रहे थे, महाशयो! मैं शपथ लेकर कहता हूँ कि उनसे इसका प्रतिशोध लिया जाएगा।" इस प्रकार सिखों का दूसरा युद्ध आरंभ हुआ। अंग्रेजों ने छल से शेरसिंह को मूलराज के विरुद्ध कर दिया, फिर भी अकेले मूलराज ने बहादुरी दिखाई। चिलियानवाला और गुजरात में भयंकर युद्ध हुए। अंत में गुजरात के युद्ध में सिखों की हार हो गई और उन्होंने आत्मसमर्पण कर दिया। सन् 1849 ई. के मार्च महीने में डलहौजी ने घोषणा करके पंजाब को अंग्रेजी राज्य में मिला लिया। दलीप सिंह को 5 लाख पेंशन देकर इंग्लैंड भेज दिया गया। वहाँ उसने ईसाई धर्म स्वीकार कर लिया। बाद में वह अपने देश लौटा और पुन: अपने धर्म में दीक्षित हो गया। रानी झिंदन 1853 ई. में लंदन में ही मर गई। मूलराज को फाँसी पर लटका दिया गया। इस प्रकार सिखों की शक्ति भी समाप्त हो गई।

लॉर्ड डलहौजी (सन् 1848-1856 ई.)

लॉर्ड हार्किज के बाद लॉर्ड डलहौजी गवर्नर जनरल बनकर आया। वेलेस्ली की तरह वह भी पूरा साम्राज्यवादी था। उसका शासनकाल साम्राज्य विस्तार और शासन सुधार दोनों दृष्टियों से महत्त्वपूर्ण है।

साम्राज्य विस्तार

डलहौजी छोटे-छोटे देशी राज्यों का अस्तित्व हमेशा के लिए मिटा देना

चाहता था और अंग्रेजी साम्राज्य की सीमा बढ़ाना चाहता था। इसके लिए उसने निम्नलिखित उपाय किए—

1. विजय द्वारा

पंजाब—प्रथम सिख युद्ध के बाद सिख राज्य का कुछ हिस्सा अंग्रेजी राज्य में मिला लिया गया था। लेकिन डलहौजी की नीति समूचे पंजाब को अंग्रेजी राज्य में मिलाने की थी। अत: द्वितीय सिख युद्ध में उसने समूचे पंजाब को ब्रिटिश साम्राज्य में मिला लिया।

बर्मा—इसी प्रकार बर्मा में उसने अंग्रेज व्यापारियों को उद्दंडता करने के लिए उभारा जिसका परिणाम दूसरा अंग्रेज-बर्मा युद्ध हुआ और इसी बहाने दक्षिण बर्मा कंपनी राज्य में मिला लिया गया।

सिक्किम—सिक्किम के राजा ने कुछ अंग्रेज कर्मचारियों को धोखे से बंदी बना लिया था, अत: इस मौके का फायदा उठाते हुए डलहौजी ने सन् 1850 ई. में सिक्किम को भी अपने राज्य में मिला लिया।

2. लैप्स के सिद्धांत द्वारा

अपनी साम्राज्यवादी योजना की सफलता के लिए डलहौजी ने एक नई नीति निकाली जिसे 'राज्य हड़प की नीति' कहते हैं (लैप्स के सिद्धांत)। इस नीति के द्वारा उसने सभी छोटे-छोटे देशी राजाओं को अंग्रेजी राज्य में मिलाया। इस सिद्धांत का अर्थ यह था कि कोई भी देशी राजा बिना कंपनी सरकार की आज्ञा के किसी को गोद नहीं ले सकता है तथा बिना अंग्रेजों की आज्ञा के गोद लिया हुआ पुत्र राज्य का उत्तराधिकारी नहीं हो सकता है। इस सिद्धांत के अनुसार सन् 1849 ई. में सतारा, जैतपुर, संबलपुर, सन् 1850 ई. में उदयपुर, सन् 1852 ई. में झाँसी और नागपुर अंग्रेजी राज्य में मिला लिये गए। डलहौजी की यह नीति हिंदू धर्म विरोधी थी, क्योंकि हिंदू धर्म के अनुसार प्रत्येक हिंदू को गोद लेने का अधिकार था। अत: हिंदू जाति डलहौजी की इस नीति से क्षुब्ध हो गई।

कुशासन के बहाने

डलहौजी ने बहुत से राज्यों को अव्यवस्था और कुशासन के बहाने भी

अंग्रेजी राज्य में मिला लिया। ऐसे राज्यों में अवध का राज्य मुख्य था। डलहौजी ने सेना की सहायता लेकर अवध को अंग्रेजी राज्य में मिला लिया और वहाँ के नवाब वाजिद अलीशाह को 12 लाख वार्षिक पेंशन देकर कलकत्ता भेज दिया।

3. विनियोग द्वारा

निजाम के पास सहायक सेना का बहुत सा कर बाकी था। अतः डलहौजी ने उससे बरार का राज्य लेकर उसे मुक्त कर दिया।

4. पेंशन और उपाधियों का अंत

डलहौजी ने यह घोषणा की कि उपाधियाँ और पेंशन व्यक्तिगत होती हैं। किसी शासक के मरने के बाद अंग्रेजों की आज्ञा से ही उसके उत्तराधिकारी को यह उपाधि या पेंशन दी जा सकती है। इस नियम के अनुसार तंजौर और कर्नाटक के नवाब की उपाधियाँ छीन ली गईं। सन् 1853 ई. में पेशवा बाजीराव द्वितीय की मृत्यु के बाद उसके दत्तक पुत्र नाना साहब की आठ लाख वार्षिक पेंशन छीन ली गई। डलहौजी मुगल सम्राट की उपाधि भी छीनना चाहता था, लेकिन 'कोर्ट ऑफ डायरेक्टर्स' ने इसे अस्वीकार कर दिया।

डलहौजी के सुधार

1. रेल–तार
2. डाक व्यवस्था
3. सैनिक सुधार
4. व्यापारिक सुधार
5. सार्वजनिक निर्माण
6. शिक्षा में सुधार
7. वैभानिक सुधार

शासन प्रबंध

डलहौजी केवल साम्राज्यवादी ही नहीं था, वरन् बहुत बड़ा शासन सुधारक भी था। डलहौजी में अगर वेलेस्ली और हेस्टिंग्स जैसी साम्राज्यवादी प्रवृत्ति थी तो बेंटिक और कार्नवालिस जैसी शासन सुधार की प्रबल इच्छा भी थी। उसके

शासन सुधार की प्रमुख विशेषता यह थी कि वह प्रत्येक चीज को पश्चिमी साँचे में ढालना चाहता था और इस दिशा में उसे बहुत हद तक सफलता भी मिली।

रेल तथा तार

रेल और तार भारतवर्ष में जारी कर डलहौजी ने बहुत बड़ा कार्य किया। सैनिक और व्यापारिक दोनों दृष्टियों से इसका महत्त्व था। इसके शासनकाल में ग्रैंड ट्रंक रोड की मरम्मत हुई। रेल के द्वारा इंग्लैंड का माल देश के एक भाग से दूसरे भाग में पहुँचाया जा सकता था तथा सेना भी आसानी से आ-जा सकती थी। रेलमार्ग से समाचार-पत्रों के द्वारा संपूर्ण देश के शासन को एक केंद्र से नियंत्रण तथा संचालित किया जा सकता था।

डाक व्यवस्था

लॉर्ड क्लाइव के बाद लॉर्ड डलहौजी ने ही डाक प्रथा को आधुनिक रूप दिया। डाक व्यवस्था में जो भ्रष्टाचार फैल गया था, उसे दूर किया गया और टिकट की व्यवस्था चलाई गई।

सैनिक सुधार

डलहौजी साम्राज्यवादी था, अतः सैनिक शक्ति पर उसने अधिक ध्यान दिया। नए-नए सैनिक भरती किए गए। सैनिकों में अनुशासन पालन के लिए नए-नए कानून बनाए गए। सेना को छोटी-छोटी टुकड़ियों में बाँटकर कई जगह पर उसकी छावनियाँ खोली गईं। संपूर्ण सैनिक शक्ति का स्रोत कलकत्ता था। मेरठ को तोपखाने का केंद्र बनाया गया। सभी इतिहासकारों ने डलहौजी के इस कार्य की प्रशंसा की है।

व्यापारिक सुधार

डलहौजी ने व्यापार को प्रोत्साहन दिया। विदेशी पूँजी भारत में लाने के लिए उसने Free Trade की पॉलिसी अपनाई। विदेशियों के लिए भारत के सभी बंदरगाह खोल दिए गए। कई नए बंदरगाहों का निर्माण हुआ और बंदरगाह संबंधी कई सुधार भी हुए। कपास, चाय, कॉफी, जूट आदि की उपज बढ़ाने के लिए उसने कई प्रयोग किए।

सार्वजनिक निर्माण विभाग

इसके पूर्व सार्वजनिक निर्माण कार्य सेना के बोर्ड द्वारा हुआ करता था। लेकिन डलहौजी ने इस कार्य के लिए एक नया विभाग खोला। इसे ही PWD कहते हैं। इस विभाग की सहायता से कई सड़कें बनीं, नहरें खुदवाई गईं जिससे सिंचाई में मदद मिली।

वैधानिक सुधार

डलहौजी ने शासन में सुधार लाने के लिए कितने ही कानून बनाए। इसी के समय में सन् 1853 का चार्टर एक्ट पास हुआ। बहुत सी सामाजिक कुरीतियों को कानून बनाकर दूर किया गया।

शिक्षा में सुधार

डलहौजी के शासनकाल में इंग्लैंड की ओर से सर चार्ल्सवुड को भारत भेजा गया और उन्होंने भारत में शिक्षा संबंधी अपनी रिपोर्ट पेश की। इसके अनुसार कलकत्ता, बंबई और मद्रास में विश्वविद्यालय खुले। इन विश्वविद्यालयों के अंतर्गत कई कॉलेज और स्कूल खोले गए। स्त्री शिक्षा की ओर भी ध्यान दिया गया।

सन् 1857 की क्रांति के लिए डलहौजी का उत्तरदायित्व

लॉर्ड डलहौजी के इंग्लैंड वापस लौटते ही भारत में एक भयंकर विद्रोह हो गया जिसे सिपाही विद्रोह कहते हैं। बहुत से विद्वान् उस विद्रोह के लिए डलहौजी को दोषी बताते हैं। उनके अनुसार डलहौजी की लैप्स नीति के कारण भारतीय राजा अंग्रेजों के कट्टर दुश्मन बन गए। उपाधियों और पेंशन के जब्त हो जाने से भी देशी राजा असंतुष्ट हो गए। स्वतंत्र व्यापार को लेकर भारतीयों का आर्थिक शोषण होने लगा और इन्हीं सब कारणों से 1857 में विद्रोह हुआ। लेकिन इस बात में आंशिक सत्य है। विद्रोह के यही कारण नहीं थे। वरन् उसके कारण तो बहुत पहले से इकट्ठे हो रहे थे।

वैसे डलहौजी ने भारत में कई महत्त्वपूर्ण सुधार भी किए और आधुनिक भारत का निर्माण किया।

प्रश्न—

1. लॉर्ड डलहौजी ने किस प्रकार भारत में ब्रिटिश सत्ता का विस्तार किया? देशी राज्यों को अंग्रेजी अधिकार में मिला लेने की उसकी नीति की इस देश में क्या प्रतिक्रिया हुई? (सेवा. 1958 वा. 1962 पू.)
2. लॉर्ड विलियम बेंटिक ने कौन-कौन से सुधार किए? (से.वो. 1959 पू.ए 1961 वा.)
3. 'लैप्स नीति' से क्या समझते हैं? डलहौजी ने इसे किस प्रकार कार्यान्वित किया। इसके क्या परिणाम हुए?
4. रणजीत सिंह की जीवनी और कार्यों पर प्रकाश डालें। (1963 पू.)

□

16

भारतीय शासन का विकास (सन् 1757-1858 ई.)

सन् 1599 ई. में भारत में व्यापारिक उद्देश्य से इंग्लैंड के कुछ व्यापारियों ने ईस्ट इंडिया नामक कंपनी की स्थापना की। एक वर्ष के बाद इस कंपनी को राजा का अधिकार भी प्राप्त हो गया। (Royal Charter) इस अधिकार पत्र के द्वारा कंपनी का प्रबंध एक गवर्नर और एक संचालक मंडल द्वारा होता था। संचालक मंडल में (Court of directors) चौबीस सदस्य होते थे। इस निर्वाचक मंडल को कानून बनाने और उसे जारी करने का अधिकार दिया गया था। इतना ही नहीं, यह मंडल अपनी रक्षा के लिए छोटी सी सेना भी रखता था। आरंभ में ईस्ट इंडिया कंपनी केवल व्यापारिक संस्था थी, लेकिन बाद में उसने हिंदुस्तान की राजनीति में भी टाँग अड़ाना शुरू कर दिया। सन् 1765 में इलाहाबाद की संधि द्वारा मुगल सम्राट शाहआलम ने इस संस्था को बंगाल, बिहार और उड़ीसा की दीवानी दे दी। अब धीरे-धीरे इस कंपनी के अंदर शासन भी आ गया। राजनीति में ज्यादा लग जाने से कंपनी के व्यापार को धक्का लगा जिससे उसकी आर्थिक दशा दिन-पर-दिन खराब होती चली गई। यहाँ तक कि उसका दिवाला निकलने की हालत हो गई। द्वैध शासन के चलते शासन में भी भारी गड़बड़ी उपस्थित हो रही थी। इन सभी कारणों से कंपनी ब्रिटिश सरकार से सहायता के लिए प्रार्थना करने लगी। इसी समय इंग्लैंड में बहुत से लोग कंपनी पर ब्रिटिश संसद के नियंत्रण की माँग करने लगे। अतः विवश होकर सन् 1771 ई. में कंपनी की वास्तविक दशा जानने के लिए इंग्लैंड की सरकार ने 31 सदस्यों

की एक विशेष समिति (Select commitee) तथा 13 सदस्यों की एक गुप्त समिति (Secret commitee) बनाई। इन्हीं दोनों समितियों की रिपोर्ट पर इंग्लैंड की सरकार ने सन् 1773 में दो एक्ट पास किए। इन एक्टों के द्वारा कंपनी पर ब्रिटिश पार्लियामेंट का नियंत्रण स्थापित हो गया। पहले एक्ट के अनुसार कंपनी को 14 लाख पौंड 4 प्रतिशत ब्याज पर ऋण देना तय हुआ और दूसरे एक्ट 'रेग्युलेटिंग एक्ट' के द्वारा कंपनी के शासन की रूपरेखा निश्चित की गई।

रेग्युलेटिंग एक्ट (सन् 1773)

इस एक्ट के अनुसार बंगाल का गवर्नर भारत का गवर्नर जनरल बना दिया गया और मद्रास तथा बंबई के गवर्नर उसके अधीन कर दिए गए। उसकी सहायता के लिए 4 सदस्यों की एक समिति बनाई गई जिसका निर्णय बहुमत से होता था। गवर्नर जनरल उसका अध्यक्ष था और उसे निर्णायक मत (Veto) देने का अधिकार था। कलकत्ता में एक सुप्रीम कोर्ट की स्थापना हुई। जिसमें एक प्रधान और तीन अन्य न्यायाधीश थे। इस प्रकार रेग्युलेटिंग एक्ट के द्वारा ब्रिटिश पार्लियामेंट को कंपनी के शासन में हस्तक्षेप का मौका मिला। लेकिन इस एक्ट में कई दोष थे। सरकार और दत्त ने लिखा है—"इस एक्ट के द्वारा शासन–शस्त्र के प्रारंभिक सिद्धांतों की अवहेलना की गई। उसने ऐसे गवर्नर जनरल की नियुक्ति की जो अपनी समिति के सामने असमर्थ था। इसके द्वारा ऐसी कार्यकारिणी बनी जो सुप्रीम कोर्ट के सामने असह्य थी तथा सुप्रीम कोर्ट ऐसा था जिस पर देश की शांति तथा कल्याण का तनिक भी उत्तरदायित्व नहीं था।" फलतः कार्यपालिका और न्यायपालिका के बीच हमेशा झगड़ा होता रहा। (विशेष अध्ययन के लिए देखें गत अध्याय में रेग्युलेटिंग एक्ट)

पिट्स इंडिया एक्ट (सन् 1784 ई.)

रेग्युलेटिंग एक्ट के दोषों को दूर करने के लिए सन् 1781 में एक संशोधक अधिनियम पारित हुआ। इसके द्वारा राजनीति और व्यापार के क्षेत्र को अलग करने का प्रयास किया गया, लेकिन इस विधेयक को House Lords ने अस्वीकृत कर दिया। अतः पार्लियामेंट ने सन् 1784 ई. में दूसरा अधिनियम पारित किया, जो इंग्लैंड के प्रधानमंत्री पिट के नाम पर 'पिट्स इंडिया एक्ट'

कहलाया। इस एक्ट के अनुसार 6 कमिश्नरों की एक नियंत्रण मंडली बनाई गई (Board of control)। यह मंडली संचालक मंडली से अधिक शक्तिशाली थी। इसे विस्तृत पैमाने पर अधिकार दिया गया। गवर्नर जनरल के परिषदों की संख्या घटाकर 4 से 3 कर दी गई। नियंत्रण मंडली को भारतीय और प्रांतीय शासनों को आदेश देने और संचालक मंडल के आदेशों में परिवर्तन करने का अधिकार दिया गया। इस प्रकार पिट्स इंडिया एक्ट के द्वारा भारतीय सरकार का स्वरूप पहले से अधिक एकात्मक कर दिया गया और दोहरे नियंत्रण की व्यवस्था की गई (Dual control) ।

सन् 1793 का चार्टर एक्ट

सन् 1793 में एक चार्टर एक्ट पास किया गया जिसके अनुसार 20 वर्षों के लिए कंपनी के व्यापार संबंधी अधिकार बढ़ा दिए गए। बोर्ड ऑफ कंट्रोल के दो सदस्यों की नियुक्ति प्रीवी कौंसिल के बाहर से की गई। बोर्ड के सभी अधिकार उसके सभापति के हाथ में आ गए। गवर्नर जनरल का नियंत्रण बंबई और मद्रास पर और भी अधिक हो गया। सदस्यों को भारतीय राजस्व से वेतन देने की व्यवस्था की गई।

सन् 1813 का चार्टर एक्ट

सन् 1813 ई. में कंपनी के आज्ञापत्र को नया करने का फिर समय आया। अतः सन् 1813 ई. में पुनः चार्टर एक्ट पास हुआ। इस एक्ट के अनुसार कंपनी का एकाधिकार केवल चाय के व्यापार पर रह गया। अन्य वस्तुओं के व्यापार पर से उसके एकाधिकार का अंत कर समस्त अंग्रेज जाति के लिए खोल दिया गया। कंपनी के भारतीय प्रदेशों पर ब्रिटिश सम्राट की प्रभुता मान ली गई। यह निश्चित किया गया कि कंपनी प्रतिवर्ष शिक्षा में एक लाख रुपया व्यय करेगी। कंपनी को व्यापार और शासन के लिए अलग-अलग हिसाब रखने का आदेश दिया गया।

सन् 1833 का चार्टर एक्ट

इस एक्ट के द्वारा कंपनी के सभी व्यापारिक अधिकारों का अंत हो गया। अतः उसका काम अब केवल शासन प्रबंध करना रह गया। भारत का शासन

इंग्लैंड के राजा के अधिकार में हो गया, लेकिन 20 वर्षों के लिए उसे कंपनी को धरोहर के रूप में दिया गया। बंगाल का गवर्नर जनरल भारत का गवर्नर जनरल बना दिया गया और भारतीय शासन का भार उसी पर छोड़ दिया गया। अब उसे ब्रिटिश भारत संबंधी सभी प्रकार के कानून बनाने का अधिकार दिया गया। कौंसिल में पुनः 3 से 4 सदस्य हो गए। चौथा सदस्य लॉर्ड मैकाले था, जो कानून बनाता था। प्रांतीय सरकार आवश्यक कानून का मसौदा तैयार कर गवर्नर जनरल के पास भेजती थी। भारतीय कानूनों का संग्रह तैयार करने का आदेश दिया गया। इसके लिए एक कानून आयोग की नियुक्ति भी की गई। किसी भी भारतीय को अपने धर्म, जन्मस्थान, रंग या वंश के आधार पर कंपनी के अधीन किसी पद पर अयोग्य नहीं समझा गया।

सन् 1853 का चार्टर एक्ट

सन् 1853 में पुनः एक चार्टर एक्ट पास हुआ। अपनी तरह का यह अंतिम एक्ट था। भारतीयों ने इसका विरोध भी किया। इस एक्ट के द्वारा यह तय हुआ कि जबतक दूसरा एक्ट नहीं बनता तब तक कंपनी भारत राज्य को धरोहर के रूप में संचालित करती रहेगी। कंपनी के संचालकों की संख्या 24 से 18 कर दी गई। जिसमें छह की नियुक्ति इंग्लैंड का राजा करता था। नौकरियों के लिए परीक्षा की व्यवस्था कर दी गई। दैनिक शासन और कानून निर्माण संबंधी कार्य अलग कर दिए गए। कार्यपालिका और विधायिका को भी अलग कर दिया गया। बंगाल का शासन गवर्नर जनरल के हाथ से लेकर एक अलग गवर्नर के हाथों दिया गया। इस प्रकार सन् 1853 ई. तक ब्रिटिश संसद ने विभिन्न एक्टों के द्वारा भारतीय शासन की रूपरेखा तैयार की। यही रूपरेखा हमारे वर्तमान शासन की नींव है।

प्रांतीय शासन

कंपनी राज का शासन पहले तीन स्वतंत्र केंद्रों से होता था। रेग्युलेटिंग एक्ट के पहले कोई केंद्रीय शक्ति नहीं थी। अतः कलकत्ता, बंबई और मद्रास तीनों केंद्र शासन कार्य में स्वतंत्र थे। प्रथम बार रेग्युलेटिंग एक्ट के द्वारा बंगाल के गवर्नर जनरल के अधीन कलकत्ता व बंबई कर दिए गए। 1833 के चार्टर एक्ट

के द्वारा पूरी तरह प्रांतीय सरकार केंद्रीय सरकार के अधीन कर दी गई और उसके शासन का ढाँचा केंद्र के अनुरूप ही रखा गया। सन् 1919 तक प्रांतीय शासन पर केंद्रीय शासन का नियंत्रण बढ़ता गया।

प्रश्न—

1. रेग्युलेटिंग एक्ट और पिट्स इंडिया एक्ट द्वारा भारतीय शासन में कौन से परिवर्तन लाए गए?
2. भारत में केंद्रीय शासन किस प्रकार संगठित हुआ?

□

17
आर्थिक परिवर्तन

किसी भी देश की हर प्रकार की सामाजिक, राजनीतिक, सांस्कृतिक उन्नति वहाँ की आर्थिक स्थिति पर निर्भर करती है। मुगलकाल में कला और साहित्य की प्रगति हुई थी तो उसका सबसे बड़ा कारण यह था कि उस समय देश धन-धान्य से परिपूर्ण था। जनता का जीवन सुखी और संपन्न था। लेकिन उसके बाद राजनीतिक अव्यवस्था के चलते देश को आर्थिक संकट का सामना करना पड़ा। कंपनी ने जब राजनीति में प्रवेश किया तो उसका मुख्य उद्देश्य था अधिक-से-अधिक भारत का आर्थिक शोषण करना। फलतः भारत की आर्थिक स्थिति दिन-पर-दिन बिगड़ती ही गई। कृषि और उद्योग धंधों का ह्रास हो गया।

कृषि

भारत कृषिप्रधान देश है। यहाँ की जनसंख्या का अधिकांश भाग खेती पर ही निर्भर करता है। लेकिन अंग्रेजों ने कृषि की दशा उन्नत करने की ओर कोई प्रयास नहीं किया। उद्योग-धंधों के नष्ट हो जाने से बहुत से लोग बेकार हो गए। फलतः खेती पर अधिक भार पड़ गया। लेकिन उसकी पैदावार बढ़ाने के लिए किसी का ध्यान न रहा। लगान वसूल करने का कोई निश्चित आधार नहीं था। वारेन हेस्टिंग्स ने सबसे अधिक डाक बोलने वाले को लगान वसूलने का काम दिया। लेकिन ये ठेकेदार भूमि में सुधार लाने का कोई प्रयत्न नहीं करते थे वरन् उलटे किसानों पर अत्याचार करते थे।

चिरस्थायी प्रबंध

वारेन हेस्टिंग्स ने भूमि की जो व्यवस्था कायम की वह हानिकारक सिद्ध हुई।

अत: इस दोष को दूर करने के लिए सन् 1790 ई. में कार्नवालिस ने दस साला बंदोबस्त शुरू किया। सन् 1793 ई. में उसने हमेशा के लिए जमींदारों को जमीन दे दी। यह प्रबंध 'चिरस्थायी प्रबंध' कहलाया (Permanent Settlement)। अब सरकारी लगान सदा के लिए निश्चित कर दिया गया। लेकिन चिरस्थायी प्रबंध भी फायदेमंद सिद्ध नहीं हुआ।

उद्योग-धंधों का पतन

इस समय भारतीय उद्योग-धंधों और व्यापार को बहुत बड़ा आघात पहुँचा। पहले भारत में लोग अपनी आवश्यकताओं की चीज खुद बना लेते थे। उद्योग-धंधों में बढ़ई, लुहार, कुम्हार, जुलाहे आदि अपने पेशे से संबंधित वस्तुएँ बनाते थे। ढाका में मलमल अच्छी बनती थी। उसी प्रकार जरी के काम के लिए बनारस और मुर्शिदाबाद संसार में प्रसिद्ध थे। सूती और रेशमी दोनों कपड़ों के लिए संसार में भारत की प्रसिद्धि थी। पंजाब और कश्मीर ऊनी दुशाले के लिए प्रसिद्ध थे। पीतल, ताँबे आदि धातुओं की बनी चीजें पूना, अहमदाबाद, बनारस आदि जगहों में बनती थीं। लेकिन 18वीं सदी में भारत में घोर अराजकता की स्थिति आ गई है। आर्थिक संकट उत्पन्न होने के फलस्वरूप उद्योग-धंधों का नाश हो गया। कंपनी यहाँ से रुपया लूट-खसोटकर इंग्लैंड भेजने लगी। कंपनी के कर्मचारी निजी व्यापार करने लगे। दस्तक प्रथा के अनुचित प्रयोग से भारतीय व्यापार को गहरा धक्का लगा। विभिन्न प्रकार से 1757 से 1780 तक लगभग 64 करोड़ रुपया भारत से इंग्लैंड चला गया। इस प्रकार भारतीय उद्योग-धंधे नष्ट हो गए। इसके नष्ट होने के कई और भी कारण थे।

कंपनी सरकार जब शासन करने लगी तब इंग्लैंड की बनी वस्तुओं का प्रयोग करने लगी। भारत में राष्ट्रीयता के अभाव के चलते विदेशी वस्तुओं की खपत ज्यादा होने लगी, क्योंकि ये वस्तुएँ आकर्षक थीं। दूसरा बड़ा कारण यह था कि देशी राजाओं का पतन हो गया था। उनके यहाँ विदेशी अधिकारी अधिक संख्या में रहते थे जो विदेशी वस्तुओं का व्यवहार करते थे। इससे भी देशी वस्तुओं की माँग कम होने लगी। कल-कारखाने से बनी हुई चीज सुंदर और सस्ती होती थी। अत: बाजारों में इसकी माँग होने लगी। इसकी प्रतियोगिता

में हाथ की बनी वस्तुएँ नहीं टिक सकीं। भारत से सस्ते दामों पर कच्चा माल खरीदा जाने लगा और तैयार माल भारत के बाजारों में भेजा जाने लगा। इससे भी भारतीय व्यापार को घाटा पहुँचा। भारतीय कारीगरों पर कई तरह के प्रतिबँध लगा दिए गए। भारतीय वस्तुओं का व्यवहार बंद करा दिया गया। इस प्रकार भारत का बाजार ठप पड़ गया। इन सभी कारणों से भारतीय व्यापार और उद्योग-धंधे हमेशा के लिए नष्ट हो गए।

प्रश्न—

1. भारतीय उद्योग-धंधों और व्यापार के पतन के क्या कारण थे?
2. कंपनी के शासनकाल में भारत की आर्थिक स्थिति का वर्णन करें।

□

18

सन् 1857 ई. का विद्रोह

क्रांति का स्वरूप

लॉर्ड डलहौजी जब इंग्लैंड वापस गया तो कहता गया कि हिंदुस्तान में अब पूर्ण शांति है और कई वर्षों तक अब तलवार उठाने की जरूरत नहीं पड़ेगी। लेकिन उसकी यह भविष्यवाणी गलत सिद्ध हुई। उसके जाते ही संपूर्ण भारत भयंकर विद्रोह की आग में जलने लगा। बाहर से देखने पर ऐसा लगता था कि पूरे देश ने अंग्रेजी राज को स्वीकार कर लिया है, पर भीतर-ही-भीतर अंग्रेजी राज के खिलाफ असंतोष जमा हो रहा था। समय-समय पर छोटे-मोटे कई विद्रोह हुए भी, लेकिन सबसे बड़ा और प्रसिद्ध विद्रोह सन् 1857 ई. में हुआ, जो सिपाही विद्रोह के नाम से प्रसिद्ध है।

इस विद्रोह के स्वरूप के संबंध में विद्वानों में एक मत नहीं है। कुछ इतिहासकारों का विचार है कि यह विद्रोह केवल सैनिक विद्रोह था। इसे न तो भारतीय राजाओं का सहयोग मिला और न भारतीय जनता का केवल सैनिकों ने अपनी माँग के लिए विद्रोह किया था। इस विद्रोह का संचालन भी एक निश्चित और संगठित योजना के अनुसार नहीं हुआ। अंग्रेजी सेना की एक छोटी सी टुकड़ी ने इस विद्रोह का दमन कर दिया। अत: यह पूर्ण रूप से सैनिक विद्रोह था, स्वातंत्र्य संग्राम नहीं। एक विद्वान् ने लिखा भी है—The meeting has its origin in the army and that its proximate cause was thc cartridge affair and nothing else. लेकिन इसके विपरीत विद्वानों का एक दूसरा मत है और वे इस विद्रोह को 'भारतीय स्वाधीनता का पहला संग्राम' की संज्ञा देते हैं। उनका कहना है कि इस विद्रोह में केवल सैनिकों ने ही भाग नहीं

लिया था वरन् साधारण जनता भी इससे प्रभावित हुई थी। अगर यह पूर्ण रूप से सैनिक विद्रोह ही होता तो अंग्रेजों की तीन सेनाओं में केवल एक ही सेना क्यों भाग लेती ? अत: यह सैनिक विद्रोह नहीं कहला सकता। जैसा कि जवाहरलाल नेहरू ने भी लिखा है—It was much more than a military meeting and it spreads rapidly and assumed the character of a popular rebellion and a war of Indian Independence. यद्यपि इस पक्ष में भी लोगों ने तर्क दिया है और इसे भारतीय स्वाधीनता संग्राम नहीं माना है। उनका कहना है कि यह विद्रोह न तो सभी स्थानों में एक साथ हुआ और न इसका कोई योग्य नेता ही था। जो कुछ भी हो, इतना तो निश्चित है कि यह विद्रोह अंग्रेजों की शोषण नीति के खिलाफ हुआ था। कंपनी के सौ वर्ष के शासन ने भारतीय जनता का राजनीतिक, आर्थिक तथा सांस्कृतिक शोषण करके उसमें राष्ट्रीय भावना को जाग्रत कर दिया था। अत: इस विद्रोह में भारतीयों ने अपनी स्वाधीनता का पहला प्रयास किया, फिर भी यह सत्य है कि विद्रोह का प्रारंभ सैनिकों ने किया था।

कुछ विद्वानों ने इसे मुसलमानों का षड्यंत्र कहा, जो अपनी गई सत्ता पुन: प्राप्त करना चाहते थे। लेकिन यह मत निर्बल है। अगर यह मुसलमानों का ही विद्रोह होता तो हिंदू राजा इसमें अपना सहयोग न देते। यह सही है कि बहादुरशाह क्रांति का एक स्तंभ था। उसने राजपूत राजाओं के नाम पत्र लिखकर अंग्रेजों को निकाल बाहर कर एक स्वतंत्र राष्ट्र की इच्छा व्यक्त की थी और इसमें उसने अपना पूर्ण सहयोग देने का वचन दिया था। इन सभी मतों में कुछ-न-कुछ आंशिक सत्य अवश्य है। अत: निष्कर्ष निकालते हुए हम कह सकते हैं कि ''1857 की क्रांति पूर्णत: तो नहीं पर मुख्यत: सैनिक विद्रोह था। साथ ही सौ वर्षों के शासन के राजनीतिक, सांस्कृतिक तथा आर्थिक शोषण की भयंकर प्रतिक्रिया भी थी।''

क्रांति के कारण

1857 की क्रांति के कई महत्त्वपूर्ण कारण थे, जो बहुत दिनों से जमा हो रहे थे और एकाएक फूट पड़े थे। इन कारणों को हम निम्नलिखित भागों में बाँट सकते हैं—राजनीतिक, आर्थिक, धार्मिक, सामाजिक सैनिक।

सिपाही विद्रोह के कारण

राजनीतिक कारण

1. डलहौजी की नीति
2. भारतीय राजाओं के साथ दुर्व्यवहार
3. कंपनी का दोषपूर्ण शासन
4. अंग्रेज अफसरों का दुर्व्यवहार
5. सहायक संधि

आर्थिक कारण

1. धन का विदेश जाना
2. उद्योग-धंधों का ह्रास
3. कृषि की हीन दशा

धार्मिक कारण

1. ईसाई धर्म को प्रोत्साहन
2. गोद लेने की प्रथा का अंत
3. डलहौजी के सुधार
4. हिंदू ग्रंथों की उपेक्षा

सामाजिक कारण

1. सामाजिक सुधार
2. अंग्रेजी सभ्यता का प्रचार

सैनिक कारण

1. सैनिकों में भेद
2. अप्रिय सैनिक नियम
3. नया कारतूस

अन्य कारण

1. कैदियों के साथ दुर्व्यवहार
2. भविष्यवाणी

राजनीतिक कारण

1. डलहौजी की नीति

इस क्रांति का सबसे बड़ा कारण डलहौजी की साम्राज्यवादी नीति थी। अपने से पूर्व के गवर्नर जनरलों के साथ की गई सभी संधियों को उसने भुला दिया और अनुचित एवं अन्यायपूर्ण ढंग से अपने राज्य की सीमा विस्तार करने लगा। गोद लेने की प्रथा बंद करके उसने भारतीय राजाओं के राज्य छीनने का नया बहाना ढूँढ़ लिया। जो राजा इस तीर के शिकार नहीं हुए उन पर जबरन आक्रमण कर दिया गया। इस सब का फल यह हुआ कि भारतीय राजा उसके घोर दुश्मन बन गए।

2. भारतीय राजाओं के साथ दुर्व्यवहार

डलहौजी ने भारतीय राजाओं के साथ कठोरता की नीति अपनाई। जो देशी राजा हमेशा से अंग्रेजों के मित्र बने रहे थे और उनकी सहायता करते आए थे, उनके राज्य को भी डलहौजी ने बिना कोई खयाल किए अंग्रेजी राज्य में मिला लिया। सतारा, झाँसी, नागपुर आदि राज्यों को अंग्रेजी राज्य में मिलाने का उनके पास कोई नैतिक आधार नहीं था। इन राज्यों की जनता के मौलिक अधिकारों पर भी कुठाराघात किया गया।

3. कंपनी का दोषपूर्ण शासन

ईस्ट इंडिया कंपनी का शासन दोषपूर्ण था। मालगुजारी वसूल करनेवाला विभाग घूसखोरी और भ्रष्टाचार का केंद्र था। जनता को अपनी जान-माल की रक्षा का कोई साधन न था और न राज्य की ओर से उसकी रक्षा का प्रबंध था। न्याय की व्यवस्था ऐसी थी जिससे गरीब जनता कोई फायदा नहीं उठा सकती थी। अतः जनता दिन प्रतिदिन असंतुष्ट होती जा रही थी।

4. अंग्रेज अफसरों का दुर्व्यवहार

अंग्रेज अफसरों का व्यवहार भारतीयों के साथ कठोरता का होता था। अंग्रेजों को भारतीयों से कोई सहानुभूति नहीं थी। जनता आए दिन सताई जाती थी। भारतीय व्यापारियों का माल कम कीमत पर जबरन खरीद लिया जाता था। अंग्रेज व्यापारी भी अफसरों की सहायता से भारतीय व्यापारियों पर मनमाना अत्याचार करते थे। एक अंग्रेज इतिहासकार ने लिखा है—The conduct of many of our young officers towards the native was cruel and tyrannical.

5. सहायक संधि

वेलेस्ली की सहायक संधि के कारण भी भारतीय राजाओं में असंतोष की भावना घर कर गई थी। डलहौजी ने अपनी हड़प नीति से काफी संख्या में भारतीय राजाओं को अपना दुश्मन बना लिया, यहाँ तक कि जमींदार और उच्चवर्ग के लोग भी अंग्रेजों के दुश्मन बन गए।

आर्थिक कारण

1. धन का विदेश जाना

अंग्रेजों ने शोषण की नीति अपनाई। वे भारत से अपार धन लेकर इंग्लैंड चले जाते थे और विलासप्रिय जीवन बिताते थे। घूसखोरी और भ्रष्टाचार के कारण भी भारतीय धन का शोषण होता था। इससे भारतीय जनता की आर्थिक दशा बिगड़ गई। फलत: अंग्रेजों पर श्रद्धा नहीं रही।

उद्योग-धंधों का ह्रास

अंग्रेजों ने औद्योगिकीकरण की नीति अपनाकर भारतीय उद्योग को नष्ट कर दिया। भारतीय उद्योग कल-कारखानों की प्रतियोगिता में नहीं ठहर सके। साथ ही अंग्रेजों ने भारतीय माल पर इतना कर लगा दिया कि विदेशी वस्तुओं की तुलना में उसकी बिक्री ठप पड़ गई। इस सबका परिणाम यह हुआ कि भारतीय उद्याग-धंधों का ह्रास हो गया।

कृषि की हीन दशा

उद्योग-धंधों के नष्ट होने से खेती पर अधिक भार पड़ गया। लेकिन खेती की उपज बढ़ाने की दिशा में कोई प्रयास नहीं किया गया। स्थायी प्रबंध के कारण कृषकों की दशा दिन-प्रतिदिन खराब होती जा रही थी। किसान कर्ज के बोझ से लद गए थे। पूँजी के अभाव में वे खेती करने में असमर्थ थे। फलत: बेकारी की समस्या विकट रूप धारण कर रही थी और कंपनी सरकार ने इन दोषों को दूर करने का कोई प्रयास नहीं किया। अत: अपने जीवन से तंग आकर लोग क्रांति में जी-जान से जुट गए।

धार्मिक कारण

1. ईसाई धर्म को प्रोत्साहन

धार्मिकता की भावना से प्रेरित होकर सभी अंग्रेज गवर्नर जनरलों ने ईसाई धर्म को प्रोत्साहन दिया। ईसाई धर्म का प्रचार करनेवालों को आर्थिक एवं अन्य कई प्रकार की सहायता और सुविधाएँ दी गईं। शिक्षण संस्थाओं में ईसाई धर्म की शिक्षा दी जाने लगी। इससे बच्चों के कोमल मस्तिष्क पर इसका असर पड़ने लगा। यहाँ तक कि उत्तराधिकार के नियमों में भी परिवर्तन किया गया। कानून बनाकर धर्म परिवर्तन को प्रोत्साहन दिया गया। अंग्रेजों के इन कारनामों से हिंदू जनता को विश्वास हो गया कि उनका धर्म खतरे में है।

2. गोद लेने की प्रथा का अंत

हिंदू धर्म के अनुसार कोई भी शासक जब किसी बालक को गोद लेता था तो वह उसका पुत्र समझा जाता था। लेकिन डलहौजी ने कानून बनाकर इस प्रथा को रोक दिया। इस कारण जो कट्टर हिंदू थे, उन्होंने इसे अपनी धार्मिकता का अपमान समझा और विद्रोह की तैयारी में जुट गए।

3. डलहौजी के सुधार

लॉर्ड डलहौजी ने बहुत से ऐसे सुधार किए जिन्हें भारतीय जनता नहीं समझ पाई और सशंकित हो गई। रेल-तार आदि के सुधार से जनता इस भ्रम में पड़ गई कि अंग्रेज उनकी सभ्यता-संस्कृति नष्ट कर देना चाहते हैं।

4. हिंदू ग्रंथों की उपेक्षा

हिंदुओं की धार्मिक भावना पर तो आघात किया ही गया, उनके साहित्य और भाषा की भी उपेक्षा की गई। मैकाले ने अंग्रेजी को शिक्षा का माध्यम बनाने के लिए हिंदी को नष्ट करने में कोई कसर न उठा रखी थी। उसने लिखा—"पाश्चात्य साहित्य की एक अलमारी समस्त एशिया के साहित्य से श्रेष्ठ है।" इस तरह की बात से हिंदू जनता का भड़क जाना स्वाभाविक था।

सामाजिक कारण

1. सामाजिक सुधार

अंग्रेजों ने भारतीय समाज की बहुत-सी कमजोरियों को निकालकर कई महत्त्वपूर्ण सुधार किए, लेकिन जनता पर इसका उलटा असर पड़ा। सतीप्रथा पर रोक, विधवा विवाह प्रचलित, बाल विवाह पर रोक आदि ऐसे सुधार हुए। इससे हिंदू जनता को यह विश्वास होने लगा कि अंग्रेज उनके रीति-रिवाज को भी समाप्त कर देना चाहते हैं।

2. अंग्रेजी सभ्यता का प्रचार

अंग्रेजों ने भारतीय समाज के जीवनस्तर को ऊपर उठाने के लिए विदेशी चीजों के व्यवहार को प्रोत्साहन दिया। इससे समाज में लोगों का रहन-सहन विदेशी ढंग से होने लगा, लेकिन बहुत से लोग इसे पसंद नहीं करते थे।

सैनिक कारण

1. सैनिकों में भेद

अंग्रेजों की भेद नीति से सैनिक असंतुष्ट हो गए। भारतीय सैनिकों के साथ दुर्व्यवहार किया जाता था। उन्हें भत्ता और वेतन कम मिलता था। ऊँचे-ऊँचे पद के दरवाजे उनके लिए बंद थे। अतः भारतीय स्वाभाविकतः असंतुष्ट थे।

2. अप्रिय सैनिक नियम

सैनिकों में कुछ ऐसे नियम बनाए गए, जो हिंदुओं की प्रतिष्ठा के विरुद्ध थे। भारतीय सैनिकों को भी समुद्र पार जाकर युद्ध करने को कहा गया, लेकिन हिंदू

समुद्र की यात्रा करना धर्म विरुद्ध समझते थे। सेना में पगड़ी बाँधने के नियम का भी निषेध कर दिया गया। इस कारण भी हिंदू सैनिक असंतुष्ट हो गए।

3. नया कारतूस

जबकि संपूर्ण देश के सैनिकों के भीतर विद्रोह की भीषण आग जल रही थी तभी एक ऐसी घटना घटी जिसके कारण एकाएक विद्रोह प्रारंभ हो गया। अंग्रेजों ने एक नए प्रकार के कारतूस का आविष्कार किया जिसको प्रयोग करने के पहले उसको मुँह से खोलना पड़ता था। इसी समय कुछ लोगों ने यह अफवाह फैला दी कि इस कारतूस में गाय और सूअर की चर्बी लगी हुई है। इस घटना से हिंदू और मुसलमान दोनों एकाएक बिगड़ उठे और विद्रोह प्रारंभ हो गया। P.E. Roberts ने लिखा है—The terrible blunder of the greased cartridges formed into a fierce and devouring flame all this mouldering discontent. वस्तुत: कारतूस की कहानी ने वही काम किया, जो काम सूखी लकड़ी पर आग करती है।

अन्य कारण

1. भारतीय कैदियों का अपने बरतन में खाना मना कर दिया गया जिससे जनता का विरोध और बढ़ गया।
2. कुछ लोगों ने 1757 में भविष्यवाणी की थी कि सौ वर्षों के बाद अंग्रेजों का राज समाप्त हो जाएगा और 1857 में वे सौ वर्ष पूरे हो रहे थे। अत: इस विश्वास के कारण भी जनता क्रांति के लिए तैयार थी।

विद्रोह का आरंभ, विस्तार और दमन

क्रांति का आरंभ बैरकपुर की छावनी से हुआ। वहाँ के सैनिकों ने नए कारतूस का प्रयोग करने से इनकार कर दिया। मंगल पांडे नाम के एक सैनिक ने अंग्रेज अफसरों को गोली का शिकार बना दिया। उसे फाँसी की सजा हो गई। उसकी फाँसी की खबर से सैनिकों के भीतर का क्रोध और भी अधिक बढ़ गया और खुले रूप से विद्रोह प्रारंभ हो गया। बैरकपुर की छावनी का समाचार सबसे पहले मेरठ पहुँचा। वहाँ भी कारतूस को लेकर सैनिकों के भीतर विक्षोभ

था। 10 मई को रविवार था। अतः उस दिन अंग्रेज निश्चिंत थे। रात के सन्नाटे में सैनिकों ने अंग्रेज अफसरों पर हमला कर दिया। उन्होंने जेल पर भी आक्रमण करके कैदियों को छुड़ा लिया और अंग्रेजों का वध करते हुए वे दिल्ली की ओर चल पड़े। वहाँ पहुँचकर उन्होंने बहादुरशाह को सम्राट घोषित कर दिया और दिल्ली पर अधिकार कर लिया। दिल्ली की घटना का प्रभाव उसके आसपास के इलाकों पर भी पड़ा। अलीगढ़, इटावा, बरेली, मुरादाबाद, गोरखपुर, इलाहाबाद, आजमगढ़ आदि सभी स्थानों पर अंग्रेजों का वध किया गया। बिहार में जगदीशपुर के बाबू कुँवर सिंह ने विद्रोह का झंडा खड़ा किया। नाना साहेब ने कानपुर के समीप के सभी प्रदेशों पर अधिकार कर लिया। 30 मई की रात में अवध में भी भीषण रूप से विद्रोह हो गया। क्रांति का सबसे भीषण रूप झाँसी में प्रकट हुआ। वहाँ की रानी लक्ष्मीबाई और तात्या टोपे ने ग्वालियर पर आक्रमण करके उसे अपने अधिकार में कर लिया। इस प्रकार थोड़े ही दिनों में समूचा भारत क्रांति की लपटों में जलने लगा। अंग्रेजों को जब विद्रोह का समाचार विदित हुआ तब वे बहुत घबराए, लेकिन विद्रोह को दबाने में उन्होंने तत्परता से काम लिया। अंग्रेजों ने बंबई और मद्रास से काफी संख्या में सेना बुला ली। देशी राजाओं को अपनी ओर मिलाने में भी अंग्रेजों ने कोई कसर उठा न रखी थी और बहुत से राजाओं को उन्होंने अपने पक्ष में मिला लिया। अंग्रेजों ने पंजाब की ओर सबसे अधिक ध्यान दिया, क्योंकि उधर अफगानों के आक्रमण का भय था। सिखों को अपनी ओर मिलाकर अंग्रेजों ने बड़ी बुद्धिमानी का परिचय दिया, अतः सिखों ने विद्रोह को दबाने में अंग्रेजों का पूरा साथ दिया। गुरखों की सेना की सहायता भी अंग्रेजों को मिली। इन सभी शक्तियों की सहायता पाकर अंग्रेजों ने विद्रोह को तुरंत दबा दिया। क्रांति के जितने नेता थे, सभी या तो मारे गए अथवा कैद कर लिये गए। झाँसी की रानी लक्ष्मीबाई अंग्रेजों से लड़ती हुई मारी गई। तात्या टोपे को फाँसी पर चढ़ा दिया गया। नाना साहेब नेपाल के जंगलों में भाग गए। बहादुरशाह को अंग्रेजों ने कैद करके रंगून भेज दिया, जहाँ सन् 1867 ई. में उसकी मृत्यु हो गई। बिहार के बाबू कुँवर सिंह भी घायल होकर मर गए। इस विद्रोह को दबाने में अंग्रेजों ने अपनी पाशविक शक्ति का खुलकर परिचय दिया। ''दमन कार्य में अंग्रेजों ने सारी शिष्टता, भद्रता एवं मनुष्यता का परित्याग कर दिया। उनकी

पाशविक प्रवृत्ति पूर्ण रूप से जाग्रत् हो गई। उनके निर्मम कृत्यों के सामने चंगेज और तैमूर भी फीके पड़ गए। इस प्रकार जिस तेजी से यह विद्रोह प्रारंभ हुआ, उसी तेजी से समाप्त भी हो गया।

क्रांति की असफलता के कारण

सन् 1857 की क्रांति का दमन अंग्रेजों ने निर्ममतापूर्वक कर दिया। अतः यह विद्रोह तुरंत समाप्त हो गया। लेकिन इसकी असफलता के और भी कई कारण थे।

1. क्रांति का सीमित क्षेत्र
2. योग्यता का अभाव
3. समय से पहले हो जाना
4. एक लक्ष्य का न होना
5. साधन का अभाव
6. जन सहयोग का अभाव
7. भारतीयों द्वारा अंग्रेजों की सहायता
8. यातायात की कमी
9. अंग्रेजों की सुदृढ़ स्थिति

1. क्रांति का सीमित क्षेत्र

यह क्रांति संपूर्ण देश में प्रारंभ नहीं हुई। केवल दिल्ली से कलकत्ता तक ही क्रांति की सरगरमी रही। शेष भाग इसके प्रभाव से अछूते रहे। पंजाब, दक्षिणी भारत, पूर्वी बंगाल, सिंध आदि जगहों में इसके कोई लक्षण नहीं प्रकट हुए।

2. योग्य नेता का अभाव

यद्यपि इस विद्रोह के कई नेता थे। उनमें वीरता की कमी नहीं थी, लेकिन उनमें योग्यता का अभाव था। वे क्रांतिकारियों को एकता के सूत्र में नहीं बाँध सके। ऐसा कोई भी नेता न था जो समस्त देश के सम्मुख राजनीतिक, सामाजिक और आर्थिक आदर्श उपस्थित करता और सभी को एक झंडे के नीचे लाता। लक्ष्मीबाई, नानासाहेब आदि कुछ योग्य नेता थे, लेकिन अधिकांश

नेता अयोग्य थे। जो नेता थे, उनमें भी मतभेद रहता था और मिलकर काम करना वे नहीं चाहते थे।

3. समय से पहले हो जाना

इस क्रांति के आरंभ होने का जो दिन नियत किया गया था, उससे पहले ही यह विद्रोह प्रारंभ हो गया। क्रांति की योजना के अनुसार यह क्रांति सारे देश में 22 जून को होनी चाहिए थी, लेकिन बैरकपुर की घटना के कारण यह समय से पहले आरंभ हो गई। अतः समूचे देश में एक साथ यह विद्रोह न हो सका।

एक लक्ष्य का न होना

क्रांतिकारियों में केंद्रीय योजना का अभाव था और उनकी नीति भी स्पष्ट नहीं थी। सभी नेता अपने-अपने स्वार्थों की पूर्ति के लिए लड़ रहे थे। अतः उनमें एकता का अभाव था। झाँसी की रानी गोद लेने की प्रथा कायम रखना चाहती थी। तात्या टोपे लूटपाट मचाया करता था। इस तरह अनिश्चित उद्देश्य के कारण भी यह क्रांति असफल रही। क्रांतिकारियों में अनुशासन का भी अभाव था।

साधन का अभाव

क्रांतिकारियों को धन की कमी थी जिससे सैनिक व्यवस्था ठीक से वे न कर सके। सैनिकों के लड़ने के अस्त्र-शस्त्र भी पुराने थे। उनके पास तोपखाने का भी अभाव था। दूसरी ओर अंग्रेजों के पास वैज्ञानिक ढंग के अस्त्र-शस्त्र थे।

जनसहयोग का अभाव

उस समय तक भारतीय जनता में राष्ट्रीय भावना का विकास नहीं हो पाया था, अतः जनता ने खुले दिल से इस क्रांति में अपना योगदान नहीं दिया। विद्रोहियों ने लूटपाट मचाकर भी साधारण जनता का विश्वास खो दिया। कुछ गुंडे और बदमाशों ने विद्रोह के नाम पर लूटपाट कर अराजकता फैला दी। इस सबका फल यह हुआ कि जनता क्रांतिकारियों का साथ छोड़कर अंग्रेजों के साथ हो गई।

भारतीयों द्वारा अंग्रेजों की सहायता

देशी राजाओं ने क्रांति में सहयोग नहीं दिया और अपना राज्य छिन जाने के

डर से वे अंग्रेजों के साथ हो गए। नेपाल के गुरखे, सिख, कश्मीर, पटियाला, हैदराबाद आदि के शासकों ने विद्रोह को दबाने में पूरा सहयोग दिया। ऐसी हालत में क्रांतिकारी कब तक टिकते।

यातायात की असुविधा

क्रांतिकारियों को यातायात की असुविधा का सामना करना पड़ा। उन्हें एक स्थल से दूसरे स्थल तक जाने तथा समाचार आदि भेजने में काफी परेशानी होती थी और अधिक समय लगता था। दूसरी ओर अंग्रेज रेल–तार आदि साधनों के द्वारा अपने सैनिक तुरंत भेज देते थे।

अंग्रेजों की स्थिति

उस समय अंग्रेजों की स्थिति ऐसी थी जिस कारण उन्होंने अपनी पूरी शक्ति विद्रोह को कुचलने में लगा दी। क्रिमिया का युद्ध समाप्त हो गया था। अफगानिस्तान के भारत पर आक्रमण का डर भी जा चुका था। फारसवाले भी पराजित हो चुके थे। अत: अंग्रेजों ने अपनी पूरी ताकत इस ओर लगा दी।

अत: इन सभी कारणों से 1857 का विद्रोह असफल हो गया। श्री जवाहरलाल नेहरू ने ठीक ही लिखा है कि ''उसने उस पुरानी व्यवस्था के भीतर की सभी कमजोरियों को बाहर ला दिया जो विदेशी शासन हटाने की अपनी अंतिम कोशिश कर रही थी। नेताओं में शायद ही कोई राष्ट्रीय या एक करनेवाली भावना थी और सिर्फ विदेशियों के विरुद्ध भावना तथा उसके साथ अपने सामंतशाही विशेषाधिकारों की रक्षा की इच्छा उसका स्थान लेने को उपयुक्त नहीं थी। भारत को, इसके पहले कि वह उस सबक को सीखे जो सच्ची आजादी दे, अभी बहुत तकलीफ और संघर्ष से होकर गुजरना था।''

क्रांति के परिणाम

सन् 1857 की क्रांति भारतीय इतिहास की महत्त्वपूर्ण घटना है। यद्यपि इस क्रांति का असर देश के कुछ ही भागों पर पड़ा, फिर भी इस क्रांति ने अंग्रेजी राज्य की नींव हिला दी। कुछ लोगों ने इस क्रांति की तुलना एक आँधी से की है, जो आई और विध्वंस करती हुई चली गई और जाने के बाद उसके बहुत कम

चिह्न रह गए। लेकिन ऐसी बात थी नहीं। इस क्रांति को अंग्रेजों और भारतीय दोनों ने बहुत दिनों तक याद रखा और इससे कई सबक सीखे। लॉर्ड क्रोमर ने ठीक ही लिखा था—"मैं चाहता हूँ कि नई पीढ़ी के अंग्रेज भारतीय विद्रोह के इतिहास को पढ़ें, इस पर गौर करें, इसे समझें और इसे पूर्ण रूप से आत्मसात् कर लें। यह सबको और चेतावनियों से भरा हुआ है।" भारतीयों के भीतर यह क्रांति बहुत दिनों तक प्रेरणा भरती रही। भारतीयों ने इस तथ्य को जान लिया कि पुराने तरीकों से अंग्रेजों को नहीं हटाया जा सकता। इस प्रकार यह क्रांति तुरंत दबा दी गई। लेकिन यह अपना अमिट प्रभाव छोड़ गई।

इस विद्रोह के निम्नलिखित परिणाम हुए

1. कंपनी के शासन का अंत
2. भारत मंत्री की नियुक्ति
3. कौंसिल का निर्माण
4. गवर्नर जनरल को वायसराय की उपाधि दी गई
5. नौकरी में परीक्षा की व्यवस्था
6. द्वैध शासन का अंत
7. विक्टोरिया का घोषणा-पत्र
8. गोद लेने की प्रथा का आरंभ
9. सरकारी पद पर भारतीयों की नियुक्ति
10. हिंदू-मुसलिम वैमनस्य
11. सैनिक परिवर्तन

सबसे पहला परिणाम यह हुआ कि कंपनी का शासन समाप्त हो गया और अब भारत का शासन ब्रिटिश पार्लियामेंट ने सीधे अपने हाथ में ले लिया। भारतीय शासन के कार्यों की देखरेख के लिए इंग्लैंड में एक अलग मंत्री की नियुक्ति की गई। यह 'सेक्रेटरी ऑफ स्टेट फॉर इंडिया' कहलाता था। इसकी सहायता के लिए सदस्यों की एक कौंसिल बनाई गई। गवर्नर जनरल को वायसराय की उपाधि दी गई। सन् 1853 ई. में एक नया चार्टर एक्ट पास हुआ जिसके अनुसार

नौकरी में भरती के लिए परीक्षा की व्यवस्था की गई। कंपनी के डायरेक्टरों के हाथ से सारे अधिकार छीन लिये गए। अब कंपनी के शासन के साथ-साथ द्वैध शासन का भी अंत हो गया। 1858 में लॉर्ड कैनिंग ने एक दरबार का आयोजन किया जिसमें महारानी विक्टोरिया का घोषणा-पत्र पढ़कर सुनाया गया। घोषणा में कहा गया कि अंग्रेजी सरकार भारतीय राजाओं के साथ अच्छा व्यवहार करेगी। भारतीयों के धार्मिक विश्वासों के साथ किसी तरह की छेड़छाड़ नहीं की जाएगी। शासन में जाति या धर्म के आधार पर कोई विभेद नहीं किया जाएगा। अंग्रेजों ने वादा किया कि वे अब और अधिक अपने साम्राज्य की सीमा नहीं बढ़ाएँगे। देशी राजाओं के गोद लेने के अधिकार को मान लिया गया। जागीरदार, तालुकदार आदि के साथ सहानुभूति की नीति बरती गई। अब नौकरियों में भारतीयों को भी स्थान दिया जाने लगा। फलतः हिंदुस्तानी पदाधिकारी अंग्रेजी राज्य के भक्त बन गए। इस क्रांति की विफलता के कारण भारतीयों के स्वतंत्र विचारों को आघात पहुँचा जिससे बहुत दिनों तक उनके भीतर निराशा व्याप्त रही। अब तक हिंदू और मुसलमान जिस एकता से बँधकर देश के लिए कार्य करते आए थे, वह एकता समाप्त होने लगी। साथ-साथ अंग्रेज और भारतीय हमेशा एक-दूसरे को घृणा और शंका की दृष्टि से देखते रहे।

सेना में भी कई महत्त्वपूर्ण परिवर्तन किए गए। भारतीय सैनिकों की संख्या घटा दी गई। उन्हें इस प्रकार अलग रखा गया जिससे उनमें एकता की भावना न फैले। अंग्रेजी सेना बढ़ा दी गई। जनता को सेना से अलग रखने की कोशिश की गई। अखबार भी सैनिकों तक नहीं पहुँच पाते थे। सेना में बड़े-बड़े पदों पर अंग्रेज ही रहे। अच्छे ढंग के वैज्ञानिक अस्त्र-शस्त्र पर अंग्रेजी सेना का ही अधिकार रहा। अंतरराष्ट्रीय क्षेत्र में अंग्रेजों का प्रभाव पहले से अधिक बढ़ गया। क्योंकि उनके सैन्य बल का पता संसार को मिल गया। इस प्रकार इस क्रांति के कई महत्त्वपूर्ण परिणाम हुए। लियेल ग्रिफिन ने लिखा है—"भारत में 1857 की क्रांति से बढ़कर अधिक सौभाग्यशाली कोई दूसरी घटना कभी नहीं घटी थी। इसने भारतीय गगन मंडल को अनेक मेघों से मुक्त कर दिया। भारत सरकार का ध्यान अब विदेशी नीति की ओर से हटकर आंतरिक उन्नति की ओर हो गया।"

प्रश्न—

1. 1857 की प्रथम भारतीय स्वतंत्रता की लड़ाई के कारण और परिणाम को लिखिए। सेवो 1957 वा 1959
2. सन् 1857 की क्रांति क्यों असफल हो गई ?
3. सन् 1857 की क्रांति को भारतीय स्वतंत्रता का संग्राम कहना कहाँ तक उचित है ?

□

19

राष्ट्रीय आंदोलन

अंग्रेजी शासन के खिलाफ जो असंतोष भारतीयों के भीतर वर्षों से जमा हो रहा था, वह 1857 में फूट पड़ा। यद्यपि यह विद्रोह दबा दिया गया, फिर भी भारतीयों के भीतर असंतोष की आग सुलगती ही रही। जवाहरलाल नेहरू के शब्दों में—''भारत 1857 के विद्रोह के बाद के परिणामों से धीरे-धीरे मुक्त हो गया। ब्रिटिश नीति के बावजूद ताकतवर शक्तियाँ काम कर रही थीं। जिनसे भारत परिवर्तित होता जा रहा था और एक नई सामाजिक चेतना का उदय हो रहा था। भारत का जागरण दो मुखी था। उसने पाश्चात्य जगत् की ओर देखा और साथ-ही-साथ उसने अपने ऊपर और अपने प्राचीन इतिहास पर भी दृष्टि फेरी।'' इस राष्ट्रीय जागरण के निम्नलिखित प्रमुख कारण थे—

कारण

1. राजनीतिक कारण
2. अंग्रेजी भाषा का प्रचार
3. भारतीयों का विदेश जाना
4. सांस्कृतिक कारण
5. धार्मिक और सामाजिक आंदोलन
6. अंग्रेजी राज्य के प्रति असंतोष
7. साहित्य और समाचार-पत्र
8. लॉर्ड लिटन के कार्य
9. इलबर्ट बिल
10. राजनीतिक संस्थाओं की स्थापना

राजनीतिक कारण

19वीं सदी में भारत में कई महत्त्वपूर्ण परिवर्तन हुए। इससे नई प्रवृत्तियों और नई विचारधारा का जन्म हुआ। इस समय अंग्रेजों के शासन में राजनीतिक एकता की स्थापना हुई। संपूर्ण भारत एक शासन के अधीन हो गया। सभी स्थलों के भारतीय एक स्थान पर जुटे। इससे उनमें विचारों का आदान-प्रदान हुआ और एकता की भावना का विकास हुआ। आवागमन के साधनों में भी महत्त्वपूर्ण परिवर्तन हुए। रेल, तार आदि के कारण देश के विभिन्न भागों की दूरी समाप्त हो गई। सभी जगह के रहनेवाले अपने को विशाल भारतीय समाज का अंग समझने लगे। इन सभी कारणों से राष्ट्रीय संगठन कायम हुआ।

अंग्रेजी भाषा का प्रचार

अंग्रेजी भाषा के प्रचार से भी एकता की भावना आई। अंग्रेजों के शासन से पहले प्रत्येक प्रांतों की भाषा अलग थी। लेकिन अब समूचे देश के लिए एक भाषा बनी। इससे भाषा की खाई मिट गई। शिक्षा का माध्यम अंग्रेजी ही बनाया गया। अब सभी शिक्षित लोग अंग्रेजी भाषा के माध्यम से अपने विचार व्यक्त करने लगे। यद्यपि अंग्रेजी शिक्षा के बहाने अंग्रेजों ने भारतीय सभ्यता एवं संस्कृति का लोप कर देना चाहा। लॉर्ड मैकाले ने इस आशय का पत्र भी लिखा था, लेकिन यह अभिशाप भारतीयों के लिए वरदान बन गया। एक भाषा हो जाने से अब विचारों के आदान-प्रदान में बड़ी सहायता मिली। पाश्चात्य विद्वानों के विचारों से भी भारतीय अवगत होने लगे। नई पीढ़ी के भारतीयों ने वर्क, मिल स्पेंसर, मैकाले आदि विद्वानों की पुस्तकें पढ़ीं और उनसे प्रभावित हुए। उस समय इंग्लैंड में जिस सुधार की लहर बह रही थी उससे भी भारतीय परिचित होने लगे। स्वतंत्रता, समानता आदि विचारों से भारतीय प्रभावित हुए।

भारतीयों का विदेश जाना

इसी समय बहुत से भारतीय शिक्षा पाने के उद्‌देश्य से इंग्लैंड गए। वहाँ के विश्वविद्यालय में उन्होंने स्वतंत्रता का पहला पाठ पढ़ा। वे स्वतंत्रता का महत्त्व समझने लगे। अतः अपने देश की गुलामी उन्हें अखरने लगी। ऐसे छात्र जब

अपनी शिक्षा समाप्त कर हिंदुस्तान लौटते थे तब अपने साथ डिग्री के साथ-साथ एक नया दृष्टिकोण भी लाते थे।

सांस्कृतिक कारण

अंग्रेजों के शासनकाल में एक लाभ अवश्य हुआ कि देश में शांति व्यवस्था कायम रही। देश में शांति स्थापित होने से सांस्कृतिक विकास का अवसर मिला। भारतीय इतिहास और संस्कृति का अध्ययन हुआ। प्राचीन ग्रंथों की खोज हुई। नवीन विषयों पर कई पुस्तकें लिखी गईं। इस सबका फल यह हुआ कि भारतीयों के दिल में अपने प्राचीन साहित्य और संस्कृति के प्रति गौरव का भाव उदय हुआ। बहुत से अंग्रेज इतिहासकारों ने भारतीय साहित्य के प्रति प्रेम दिखलाया। अब तक भारतीय अंग्रेजों के सामने अपने को हीन समझ रहे थे, लेकिन अब उनके भीतर भी आत्मसम्मान का भाव जगा।

धार्मिक और सामाजिक आंदोलन

इस समय भारत में बहुत से धर्म और समाज सुधारक पैदा हुए। राजा राममोहन राय, स्वामी दयानंद सरस्वती, स्वामी विवेकानंद, रामकृष्ण परमहंस आदि ऐसे ही सुधारक थे। इन लोगों ने धार्मिक अंधविश्वास, धार्मिक कुरीतियों, सामाजिक कुप्रथाओं को दूर किया और भारतीयों के सामाजिक जीवन में नई जान डाल दी। इनके लेख, भाषण और कामों से भारतीयों की निद्रा टूट गई। अपने देश और समाज के प्रति वे अपना कर्तव्य समझने लगे। इन सुधारकों ने एकता, स्वतंत्रता, समानता आदि पर जोर दिया। इस प्रकार भारतीयों में एक नई चेतना और स्फूर्ति आई।

अंग्रेजी राज्य के प्रति असंतोष

एक तो पहले से ही भारतीयों के दिल में असंतोष की भावना घर कर रही थी। 1857 की क्रांति के बाद असंतोष की भावना और भी अधिक बढ़ गई। इस विद्रोह के बाद से अंग्रेजों ने भारतीयों पर अत्याचार करना प्रारंभ किया। ऊँचे-ऊँचे सरकारी पदों के दरवाजे भारतीयों के लिए बंद कर दिए गए। भारतीय घरेलू उद्योग-धंधों को नष्ट कर दिया गया। फसल के नष्ट होने से अकाल पड़ते थे। बेकारी की समस्या अलग मुँह बाए खड़ी थी। दूसरी ओर अंग्रेज भारत का

आर्थिक शोषण कर रहे थे। आई.सी.एस. की परीक्षा में भारतीयों के बैठने की उम्र घटा दी गई। जिससे भारतीयों के लिए उस कम उम्र में उस परीक्षा को पास करना कठिन हो गया। सुरेंद्रनाथ बनर्जी पहले भारतीय थे जिन्होंने 19 वर्ष की अवस्था में आई.सी.एस. की परीक्षा पास की थी, लेकिन नौकरी में उन्हें भी कई बाधाओं का सामना करना पड़ा। भारतीयों के प्रति सरकार के ऐसे रुख से भारतीय क्षुब्ध थे।

साहित्य और समाचार-पत्र

साहित्य और समाचार-पत्रों ने भी राष्ट्रीय भावना के विकास में सहयोग दिया। राष्ट्रीय भावना से प्रेरित होकर बहुत से लेखकों और कवियों ने अपनी रचना के माध्यम से देशभक्ति की भावना का प्रचार किया। दीनबंधु मित्र का 'नील दर्पण', बंकिमचंद्र का 'आनंद मठ', भारतेंदु का 'भारत दुर्दशा' ऐसे ही ग्रंथ थे जिनसे राष्ट्रीयता का प्रचार हुआ। समाचार-पत्रों में 'इंडियन मिरर', 'हिंदू पैट्रियट', 'अमृत बाजार पत्रिका' आदि प्रमुख थे।

लॉर्ड लिटन के कार्य

लॉर्ड लिटन ने कुछ ऐसे काम किए जिससे भारतीयों के भीतर और ज्यादा क्रोध आ गया। उसने साम्राज्य की सीमा बढ़ानी शुरू की। साथ ही देश में एक तो भयंकर अकाल पड़ा था और सैकड़ों आदमी प्रतिदिन मरते थे। दूसरी ओर लिटन ने इस ओर से बिल्कुल उदासीन होकर दिल्ली में एक दरबार का आयोजन किया जिसमें लाखों रुपए बरबाद हुए।

बाहर से मँगाए जानेवाले सूती कपड़े पर से चुंगी उठा ली गई। इससे भारत के आर्थिक हित को धक्का लगा। इतना ही नहीं, 'वर्नाकुलर प्रेस एक्ट' पास करके भारतीय समाचार-पत्रों पर प्रतिबंध लगा दिया गया। इसी प्रकार 'आर्म्स एक्ट' के द्वारा भारतीय बिना लाइसेंस के हथियार नहीं रख सकते थे। इस सबकी प्रतिक्रिया भारतीयों के दिल में हुई।

इलबर्ट बिल

लॉर्ड रिपन जब वायसराय बना तब उसने बहुत से सुधार किए। उसने स्थानीय स्वायत्त शासन को प्रोत्साहन दिया। इसी समय भारत सरकार के कानून

विभाग के सदस्य सी.पी. इलबर्ट ने एक बिल पेश किया जिसमें भारतीय जजों और मजिस्ट्रेटों को यूरोपियनों के मुकदमे सुनने का अधिकार मिला। लेकिन अंग्रेजों ने इसमें अपना अपमान समझा कि एक भारतीय अंग्रेजों के मुकदमों का फैसला करे। अतः इलबर्ट बिल का सभी अंग्रेजों ने विरोध किया। अंत में इलबर्ट बिल में संशोधन हो गया। इस घटना ने भारतीयों के असंतोष की आग में घी का काम किया।

राजनीतिक संस्थाओं की स्थापना

इसी समय कई राजनीतिक संस्थाओं की स्थापना हुई जिससे जनता के भीतर राष्ट्रीयता की भावना बढ़ी। इसी उद्देश्य से बंबई में इंडियन एसोसिएशन की स्थापना की गई। सन् 1883 ई. में कलकत्ता में एक राष्ट्रीय सम्मेलन का आयोजन हुआ। पुनः दूसरे वर्ष मद्रास में एक प्रांतीय सम्मेलन हुआ। सन् 1885 में बॉम्बे प्रेसिडेंसी एसोसिएशन की स्थापना हुई। थियोसोफिकल सोसाइटी की स्थापना से भी राष्ट्रीयता की भावना को बल मिला। इस प्रकार इन सभी संस्थाओं की स्थापना ने भी राष्ट्रीयता की दिशा में कार्य किया।

कांग्रेस का जन्म

भारतीयों में राष्ट्रीय भावना का उदय होते ही विभिन्न प्रांतों में राजनीतिक संस्थाएं स्थापित होने लगीं। इलबर्ट बिल पर जो तूफान उठा, उससे भारतीयों ने संगठन के महत्त्व को समझ लिया। उन्होंने देखा कि किस प्रकार अपनी संगठन–शक्ति के बल पर अंग्रेजों ने वायसराय से अपनी बात मनवा ली थी। वह सबक भारतीयों को बहुत दिनों तक याद रहा। फलतः इसी उद्देश्य से सर्वप्रथम सुरेंद्रनाथ बनर्जी ने 'इंडियन एसोसिएशन' नामक संस्था की स्थापना की। इस संस्था का उद्देश्य था आई.सी.एस. की परीक्षा में बैठने के लिए भारतीयों को सुविधा प्रदान करना। सरकार ने यह स्वीकारा था कि जो भारतीय परीक्षा में सफल हो जाएँगे उन्हें सरकारी नौकरी में भरती कर लिया जाएगा। लेकिन व्यवहार में भारतीयों के इस मार्ग में बाधा डाली जाने लगी। परीक्षा में बैठने की उम्र इक्कीस साल से घटाकर उन्नीस साल कर दी गई। यह निश्चित था कि इतनी कम उम्र में कोई भी भारतीय उस परीक्षा में बैठने की योग्यता

नहीं पा सकता था। इसी नियम के खिलाफ सुरेंद्रनाथ बनर्जी ने इस संस्था की स्थापना की। उन्होंने सारे देश का दौरा करके जनमत तैयार किया। लालमोहन घोषणा को भारत की ओर से हाउस ऑफ कॉमन्स के सामने भारतीयों की माँग रखने के लिए भेजा गया। सन् 1883 ई. में सुरेंद्रनाथ बनर्जी ने 'इंडियन नेशनल कॉन्फ्रेंस' नामक सभा कलकत्ता में बुलाई। इसमें सभी प्रांतों के प्रतिनिधियों ने भाग लिया।

अब भारतीय एक अखिल भारतीय संगठन की आवश्यकता महसूस करने लगे। ऐसी आवश्यकता महसूस करनेवालों में कुछ अंग्रेज भी थे। ऐसे ही अंग्रेजों में ए.ओ. ह्यूम का नाम प्रसिद्ध है। उन्होंने सिविल सर्विस से इस्तीफा देकर राजनीति में प्रवेश किया और भारतीय जागरण आंदोलन में महत्त्वपूर्ण योग दिया। सन् 1883 ई. में उन्होंने कलकत्ता विश्वविद्यालय के स्नातकों के नाम एक खुला पत्र लिखा जिसमें उनसे देश सेवा के कार्य करने की प्रार्थना की ताकि 'भारतीय राष्ट्र का बौद्धिक, सामाजिक और राजनीतिक पुनर्जागरण हो सके।' उस समय के वायसराय लॉर्ड डफरिन ने इस विचार का स्वागत किया। उन्होंने राय दी कि प्रस्तावित संस्था वही काम करे जो इंग्लैंड में सम्राट का विरोधी दल करता है। अतः सन् 1885 ई. के 28 दिसंबर को बंबई में प्रमुख भारतीयों की एक सभा बुलाई गई। इस सभा का नाम 'इंडियन नेशनल यूनियन' पड़ा। आगे चलकर इसी सभा ने राष्ट्रीय कांग्रेस का रूप धारण कर लिया जिसने देश की स्वतंत्रता के लिए संग्राम शुरू किया और इसी के प्रयास से सन् 1947 में देश स्वतंत्र हुआ। अध्ययन की सुविधा के लिए कांग्रेस के संपूर्ण इतिहास को हम तीन भागों में बाँट सकते हैं—प्रथम काल (सन् 1885 से 1905), दूसरा काल (1905-1919) और तीसरा काल (1919-1947)।

राष्ट्रीय आंदोलन

प्रथम काल (सन् 1885–1905)
(नरम राष्ट्रीयता का समय)

कांग्रेस के प्रारंभिक उद्देश्य

प्रारंभ में कांग्रेस के उद्देश्य बड़े सीमित थे और इसकी माँगें विनम्र थीं। राष्ट्रीय महत्त्व के प्रश्नों पर जनता के विचारों का संगठन तथा वैधानिक रूप से भारतीयों की कठिनाइयों और असुविधाओं को दूर करने के अतिरिक्त इसका अन्य उद्देश्य नहीं था। इस प्रकार स्पष्ट है कि कांग्रेस का ब्रिटिश सरकार से कोई विरोध नहीं था। सन् 1885 ई. में कांग्रेस का जो प्रथम अधिवेशन हुआ, उसमें बोलते हुए श्री उमेशचंद्र बनर्जी ने कांग्रेस का उद्देश्य स्पष्ट किया। उन्होंने बताया कि कांग्रेस विनम्र शब्दों में सरकार की आलोचना कर उसमें सुधार लाना चाहती है। संक्षेप में, देशवासियों में पारस्परिक संपर्क की स्थापना करना, राजनीतिक जनहित कार्यों पर विचार करना, सामाजिक समस्याओं पर विचारपूर्ण लेख लिखना आदि कांग्रेस के उद्देश्य थे। कांग्रेस ने शुरू में स्वतंत्रता की माँग नहीं रखी, अतः सरकार ने भी इसे प्रोत्साहन दिया। लॉर्ड डफरिन ने कांग्रेस का स्वागत किया। उसका विचार था कि भारतीयों के पास इस तरह की कोई संस्था अवश्य हो जिसके द्वारा उनकी माँगों और आवश्यकताओं से सरकार परिचित होती रहे। अतः कांग्रेस की स्थापना पर अंग्रेजों को खुशी हुई। कांग्रेस के दूसरे अधिवेशन के अवसर पर लॉर्ड डफरिन ने प्रतिनिधियों को भोज दिया। इसी प्रकार तीसरे अधिवेशन के अवसर पर मद्रास के गवर्नर ने ऐसा ही भोज दिया और कांग्रेस की प्रशंसा की। लेकिन थोड़े ही समय के बाद स्थिति बदल गई। कांग्रेस के माध्यम से भारतीयों के संगठन से आगे चलकर अंग्रेज डरने लगे और इसे अपनी बादशाहत पर खतरा समझा। अतः उन्होंने इसे उत्साहित करना छोड़ दिया। सन् 1887 में कलकत्ता में भाषण देते हुए लॉर्ड डफरिन ने कांग्रेस की आलोचना करते हुए कहा कि भारत में शिक्षित लोगों की संख्या नगण्य है। अब सरकार का रुख बदल गया और वह दमन करने गार तुल गई। सरकारी कर्मचारियों को कांग्रेस के अधिवेशन में भाग लेने से रोक दिया गया। मुसलमानों

को भी इससे अलग रखने का प्रयास किया जाने लगा। फलतः कांग्रेस और सरकार के बीच कटुता का संबंध बढ़ता गया, लेकिन इतने पर भी कांग्रेस की नीति में कोई फर्क नहीं आया।

सरकार के बदलते रुख को देखकर कांग्रेस के नेता अब राष्ट्रीय माँग के लिए प्रस्ताव पास करने लगे। लेकिन अभी भी कांग्रेसी नेताओं को सरकार पर विश्वास था। कलकत्ता कांग्रेस के सभापति श्री रहमतुल्ला मुहम्मद सयानी ने अपने भाषण में कहा था—''विश्व में ब्रिटिश राष्ट्र से अधिक ईमानदार राष्ट्र कोई नहीं है।'' इस प्रकार नेता लोग अभी भी सरकार में निष्ठा रखते थे। सरकार के प्रति जो प्रस्ताव पास होते उसमें किसी प्रकार के विद्रोह का भाव नहीं रहता था। कांग्रेस के बढ़ते प्रचार से अंग्रेज भी प्रभावित हुए और चार्ल्स ब्रैडला और सर विलियम बेडेनवर्न ने इंग्लैंड में इंडिया पार्लियामेंट्री कमिटी की स्थापना की। 1889 ई. में लंदन में भारतीय कांग्रेस की एक ब्रिटिश कमिटी की स्थापना हुई। इस सबका फल यह हुआ कि ब्रिटिश सरकार ने भारतीय धारा सभाओं में सुधार के लिए कई कानून बनाए। ऐसे ही कानूनों में 1892 ई. का 'इंडियन कौंसिल एक्ट' प्रसिद्ध है। इस एक्ट के द्वारा भारतीय विधानमंडल में बहुत से परिवर्तन किए गए। लेकिन कांग्रेस को इस एक्ट से संतोष नहीं हुआ। इधर सरकार बार-बार उसके प्रस्तावों को ठुकराती रही और फलस्वरूप कांग्रेस का विरोध दिन-पर-दिन बढ़ता ही गया। अब तक कांग्रेस नरम राष्ट्रीयता का परिचय दे रही थी। लेकिन अब यह निश्चित हो गया कि केवल प्रस्ताव पास करने से कुछ नहीं होगा वरन् कोई ठोस कदम उठाना होगा।

बाल गंगाधर तिलक का आगमन और संघर्ष का आरंभ

बाल गंगाधर तिलक के कांग्रेस में आते ही कांग्रेस में उग्रवाद और आतंकवाद का जन्म हुआ। 1892 ई. के एक्ट से भारतीयों को भारी निराशा हुई थी। वे सोच रहे थे कि क्या करें, तभी तिलक का पदार्पण कांग्रेस के रंगमंच पर हुआ। उनके आते ही कांग्रेस की नीति बदल गई। तिलक का जन्म महाराष्ट्र में सन् 1856 ई. में हुआ था। महाराष्ट्र की भूमि पर ही दो सौ वर्ष पूर्व शिवाजी का जन्म हुआ था। तिलक 18वीं सदी के पेशवाओं के वंशज थे। महान् देशभक्त के साथ-साथ वे

बहुत बड़े विद्वान् भी थे। अंग्रेजी, संस्कृत, मराठी भाषाओं के वे प्रकांड पंडित थे। उनके हृदय में अपनी जन्मभूमि के लिए अगाध प्रेम था। उन्होंने अंग्रेजों से खुल्लम-खुल्ला विद्रोह छेड़ दिया। उनका विश्वास था कि सिर्फ प्रस्ताव पास करने से या अंग्रेजों के आगे गिड़गिड़ाने से भारतीय कभी भी अपना अधिकार नहीं पा सकेंगे। अत: उन्होंने देश के युवकों में राष्ट्रीय भावना भरने का प्रयास किया। छात्रों के लिए शारीरिक शिक्षा और अनुशासन को सबसे महत्त्वपूर्ण चीज बताया। 'गणपति समारोह', 'शिवाजी समारोह' आदि धार्मिक अनुष्ठानों का आयोजन कर इसी बहाने महाराष्ट्र के युवकों में जोश और स्वदेश प्रेम की लहर दौड़ा दी। 'केसरी', 'मराठा' आदि पत्रिकाओं के माध्यम से भी उन्होंने राष्ट्रीयता का प्रचार किया। इस सबका फल यह हुआ कि अब कांग्रेस केवल वकील-बैरिस्टरों तक ही सीमित न रही वरन् देश के नवयुवक काफी तादाद में पूरे जोश के साथ इसमें भाग लेने लगे। अब अंग्रेजी शासन उन्हें एक पल के लिए भी पसंद न था। इस प्रकार तिलक को अपने उद्‌देश्य में बहुत बड़ी सफलता मिली थी। उनके इसी कार्य के चलते एक अंग्रेज इतिहासकार ने उन्हें 'भारतीय अशांति का जनक' कहकर पुकारा है। कुछ हद तक यह ठीक भी है। इसी समय पूना में दामोदर और बालकृष्ण—दो चापेकर बंधुओं ने दो अंग्रेज अफसरों की हत्या कर दी। हत्यारों को तो फाँसी दे दी गई, लेकिन तिलक पर ही इन हत्याओं की जिम्मेदारी लादी गई। अत: 27 जुलाई, 1897 ई. को उन्हें राजद्रोह के अपराध में गिरफ्तार कर लिया गया और डेढ़ वर्ष की कड़ी कैद की सजा दे दी गई। लेकिन इस घटना से राष्ट्रीय आंदोलन का रूप और भी अधिक उग्र हो गया।

प्रथम काल (1885 से 1905) की प्रमुख घटनाएँ

1. कांग्रेस के उद्‌देश्य और माँगें नम्र
2. कांग्रेस का प्रथम अधिवेशन
3. डफरिन का कांग्रेस को प्रोत्साहन देना
4. अंग्रेजों की नीति में परिवर्तन
5. सन् 1887 में कलकत्ता में डफरिन का भाषण
6. दमन कार्य प्रारंभ

7. राष्ट्रीय माँग के लिए कांग्रेस का प्रस्ताव रखना
8. इंग्लैंड में इंडिया पार्लियामेंट्री कमिटी की स्थापना
9. इंडियन कौंसिल एक्ट
10. तिलक का पदार्पण
11. आतंकवाद का जन्म
12. तिलक की गिरफ्तारी

दूसरा काल
राष्ट्रीय आंदोलन (सन् 1905-1919)

संघर्ष का आरंभ

सन् 1899 ई. में लॉर्ड कर्जन वायसराय बनकर भारत आया। आते ही उसने कई ऐसे कार्य किए जिससे भारतीयों का असंतोष और अधिक बढ़ गया। वस्तुत:—''यदि लॉर्ड लिटन की प्रतिक्रियावादी नीति ने भारत की राष्ट्रीयता के जन्म में सहायता की, तो लॉर्ड कर्जन की मूढ़ नीति ने राष्ट्रीय आंदोलन की गति तीव्र कर दी।'' उस समय देश में अकाल और प्लेग की महामारी फैली हुई थी, लेकिन लॉर्ड कर्जन ने इस दिशा में कोई ध्यान नहीं दिया। इसके विपरीत सप्तम एडवर्ड के गद्दी पर बैठने के समय दिल्ली में उसने एक विशाल दरबार का आयोजन किया जिसमें पानी की तरह पैसा बहाया गया। इस घटना का असर भारतीय जनता पर बुरा पड़ा। इसी समय कई कानून पास हुए, जो अलोकप्रिय थे।

सन् 1899 का कलकत्ता कॉरपोरेशन एक्ट, 1904 का इंडियन यूनियन सोसाइटीज एक्ट, ऑफिशियल सीक्रेट एक्ट इत्यादि ऐसे ही एक्ट थे जिसके द्वारा कांग्रेस के कार्यों पर प्रतिबंध लगाया गया। इसी समय देश के बाहर कुछ ऐसी घटना घटी जिसका प्रभाव भारतीय राजनीति पर पड़ा। सन् 1904 में रूस जापान जैसे छोटे से देश से हार गया। इस घटना से समूचे एशिया में एक बिजली दौड़ गई, क्योंकि एशिया के एक छोटे से देश से यूरोप का बहुत बड़ा देश हार गया था। इधर स्कूल-कॉलेज से पढ़कर निकलनेवाले नवयुवकों के भीतर राष्ट्रीयता

का संचार हो रहा था। भारतीय युवक एक ओर अंग्रेजी शासन का अंत करना चाह रहे थे तो दूसरी ओर उनमें आत्मविश्वास की भावना बढ़ रही थी। ऐसी स्थिति में एक ऐसी घटना की जरूरत थी जो पूरे देश का ध्यान अपनी ओर खींच सके।

बंगाल का बँटवारा और स्वदेशी आंदोलन

इसी समय कर्जन ने सन् 1905 में बंगाल को दो प्रांतों में बाँट दिया—पूर्वी बंगाल और पश्चिमी बंगाल। लॉर्ड कर्जन का कहना था कि ऐसा उसने शासन की सुविधा के लिए किया है। लेकिन वस्तुस्थिति दूसरी थी। उस समय बंगाल राजनीतिक आंदोलन का केंद्र था, अत: उसे दो भागों में बाँटकर इसी राष्ट्रीय आंदोलन को दबाना उसका उद्देश्य था। पूर्वी बंगाल में मुसलमानों का बहुमत था। अत: बंगाल के बँटवारे में कर्जन का उद्देश्य हिंदू-मुसलमान में फूट डालना भी था। लॉर्ड रोनल्ड ने ठीक ही लिखा है—"प्रांत के जाग्रत वर्ग के अनुसार इस विभाजन द्वारा बंगाली राष्ट्रीयता की बढ़ती हुई शक्ति पर आक्रमण किया गया था।" खुद लॉर्ड कर्जन ने भाषण देते हुए कहा था—"यह विभाजन केवल शासन की सुविधा के लिए ही नहीं किया गया है, वरन् इसके द्वारा एक मुसलिम प्रांत भी बनाया जा रहा है जिसमें इसलाम और उसके अनुयायियों की प्रधानता होगी।" जो भी हो, बंगाल विभाजन की घटना से राष्ट्रीय आंदोलन और अधिक तीव्र हो गया। बंगाल का एक-एक आदमी इसके विरुद्ध खड़ा हो गया। संपूर्ण देश ने बंगाल का साथ दिया। अब यह राष्ट्रीय आंदोलन एक नई दिशा में मुड़ गया।

विदेशी वस्तुओं का बहिष्कार शुरू हुआ। कई जगहों पर विदेशी वस्त्रों को जला दिया गया। विदेशी माल की दुकान पर धरना दिया गया। जगह-जगह सभाएँ हुईं और सरकार के खिलाफ प्रस्ताव पास हुआ। शिक्षा के क्षेत्र में नए-नए स्कूल खोले गए। इसमें राष्ट्रीय आधार पर शिक्षा दी जाने लगी जिससे भारतीय युवक देश और समाज के प्रति अपना कर्तव्य समझें।

कांग्रेस में दलबंदी—नरम दल और गरम दल

इतना सब कुछ होते हुए भी अभी तक कांग्रेस नरम राष्ट्रीयता का ही परिचय दे रही थी। लेकिन अब कांग्रेस के भीतर कुछ ऐसे व्यक्ति आए जिन्हें कांग्रेस के हाथ पसारने वाले सिद्धांत पर विश्वास नहीं था। वे लोग ठोस नीति

अपनाने के पक्ष में थे। ऐसे लोगों का दल गरम दल कहलाया। इस दल के मुख्य नेता थे—बालगंगाधर तिलक, बंगाल के बिपिनचंद्र पाल और पंजाब के लाला लाजपत राय। इतिहास में ये तीनों 'लाल, बाल, पाल' के नाम से प्रसिद्ध हैं। इसके विपरीत कांग्रेस के जो पुराने सदस्य थे, वे शांति में विश्वास करते थे। अत: ऐसे लोग नरम दल वाले कहलाए। इस दल के प्रमुख नेता गोपाल कृष्ण गोखले, सुरेंद्रनाथ बनर्जी आदि थे। धीरे-धीरे दलों का मतभेद बढ़ता ही गया। सन् 1906 में कलकत्ता अधिवेशन के अवसर पर दादाभाई नौरोजी ने इन दोनों दलों के मतभेद को दूर करने का काफी प्रयास किया। लेकिन यह मतभेद दूर नहीं हुआ। सन् 1907 ई. में सूरत-कांग्रेस के अधिवेशन के अवसर पर यह मतभेद इतना बढ़ गया कि सभा में हुल्लड़बाजी प्रारंभ हो गई और पुलिस को हस्तक्षेप करना पड़ा। लेकिन अब तक कांग्रेस में नरम दल वालों का ही बहुमत था। अत: तिलक के नेतृत्व में गरम दल के लोग कांग्रेस से अलग हो गए।

क्रांतिकारी आंदोलन

बंगाल के बँटवारे और स्वदेशी आंदोलन के कारण देश में आतंकवाद और क्रांतिकारी आंदोलन बढ़ने लगा। सरकार ने इस आंदोलन को कुचलने के लिए कोई असर उठा न रखी थी और उसने जोरों से अपना दमनचक्र चलाया। बारीसाल में होने वाले कांग्रेस के सम्मेलन को लाठी चलाकर भंग कर दिया। नेताओं को कैद कर लिया गया। सभाओं, संगठनों, समाचार-पत्रों आदि पर रोक लगाने के लिए बहुत से कानून बनाए गए। अब क्रांतिकारियों ने भी सरकार के दमन का जवाब बम से देना शुरू किया। बहुत सी गुप्त क्रातिकारी संस्थाएँ स्थापित हुईं और राजनीतिक हत्याएँ, डकैतियाँ आदि बढ़ने लगीं। पूर्वी बंगाल के गवर्नर पर बम फेंका गया। उसी वर्ष फरीदपुर के जिला मजिस्ट्रेट को गोली से उड़ा दिया गया। सन् 1907 ई. के दिसंबर महीने में उप-गवर्नरों की रेलगाड़ी को बम से उड़ा देने का प्रयास किया गया। सबसे अधिक सनसनी किंग्सफोर्ड की हत्या के प्रयास से हुई। कलकत्ता के प्रधान प्रेसिडेंसी-मजिस्ट्रेट मि. किंग्सफोर्ड ने स्वदेशी आंदोलन के कार्यकर्ताओं को बेंत से पिटवाया था। अत: क्रांतिकारियों ने उनसे बदला लेना चाहा। किंग्सफोर्ड जब जज होकर मुजफ्फरपुर आए तब प्रफुल्ल चाकी और

खुदीराम बोस ने उन्हें मार डालने का बीड़ा उठाया। उनकी कार पर बम फेंका गया, लेकिन उस दिन कार में किंग्सफोर्ड नहीं था, कैनेडी परिवार की दो महिलाएँ थीं जो मारी गईं। इस घटना से इंग्लैंड तक में सनसनी फैल गई। प्रफुल्ल चाकी ने तो अपने को गोली मार ली, लेकिन खुदीराम बोस पकड़ा गया और उसे फाँसी दे दी गई। इस घटना के दो महीने बाद अलीपुर षड्यंत्र केस का पता चला। इसमें अरविंद घोष, वारींद्र घोष और अन्य युवक गिरफ्तार कर लिये गए। कनाईलाल और सत्येंद्र को फाँसी की सजा मिली। इस घटना से क्रांतिकारियों का रोष और भी भड़क उठा। इस घटना के बाद सरकारी वकील आशुतोष विश्वास को गोली मार दी गई। इसी प्रकार नंदलाल नामक पुलिस दरोगा और समसुल आलम नामक डिप्टी पुलिस सुपरिंटेंडेंट को भी मार डाला गया। लंदन में भी गुप्त रूप से क्रांतिकारी कार्य हो रहे थे। जिसके नेता श्यामजी कृष्ण वर्मा, गणेश ओर विनायक दामोदर सावरकर थे। राजा महेंद्र प्रताप, लाला हरदयाल, बरकतुल्ला, रासबिहारी बोस आदि कुछ ऐसे व्यक्ति थे, जो अंग्रेजों के दुश्मनों से सहायता लेकर भारत से अंग्रेजी राज्य समाप्त करना चाहते थे।

दमन और सुधार

क्रांतिकारियों को नष्ट करने के उद्देश्य से सरकार ने दमन की नीति अपनाई। लाला लाजपत राय, तिलक, अजीत सिंह आदि सभी प्रमुख नेता गिरफ्तार कर लिये गए। सभाओं, संगठनों, समाचार-पत्रों आदि पर रोक लगा दी गई। बहुत से दमनकारी कानून बनाए गए। लेकिन इससे क्रांति की आग और भी तेज होती गई। तब सरकार ने सुधार की नीति अपनाई। सन् 1909 में मार्लो-मिंटो सुधार पास हुआ। इसके मुताबिक केंद्रीय और प्रांतीय विधान मंडलों का विकास हुआ और उनमें भारतीयों के चुने हुए प्रतिनिधि भाग लेने लगे। इनके अधिकार भी पहले से बढ़ा दिए गए। गवर्नर जनरल की कार्यकारिणी परिषद में भी एक भारतीय नियुक्त किया जाने लगा। इस सुधार का कांग्रेस ने स्वागत किया और बताया—"भारत को दावा करने का जो अधिकार है, उसकी यह एक किस्त है।" लेकिन जब यह सुधार कार्यरूप में आया तो भारतीयों को घोर निराशा हुई, अतः राष्ट्रीय आंदोलन शिथिल नहीं हुआ।

सांप्रदायिकता का जन्म

कांग्रेस के मार्ग में बाधा उपस्थित करने के उद्देश्य से सरकार ने मुसलमान और हिंदू के बीच खाई खींचने का प्रयास किया और इसमें उसे सफलता भी मिली। यद्यपि कांग्रेस में शुरू से ही मुसलमानों ने हिस्सा लिया था और रहमतुल्ला सयानी, बदरुद्दीन तय्याजी आदि नेताओं ने कांग्रेस के सभापति का पद भी सुशोभित किया था। लेकिन आगे चलकर मुसलमानों के बीच कुछ ऐसे व्यक्ति हुए जो कांग्रेस को हिंदू की संस्था कहकर उससे अलग हो गए। इसी के फलस्वरूप मुसलिम लीग की स्थापना हुई। सन् 1857 के बाद सरकार ने मुसलमानों के विरुद्ध कठोर नीति अपनाई। उनकी आर्थिक और राजनीतिक प्रगति रुक गई। वे हिंदुओं की अपेक्षा पिछड़ गए। ''धीरे-धीरे बहुत बहस-मुबाहसे के बाद सर सैयद अहमद खाँ ने उनके दिमाग को अंग्रेजी शिक्षा की ओर मोड़ा और अलीगढ़ कॉलेज कायम किया।'' संक्षेप में, हिंदू की अपेक्षा मुसलमानों को अपने विकास में जो अंतर पड़ा, उसी से मुसलिम सांप्रदायिकता को पनपने का मौका मिला। लेकिन आगे चलकर अंग्रेजों ने मुसलमानों को हिंदुओं के खिलाफ प्रोत्साहन देना शुरू किया। लॉर्ड मिंटो के प्रोत्साहन से तथा सर सैयद अहमद खाँ के प्रयास से मुसलिम लीग की स्थापना हुई। आगा खाँ के नेतृत्व में मुसलमानों का एक प्रतिनिधि मंडल लॉर्ड मिंटो से 1 अक्तूबर, 1906 ई. को मिला और पृथक् निर्वाचन की माँग रखी। मिंटो यही चाहता था। अत: 1909 के मार्लो मिंटो सुधार में पहले-पहल मुसलमानों को अलग निर्वाचन का अधिकार मिला। इसी अधिकार ने 1947 में बढ़कर पाकिस्तान का रूप धारण कर लिया। इस प्रकार 1906 ई. में ढाका में आगा खाँ ने मुसलिम लीग की स्थापना की। इसके आरंभ में दो उद्देश्य थे—ब्रिटिश सरकार के प्रति वफादारी और मुसलमानों के राजनीतिक स्वार्थों की रक्षा। आगा खाँ ने अपने भाषण के क्रम में कहा—''कौंसिल में हमारे प्रतिनिधि सबसे पहले सम्राट की वफादार प्रजा के रूप में हैं और उसके बाद मुसलमानों के विशेष अधिकारों के संरक्षक के रूप में।'' अब अंग्रेजी राज्य का वरदहस्त पाकर यह संस्था फलने-फूलने लगी।

हिंदू-मुसलिम ऐक्य

मुसलिम लीग की स्थापना के बाद कुछ ऐसी घटना घटी जिसके फलस्वरूप मुसलिम लीग कांग्रेस के निकट आने लगी। सन् 1911 ई. में बंगाल के बिभाजन को रद्द कर दिया गया। इससे मुसलमान बिगड़ उठे। इसी समय टर्की तथा एशिया के कई मुसलिम देशों में राष्ट्रीय आंदोलन चल पड़े जिसका प्रभाव भारत पर भी पड़ा और मुसलमान राष्ट्रीयता के बहाव में बहने लगे। संयोगवश इसी वर्ष अंग्रेजों ने टर्की के साथ अपमानजनक व्यवहार किया और टर्की का खलीफा सारे मुसलिम समाज का खलीफा समझा जाता था। अतः मुसलमान अंग्रेजों से क्रुद्ध हो गए। यही कारण था कि 1914 के प्रथम विश्वयुद्ध में भारत ने टर्की का पक्ष लिया था। 'अल हिलाल' और 'दी कामरेड' पत्रिका ने भी हिंदू-मुसलिम एकता लाने में काफी सहयोग दिया। 'अल हिलाल' के संपादक अबुल कलाम आजाद थे। श्री जवाहरलाल नेहरू के शब्दों में—"मुसलमानों के दिमागदार लोगों के दायरे में इस नौजवान लेखक और संपादक ने हलचल मचा दी। नई पीढ़ी के दिमाग में उनके शब्दों से एक उबाल पैदा हुआ।" इसी समय 1913 में मुहम्मद अली जिन्ना लीग में आए। उनके आते ही लीग के विचार बदल गए। अब लीग भी स्वराज्य की माँग का समर्थन करने लगी। दोनों के वार्षिक अधिवेशन एक ही स्थान पर होने लगे। दोनों में एक समझौता भी हुआ, जो लखनऊ पैक्ट के नाम से प्रसिद्ध है। इस तरह मुसलिम लीग अब राष्ट्रीयता के बहाव में बह रही थी और कांग्रेस के नजदीक आती जा रही थी।

पहला विश्वयुद्ध और राष्ट्रीय आंदोलन

सन् 1914 ई. में प्रथम विश्वयुद्ध प्रारंभ हुआ। इसका प्रभाव भारतीय आंदोलन पर भी पड़ा। ब्रिटिश सरकार ने घोषणा की कि वह लोकतंत्र की रक्षा के लिए युद्ध में प्रवेश कर रहा है। इससे भारतीयों को आशा बँधी कि युद्ध की समाप्ति पर ब्रिटिश सरकार भारत में लोकतंत्र के शासन की स्थापना करेगी। इसी कारण भारतीयों ने अंग्रेजों की मदद की और इसी मदद के बल पर कई स्थानों पर उनकी जीत भी हुई। लेकिन युद्ध की समाप्ति पर भारतीय घोर निराश हुए। सन् 1917 ई. में भारत सचिव मांटेग्यू ने घोषणा करके भारतीयों को आश्वासन

दिया कि युद्ध समाप्त होने पर भारत की राष्ट्रीय आकांक्षा पूरी की जाएगी। लेकिन ऐसा नहीं हुआ। मुसलमान नेताओं को कैद में डालकर सरकार ने उन्हें भी अपना दुश्मन बना लिया।

होमरूल आंदोलन

अब तक कांग्रेस की बागडोर नरम दल वालों के हाथ में ही थी। लेकिन सन् 1915 ई. में इसके प्रमुख नेता श्री फिरोज शाह मेहता और श्री गोपालकृष्ण गोखले की मृत्यु हो गई। इसी समय लोकमान्य तिलक अपनी कैद की अवधि समाप्त कर आए। श्रीमती एनी बेसेंट ने काफी परिश्रम कर नरम दल और गरम दल में मेल करवा दिया। अब राष्ट्रीय आंदोलन का भार तिलक के कंधे पर आया। उन्होंने महाराष्ट्र में होमरूल लीग की स्थापना की। सन् 1916 में श्रीमती एनी बेसेंट ने भी मद्रास में होमरूल लीग की स्थापना की। ये दोनों मिलकर काम करने लगे और थोड़े ही दिनों में सारे देश में यह आंदोलन व्याप्त हो गया। इसका उद्‌देश्य भारत में लोकतंत्र की स्थापना करना था। सरकार ने इस आंदोलन को दबाने का भरपूर प्रयत्न किया। एनी बेसेंट अपने सहयोगियों के साथ गिरफ्तार कर ली गई। लेकिन इससे आंदोलन दबने के बजाए और भी भड़क उठा। अभी तक युद्ध चल ही रहा था और इसके लिए भारतीयों की सहायता आवश्यक थी, अतः इन सभी बातों पर ध्यान देते हुए सरकार ने सुधार की नीति अपनाई।

मांटेग्यू-चेम्सफोर्ड सुधार

20 अगस्त, 1917 को भारतमंत्री मांटेग्यू ने भारत में ब्रिटिश सरकार की नीति के संबंध में निम्नलिखित घोषणा की—''ब्रिटिश सरकार की यह नीति है और भारत सरकार इससे पूर्णरूप से सहमत है कि शासन के प्रत्येक विभाग में भारतीयों का संपर्क उत्तरोत्तर बढ़ाया जाए और स्वशासन संबंधी संस्थाओं का क्रमिक विकास किया जाए जिससे ब्रिटिश सरकार का अभिन्न अंग रहते हुए भारत में क्रमशः उत्तरदायी शासन की स्थापना हो जाए। इस नीति की प्रगति धीरे-धीरे ही हो सकती है। प्रत्येक अवसर पर कब और कितना आगे कदम बढ़ाया जाना चाहिए इसके निर्णय का अधिकार ब्रिटिश सरकार और भारत सरकार के हाथों में ही रहेगा।'' इस घोषणा से यह विदित हो गया कि तत्काल

भारतीय शासन में कोई परिवर्तन नहीं होने जा रहा है। जो निर्णय होगा, वह भी ब्रिटिश सरकार की इच्छानुसार होगा। भारत को आत्मनिर्णय का भी अधिकार नहीं दिया गया। फिर भी इस घोषणा का आंदोलन के इतिहास में महत्त्व है। यह घोषणा भारतीय राष्ट्रीय आंदोलन की सफलता की सूचक थी।

दूसरे काल (1905-1919) की प्रमुख घटनाएँ

1. लॉर्ड कर्जन का दरबार
2. विभिन्न एक्टों का पास होना
3. बाहरी घटना का प्रभाव
4. बंगाल विभाजन
5. स्वदेशी आंदोलन
6. नरम और गरम दल
7. क्रांतिकारी आंदोलन
8. दमन और सुधार
9. मुसलिम लीग की स्थापना
10. हिंदू-मुसलिम एकता
11. प्रथम युद्ध का प्रभाव
12. होमरूल आंदोलन
13. मांटेग्यू-चेम्सफोर्ड सुधार

तीसरा काल

राष्ट्रीय आंदोलन (सन् 1919 से 1947)

गांधी का आविर्भाव

सन् 1919 ई. में भारत का राजनीतिक वातावरण तनावपूर्ण था। अब तक भारतीयों को यह आशा बँधी थी कि युद्ध की समाप्ति के बाद देश में सुधार आएगा, लेकिन सन् 1918 ई. में जब युद्ध समाप्त हुआ तब भारतीयों को भारी निराशा हुई। सुधारों की जगह दमनकारी कानून बने। भारतीय क्षुब्ध थे, पर उन्हें कोई रास्ता नहीं सूझता था। जवाहरलाल नेहरू के शब्दों में—"हम लोग एक

बेबस कौम बन गए थे। ऐसा मालूम पड़ता था कि किसी सर्वशक्तिमान राक्षस के चंगुल में हम बेबस हैं, हमारे जिस्म के हिस्सों को लकवा मार गया है और हमारे दिमाग मुर्दा हो गए हैं।'' ऐसे ही राजनीतिक वातावरण में महात्मा गांधी ने राजनीति के रंगमंच पर प्रवेश किया। श्री जवाहरलाल नेहरूजी के शब्दों में ही—''गांधीजी ताजी हवा के उस प्रबल प्रवाह की तरह थे जिसने हमारे लिए पूरी तरह फैलाव और गहरी साँस लेना संभव बनाया। वे रोशनी की उस किरण की तरह थे, जो अंधकार में पैठ गई और जिसने हमारी आँखों के सामने से परदे को हटा दिया। वे उस बवंडर की तरह थे, जिसने बहुत सी चीजों को, खासतौर से मजदूरों के दिमाग को उलट-पुलट दिया। गांधीजी ऊपर से आए हुए नहीं थे बल्कि हिंदुस्तान के करोड़ों आदमियों की आबादी में से ही उपजे थे। तब राजनीतिक आजादी की एक नई शक्ल सामने आई और उसमें एक नया मानी पैदा हुआ।'' गांधीजी ने सत्य, शांति और अहिंसा का प्रचार कर कांग्रेस की नीति में परिवर्तन ला दिया। यहाँ से कांग्रेस के इतिहास का दूसरा युद्ध प्रारंभ हुआ। इधर मांटेग्यू-चेम्सफोर्ड सुधार के प्रति जनता के भीतर निराशा का भाव तो भरा था ही, उधर अंग्रेजों के अत्याचार से किसान तबाह हो रहे थे। इसी समय हैजा, प्लेग आदि महामारियों का प्रकोप बढ़ा, लेकिन सरकार की ओर से इसे रोकने की दिशा में कोई प्रयास नहीं हुआ। अतः जनता ने जगह-जगह विद्रोह भी कर दिया।

रॉलेट एक्ट

क्रांतिकारी आंदोलन पुनः जोर पकड़ने लगा। सरकार ने इसके दमन के लिए तीन सदस्यों की एक समिति बनाई। इस समिति के अध्यक्ष सिडनी रॉलेट ने दो बिल सुप्रीम लेजिस्लेटिव में उपस्थित किए। पहला बिल (Indian criminal Law Amendment Bill) 1919 ई.में पास हो गया। इसी को रॉलेट एक्ट कहते हैं। इस एक्ट के अनुसार सरकार बिना मुकदमा चलाए, किसी को भी नजरबंद कर सकती थी और दंड दे सकती थी। इस कानून के खिलाफ सारे देश ने आवाज उठाई। महात्मा गांधी ने 6 अप्रैल, सन् 1919 को सत्याग्रह करने का निश्चय किया। लेकिन गांधीजी गिरफ्तार कर लिये गए। इससे सारे देश में और

भी अधिक उत्तेजना फैल गई। 33 जगह हिंसात्मक घटनाएँ भी हुईं। सबसे बड़ी दुर्घटना पंजाब के जलियाँवाला बाग में घटी।

जलियाँवाला बाग का हत्याकांड

सरकार की दमनकारी नीति के फलस्वरूप सबसे अधिक उत्तेजना पंजाब में थी। 13 अप्रैल, सन् 1919 ई. में अमृतसर के जलियाँवाला बाग में एक सभा हो रही थी जिसमें लगभग 20000 व्यक्ति उपस्थित थे। यह बगीचा चारों ओर से दीवारों और मकानों से घिरा था। केवल एक छोटी सी गली आने-जाने के लिए थी जिससे होकर एक से अधिक आदमी आ-जा नहीं सकता था। इस सभा को भंग करने के उद्देश्य से जनरल डायर एक सौ भारतीय और पचास ब्रिटिश सिपाहियों के साथ वहाँ पहुँचा। उसने सभा में इकट्ठे लोगों को तितर-बितर करने की आज्ञा दी और दो ही मिनट के बाद उसने उस शांत और निहत्थी भीड़ पर अंधाधुंध गोलियाँ चलानी शुरू कर दीं। करीब 10 मिनट तक फायर होता रहा और जबतक गोली समाप्त नहीं हो गई, फायर होता रहा। कुल मिलाकर 1650 बार फायर किए गए। इसमें करीब 400 व्यक्ति मारे गए और कई हजार घायल हो गए। घायलों के इलाज का कोई इंतजाम नहीं किया गया। उलटे समूचे पंजाब में फौजी कानून लागू कर दिया गया। लोगों की जायदाद जप्त कर ली गई। उन्हें कोड़े लगाए गए। शहर के नल का पानी बंद कर दिया गया और बिजली की लाइन काट दी गई। इस प्रकार लोगों पर अपार मुसीबतें ढाई गईं। इस घटना से सारे देश में तहलका मच गया। इस घटना के बाद जनरल डायर ने जो बयान दिया उससे और भी जले पर नमक पड़ गया। उसने कहा—"मैंने और भी गोली चलाई होती अगर मेरे पास कारतूस होते। मैंने सोचा कि खूब अच्छी तरह गोली चलाऊँ और इतने जोर के साथ चलाऊँ कि मुझे या अन्य किसी को फिर कभी गोली न चलानी पड़े। मेरा खयाल है कि यह संभव था कि बिना गोली चलाए हुए भी मैं भीड़ को तितर-बितर कर सकता था। लेकिन वे फिर वापस आ जाते और मेरी हँसी उड़ाते और मैं बेवकूफ बनता।"

खिलाफत और असहयोग आंदोलन

पंजाब के इस भीषण हत्याकांड की खबर बिजली की तरह सारे देश में

फैल गई। सरकार की ओर से इस घटना की जाँच के लिए हंटर कमीशन की नियुक्ति हुई। कांग्रेस ने भी अपनी अलग कमिटी बनाई जिसमें महात्मा गांधी, चितरंजनदास और मोतीलाल नेहरू थे। इस कमिटी ने जब अपनी रिपोर्ट दी तो लोगों का रोष और भी अधिक बढ़ गया। इधर प्रथम विश्वयुद्ध में जर्मनी की हार हो गई थी और टर्की जर्मनी के साथ था, अतः उसकी हार होने से भारतीय गुसलमान भी क्षुब्ध थे। मुसलमानों ने असहयोग आंदोलन प्रारंभ किया, जो खिलाफत आंदोलन के नाम से प्रसिद्ध है। अतः गांधीजी के नेतृत्व में कांग्रेस और मुसलिम लीग का संयुक्त मोर्चा कायम हुआ।

गांधीजी के नेतृत्व में कांग्रेस ने भारत में पहली बार असहयोग आंदोलन के रूप में पहला जन-आंदोलन शुरू किया। यह आंदोलन केवल शहरी जनता तक सीमित न रहा, गाँव की जनता भी इससे प्रभावित हुई। सभी पेशे के लोग अपने पेशे पर लात मारकर इस आंदोलन में उतर आए। जगह-जगह राष्ट्रीय विद्यालयों की स्थापना की गई। इधर सरकार ने भी दमन करना प्रारंभ किया। करीब तीस हजार व्यक्ति कैद में डाल दिए गए। यद्यपि महात्मा गांधी ने आंदोलन अहिंसात्मक ढंग से प्रारंभ किया था, लेकिन कुछ ऐसी घटना घटी जिससे लाचार होकर उन्हें यह आंदोलन बंद कर देना पड़ा। ऐसी दुर्घटना गोरखपुर जिले के चौरी-चौरा नामक स्थान पर घटी। वहाँ एक भीड़ ने उत्तेजित होकर एक थाने में आग लगा दी जिसमें एक थानेदार तथा 21 सिपाही झुलसकर मर गए। इस घटना के बाद महात्मा गांधी ने आंदोलन बंद कर दिया। इसी समय मार्च 1922 में उन्हें गिरफ्तार कर लिया गया और छह वर्ष की सजा दे दी गई।

स्वराज्य पार्टी की स्थापना और कार्य

गांधीजी के कैद हो जाने से असहयोग आंदोलन धीमा पड़ गया। अन्य राष्ट्रीय शक्तियाँ भी कमजोर होने लगीं। फलतः कांग्रेस की लोकप्रियता दिन-पर-दिन समाप्त होती जा रही थी। इधर टर्की के धर्मनिरपेक्ष राज्य बन जाने से भारतीय मुसलमानों के दिल में वह गरमी न रही थी। मिस्टर जिन्ना के नेतृत्व में मुसलिम लीग पुनः पनपने लगी। कई सांप्रदायिक दंगे भी हो गए। इस सबका फल कांग्रेस पर भी पड़ा और उसमें दो दल हो गए। एक दल पुराने लोगों का

था, जो किसी प्रकार का नया परिवर्तन नहीं चाह रहा था। दूसरा दल स्वराज्य पार्टी के नाम से प्रसिद्ध था। इसके मुख्य नेता देशबंधु चितरंजनदास, मोतीलाल नेहरू और एन.सी. केलकर थे। इन पार्टी का उद्‌देश्य था कि कांग्रेस को कौंसिलों के निर्वाचन में भाग लेना चाहिए और उसके भीतर जाकर आजादी की लड़ाई को आगे बढ़ाना चाहिए। सन् 1923 ई. के केंद्रीय परिषद के निर्वाचन में इस दल को सफलता मिली भी और काफी संख्या में स्वराज्य पार्टी के सदस्य चुने भी गए। इनके विरोध के चलते सरकार को कई बार झुकना पड़ा। इसी बीच सन् 1924 ई. में अस्वस्थता के कारण गांधीजी जेल से रिहा कर दिए गए। उनके आने से स्वराज्य पार्टी और राष्ट्रवादी पार्टी के झगड़े का अंत हो गया। फिर भी हिंदू–मुसलमान एक–दूसरे के दुश्मन हो ही गए।

साइमन कमीशन

जब सन् 1926 ई. में लॉर्ड इरविन भारत का वायसराय बनकर आया, उस समय राजनीतिक स्थिति तनावपूर्ण थी। हिंदू–मुसलिम दंगे हो रहे थे और सरकार इसे रोकने में असमर्थ थी। वल्लभभाई पटेल के नेतृत्व में बारदोली में किसानों का सत्याग्रह हो रहा था। औद्योगिक केंद्रों का वातावरण भी अशांत था। इसी समय सरकार की ओर से 8 नवंबर, सन् 1927 को एक कमीशन की नियुक्ति की गई। यह कमीशन साइमन कमीशन के नाम से प्रसिद्ध है। इस कमीशन को यह काम दिया गया था कि "वह मांटेग्यू–चेम्सफोर्ड के सुधारों के कार्यान्वित रूप की जाँच करे और अपनी राय दे कि अभी तक उत्तरदायी शासन जिस मात्रा में स्थापित किया गया है, उसे बढ़ाया जाए या कम किया जाए या उसमें और किसी प्रकार का हेर–फेर किया जाए।" लेकिन इस कमीशन का सबसे बड़ा दोष था कि इसमें एक भी भारतीय नहीं रखा गया था। अत: उस कमीशन से न्याय की आशा करना व्यर्थ था। भारतीय इस बात से काफी असंतुष्ट हो गए। अत: सभी राजनीतिक दल आपस में मिल गए और लोगों से इस कमीशन का बहिष्कार करने की अपील की। 3 फरवरी, 1928 को यह कमीशन बंबई पहुँचा। उस दिन उसके विरोध में समूचे देश में हड़ताल मनाई गई। जहाँ कहीं भी यह कमीशन गया, वहीं काले झंडों से इसका स्वागत किया। लोगों ने 'साइमन वापस

जाओ' के नारे लगाए (Go back Simon) सरकार ने भी दमनचक्र चलाया। लाहौर में लाला लाजपतराय और लखनऊ में जवाहरलाल नेहरू पर पुलिस का प्रहार हुआ। अंत में सन् 1930 ई. में साइमन कमीशन की रिपोर्ट निकली और सारे देश ने इस रिपोर्ट की निंदा की।

नेहरू रिपोर्ट

भारतमंत्री लॉर्ड वर्किनहेड ने भारतीय नेताओं को चुनौती दी कि वे भारत के लिए कोई सर्वमान्य विधान तैयार करें। इसी उद्देश्य से मार्च 1922 में मोतीलाल नेहरू की अध्यक्षता में दिल्ली में एक सर्वदल सम्मेलन हुआ। इस सम्मेलन में मोतीलाल नेहरू की अध्यक्षता में एक कमिटी बनी। संविधान के सिद्धांतों का मसविदा तैयार किया गया, जो नेहरू रिपोर्ट के नाम से प्रसिद्ध हुआ। इस रिपोर्ट में भारत के लिए औपनिवेशिक स्वराज्य की माँग की गई थी। लेकिन इस बात को बहुत से लोगों ने अस्वीकार कर दिया। मुसलिम लीग ने भी इसकी अवहेलना कर दी। कांग्रेस के भी बहुत से नेताओं, जवाहरलाल नेहरू, सुभाषचंद्र बोस, आदि ने इसका समर्थन नहीं किया और उन्होंने पूर्ण स्वराज्य की माँग की। महात्मा गांधी ने आखिर सभी में समझौता कराया। यह तय हुआ कि "यदि यह विधान दिसंबर 1929 या उससे पूर्व स्वीकार नहीं किया जाता है तो कांग्रेस उसे मानने के लिए बाध्य नहीं रहेगी और यह भी घोषित किया जाता है कि यदि इंग्लैंड की संसद इस तिथि तक इसे स्वीकार नहीं करती है तो कांग्रेस अहिंसात्मक असहयोग फिर आरंभ कर देगी। जिसके अनुसार देश शासन को कर या अन्य किसी प्रकार की सहायता देना बंद कर देगा।" सरकार ने भारत में औपनिवेशिक स्वराज्य की स्थापना के लिए लंदन में गोलमेज कॉन्फ्रेंस का आयोजन किया।

सविनय अवज्ञा आंदोलन

वायसराय ने औपनिवेशिक स्वराज्य की जो घोषणा की, वह केवल घोषणा मात्र थी। कांग्रेस के नेता जब वायसराय से मिले तो उसने साफ शब्दों में कहा—"मेरी ऐसी स्थिति नहीं है कि औपनिवेशिक स्वराज्य देने का वादा करके गोलमेज परिषद में आप लोगों को बुला सकूँ।" इस घटना से कांग्रेस को भारी निराशा हुई। अंत में कांग्रेस ने 26 जनवरी, 1930 को स्वाधीनता दिवस मनाने

का निश्चय किया और सभी जगह पूर्ण स्वाधीनता का घोषणा-पत्र पढ़ा गया। सविनय अवज्ञा आंदोलन आरंभ करने से पहले महात्मा गांधी ने 11 माँगों की एक सूची बनाई और वायसराय से उन माँगों को मान लेने को कहा। लेकिन वायसराय ने इनकार कर दिया। फलस्वरूप 12 मार्च, 1930 को सविनय अवज्ञा आंदोलन आरंभ हो गया। गांधीजी ने डांडी जाकर और समुद्र के पानी से नमक बनाकर नमक कानून को तोड़ दिया। अत: अब हजारों की संख्या में एकत्र होकर भारतीयों ने नमक बनाना शुरू कर दिया। सरकार ने गांधीजी को गिरफ्तार कर लिया, लेकिन इससे आंदोलन रुका नहीं। शराब की दुकानों पर पिकेटिंग हुई। विदेशी कपड़े जलाए गए। अत: सरकार का दमनचक्र भी जोरों से चला। कांग्रेस के सभी नेता गिरफ्तार कर लिये गए। लोगों को पुलिस की लाठी और गोली का शिकार बनना पड़ा।

गांधी-इरविन समझौता

25 जनवरी, 1931 को गांधीजी को उनके सहयोगियों के साथ मुक्त कर दिया गया और गांधीजी एवं लॉर्ड इरविन में एक समझौता हो गया। इस समझौते के अनुसार सत्याग्रह बंद कर दिया गया और सभी राजनीतिक कैदी जेल से रिहा कर दिए गए। सरकार ने गोलमेज कॉन्फ्रेंस में कांग्रेस का सम्मिलित होना स्वीकार कर लिया। यद्यपि कांग्रेस के बहुत से नेताओं को यह बात पसंद नहीं आई। लेकिन महात्मा गांधी के प्रभावशाली व्यक्तित्व के कारण वे चुप रहे। 7 सितंबर, 1931 को लंदन में दूसरा गोलमेज सम्मेलन आरंभ हुआ। जिसमें महात्मा गांधी कांग्रेस के प्रतिनिधि बनकर गए। लेकिन उन्हें निराश होकर लौट आना पड़ा। अंत में कोई चारा न देखकर महात्मा गांधी ने पुन: सविनय अवज्ञा आंदोलन आरंभ कर दिया। लेकिन वे गिरफ्तार कर लिये गए। 1932 ई. में ब्रिटिश प्रधानमंत्री ने अपना फैसला सुनाया। यह फैसला, 'सांप्रदायिक पंचाट' (Communal Award) के नाम से मशहूर है। इसके अनुसार एसेंबलियों के निर्वाचन में मुसलमानों की तरह हरिजनों को भी पृथक् निर्वाचन का अधिकार दिया गया। इसका विरोध सभी उच्च वर्ग के हिंदुओं ने किया। गांधीजी ने जेल में ही अनशन प्रारंभ कर दिया। अंत में 'पूना पैक्ट' के अनुसार सांप्रदायिक पंचाट

को स्वीकार कर लिया गया जिसमें एक शर्त रखी गई कि हरिजनों की जगह सुरक्षित रहेगी लेकिन चुनाव सम्मिलित निर्वाचन प्रणाली के अनुसार ही होगा। इस प्रकार अप्रैल 1934 में सत्याग्रह बंद कर दिया गया। सरकार ने भी कांग्रेस पर से सारे प्रतिबंध हटा दिए।

प्रांतीय स्वराज्य

सन् 1932 ई. में गोलमेज सम्मेलन की तीसरी बैठक लंदन में हुई, जिसमें भारतीय संविधान में परिवर्तन लाने के संबंध में विचार हुआ। सरकार की ओर से एक श्वेतपत्र (White paper) प्रकाशित हुआ और इसी के आधार पर 1935 का प्रसिद्ध एक्ट (The Govt. of India Act of 1935) पास हुआ। इस एक्ट के अनुसार केंद्र में एकात्मक शासन की जगह संघीय शासन की व्यवस्था हुई। इसी एक्ट के अनुसार प्रांत में शासन के सभी विभाग मंत्रियों के जिम्मे कर दिए गए। प्रांतीय शासन का यह परिवर्तन प्रांतीय स्वराज्य के नाम से प्रसिद्ध है। लेकिन 1935 के एक्ट से कांग्रेस संतुष्ट नहीं हुई। अत: प्रांतीय विधान मंडलों के लिए निर्वाचन होने के समय कांग्रेस ने भी उसमें जाना निश्चित किया। इस निर्वाचन में कई कांग्रेसी उम्मीदवार चुने गए और 11 प्रांतों में से छह प्रांतों में कांग्रेस का ही बहुमत रहा। लेकिन अभी भी कांग्रेस के बहुत से लोग मंत्रीपद ग्रहण करने के विरुद्ध थे। अंत में वायसराय ने एक वक्तव्य दिया और आश्वासन दिया कि गवर्नर अपने दैनिक कार्यों में विशेषाधिकारों का प्रयोग नहीं करेंगे और न मंत्रिमंडल के कार्यों में हस्तक्षेप करेंगे। इस प्रकार आठ प्रांतों में कांग्रेस का मंत्रिमंडल बना और लगभग दो वर्ष तक उसका शासन रहा।

दूसरे विश्वयुद्ध के समय की राजनीति

दूसरे महायुद्ध का महत्त्वपूर्ण प्रभाव भारतीय राजनीति पर पड़ा। यह युद्ध 3 सितंबर, 1939 को प्रारंभ हुआ। इस युद्ध में ब्रिटेन ने जर्मनी के विरुद्ध आक्रमण किया था और भारतीयों को भी बिना उनसे पूछे युद्ध में घसीट लिया था। भारतीय इस युद्ध का उद्‌देश्य जाने बिना इसमें सम्मिलित होना नहीं चाहते थे। कांग्रेस ने स्पष्ट कर दिया कि—''जबरदस्ती सिर मढ़े हुए फैसलों का लाजिमी तौर पर विरोध किया जाएगा। सहयोग तो बराबरवालों में होना चाहिए और उसमें आपसी

रजामंदी होनी चाहिए। हिंदुस्तान किसी ऐसी लड़ाई में शामिल नहीं हो सकता था, जिसके लिए कहा तो यह जाए कि वह लोकतंत्र और आजादी के लिए है, लेकिन वह आजादी खुद उसे हासिल नहीं है, और यही नहीं, जो कुछ थोड़ी-बहुत आजादी उसके पास है, वह भी उससे छीनी जा रही है।'' यही भारतीयों की नीति थी। लेकिन सरकार ने इस ओर कोई ध्यान नहीं दिया। अत: कांग्रेस मंत्रिमंडल ने प्रांतीय शासन से त्यागपत्र दे दिया और पुन: उसका शासन गवर्नर द्वारा चलने लगा।

मुसलिम लीग और पाकिस्तान की माँग

इधर कांग्रेस के नेतृत्व में राष्ट्रीय आंदोलन प्रगति कर रहा था और उधर मि. जिन्ना के नेतृत्व में मुसलिम लीग पाकिस्तान की माँग कर रही थी। कांग्रेस में अभी भी काफी संख्या में मुसलमान थे। मुसलिम लीग ने यह दावा करना शुरू कर दिया कि केवल वही मुसलमानों की एकमात्र संस्था है और कांग्रेस केवल हिंदुओं की संस्था है। इस गलत प्रचार ने मुसलमानों को बहका दिया। अत: जब मार्च 1940 में लाहौर में वार्षिक अधिवेशन हुआ तो मुसलिम लीग ने अलग राष्ट्र—पाकिस्तान की माँग कर दी। कांग्रेस नहीं चाहती थी कि देश का बँटवारा हो लेकिन अब ब्रिटिश सरकार को मौका मिल गया और वह बराबर इस बात पर जोर देने लगी कि पहले कांग्रेस और मुसलिम लीग आपस में सुलझ लें तभी कोई परिवर्तन हो सकता है। इस तरह कांग्रेस के मार्ग में मुसलिम लीग सबसे बड़ी बाधा सिद्ध हुई।

क्रिप्स मिशन योजना

दूसरे विश्वयुद्ध में जबरन भारत को घसीट लिया गया था जिसके फलस्वरूप कांग्रेस ने प्रांतीय शासन से त्यागपत्र दे दिया और उन प्रांतों का शासन गवर्नर के द्वारा चलाया जाने लगा। इधर युद्ध की स्थिति दिनोंदिन भयंकर होती जा रही थी। जापान ने ब्रिटेन और अमेरिका के खिलाफ युद्ध की घोषणा कर दी और वह बर्मा तक पहुँच गया। इस प्रकार अंग्रेजी सरकार के सामने विकट स्थिति आ गई और भारतीयों का सहयोग उनके लिए अनिवार्य हो गया। अत. दोनों में समझौता कराने के उद्‌देश्य से 22 मार्च सन् 1942 ई. को सर स्टैफोर्ड भारत आए। क्रिप्स

के प्रस्ताव में दो योजनाएँ थीं। अंग्रेजी सरकार भारत को ब्रिटिश राष्ट्रमंडल के अन्य देशों की तरह ही डोमिनियन स्टेट बनाना चाहती थी। इस कार्य के लिए युद्ध के बाद भारत के लिए संविधान बनाने का निश्चय किया गया और इसके लिए एक निर्वाचित परिषद की स्थापना की व्यवस्था की गई। लेकिन अंग्रेजी सरकार प्रांतों को यह अधिकार देना चाहती थी कि वह इस संविधान को माने या न माने अथवा अपने लिए अलग संविधान बनाए। देशी राजाओं को भी भारतीय संघ से अलग रहने का अधिकार दे देने का निश्चय हुआ। केंद्रीय शासन के सभी विभाग अस्थायी सरकार को सौंप देने की बात हुई, लेकिन सेना और सुरक्षा विभाग पर ब्रिटिश सरकार का कब्जा रहा। संक्षेप में, यही क्रिप्स की योजना थी। युद्ध के बाद भारत को स्वतंत्रता दे देने का वादा किया गया, भारतीयों को अपना संविधान बनाने का अधिकार मिला और भारत को ब्रिटिश राष्ट्रमंडल में रहने या न रहने की छूट दे दी गई। यह सब तो अच्छी बात थी, लेकिन इसमें इतने दोष थे कि कांग्रेस ने इस योजना को मानने से इनकार कर दिया। एक तो सुरक्षा विभाग ब्रिटिश सरकार ने अपने ही हाथों में रखा था। कांग्रेस चाहती थी कि सुरक्षा विभाग में एक भारतीय रक्षा मंत्री रहे। दूसरे प्रांतों को संविधान मानने या न मानने का अधिकार देना भी देश के लिए खतरनाक था। इधर मुसलिम लीग तो पाकिस्तान की माँग कर ही रही थी। इस व्यवस्था से देश और भी कई टुकड़ों में बँट जाता। देशी राज्यों के प्रतिनिधियों को देशी राजाओं के द्वारा चुने जाने की व्यवस्था भी दोषपूर्ण थी। फलतः कांग्रेस इस योजना को मानने के लिए तैयार नहीं हुई। पाकिस्तान की व्यवस्था नहीं रहने से मुसलिम लीग ने भी इस योजना को मानने से इनकार कर दिया। क्रिप्स वापस लौट गए।

अगस्त क्रांति

क्रिप्स के वापस लौट जाने के बाद कांग्रेस के नेताओं को भारी निराशा हुई। अब उन्होंने ब्रिटिश राज्य का खात्मा कर देने का संकल्प कर लिया। 8 अगस्त, सन् 1942 को बंबई में अखिल भारतीय कांग्रेस कमिटी की एक बैठक हुई। इस बैठक में 'भारत छोड़ो' (Quit India) का प्रस्ताव पास हुआ। "इससे देश का मिजाज बदला, काहिली से भरी निष्क्रियता की जगह उसमें उत्तेजना और

उम्मीद आ गई। घटनाएँ कांग्रेस के फैसले और प्रस्ताव का इंतजार नहीं कर रही थीं। गांधीजी की बातों से वह आगे बढ़ गई थी और अब उनका खुद का बहाव उन्हें आगे बढ़ाए ले जा रहा था।'' लेकिन प्रस्ताव के दूसरे ही दिन गांधीजी अन्य नेताओं के साथ गिरफ्तार कर लिये गए। इस घटना ने भारतीय जनता के क्रोध को बहुत अधिक बढ़ा दिया। सारे देश में क्रांति की आग भड़क उठी। रेल उलटा दी गई। स्टेशन जला दिए गए। तार-टेलीफोन काट दिए गए। समूचे देश में उथल-पुथल मच गई। इस आंदोलन में विद्यार्थियों ने खुलकर भाग लिया। सरकार ने भी इस आंदोलन को दबाने में पूरी मुस्तैदी का परिचय दिया। गोलियों की बौछार की गई। कितने ही निर्दोषों को फाँसी पर झुला दिया गया।

वैवेल योजना

6 मई, 1944 को गांधीजी जेल से रिहा कर दिए गए। उन्होंने लॉर्ड वैवेल से पत्र-व्यवहार किया लेकिन उसका कोई नतीजा नहीं निकला। अंत में 14 जून, 1945 के दिन सरकार की ओर से योजना प्रकाशित हुई, जो वैवेल योजना के नाम से विख्यात है। इस योजना के अनुसार वायसराय की कार्यकारिणी परिषद का विस्तार हुआ और उसके सभी सदस्य, वायसराय और प्रधान सेनापति को छोड़कर भारतीय नेता ही रखे गए। सभी प्रमुख राजनीतिक दलों को प्रतिनिधित्व प्रदान करने की व्यवस्था की गई। सवर्ण हिंदुओं और मुसलमानों के समान अनुपात में प्रतिनिधित्व की व्यवस्था की गई। परराष्ट्र विभाग भी भारतीयों के हाथ में रहने का निश्चय किया गया। इस वैवेल योजना पर विचार करने के लिए सभी प्रमुख राजनीतिक दलों के प्रतिनिधियों का सम्मेलन 25 जून को शिमला में प्रारंभ हुआ। इसे शिमला सम्मेलन कहते हैं। लेकिन मुसलिम लीग के मतभेद के कारण यह सम्मेलन सफल नहीं हुआ।

कैबिनेट मिशन योजना

सन् 1945 में दूसरे महायुद्ध का अंत हो गया। ब्रिटेन में मजदूर दल की सरकार बनी। इस सरकार ने भारत की राजनीतिक समस्या का हल करना चाहा। इसी उद्देश्य से ब्रिटिश सरकार की ओर से तीन प्रतिनिधियों का एक मिशन भारत आया। इसमें निम्नलिखित सदस्य थे—सर स्टैफोर्ड क्रिप्स, लॉर्ड

पेथिक लॉरेंस और मिस्टर एलेक्जेंडर। 5 मई को शिमला में ब्रिटिश सरकार, कांग्रेस और मुसलिम लीग तीनों के प्रतिनिधि आपस में मिले। इस योजना के अनुसार संपूर्ण देश के लिए एक संघीय शासन की व्यवस्था की गई। इस शासन में सभी देशी राजा भी सम्मिलित थे। देश की रक्षा, परराष्ट्र विभाग और यातायात की व्यवस्था को संघीय सरकार के अधीन रखा गया। शेष विषय प्रांतीय सरकार के अधीन रहे। प्रांतों को अपनी इच्छानुसार पृथक् समूह बनाने का अधिकार दिया गया। एक स्थायी संविधान बनाने के लिए भारत को संविधान सभा के गठन का अधिकार दिया गया। संविधान बनाने से पहले तक अंतरिम सरकार की योजना बनी। अत: इस योजना के अनुसार 1946 ई. में संविधान सभा का निर्वाचन हुआ। केंद्र में अंतरिम सरकार की स्थापना हुई, लेकिन इस योजना से भारतीय संतुष्ट नहीं हुए। प्रांतों के समूहीकरण और केंद्र में अस्थायी सरकार के संबंध में कांग्रेस ने असहमति दी। पाकिस्तान की माँग को लेकर मुसलिम लीग भी असंतुष्ट थी। उसने संविधान सभा का बहिष्कार किया और सांप्रदायिक दंगे का सूत्रपात किया। इसी के परिणामस्वरूप देश में भीषण सांप्रदायिक दंगे हुए।

एटली घोषणा

भारत के राजनीतिक रुख को देखते हुए ब्रिटिश सरकार ने यह घोषणा की कि (20 फरवरी 1947) वह 1948 ई. तक भारत की सत्ता भारतीयों के हाथ में सौंप देगी। अत: उक्त तिथि तक संविधान का गठन हो जाना आवश्यक कहा गया। अगर यह गठन नहीं हो पाया तो सरकार केंद्रीय अथवा प्रांतीय सरकार के हाथ में सत्ता हस्तांतरित करने की बात सोचेगी।

माउंटबेटन योजना

एटली घोषणा के आधार पर लॉर्ड माउंटबेटन भारत के वायसराय नियुक्त हुए। वे मार्च 1947 में भारत आए। उन्होंने भारतीय नेताओं से बातचीत की। मुसलिम लीग अपनी माँग पर डटी रही। अंत में 3 जून, 1947 को माउंटबेटन ने अपनी नई योजना प्रकाशित की। यही योजना माउंटबेटन योजना कहलाती है। उन्होंने यह सुझाव दिया कि भारतीयों की भलाई के लिए भारत का विभाजन कर

दिया जाए। अंग्रेजी सरकार 1948 ई. तक भारतीयों को सत्ता दे देगी। बंगाल और पंजाब की विधान सभाएँ दो भागों में बाँटी गईं। एक भाग में मुसलमानों के बहुमत क्षेत्र के प्रतिनिधि रहेंगे, दूसरे भाग में गैर–मुसलिम बहुमत क्षेत्रों के। किसी भी भाग के निर्माण पर प्रांतों का विभाजन किया जाएगा। सिंध की विधानसभा निर्णय करेगी कि वह प्रांत किस संविधान सभा में शामिल होगा। उत्तर–पश्चिम सीमा प्रांत में इसका निर्णय जनमत संग्रह द्वारा होगा। ब्रिटिश ब्लूचिस्तान को भी इस संबंध में फैसला करने का मौका दिया गया। यह तय हुआ कि अगर बंगाल के विभाजन का निर्णय होगा तो आसाम के सिलहट जिले में जनमत संग्रह द्वारा यह तय किया जाएगा कि वह आसाम का ही भाग बना रहेगा या पूर्वी बंगाल के नए प्रांत में शामिल होगा। अंत में इस योजना को कांग्रेस और लीग दोनों ने स्वीकार कर लिया। यद्यपि महात्मा गांधी देश के बँटवारे के पक्ष में नहीं थे, लेकिन अन्य नेताओं ने इसकी परवाह नहीं की। अंत में जुलाई 1947 ई. में ब्रिटिश पार्लियामेंट ने भारतीय स्वतंत्रता अधिनियम (Indian Independence Act) पास किया। इसके अनुसार भारत और पाकिस्तान दो स्वतंत्र उपनिवेश स्थापित हुए। साइमन कमीशन द्वारा उसकी सीमा रेखा निश्चित की गई। यह निश्चित कर दिया गया कि 15 अगस्त, 1947 के दिन भारत और पाकिस्तान को आजादी मिल जाएगी और इनके संबंध में ब्रिटेन को न कोई अधिकार रहेगा, न कोई जिम्मेदारी। फलतः 15 अगस्त, 1947 को भारत आजाद हो गया।

राष्ट्रीय आंदोलन और महात्मा गांधी

भारतीय राष्ट्रीय आंदोलन के इतिहास में महात्मा गांधी सबसे प्रमुख व्यक्ति थे। आधुनिक भारत महात्मा गांधी के ही कार्यों का परिणाम है। यही कारण है कि उन्हें राष्ट्रपिता कहा जाता है। सन् 1919 ई. से 1947 ई. तक के इतिहास को गांधी युग का इतिहास कहा जाता है।

महात्मा गांधी का जन्म 2 अक्तूबर, 1869 ई. में गुजरात के कठियावाड़ के पोरबंदर नामक स्थान में एक वैश्य परिवार में हुआ था। उनका पूरा नाम मोहनदास करमचंद गांधी था। उनके पिता करमचंद गांधी राजकोट रियासत के दीवान थे। उनकी माता पुतलीबाई एक धर्मपरायण महिला थीं। अतः माता–पिता

के उच्च व्यक्तित्व की छाप उनके चरित्र पर भी पड़ी। उन्हें बहुत पहले से सत्य और अहिंसा से प्रेम था। आगे चलकर उन्होंने इसी सत्य और अहिंसा से आजादी की लड़ाई लड़ी। गांधी ने इंग्लैंड में बैरिस्टरी की शिक्षा पाई और स्वदेश लौटकर बैरिस्टरी करने लगे। एक बार उन्हें एक धनी व्यापारी की ओर से वकालत करने अफ्रीका जाना पड़ा। अफ्रीका में स्थित भारतीयों पर होते अत्याचार को देखकर उनका कलेजा दहल गया और उन्होंने भारतीयों की मुक्ति का संकल्प किया। सन् 1892 ई. से 1914 ई. तक वे प्रवासी भारतीयों के लिए लड़ते रहे।

राष्ट्रीय आंदोलन में प्रवेश

सन् 1914 ई. में महात्मा गांधी भारत लौट आए। यहाँ आते ही वे स्वतंत्रता आंदोलन में कूद पड़े। अहमदाबाद में एक सत्याग्रह आश्रम की स्थापना हुई। बिहार के चंपारण जिले में किसानों को निलहों के अत्याचार से मुक्ति दिलाई। महात्मा गांधी के आगमन से पूर्व राष्ट्रीय आंदोलन जनता का आंदोलन नहीं था। पहली बार महात्मा गांधी ने इसे जन आंदोलन का रूप दिया। उन्होंने सत्य और अहिंसा को विशेष महत्त्व दिया। उनका आंदोलन अहिंसा के सिद्धांत पर आधारित था। महात्मा गांधी केवल प्रस्ताव उपस्थित करने के पक्ष में नहीं थे। वे जानते थे कि संसार में जनता की शक्ति सबसे बड़ी शक्ति होती है। अत: उन्होंने जनता में जागृति लाने का प्रयास किया। गरम दलवालों से महात्मा गांधी का सैद्धांतिक विरोध था और वे आतंकवाद में विश्वास नहीं करते थे। सन् 1921 में उन्होंने रॉलेट एक्ट के विरोध में असहयोग आंदोलन चलाया। इसके चलते उन्हें जेल की सजा भी भुगतनी पड़ी। पुनः सन् 1927 में साइमन कमीशन का विरोध करके सन् 1930 ई. में सविनय अवज्ञा आंदोलन प्रारंभ किया। पुनः सन् 1932 ई. में उन्होंने ब्रिटिश प्रधानमंत्री श्री मैकडोनाल्ड के सांप्रदायिक पंचाट का विरोध किया। 1940 में व्यक्तिगत सत्याग्रह का आरंभ उन्होंने ही किया। सन् 1942 ई. में 'भारत छोड़ो' का नारा बुलंद किया। जब हिंदू-मुसलिम सांप्रदायिक दंगा आरंभ हुआ तो महात्मा गांधी के दिल को गहरा सदमा पहुँचा। 30 जनवरी, सन् 1948 ई. को नाथूराम गोडसे नाम के एक कट्टर हिंदू ने उनकी हत्या कर दी।

सुधारक के रूप में

महात्मा गांधी केवल राजनीतिक नेता ही नहीं थे वरन् समाज सुधारक के रूप में भी उनका महत्त्व कम नहीं है। वे समाज में सर्वोदय की स्थापना करना चाहते थे। हिंदू-मुसलिम के सांप्रदायिक दंगे से उन्हें बड़ी चोट लगी थी। वे जीवनभर इस द्वेष को मिटाने के प्रयास में लगे रहे और इसी कारण उनकी मौत भी हुई। उन्होंने ऐसे समाज की कल्पना की कि जिसमें ऊँच-नीच, अमीर-गरीब, छोटे-बड़े का भेदभाव नहीं था। अछूतोद्धार की दिशा में उन्होंने काफी प्रयास किया। अछूतों को वे हरिजन कहते थे। 'हरिजन' उद्धार महात्मा गांधी का सबसे प्रमुख काम हुआ। वे पूँजीवादी व्यवस्था के भी विरोधी थे। यही कारण था कि वे कुटीर उद्योग को प्रोत्साहन देते थे।

तीसरे काल (सन् 1919 से 1947 तक) की प्रमुख घटना

1. स्वतंत्रता संग्राम में गांधीजी का प्रवेश
2. रॉलेट एक्ट
3. जलियाँवाला बाग हत्याकांड
4. खिलाफत और असहयोग आंदोलन
5. स्वराज्य पार्टी की स्थापना और कार्य
6. साइमन कमीशन
7. नेहरू रिपोर्ट
8. सविनय अवज्ञा आंदोलन
9. गांधी-इरविन समझौता
10. प्रांतीय स्वरूप
11. दूसरा विश्वयुद्ध और भारतीय आंदोलन
12. मुसलिम लीग और पाकिस्तान की माँग
13. क्रिप्स मिशन योजना
14. अगस्त क्रांति
15. वैवेल योजना
16. कैबिनेट मिशन योजना

17. एटली घोषणा
18. माउंटबेटन योजना
19. स्वतंत्रता की प्राप्ति
20. देश का विभाजन
21. सांप्रदायिक दंगे

प्रश्न

1. भारत में 1930 से 1942 तक के राष्ट्रीय आंदोलन का सिलसिलेवार वर्णन कीजिए।
2. महात्मा गांधी के नेतृत्व में भारत के स्वतंत्रता आंदोलन की प्रगति का उल्लेख कीजिए।
3. भारतवर्ष की स्वतंत्रता प्राप्त करने के लिए इंडियन नेशनल कांग्रेस ने जो कुछ किया उसका उल्लेख कीजिए?
4. 1905 से 1935 तक के स्वतंत्रता आंदोलन का इतिहास लिखिए। सन् 1885 से 1919 तक का कांग्रेस का इतिहास लिखिए।
5. भारतीय राष्ट्रीयता के विकास के कारणों का वर्णन कीजिए।
6. संक्षिप्त टिप्पणियाँ लिखें—साइमन कमीशन, नेहरू रिपोर्ट, क्रिप्स योजना, वैवेल योजना, कैबिनेट मिशन योजना, माउंटबेटन योजना, अगस्त क्रांति, गोलमेज कॉन्फ्रेंस।

□

20

भारत में उत्तरदायी शासन का विकास

सन् 1861 ई. इंडिया कौंसिल एक्ट

सन् 1858 ई. भारत के इतिहास में सबसे अधिक महत्त्वपूर्ण वर्ष है। इसी वर्ष कंपनी के अत्याचारी शासन से भारत को छुटकारा मिला और भारत के शासन की देखरेख के लिए ब्रिटिश पार्लियामेंट में भारतमंत्री की नियुक्ति हुई। यद्यपि 1858 से पहले भी भारतीयों के लिए कई कानून पास हो चुके थे, लेकिन भारतीयों को शासन पर अधिकार नहीं दिया गया था। इधर भारतीयों में दिन-प्रतिदिन राष्ट्रीयता की भावना बलवती होती जा रही थी और वे अपने देश के शासन में अपना अधिकार माँग रहे थे। अत: अंग्रेज सरकार इस ओर ध्यान भी दे रही थी। 1857 की क्रांति से अंग्रेजों ने अच्छी तरह समझ लिया कि शासक और शासित में घनिष्ठ संबंध बनाना आवश्यक है। सरकार भी यह चाह रही थी कि भारतीय जनमत का पता चलता रहे। और इसी सब उद्देश्य से 1861 ई. में इंडिया कौंसिल एक्ट पास हुआ।

इस एक्ट के अनुसार गवर्नर जनरल के कौंसिल के सदस्यों की संख्या बढ़ा दी गई। पहले 6 सदस्य थे, अब 12 कर दिए गए। लेकिन इनकी नियुक्ति गवर्नर ही करता था। इन सदस्यों में से कम-से-कम आधे गैर-सरकारी होते थे। यह स्पष्ट कर दिया कि परिषद का काम केवल कानून बनाना है। प्रश्न पूछने, प्रस्ताव पेश करने अथवा सरकार की आलोचना करने का अधिकार उसे नहीं सौंपा गया। प्रांतों को अपने-अपने क्षेत्रों के लिए कानून बनाने का अधिकार मिला। लेकिन अभी भी उनके लिए गवर्नर जनरल की स्वीकृति आवश्यक थी।

संकटकाल में गवर्नर जनरल को अध्यादेश जारी करने का अधिकार दिया गया और कमांडर इन चीफ को कौंसिल का अतिरिक्त सदस्य बना दिया गया।

1961 का इंडिया कौंसिल एक्ट

1. गवर्नर जनरल के कौंसिल में सदस्यों की संख्या बढ़ा दी गई।
2. आधे सदस्य गैर-सरकारी थे।
3. कौंसिल केवल कानून बनाता था।
4. प्रांतों को अपने लिए कानून बनाने का अधिकार मिला।
5. गवर्नर जनरल अध्यादेश जारी कर सकता था।
6. कमांडर-इन-चीफ अतिरिक्त सदस्य होगा।

सन् 1892 ई. का इंडियन कौंसिल एक्ट

भारत में राष्ट्रीय जागरण प्रारंभ हो चुका था। अत: 1861 ई. के एक्ट से भारतीयों को संतोष नहीं हुआ। 1892 में सरकार ने दूसरा कानून पास किया। इसके द्वारा पिछले कानून की व्यवस्था में परिवर्तन और सुधार लाया गया।

इस एक्ट के मुताबिक केंद्रीय परिषद के सदस्यों की संख्या बढ़ाकर कम-से-कम 10 और अधिक-से-अधिक 16 कर दी गई। गैर-सरकारी सदस्यों की संख्या बढ़ाकर दस कर दी गई।

विधान परिषद के अधिकार भी पहले से अधिक हो गए। प्रांतों में कौंसिल के सदस्यों की संख्या भी बढ़ा दी गई। बंबई और मद्रास की परिषदों में इनकी संख्या कम-से-कम आठ और अधिक-से-अधिक 20 हो सकती थी। बंगाल के लिए भी 20 की संख्या निर्धारित की गई। संयुक्त प्रांत के लिए 15 तथा पंजाब और बर्मा के लिए 9 की संख्या निश्चित की गई।

अप्रत्यक्ष निर्वाचन प्रणाली का सिद्धांत स्वीकार किया गया। गैर-सरकारी सदस्यों का नामांकन होने लगा। अब म्युनिसिपैलेटी जिला बोर्ड आदि संस्थाएँ भी प्रांतीय कौंसिल में अपने सदस्य भेज सकती थीं। प्रांतीय विधान परिषद के सदस्यों के अधिकार पहले की अपेक्षा बढ़ गए। शासन के संबंध में वे अब प्रश्न पूछ सकते थे और बजट पर बहस कर सकते थे। प्रांतीय परिषद अब गवर्नर जनरल की अनुमति से अपने प्रांत में लागू होने वाले केंद्रीय परिषद के एक्टों को

रद्द या संशोधित कर सकती थी। फिर भी कोई पूरक प्रश्न नहीं पूछे जा सकते थे और न बजट पर वोट ही लिया जाता था।

1892 ई. का इंडियन कौंसिल एक्ट

1. केंद्रीय परिषद के सदस्य बढ़ गए।
2. विधान परिषद के अधिकार बढ़ गए।
3. प्रांतों के कौंसिल के सदस्य बढ़ गए।
4. अप्रत्यक्ष निर्वाचन प्रणाली का सिद्धांत स्वीकृत हुआ।
5. गैर-सरकारी सदस्यों का नामांकन होने लगा।
6. शासन के संबंध में प्रश्न पूछे जाने लगे।

सन् 1909 ई. का इंडियन कौंसिल एक्ट

सन् 1892 ई. के सुधार से भारतीयों का असंतोष कम होने की जगह पर बढ़ता ही गया। इसी समय कुछ ऐसी घटनाएँ घटीं जिनसे यह असंतोष अधिक बढ़ गया। बंगाल का विभाजन, स्वदेशी आंदोलन, कर्जन की प्रतिक्रियावादी नीति आदि के चलते राष्ट्रीय आंदोलन और जोर पकड़ता गया। अंत में सन् 1909 ई. में सरकार ने कुछ सुधार किए। इसी को मार्लो-मिंटो सुधार भी कहते हैं।

अब विधान मंडल में दो सदन हो गए—राज्य परिषद और विधानसभा। केंद्रीय और प्रांतीय व्यवस्थापिका सभाओं के अतिरिक्त सदस्यों की संख्या बढ़ा दी गई। केंद्रीय कौंसिल के अतिरिक्त सदस्यों की संख्या 60, बर्मा और पंजाब की 30 तथा अन्य प्रांतों की 30 निश्चित हुई। कौंसिल में तीन प्रकार के सदस्य होने लगे। एक सरकारी, दूसरा गैर-सरकारी और तीसरा निर्वाचित। कौंसिल के अधिकार भी बढ़ा दिए गए। इसके वोट के लिए अब बजट इसके समक्ष रखा जाने लगा। प्रश्न पूछने, प्रस्ताव पेश करने आदि के सारे अधिकार इसे प्राप्त हो गए। गवर्नर जनरल की कार्यकारिणी परिषद में पहले-पहल एक भारतीय सदस्य की नियुक्ति होने लगी। इस एक्ट के अनुसार मुसलमानों को सांप्रदायिक प्रतिनिधित्व का अधिकार दिया गया।

1909 का इंडियन कौंसिल एक्ट

1. विधान मंडल में दो सदन।
2. अतिरिक्त सदस्यों की संख्या में वृद्धि।
3. कौंसिल के सदस्यों के तीन प्रकार।
4. कौंसिल के अधिकारों में वृद्धि।
5. कार्यकारिणी में एक भारतीय सदस्य।
6. मुसलमानों में सांप्रदायिक प्रतिनिधित्व का अधिकार।

1919 का एक्ट

केंद्रीय सरकार

1. केंद्रीय कार्यकारिणी के सदस्यों में वृद्धि।
2. केंद्रीय और प्रांतीय सरकार के अधिकार क्षेत्र में वृद्धि।
3. विधान मंडल के दो सदन।
4. अन्य संप्रदायों को भी पृथक् निर्वाचन का अधिकार।
5. केंद्रीय विधान मंडल की शक्ति में वृद्धि।

प्रांतीय शासन

1. लेजिस्लेटिव कौंसिल की स्थापना।
2. प्रांतीय विषयों का बँटवारा।
3. उत्तरदायी शासन का सूत्रपात।

सन् 1919 का भारत शासन अधिनियम

सन् 1919 ई. के अधिनियम से भारतीयों की इच्छा पूरी नहीं हुई। इसी समय प्रथम महायुद्ध शुरू हुआ। इस युद्ध में भारतीयों को यह आशा थी कि युद्ध के बाद सरकार उनकी माँगों पर ध्यान देगी और इसी लोभ से भारतीयों ने इस युद्ध गें अंग्रेजों की सहायता भी की थी। अतः मांटेग्यू-चेम्सफोर्ड सुधार सन् 1919 में पास हुआ।

केंद्रीय शासन

इस एक्ट के द्वारा केंद्रीय कार्यकारिणी और व्यवस्थापिका में सुधार किए

गए। केंद्रीय कार्यकारिणी के सदस्यों की संख्या बढ़ा दी गई। उसमें तीन भारतीय सदस्य चुने जाने लगे। केंद्र और प्रांत की सरकारों के अधिकार क्षेत्र का बँटवारा कर दिया गया। जिन विषयों का संबंध सारे देश से था, वे केंद्रीय सरकार के हाथ में रखे गए और जिन विषयों का संबंध केवल प्रांतों से था, वे प्रांतीय सरकार के हाथों में रखे गए। केंद्र की व्यवस्थापिका को संपूर्ण देश के लिए कानून बनाने का अधिकार मिला। अब विधान मंडल के दो सदन हो गए। राज्य परिषद (कौंसिल ऑफ स्टेट) और विधानसभा (लेजिस्लेटिव एसेंबली) दोनों सदनों में निर्वाचित सदस्यों का बहुमत हो गया। राज्य परिषद के सदस्यों की कुल संख्या 60 थी। इसमें 33 निर्वाचित होते थे और 27 सरकार द्वारा नामजद किए जाते थे। नामजद किए जानेवालों में 20 से अधिक सरकारी सदस्य नहीं हो सकते थे। उसी प्रकार विधानसभा के कुल सदस्यों की संख्या 144 थी जिसमें 103 निर्वाचित होते थे और 41 नामजद। नामजद होनेवालों में 25 से अधिक सरकारी सदस्य नहीं हो सकते थे। पृथक् निर्वाचन का अधिकार अब मुसलमानों के अतिरिक्त अन्य संप्रदायवालों को भी दिया गया। यद्यपि दोनों सदनों का चुनाव सीधे मतदाताओं के द्वारा होता था। लेकिन मतदान का अधिकार बहुत कम लोगों को प्राप्त था। केंद्रीय विधान मंडल की शक्ति भी पहले से अधिक बढ़ गई। अब बजट पर वोट देने का अधिकार उन्हें मिला। इसके अलावा प्रश्न पूछने, प्रस्ताव पेश करने आदि का भी अधिकार उसे मिला।

प्रांतीय शासन

प्रांतों में लेजिस्लेटिव कौंसिलों की स्थापना की गई। प्रांतीय विषयों को दो भागों में बाँट दिया गया—रक्षित और हस्तांतरित विषय। रक्षित विषय को गवर्नर एवं उसकी कार्यकारिणी को दिया गया। हस्तांतरित विषयों के शासन के लिए मंत्रियों की नियुक्ति हुई। ये मंत्री प्रांतीय विधान परिषद के प्रति उत्तरदायी होते थे। इस प्रकार प्रांतों में द्वैध शासन की स्थापना हुई और प्रांतों में उत्तरदायी शासन का सूत्रपात हुआ। शिक्षा, कृषि, स्थानीय शासन आदि विषय मंत्रियों के अधीन रखे गए। प्रांतीय व्यवस्थापिका सभा के स्वरूप और अधिकार में भी परिवर्तन किया गया। कौंसिल को 4 वर्षों के लिए सभापति चुनने और बजट

पर वाद-विवाद करने का अधिकार दिया गया।

लेकिन द्वैध शासन का परिणाम अच्छा नहीं हुआ। प्रांतीय कौंसिल के मंत्रियों को अविश्वास प्रस्ताव द्वारा हटाया भी गया। शासन में गवर्नर का हस्तक्षेप होने लगा। अतः इस सुधार से भी भारतीय संतुष्ट नहीं हुए।

1935 का एक्ट

1. संपूर्ण देश के लिए एक संघीय शासन की व्यवस्था हुई।
2. देशी राजाओं को स्वतंत्रता दी गई।
3. संघ और प्रांत के अधिकार बँट गए।
4. गवर्नर जनरल के परामर्श के लिए तीन व्यक्तियों की एक समिति बनी।
5. गवर्नर जनरल अध्यादेश जारी कर सकता था।
6. विधान मंडल के दो सदन हुए।

प्रांतीय शासन

1. 1919 के द्वैध शासन का अंत।
2. केंद्र और प्रांतों के कार्यों का बँटवारा।
3. प्रांतों में उत्तरदायी शासन।
4. गवर्नर को अधिक शक्ति प्राप्त।
5. संघीय न्यायालय की स्थापना।
6. भारत परिषद का अंत।

सन् 1935 ई. का भारत शासन अधिनियम

सन् 1919 का एक्ट भी दोषरहित नहीं था। इधर महात्मा गांधी के नेतृत्व में सरकार के खिलाफ जोरदार आंदोलन चल रहा था। फलतः सरकार ने सांविधानिक विकास के लिए साइमन कमीशन की नियुक्ति की। भारत की राजनीतिक समस्याओं के समाधान के लिए लंदन में तीन-तीन गोलमेज कॉन्फ्रेंस हुईं। अंत में सन् 1935 ई. में एक एक्ट पास हुआ, जो भारत शासन अधिनियम के नाम से प्रसिद्ध है।

संघीय योजना

इस एक्ट के आधार पर समूचे देश के लिए एक संघीय शासन की व्यवस्था की गई। देशी नरेशों को यह स्वतंत्रता दी गई कि वे संघ में सम्मिलित हों। संघ और प्रांतों के अधिकार क्षेत्र भी अलग-अलग कर दिए गए। संघीय शासन के विषयों को दो भागों में बाँटा गया। एक भाग का शासन गवर्नर जनरल के द्वारा होता था। गवर्नर जनरल अपने कार्यों के लिए ब्रिटिश पार्लियामेंट के प्रति उत्तरदायी था। दूसरे भाग का शासन एक मंत्री परिषद के द्वारा होता था, जो संघीय व्यवस्थापिका सभा के प्रति उत्तरदायी होती थी। इस प्रकार शासन का मुख्य विभाग गवर्नर जनरल के जिम्मे था। अन्य विभागों के संबंध में भी गवर्नर जनरल का अधिकार व्यापक था। रक्षा, वैदेशिक नीति, धार्मिक विषय, कबीलों के क्षेत्रों आदि रक्षित विषयों का शासन गवर्नर जनरल को सौंपा गया था। गवर्नर जनरल परामर्श के लिए तीन व्यक्तियों की एक समिति बनाता था। शेष कार्य हस्तांतरित विषय के अंदर थे। इसका शासन गवर्नर जनरल अपने मंत्रिमंडल की सहायता से करता था। मंत्रिमंडल के सदस्यों की नियुक्ति गवर्नर जनरल ही करता था। इसकी संख्या अधिक-से-अधिक 10 थी। बहुत से ऐसे विषय थे जिनमें गवर्नर जनरल को अपने विवेक से काम करने का अधिकार दिया गया था। गवर्नर जनरल अध्यादेश भी जारी कर सकता था। इस एक्ट के अनुसार दो सदनों के विधानमंडल की व्यवस्था की गई। एक का नाम पड़ा राज्य परिषद (Council of states) और दूसरे का नाम पड़ा विधानसभा (House of Assembly)। राज्य परिषद एक स्थायी सदन था। इसके सदस्यों की संख्या 260 थी। 156 ब्रिटिश भारत के और 104 देशी राज्यों की लोकसभा में 425 सदस्य थे जिसमें 250 ब्रिटिश भारत के और 175 देशी राज्यों के प्रतिनिधि थे। ब्रिटिश भारत के प्रतिनिधियों के लिए अप्रत्यक्ष निर्वाचन की व्यवस्था की गई और वे प्रांतीय विधान सभाओं के सदस्य द्वारा चुने जाते थे। दोनों सदनों के लिए पृथक् निर्वाचन की व्यवस्था थी। दोनों सदनों में देशी रियासतों से आनेवाले प्रतिनिधि निर्वाचित नहीं होते थे बल्कि देशी शासकों द्वारा नामजद किए जाते थे।

प्रांतीय शासन

1935 के एक्ट द्वारा उस द्वैध शासन की व्यवस्था का अंत कर दिया गया जिसकी व्यवस्था 1919 के एक्ट द्वारा हुई थी। अब राजकीय कार्यों को केंद्र और प्रांत के सरकारों के बीच बाँट दिया गया। कुछ ऐसे विषय थे जिस पर संघ और प्रांत दोनों की व्यवस्थापिका कानून बना सकती थी। ऐसे विषय समवर्ती सूची में रखे गए थे। 1935 के एक्ट द्वारा प्रांतों में उत्तरदायी शासन की स्थापना हुई। प्रांतीय सरकार का अध्यक्ष गवर्नर होता था। जिसकी सहायता के लिए एक मंत्री परिषद की व्यवस्था की गई। यह परिषद प्रांत के लेजिस्लेटिव एसेंबली के प्रति उत्तरदायी थी। बिहार, बंगाल, आसाम, संयुक्त प्रांत, बंबई, मद्रास आदि व्यवस्थापिकाओं के विधानसभा और विधान परिषद दो सदन हो गए। लेकिन उत्तरदायी शासन की स्थापना व्यवहार में नहीं आ सकी। अभी भी व्यवस्थापिका पर बहुत से प्रतिबंध थे। व्यवहार में गवर्नर को इतने अधिक अधिकार दे दिए गए कि शासन को उत्तरदायी नहीं कहा जा सकता। गवर्नर किसी भी विधेयक को स्वीकार कर सकता था। या उसे पुन: विचार के लिए विधानमंडल को लौटा सकता था, अथवा गवर्नर जनरल के विचार के लिए सुरक्षित रख सकता था। बहुत से ऐसे विषय थे जिसमें गवर्नर मंत्रियों की इच्छा के विरुद्ध भी काम करता था।

1935 के एक्ट द्वारा संघीय न्यायालय की स्थापना हुई। इसे प्रारंभिक और अपील संबंधी अधिकार दिए गए। भारत परिषद समाप्त हो गई और भारत सचिव की सहायता के लिए परामर्शदाताओं की व्यवस्था की गई।

प्रश्न—

1. भारत में उत्तरदायी शासन के विकास की दृष्टि से सन् 1861, 1892, 1909 के सुधारों का वर्णन करें।
2. सन् 1919 ई. के भारत शासन अधिनियम द्वारा भारतीय शासन में क्या परिवर्तन हुए?
3. सन् 1935 के भारत शासन अधिनियम के मुख्य उपबंधों की विवेचना करें।

□

21

धार्मिक और सामाजिक सुधार

भारत के सामाजिक और धार्मिक जीवन में सुधार लाने के लिए 14वीं सदी से ही आंदोलन चल रहा था, लेकिन 18वीं सदी तक आते-आते राजनीतिक उथल-पुथल के कारण यह आंदोलन समाप्त हो गया। फलत: भारतीय समाज अनेक प्रकार की कुरीतियों का शिकार बन गया। सती प्रथा, बाल विवाह, बाल हत्या, बहु विवाह, छुआछूत आदि बहुत सी बुरी प्रथाएँ पुन: समाज में प्रवेश कर गईं। 19वीं सदी में आकर भारत के कुछ महापुरुषों का ध्यान इस ओर गया और उन्होंने धर्म को पवित्र करने के उद्देश्य से आंदोलन किया। इन आंदोलनों से पहले भारत के राष्ट्रीय जीवन के साथ-साथ सांस्कृतिक जीवन का पतन हो गया। हिंदू धर्म की सजीवता समाप्त हो गई थी। भारतीय उपनिषदों तथा वेदांत के पुनीत सत्यों को भूल गए थे। उनकी आध्यात्मिक भावनाओं का स्थान शुष्क धार्मिक क्रियाकलापों ने ले लिया था। एक ईश्वर की जगह अनेक देवी-देवताओं की पूजा होने लगी थी। ''शिक्षित भारतीयों पर पश्चिमी भौतिकवाद का विशेष प्रभाव पड़ने लगा और इस कारण भारत की सांस्कृतिक तथा आध्यात्मिक उच्चता उनके हृदय से दूर होने लगी।'' लेकिन इसी समय कई सुधारक पैदा हुए जिन्होंने सुधारवादी संस्थाएँ स्थापित करके लोगों का ध्यान समाज की बुराइयों की ओर आकृष्ट किया और समाज सुधार आंदोलन प्रारंभ किया।

ब्रह्म समाज और राजा राममोहन राय

ब्रह्म समाज की स्थापना सुधार आंदोलन की दिशा में पहला प्रयास था। इसकी स्थापना सन् 1828 ई. में राजा राममोहन राय ने की थी। हिंदू धर्म की

पतितावस्था की ओर सबसे पहला ध्यान उन्हीं का गया। राजा राममोहन राय का जन्म बंगाल में सन् 1772 ई. में एक कट्टर ब्राह्मण परिवार में हुआ था। उन्होंने उर्दू और फारसी की शिक्षा पाई तथा संस्कृत साहित्य के अध्ययन के लिए काशी चले गए। ईस्ट इंडिया कंपनी में नौकरी करने के कारण वे ईसाइयों के संपर्क में आए और इसका उनके धार्मिक जीवन पर गहरा प्रभाव पड़ा। उस समय बहुत से हिंदू हिंदू समाज के विधानों से तंग आकर ईसाई बन रहे थे। अतः राजा राममोहन राय ने इसे रोकने की दिशा में महत्त्वपूर्ण प्रयास किए। धार्मिक विभेदों को दूर करने के उद्देश्य से उन्होंने अनेक देवी-देवताओं की जगह एक ईश्वर की पूजा प्रचलित की। राजा राममोहन राय कोई नया धर्म प्रचलित करना नहीं चाहते थे वरन् प्राचीन हिंदू धर्म में पवित्रता लाना और उसके दोषों को दूर करना ही उनका उद्देश्य था। समाज के सड़े-गले आचरणों को दूर कर उनमें पवित्रता और नवीनता लाने के कारण ही उन्हें 'आधुनिक भारत का जनक' कहा जाता है।

धार्मिक सुधार के साथ-साथ सामाजिक और शिक्षा संबंधी सुधार की ओर कठिन परिश्रम किया। विदेश यात्रा, स्त्री शिक्षा, विधवा विवाह आदि, जो तत्कालीन समाज में वर्जित थे, उसका उन्होंने विरोध किया और उसके खिलाफ आवाज उठाई। उन्हीं के प्रयत्नों से लॉर्ड बेंटिक ने सन् 1829 ई. में कानून बनाकर सती प्रथा को बंद कर दिया था। उन्होंने विधवा विवाह और स्त्रियों के उत्तराधिकार के लिए जोरदार आंदोलन किया। शिक्षा के वेदांत कॉलेज की नींव डाली। उन्होंने मातृभाषा को शिक्षा का माध्यम बनाया और कई धर्मग्रंथों का अनुवाद बाँगला में करवाया। वे अपने देशवासियों को पश्चिमी शिक्षा के आधार पर शिक्षा दिलाना चाहते थे। क्योंकि उनका विचार था कि यूरोपवासियों की उन्नत अवस्था का कारण उनकी विज्ञान में उन्नति ही है। उनके राजनीतिक आंदोलन के उद्देश्य निम्नलिखित थे—नौकरी का भारतीयकरण, वैधानिक ढंग से आंदोलन करने का अधिकार, जमींदारों के अत्याचार पर रोक, किसानों की अवस्था में सुधार, लेखन और भाषण की स्वतंत्रता आदि।

इस प्रकार राजा राममोहन राय एक सफल सुधारक थे। अपने सुधारों को कार्यान्वित करने के उद्देश्य से उन्होंने सन् 1888 ई. में ब्रह्म समाज की स्थापना की।

ब्रह्म समाज के अनुयायी एक ईश्वर में विश्वास रखते थे और मूर्ति पूजा को अनुचित बताते थे। इसकी आधारभूत शिला एक सृष्टिकर्ता, सृष्टिरक्षक, असीम शक्तिशाली तथा सर्वव्यापी ईश्वर की उपासना है। ईश्वर की उपासना प्रेम और सत्य से होनी चाहिए। इसके अनुसार—"ईश्वर रूपहीन, अनंत, अनादि तथा शाश्वत सत्ता है और यही सत्ता संसार का निर्माण तथा विनाश करती है। संक्षेप में, ब्रह्म समाज के निम्नलिखित सिद्धांत थे—(1) परमात्मा एक व्यक्ति है, जो संपूर्ण सद्गुणों का केंद्र है। (2) वह प्रार्थना सुनता है और उसे स्वीकार करता है। (3) ईश्वर की पूजा सभी वर्ण और जाति के लोग सत्य के द्वारा कर सकते हैं। (4) जीवात्मा अमर है। (5) पाप का त्याग और पापकर्म से पश्चात्ताप ही मोक्ष के साधन हैं।

इस प्रकार ब्रह्म समाज की कई शाखाएँ बंगाल के बाहर भी खुलीं, लेकिन इतना सब होते हुए भी यह प्रसिद्धि न पा सका। राजा साहब की मृत्यु के बाद इसका ह्रास हो गया। पुन: देवेंद्रनाथ ठाकुर ने इसे संगठित किया। आगे चलकर केशवचंद्र ने इसकी प्रगति की। जो भी हो, ब्रह्म समाज ने हिंदू धर्म की बड़ी सेवा की। इसने उन हजारों नवयुवकों की रक्षा की जो नास्तिकों के प्रभाव में आ चुके थे। सबसे महत्त्वपूर्ण काम उसने यह किया कि—"उन तमाम धार्मिक, सामाजिक तथा राजनीतिक आंदोलनों का प्रारंभ बिंदु बना जिन्होंने पिछले सौ या उससे भी अधिक वर्षों से समस्त भारत को प्रभावित किया है।"

आर्य समाज और दयानंद सरस्वती

आर्य समाज वर्तमान हिंदू धर्म में सबसे बड़ा तथा सबसे अधिक प्रभावशाली आंदोलन है। इसकी स्थापना काठियावाड़ के स्वामी दयानंद सरस्वती ने की थी। वे बचपन से ही कुरीतियों और धार्मिक आडंबरों के विरोधी थे। मूर्ति पूजा के प्रति बचपन से ही उनकी अनास्था थी। वे वैदिक धर्म को संसार में सर्वश्रेष्ठ मानते थे और उसी धर्म के कल्याण से भारत का कल्याण मानते थे। उन्होंने वेदों की ओर लौटने की सलाह दी और उसके अर्थ नए ढंग से निकाले। अंधविश्वास, बहुविवाह, बाल विवाह, बलिदान की प्रथा, जाति भेद आदि का उन्होंने विरोध किया। अपने कार्यों को सफल रूप देने के लिए स्वामीजी ने सन् 1875 ई. में

आर्य समाज की स्थापना बंबई में की और आज तो संपूर्ण भारत में इसका जाल बिछा हुआ है।

आर्य समाज के धार्मिक कार्यों में सबसे प्रमुख कार्य है—हिंदू धर्म को उन तमाम अंधविश्वासों से मुक्त करना, जो उसके पतनकाल में उसमें प्रविष्ट कर गए थे। आर्य समाज मूर्ति पूजा का विरोधी है और वह एक शक्तिशाली ईश्वर की उपासना पर विश्वास करता है। वेद ईश्वर के शब्द हैं और सत्य हैं। आवागमन के बंधनों से छुटकारा पाना ही मोक्ष है। संक्षेप में आर्य समाज के निम्नलिखित सिद्धांत हैं—

(1) सब सत्य, विद्या और जो पदार्थ विद्या से जाने जाते हैं, उन सबका आदि मूल परमेश्वर है।

(2) ईश्वर सच्चिदानंद स्वरूप, निराकार, सर्वशक्तिमान, अनंत, अगोचर आदि है।

(3) वेद सब सत्य विद्याओं की पुस्तक हैं। अत: इनका पढ़ना-पढ़ाना सब आर्यों का परम धर्म है।

(4) सत्य को ग्रहण और असत्य को छोड़ने के लिए हमेशा तैयार रहना चाहिए।

(5) सब काम धर्मानुसार करने चाहिए।

(6) संसार का उपकार करना आर्य समाज का मुख्य उद्देश्य है।

(7) सबको अपनी उन्नति से संतुष्ट रहना चाहिए।

(8) अविद्या का नाश और विद्या की वृद्धि होनी चाहिए।

समाज के क्षेत्र में आर्य समाज ने जाति व्यवस्था तथा कुप्रथाओं का विरोध किया। स्त्रियों की दशा सुधारने के लिए कई स्कूलों, कॉलेजों की स्थापना हुई। अछूतों के उद्धार के लिए 1908 ई. में एक सक्रिय आंदोलन प्रारंभ हुआ। अनाथालयों, विधवा आश्रमों की व्यवस्था हुई। शिक्षा के प्रचार के लिए कई जगहों पर शिक्षण संस्थाएँ खोली गईं। आर्य समाज ने देश के लिए राजनीतिक कार्य भी किए। राष्ट्र के प्रति भक्ति, गौरव तथा अपने में आत्मनिर्भरता भरने की दिशा में इसका महत्त्वपूर्ण योग रहा।

इस प्रकार आर्य समाज को अपने प्रयास में काफी सफलता मिली।

प्रार्थना समाज

ब्रह्म समाज का सबसे अधिक प्रभाव महाराष्ट्र पर पड़ा और इसी के फलस्वरूप वहाँ सन् 1867 ई. में डॉ. आत्माराम पांडुरंग ने प्रार्थना समाज की स्थापना की। इसके सिद्धांत बहुत कुछ वही थे, जो ब्रह्म समाज के थे। प्रार्थना समाज ने जाति प्रथा का विरोध किया, अंतर्जातीय विवाह, स्त्री शिक्षा आदि का इसने समर्थन किया। इसने बहुत सी जनकल्याणकारी संस्थाओं की स्थापना की जिसके द्वारा अछूतोद्धार, दलित एवं पीड़ित व्यक्तियों की अवस्था में सुधार लाने का प्रयास किया गया। इसके दो बड़े प्रमुख नेता हुए—सर आर.जी. भंडारकर और जस्टिस गोविंद रानाडे। इन नेताओं के नेतृत्व में इस संस्था ने बड़े महत्त्वपूर्ण कार्य किए। इन्हीं के प्रयासों से विधवा विवाह संघ की स्थापना हुई और डेक्कन एजुकेशनल सोसाइटी की नींव पड़ी।

रामकृष्ण मिशन

रामकृष्ण मिशन की स्थापना सन् 1896 ई. में स्वामी विवेकानंद ने अपने गुरु संत रामकृष्ण के नाम पर की थी। स्वामी रामकृष्ण का जन्म बंगाल में हुआ था। बाल्यकाल से ही इनकी प्रवृत्ति धर्म की ओर थी। इनकी स्मरण शक्ति बड़ी विलक्षण थी। जब संसार में इनका मन न लगा तब इन्होंने संन्यास धारण कर लिया था। इन्होंने सभी धर्मों के मर्म को समझने की चेष्टा की और उसके अनुसार अपना जीवन व्यतीत करने का प्रयास भी किया। यद्यपि इन्हें विद्वान् नहीं कहा जा सकता, पर अपनी साधना के बल पर इन्होंने धार्मिक तथ्यों पर अधिकार प्राप्त कर लिया था। अंत में इनके शिष्य विवेकानंद ने इनके उपदेशों का प्रचार विश्व में करके भारतीय समाज का रूप ही बदल दिया।

स्वामी विवेकानंद महान् पुरुष थे। इन्होंने हिंदू धर्म और समाज सुधार की दिशा में महत्त्वपूर्ण कार्य किया। सन् 1893 ई. में इन्होंने विश्व धर्म सम्मेलन में भाग लिया और यूरोप, अमेरिका आदि देशों में हिंदू धर्म की महत्ता स्थापित की। रामकृष्ण मिशन की कई शाखाएँ विदेशों में भी खुल गईं। संक्षेप में मिशन के निम्नलिखित सिद्धांत थे—

(1) प्रत्येक धर्म सच्चा और अच्छा है, अतः प्रत्येक व्यक्ति को अपने ही धर्म में रहना चाहिए।

(2) ईश्वर निराकार है। वह मनुष्य की बुद्धि से परे है। वह सर्वव्याप्त है। आत्मा ईश्वरीय है।

(3) मूर्ति पूजा के द्वारा ईश्वर के दर्शन सरलतापूर्वक किए जा सकते हैं।

(4) हिंदू सभ्यता सबसे प्राचीन तथा सर्वश्रेष्ठ है।

(5) प्रत्येक हिंदू को अपने धर्म तथा सभ्यता की पाश्चात्य सभ्यता तथा विचारों से रक्षा करनी चाहिए।

मिशन ने समाज रोवा के भी कई काम किए। इसने बहुत से स्कूलों और कॉलेजों की स्थापना की। अस्पताल बनवाए। बाढ़, अकाल, महामारी से जनता को बचाया।

थियोसोफिकल सोसाइटी

इसकी स्थापना 6 दिसंबर, 1875 ई. को रूसी महिला व्लैवलट्रस्की तथा अमेरिका सेना के हेनरी स्टील आयकट ने न्यूयॉर्क शहर में की। इसका मुख्य उद्देश्य सृष्टि, मनुष्य तथा उसके अंतिम लक्ष्य के विषय में कुछ तथ्यों तथा उन पर आधारित जीवन पर एक विशिष्ट प्रणाली का प्रचार करना था। भारत में इसके कार्यों को सुचारु ढंग से संपादित करने का श्रेय श्रीमती एनी बेसेंट को है। एनी बेसेंट को बचपन से ही ईसाई धर्म से घृणा हो गई थी। उन्होंने वेदों और उपनिषदों में अपना विश्वास प्रकट किया तथा पश्चिमी संस्कृति से भारतीय संस्कृति को बढ़कर बताया।

थियोसोफिकल सोसाइटी सभी धर्मों के मौलिक सिद्धांतों में विश्वास करती थी। हिंदू धर्म और बौद्ध धर्म को सभी धर्मों से श्रेष्ठ समझती थी। प्रत्येक धर्म का अनुयायी इस सोसाइटी का सदस्य हो सकता था। इसमें जाति-पाँति का भेदभाव नहीं था। यह कर्मकांड और पुनर्जन्म में विश्वास रखती थी। इसके अनुसार आत्मा-परमात्मा में अभिन्न संबंध है। परलोक में यह संस्था विश्वास करती होता है। इस सोसाइटी की स्थापना के निम्नलिखित उद्देश्य थे—

(1) मानव समाज के बीच मातृभाव पैदा करना,

(2) धर्म, वेदांत एवं विज्ञान के अध्ययन के लिए लोगों को उत्साहित करना,

(3) रहस्यमय, स्वाभाविक नियमों की खोज करना,

(4) मनुष्य की गुप्त शक्तियों को प्रकाशित करना।

समाज सुधार की दिशा में भी इस सोसाइटी ने महत्त्वपूर्ण कार्य किए। बनारस में सेंट्रल हिंदू स्कूल की स्थापना की गई। यही स्कूल आज हिंदू विश्वविद्यालय के नाम से संसार में प्रसिद्ध है।

मुसलिम समाज में सुधार आंदोलन

हिंदुओं में सुधार आंदोलन देखकर मुसलमानों में भी सुधार आंदोलन प्रारंभ हुआ। मुसलमानी समाज में प्रगति ठप पड़ गई थी और इसमें कई सामाजिक और धार्मिक बुराइयाँ आ गई थीं। अत: 19वीं सदी में मुसलिम समाज में भी कई सुधारक पैदा हुए जिन्होंने समाज सुधार की दिशा में आंदोलन चलाया।

सबसे पहले सैयद अहमद मौलवी और इस्माइल हाजी मौलवी मुहम्मद ने वहाबी आंदोलन का श्रीगणेश किया। इस आंदोलन में पीरपूजा का विरोध किया गया और एकेश्वरवाद का समर्थन किया गया। मुसलिम समाज में सुधार का सबसे जबरदस्त आंदोलन अलीगढ़ आंदोलन के नाम से प्रसिद्ध है। इसके प्रमुख नेता सर सैयद अहमद खाँ थे। उन्होंने पाश्चात्य शिक्षा, स्त्री शिक्षा, विदेश भ्रमण आदि का समर्थन किया और परदा प्रथा, दास प्रथा, बहु विवाह आदि को समाज के लिए अहितकर बताया। शिक्षा के क्षेत्र में प्रगति लाने के उद्‌देश्य से उन्होंने अलीगढ़ में महमउन एंग्लो ओरिएंटल कॉलेज (M.A.O. Collage) खोला, जो बाद में मुसलिम विश्वविद्यालय के रूप में परिणत हुआ। उन्होंने मुसलिम शिक्षा सम्मेलन की स्थापना की। इसका अधिवेशन प्रतिवर्ष किसी बड़े नगर में होता था। ये इसलाम को प्रारंभिक सादगी पर ले जाना चाहते थे। कुरान पर टीका लिखकर इन्होंने उर्दू भाषा और साहित्य को प्रोत्साहित किया।

मुसलमानों का दूसरा आंदोलन अहमदिया आंदोलन के नाम से प्रसिद्ध है। इसके नेता मिर्जा गुलाम अहमद कादियानी थे। इस आंदोलन का पंजाब पर अधिक प्रभाव पड़ा। इसी वर्ष लाहौर में 'अंजुमन-ए-हिमायत-ए-इसलाम' की स्थापना हुई। खान अब्दुल गफ्फार खाँ ने सामाजिक सुधार के लिए खुदाई-खिदमतगार आंदोलन चलाया और भाईचारे का संदेश दिया।

सिखों में सुधार आंदोलन

हिंदू और मुसलिम समाज के सुधार आंदोलन की देखा-देखी अन्य संप्रदायों में भी सुधार आंदोलन होने लगे। सिखों ने 'चीफ खालसा दीवान' आरंभ किया। शिक्षा की प्रगति के लिए अमृतसर खालसा कॉलेज की स्थापना हुई। महंतों और गुरुद्वारे में अनेक भ्रष्टाचार घुस आए थे। इसे दूर करने के उद्‌देश्य से 'शिरोमणि गुरुद्वारा प्रबंध कमिटी, की नींव डाली गई। देश के अन्य भागों में भी कई स्कूल तथा कॉलेजों की स्थापना हुई।

पारसी संप्रदाय में सुधार आंदोलन

पारसी संप्रदाय भी इस सुधारवादी आंदोलन के प्रभाव से अछूता न रहा। सन् 1851 ई. में धार्मिक सुधार संघ की स्थापना हुई। इस संघ का उद्‌देश्य पारसियों की सामाजिक अवस्था में सुधार लाना तथा जुरथ्रुष्ट धर्म की पुनः स्थापना करना था। करसेदजी, रुस्तमजी तथा बहरामजी, एन. मालाबारी आदि प्रमुख नेताओं ने शिक्षा के प्रचार तथा समाज सुधार की दिशा में महत्त्वपूर्ण सहयोग दिया। इसके अलावा दादाभाई नौरोजी, नौरोजी फरदून आदि इसके प्रसिद्ध नेता हुए।

ईसाई समाज में सुधार आंदोलन

17वीं और 18वीं सदी में कई यूरोपीय देशों से फ्रांस, इंग्लैंड, बेल्जियम आदि से ईसाई धर्म के प्रचारक भारत आए। यद्यपि ये लोग व्यापार करने आए थे, पर उसी के साथ-साथ ये ईसाई धर्म का प्रचार भी करते थे। साधारणतः ये लोग धर्मोपदेश देकर, धार्मिक पुस्तकों को जनता में बाँटकर अपने धर्म का प्रचार करते थे। बाद में इन्होंने मिशनरियों, स्कूलों तथा कॉलेजों की स्थापना की। इन लोगों का उद्‌देश्य भारतीयों को ईसाई बनाना था। अतः इसके विरुद्ध समूचे देश में एक प्रतिक्रिया भी हुई।

बीसवीं सदी में सुधार आंदोलन

19वीं सदी की तरह बीसवीं सदी में भी यह सुधार आंदोलन चलता रहा। इस सदी में राधास्वामी संप्रदाय उल्लेखनीय है। इसके प्रवर्तक श्री शिवदयालु थे। इस संप्रदाय का विश्वास था कि राधास्वामी संसार में मनुष्य का रूप धारण

करके आए और उन्होंने सद्गुरु की पदवी धारण की। मुसलमानों की बढ़ती हुई सांप्रदायिकता के फलस्वरूप हिंदू महासभा, जनसंघ, राष्ट्रीय स्वयंसेवक आदि कई महत्त्वपूर्ण संस्थाओं का जन्म हुआ।

भारत सेवक समिति

इसकी स्थापना सन् 1905 ई. में गोपाल कृष्ण गोखले ने की थी और तब से यह संस्था गरीबों के हितों की रक्षा करती आई है।

समाज सेवा लीग

इसकी स्थापना सन् 1911 ई. में बंबई में नारायण मल्हार जोशी ने की थी। इस संस्था की ओर से कई स्कूल, कॉलेज, पुस्तकालय, निःशुल्क औषधालय आदि खोले गए।

बालचार संस्था

इसकी स्थापना सन् 1914 ई. में श्रीराम वाजपेयी ने की थी। यह संस्था भी समाज की सेवा करती रही है।

गांधीजी के प्रयत्न

सामाजिक सुधार आंदोलन में महात्मा गांधी का महत्त्वपूर्ण योगदान है। हरिजनों के कल्याण के लिए उन्होंने 'हरिजन सेवक संघ' की स्थापना की। जन समाज की सामान्य स्थिति में सुधार लाने के उद्देश्य से सर्वोदय समाज की स्थापना की। उनके मरने के बाद विनोबा भावे सर्वोदय का प्रचार-प्रसार करते रहे—

भारत सेवक समाज

स्वतंत्रता प्राप्ति के बाद इसकी स्थापना हुई। आज देश के सभी प्रमुख हिस्सों में यह संस्था कार्य कर रही है।

नारियों की दशा में सुधार

किसी भी स्वतंत्र देश के कल्याण के लिए वहाँ की नारियों का शिक्षित होना आवश्यक है। हमारे यहाँ की नारी की दशा 17वीं और 18वीं सदी में अत्यंत

शोचनीय हो गई थी। सती प्रथा, पर्दा प्रथा, बाल विवाह आदि के कारण उनकी दशा दिन-प्रतिदिन बिगड़ती गई। यह बात सत्य है कि पश्चिमी सभ्यता और संस्कृति के प्रभाव के चलते उनकी दशा में कुछ सुधार भी आया, लेकिन यह बात केवल शिक्षित परिवारों में ही देखने को मिली, अशिक्षित परिवार में नहीं। साधारणत: नारी भोग-विलास का साधन बनकर रह गई। लेकिन 19वीं और 20वीं सदी में भारत में सामाजिक सुधार का आंदोलन प्रबल वेग से चला, अत: नारी की दशा में भी सुधार लाने का प्रयत्न हुआ।

इस दिशा में राजा राममोहन राय और उनका ब्रह्म समाज उल्लेखनीय है। उन्होंने सती प्रथा, बाल विवाह, कन्यावध, अशिक्षा आदि का विरोध किया और अपने प्रयत्नों से सती प्रथा को कानून बनवाकर बंद कर दिया। ब्रह्म समाज के अलावा आर्य समाज ने इस ओर ध्यान दिया। होमरूल लीग के आंदोलन के प्रारंभ होने पर नारियों में अधिकार की भावना आई। विधवा विवाह की दिशा में ईश्वरचंद्र विद्यासागर का नाम प्रमुख है। आर्य समाज ने प्राय: सभी प्रमुख शहरों में कन्या विद्यालय की स्थापना की। 1857 ई. तक ऐसे सैकड़ों स्कूल खुल गए।

बाल विवाह का विरोध

हिंदुओं में बचपन में ही शादी कर दी जाती थी, जिसके चलते लड़के और लड़कियों दोनों का स्वास्थ्य चौपट हो जाता था। अत: केशवचंद्र के प्रयत्नों के फलस्वरूप सन् 1872 ई. में नेटिव मैरिज एक्ट (Native Marriage Act) पास हुआ। इस एक्ट के द्वारा बाल विवाह को रोकने की कोशिश की गई। ब्रह्म समाज, आर्य समाज आदि संस्था ने भी इस ओर काफी प्रयास किया। बहरामजी मालाबारी ने इस ओर सबसे अधिक प्रयास किया। सन् 1891 ई. में सहवास की आयु निश्चित करने के लिए 'एज ऑफ कांसेंट एक्ट' (Age of consent Act) पास हुआ। इस एक्ट के मुताबिक सहवास की आयु सीमा 10 से 12 वर्ष तक निश्चित की गई। सन् 1931 ई. में बड़ौदा सरकार की ओर से बाल विवाह निषेधक कानून (The infant Marriage Prevention Act) पास हुआ। इस एक्ट के अनुसार विवाह की आयु सीमा 16 और 12 वर्ष निश्चित की गई। 1930 में शारदा एक्ट पास हुआ, जिसके अनुसार विवाह की आयु 18 और 14

वर्ष रखी गई। इस प्रकार बाल विवाह को रोकने, विधवा विवाह, अंतर्जातीय विवाह आदि को प्रोत्साहन देने के लिए कई कानून पास हुए, पर हिंदुओं के विरोध के चलते तथा सरकार की उदासीनता के चलते इन कानूनों को कार्य रूप नहीं दिया जा सका।

नारी जागरण

अब पश्चिमी सभ्यता और शिक्षा के प्रचार के फलस्वरूप भारतीय नारी भी राजनीतिक, सामाजिक, आर्थिक, सांस्कृतिक अधिकारों के प्रति सचेत हो गई। इन अधिकारों की प्राप्ति के लिए वे संगठित होने लगी। इस उद्देश्य से कई संस्थाएँ भी कायम की गईं। 1917 में वीमेंस इंडियन एसोसिएशन (Womens Indian Association), सन् 1915 में नेशनल कौंसिल ऑफ वीमेंस इन इंडिया (National Council of Women in India), सन् 1926 ई. में अखिल भारतीय महिला सम्मेलन (All India Women Conference) आदि की स्थापना हुई।

स्वतंत्रता प्राप्ति के बाद

स्वतंत्रता प्राप्ति के बाद से नारियों के उत्थान की दिशा में विशेष प्रयास किया गया। उन्हें प्रत्येक क्षेत्र में पुरुषों की तरह अधिकार दिए गए हैं। संविधान में उनकी स्थिति स्पष्ट कर दी गई है। विवाह, तलाक, संपत्ति का स्वामित्व इत्यादि के विषय में हिंदू परिवारों में प्रचलित अनिश्चितता तथा विरोधात्मक विधियों पर सुधार की दृष्टि से भारत सरकार ने एक समिति की स्थापना की और हिंदू कोड बिल के बहुत से अंशों को कानून बनाकर पुत्री को पिता की संपत्ति पर अधिकार दिया गया एवं अन्य कई प्रकार की विशेष सुविधा प्रदान की गई है। कानून बनाकर दहेज प्रथा की बुराइयों को दूर करने का प्रयास किया गया है। इन सुधारों के फलस्वरूप ही अब नारी भी पुरुषों की तरह प्रत्येक क्षेत्र में प्रगति करती जा रही है। अब तो वह डॉक्टर, शिक्षक, राजदूत, राज्यपाल सब कुछ होती है।

हरिजनों की स्थिति में सुधार

हमारे देश में जाति व्यवस्था प्राचीन काल से चली आ रही है। आरंभ में इस

व्यवस्था का आधार कर्म था, न कि जन्म। लेकिन धीरे-धीरे जन्म के ही आधार पर इसकी व्यवस्था कायम हो गई।

आरंभ में समाज में चार वर्ण प्रचलित थे—ब्राह्मण, क्षत्रिय, वैश्य और शूद्र। इसी वर्ण व्यवस्था ने कालांतर में जाति प्रथा का रूप धारण कर लिया, जिसका भीषण परिणाम छुआछूत के रूप में प्रकट हुआ। अछूतों को कभी-कभी दलित वर्ग के नाम से भी पुकारा जाता है। इसमें ऐसे लोग भी आ जाते हैं, जो अछूत नहीं हैं। अत: इसी कारण से महात्मा गांधी ने इन्हें हरिजन कहना शुरू किया था। स्वतंत्रता प्राप्ति से पहले तक इन अछूतों की दशा बुरी थी। उच्च वर्ण के लोग इनकी छाया तक को अपवित्र मानते थे। न तो इन्हें गाँव में रहने का अधिकार था, न ये किसी कुएँ से पानी ही ले सकते थे। मंदिरों में प्रवेश पाना तो इनके लिए सर्वथा असंभव था। इनके बच्चे पाठशाला में शिक्षा नहीं पा सकते थे। इनकी औरतें गहनों का इस्तेमाल नहीं कर सकती थीं। आर्थिक दृष्टि से भी वे असमर्थ ही रहे थे और न कोई राजनीतिक सुविधा ही उन्हें मिली थी। इस प्रकार सामाजिक, धार्मिक, आर्थिक, राजनीतिक सभी दृष्टियों से इनकी दशा दिन-पर-दिन गिरती ही गई।

अछूतोद्धार आंदोलन

19वीं सदी में सुधार आंदोलन की जो लहर उठी, उससे प्रभावित होकर सुधारकों का ध्यान अछूतों की ओर भी गया और इनकी दशा सुधारने के लिए उन्होंने कई आंदोलन किए। आर्य समाज, ब्रह्म समाज, राम कृष्ण मिशन आदि संस्थाओं ने इस ओर विशेष कार्य किया। संपूर्ण देश में अछूतोद्धार की संस्थाएँ कायम की गईं। गोपालकृष्ण गोखले ने छुआछूत की निंदा करते हुए कहा—"यह व्यवहार कितना मूर्खतापूर्ण है कि जब तक अछूत हमारे धर्म में रहते हैं, हम उनको अपने घरों में प्रवेश नहीं करने देते हैं, न उनको अपने में मिलने-जुलने ही देते हैं किंतु जब हमारे धर्म का परित्याग कर हैट-कोट-पैंट पहनकर ईसाई बन जाते हैं तो हम उनसे हाथ मिलाते हैं और आदर करते हैं।" लेकिन इन सब आंदोलनों का कोई खास परिणाम नहीं निकला।

महात्मा गांधी का अछूतोद्धार आंदोलन

महात्मा गांधी के नेतृत्व में अछूतोद्धार का कार्य विशेष रूप से प्रारंभ हुआ।

इसके लिए उन्होंने कई रचनात्मक कार्य भी किए। उनका विश्वास था कि भारत की उन्नति अछूतों की उन्नति पर ही निर्भर है। उन्होंने कहा था—''जब हिंदू जान-बूझकर सच्चे हृदय से नीति के रूप में नहीं वरन् आत्मशुद्धि की भावना से अस्पृश्यता का अंत करेंगे तो उनका यह कार्य राष्ट्र को उचित कार्य करने की एक नई शक्ति देगा जो स्वराज्य की प्राप्ति में सहायक होगा।'' महात्मा गांधी ने अछूतों का नाम हरिजन रखा और हरिजन सेवा संघ की स्थापना की। धीरे-धीरे हरिजनों में भी जागरण आया और वे अपना संगठन कायम करके राजनीतिक और सामाजिक अधिकार की माँग करने लगे।

संविधान में हरिजनों को सुविधाएँ

भारतीय संविधान में हरिजनों को विशेष सुविधाएँ देकर उनकी उन्नति का प्रयास किया गया। इन सुविधाओं के लिए 10 वर्ष का काल निश्चित किया गया। संविधान द्वारा छुआछूत का अंत कर दिया गया और सभी नागरिकों को समानता का अधिकार दिया गया। अब सभी सार्वजनिक स्थानों पर हरिजन भी बिना किसी रोक-टोक या भेदभाव के आ-जा सकते थे। वे किसी भी शैक्षणिक संस्था में अब प्रवेश पा सकते थे। लोकसभा तथा राज्यों के विधान मंडलों में उनके लिए सुरक्षित स्थान की व्यवस्था की गई। इन सभाओं में जनसंख्या के अनुसार उन्हें प्रतिनिधित्व का अधिकार दिया गया।

शिक्षा के क्षेत्र में सुधार

अंग्रेजों के आगमन से पूर्व भी भारत में शिक्षा की उचित और सुंदर व्यवस्था थी। केवल बंगाल में 80000 स्कूल थे। मुगल शासनकाल के अंतिम चरण में जो अव्यवस्था उत्पन्न हुई, उसका प्रभाव शिक्षा पर भी पड़ा। अतः शिक्षा में कई आवश्यक परिवर्तन आए। बाद में कंपनी के शासनकाल में इस ओर विशेष ध्यान दिया गया।

ईसाई मिशनरियों के कार्य

भारत में शिक्षा के प्रचार की दिशा में ईसाई मिशनरियों ने महत्त्वपूर्ण योगदान दिया। ईसाई मिशनरी भारत में ईसाई धर्म का प्रचार करती थी। इसी धर्म प्रचार

के उद्‌देश्य से उसने देश के प्रायः सभी मुख्य भागों में कई स्कूल खोले। ऐसे स्कूल ईसाई धर्म प्रचार के अड्डे थे। लेकिन इसी बहाने इन स्कूलों में शिक्षा भी दी जाती थी। सन् 1925 ई. तक ऐसे 17 स्कूल खुले। कलकत्ता में सन् 1820 ई. में एक मिशनरी कॉलेज भी खुला।

कंपनी के कर्मचारियों के प्रयत्न

कंपनी को अपना शासन कार्य सुचारु रूप से चलाने के लिए पढ़े-लिखे लोगों की जरूरत पड़ी। अतः उसने शिक्षा की ओर अपना ध्यान मोड़ा। वारेन हेस्टिंग्स ने इसी उद्‌देश्य से सन् 1871 ई. में फोर्ट विलियम कॉलेज की नींव डाली। बनारस में एक संस्कृत कॉलेज भी इसी उद्‌देश्य से खोला गया।

भारतीय नेताओं के प्रयत्न

इसी समय कई ऐसे भारतीय नेता और सुधारक सामने आए जिन्होंने इस ओर विशेष ध्यान दिया। ऐसे नेताओं में राजा राममोहन राय प्रसिद्ध हुए। बनारस में उन्हीं के प्रयत्नों से संस्कृत कॉलेज की स्थापना हुई। उन्होंने आधुनिक शिक्षा पद्धति का समर्थन किया। सन् 1816 ई. में उन्होंने काफी प्रयास करके कलकत्ता में हिंदू कॉलेज की स्थापना करवाई। यही कॉलेज बाद में प्रेसिडेंसी कॉलेज कहलाने लगा।

सरकार के कार्य

सन् 1813 ई. में ब्रिटिश पार्लियामेंट ने कंपनी को एक चार्टर दिया। उसमें ऐसी व्यवस्था की गई कि कंपनी सरकार प्रतिवर्ष शिक्षा पर एक लाख रुपए खर्च करे। लेकिन सरकार की उदासीनता के चलते इस धन का उपयोग नहीं हुआ। पुनः 1823 ई. में शिक्षा के प्रश्न पर विचार के लिए एक उपसमिति बनी। इस समिति ने काफी प्रयास करके संस्कृत और अरबी की शिक्षा के प्रचार के लिए सरकार की ओर से कलकत्ता, आगरा और दिल्ली में तीन कॉलेज स्थापित किए।

सन् 1835 ई. में राजा राममोहन के प्रयत्नों के फलस्वरूप पाश्चात्य शिक्षा पद्धति की शुरुआत हुई। सन् 1842 ई. में एक बोर्ड ऑफ एजुकेशन की भी स्थापना हुई।

सर चार्ल्स वुड का आज्ञापत्र

सर चार्ल्स वुड बोर्ड ऑफ कंट्रोल के अध्यक्ष थे। उन्होंने सन् 1854 ई. में भारत सरकार को एक आज्ञापत्र भेजा। इस आज्ञापत्र के आधार पर शिक्षा संबंधी योजना के अनुसार तीन प्रेसिडेंसियों—कलकत्ता, बंबई, मद्रास में विश्वविद्यालयों की स्थापना हुई। ये विश्वविद्यालय लंदन विश्वविद्यालय की पद्धति पर खुले। पश्चिमोत्तर प्रांत और पंजाब में भी इसी योजना के अंतर्गत विश्वविद्यालय खुले। प्रत्येक प्रांत में एक शिक्षा संचालक (Director of Public Instruction) की नियुक्ति हुई।

लार्ड रिपन का शासनकाल

लॉर्ड रिपन ने शिक्षा में सुधार लाने के उद्देश्य से सन् 1842 ई. में एक कमीशन बैठाया जिसके सभापति सर डब्लू. हंटर थे। इन्हीं के नाम पर इस कमीशन का नाम हंटर कमीशन पड़ गया। इस कमीशन ने सरकार से सिफारिश की कि प्राथमिक शिक्षा स्थानीय संस्था के जिम्मे दे दी जाए तथा उच्च शिक्षा पर से सरकारी नियंत्रण कम कर दिया जाए। मकतबों और देशी पाठशालाओं को सरकारी सहायता देने की सिफारिश भी की गई, साथ-ही-साथ दलित वर्ग एवं स्त्रियों की शिक्षा पर भी ध्यान दिया गया। सन् 1886 ई. में शिक्षा विभाग की सेवाओं को तीन भागों में बाँट दिया गया—इंपीरियल शिक्षा सेवा, प्रांतीय शिक्षा सेवा और निचली शिक्षा सेवा।

लॉर्ड कर्जन का शासनकाल

लॉर्ड कर्जन ने भी शिक्षा में प्रगति लानी चाही। इसी उद्देश्य से उसने सन् 1901 ई. में शिमला में शिक्षा अधिकारियों का एक सम्मेलन बुलाया। पुनः सन् 1902 ई. में उसने रैले कमीशन की नियुक्ति की। इस कमीशन की सिफारिश पर 1904 ई. में यूनिवर्सिटी एक्ट पास किया गया। यद्यपि बहुत से भारतीय नेता इस एक्ट के पक्ष में नहीं थे, फिर भी यह कानून बन गया। इस एक्ट के द्वारा विश्वविद्यालय के कार्यों को विस्तृत कर दिया गया तथा उसे प्रोफेसरों की बहाली का अधिकार मिला। सीनेट के सदस्यों की संख्या कम कर दी गई और उसके

सदस्यों की नियुक्ति का अधिकार सरकार ने ले लिया। कॉलेज और स्कूल की स्वीकृति सरकार पर रही।

कर्जन के बाद भारत सरकार की देखरेख में अलग शिक्षा विभाग की स्थापना हुई। धीरे-धीरे पटना, लखनऊ, प्रयाग, बनारस आदि जगहों पर भी विश्वविद्यालय खुले।

कलकत्ता यूनिवर्सिटी कमीशन

सन् 1917 ई. में भारत सरकार ने कलकत्ता विश्वविद्यालय की शिक्षा की जाँच के लिए सैडलर कमीशन की स्थापना की। इस कमीशन ने इंटरमीडिएट कक्षाओं को विश्वविद्यालय से अलग कर दिया। बी.ए. का पाठ्यक्रम तीन वर्षों का हो गया। विश्वविद्यालय पर से सरकारी नियंत्रण कम कर दिया गया और प्रत्येक विश्वविद्यालय में एक वाइस चांसलर की नियुक्ति की गई।

सन् 1919 और 1935 का एक्ट

सन् 1919 ई. में भारत सरकार ने एक एक्ट पास करके शिक्षा को प्रांतीय विषयों में रख दिया। उसका विभाग एक अलग मंत्री के जिम्मे रखा गया। इससे भी शिक्षा के क्षेत्र में सुधार आया। सन् 1935 के बाद इसमें और भी प्रगति आई। अब टेक्निकल शिक्षा की भी व्यवस्था हुई और दिल्ली में टेक्निकल शिक्षा की स्थापना हुई।

स्वतंत्रता प्राप्ति के बाद शिक्षा में सुधार

शिक्षा में अधिक प्रगति स्वतंत्रता प्राप्ति के बाद आई है। सन् 1948 ई. में डॉक्टर राधाकृष्णन की अध्यक्षता में एक आयोग की नियुक्ति की गई। इस आयोग की सिफारिशें निम्नलिखित थीं—

(1) इंटरमीडिएट क्लास का अंत करके उसकी जगह हायर सेकेंडरी की व्यवस्था हो।

(2) डिग्री कोर्स तीन वर्ष का कर दिया जाए।

(3) छात्रवृत्ति एवं शिक्षकों के वेतन बढ़ने चाहिए।

(4) हिंदी पढ़ना अनिवार्य कर दिया जाए।

(5) ग्राम विश्वविद्यालयों की स्थापना हो एवं विश्वविद्यालयों में केवल मेधावी छात्रों को ही प्रवेश कराया जाए।

पुनः 1952 ई. में लक्ष्मी स्वामी मुदालियर की अध्यक्षता में एक आयोग नियुक्त हुआ। इस आयोग ने भी माध्यमिक शिक्षा के संबंध में अपने सुझाव दिए। उसके अनुसार माध्यमिक शिक्षा को दो भागों में बाँट दिया जाए। पहले भाग में 5वीं से 8वीं कक्षा तक और दूसरे भाग में 9वीं कक्षा से 12वीं कक्षा हो। यही सेकेंड्री और हायर सेकेंड्री कहलाता है। सेकेंड्री स्कूल में मातृभाषा के साथ-साथ अन्य भाषा, विज्ञान, इतिहास, भूगोल आदि सभी विषयों की पढ़ाई हो और हायर सेकेंड्री में आट्‌र्स, साइंस और कॉमर्स ग्रुप हों। छात्र इन ग्रुपों में चाहे जिसे चुनें।

शिक्षा में प्रगति लाने के उद्‌देश्य से विश्वविद्यालय अनुदान आयोग (University Grants Commission) की स्थापना हुई। देशी भाषा को शिक्षा का माध्यम बनाया गया तथा बुनियादी और सामाजिक शिक्षा एवं नारी शिक्षा पर विशेष ध्यान दिया गया। विज्ञान की पढ़ाई को महत्त्व दिया गया।

प्रश्न—

1. 19वीं सदी में भारत में किए गए सामाजिक और शिक्षा संबंधी सुधारों का उल्लेख कीजिए।
2. भारतवर्ष की महिलाओं के सामाजिक और सांस्कृतिक उत्थान के लिए 19वीं और 20वीं सदी में कौन-कौन से कार्य किए गए?
3. ब्रिटिश शासनकाल में भारतवर्ष के सामाजिक तथा धार्मिक आंदोलनों का संक्षिप्त विवरण दीजिए।
4. स्वतंत्रता प्राप्ति के बाद से भारत की सामाजिक प्रगति का वर्णन करें।
5. 20वीं सदी में हरिजनों की स्थिति में क्या-क्या सुधार हुए हैं?

□

22

भारतीय देशी राज्य

सदियों से चली आती हुई राजनीतिक अव्यवस्था के कारण तथा देश में एक मजबूत केंद्रीय सत्ता के अभाव में देश में छोटे-छोटे स्वतंत्र राज्य कायम होते चले गए। ऐसे ही स्वतंत्र राज्यों ने स्वतंत्र रियासत का रूप धारण कर लिया। मुगल साम्राज्य के पतन के काल में ऐसे कई स्वतंत्र राज्य स्थापित हो गए जो नाममात्र को मुगल सम्राट की अधीनता मानते थे। इसी समय अंग्रेज व्यापारी बनकर भारत आए और अपनी राजनीतिक शक्ति का विस्तार करना प्रारंभ किया। इसी क्रम में उसे भारत के देशी राज्यों से लोहा लेना पड़ा। कहीं छल-प्रपंच से तो कहीं बल प्रयोग से और कहीं कूटनीति से। सन् 1857 तक अंग्रेजों ने दो-तिहाई देशी राज्यों पर अपना प्रभुत्व स्थापित कर लिया। इस प्रकार राजनीतिक दृष्टि से भारत दो भागों में बँट गया—ब्रिटिश भारत और भारतीय देशी राज्य। कुछ देशी राज्य जैसे कश्मीर, हैदराबाद, निजाम आदि कई यूरोपीय देशों से भी बड़े थे और कुछ बहुत छोटे। लेकिन जैसे-जैसे कंपनी सरकार की शक्ति बढ़ती गई वैसे-वैसे वे सभी देशी राज्यों पर अपना प्रभुत्व स्थापित करने को सोचने लगे। अत: सबसे पहले वेलेस्ली ने इस दिशा की ओर कदम बढ़ाया और कई देशी राज्यों को उसने अंग्रेजी राज्य में मिलाया। इस दिशा में दूसरा प्रयास डलहौजी ने किया। उसने लैप्स की नीति अपनाकर कई देशी राज्यों को जबरन ब्रिटिश राज्य में मिला लिया। देशी राजाओं का यही असंतोष सन् 1857 की क्रांति का कारण था। लेकिन इतना सबकुछ होते हुए भी कंपनी सरकार ने देशी राज्यों को अपने अधीन घोषित नहीं किया। वैधानिक दृष्टि से ये राज्य अभी भी पूर्णत: स्वतंत्र थे और कंपनी सरकार से समानता की स्थिति बनाए हुए थे।

ब्रिटिश सरकार और देशी राज्यों का संबंध

सन् 1857 की क्रांति के बाद भारत की राजनीति में कई महत्त्वपूर्ण परिवर्तन आए। अब मुगल साम्राज्य, जो नाममात्र का ही था, बिल्कुल समाप्त हो गया और भारतीय शासन पर एकछत्र अंग्रेजों का अधिकार हो गया। क्रांति के तुरंत बाद 1858 में ब्रिटिश सम्राज्ञी महारानी विक्टोरिया ने एक घोषणा द्वारा भारत के शासन को अपने हाथों में ले लिया। अब देशी राज्यों के प्रति एक नई नीति अपनाई गई जिसे 'अधीनस्थ संघ की नीति' कहते हैं। महारानी विक्टोरिया की घोषणा में स्पष्ट कर दिया गया कि ब्रिटिश सरकार देशी राजाओं के अधिकारों, मान-मर्यादाओं आदि का पालन करेगी। इसी आधार पर प्रथम वायसराय लॉर्ड कैनिंग ने सन् 1860 ई. में देशी राजाओं को सनद प्रदान किए। हिंदू राजाओं के गोद के अधिकार को मान लिया गया। देशी रियासतों ने जितनी भी संधियाँ अंग्रेजों के साथ की थीं, वे सभी संधियाँ मान ली गईं। लेकिन ऐसी स्थिति बहुत थोड़े दिन तक रही। सच पूछिए तो देशी राजाओं की आंतरिक और बाहरी नीति, सैनिक संगठन आदि पर सरकार का पूर्ण नियंत्रण कायम होता गया। बहुत से देशी राजाओं को जबरन गद्दी से उतार दिया गया। बड़ौदा के राजा मल्हार राव गायकवाड़ तथा मणिपुर के राजाओं की गद्दी छीन ली गई। बहुत से ऐसे भी देशी राजा थे जिन्हें जबरन हटने को बाध्य किया गया। इसका फल यह हुआ कि अब कोई भी शासक सरकार के विरुद्ध जाने का साहस नहीं करता था। संक्षेप में, यदि भारत सरकार देशी राज्यों की रक्षा करती थी तो देशी राजा भी सरकार की वैदेशिक नीति और अंतरराष्ट्रीय कार्यों में सहायता देते थे। 1857 की क्रांति को दबाने में ऐसे कई देशी राजाओं ने सरकार की सहायता भी की थी। अब क्रांति के बाद राष्ट्रीय आंदोलन जोर पकड़ने लगा था। ऐसी स्थिति में सरकार को देशी राजाओं के संबंध में अपना रुख बदलना पड़ा। उन्होंने अब देशी राजाओं की सहानुभूति पानी चाही और शासन संबंधी कार्यों में उन्हें सहायक बनाने लगे।

प्रस्तावित भारतीय संघ

सन् 1935 के एक्ट के अनुसार देशी राजाओं से संबंधित सभी अधिकार भारत सरकार के हाथ से ले लिये गए और सम्राट के एक प्रतिनिधि का पद

कायम करके उसी के हाथ में सारे अधिकार दे दिए गए। गवर्नर जनरल ही इस पद का कार्यभार सँभालता था। इसी समय समूचे भारत के लिए एक संघीय योजना बनाई गई और देशी राजाओं को संघ में मिलने की स्वतंत्रता प्रदान की गई। लेकिन इस योजना को कार्यान्वित नहीं किया गया।

भारत संघ में विलयन

कांग्रेस ने जब स्वतंत्रता प्राप्ति के लिए जोरदार आंदोलन चलाए तब अंत में सरकार को झुकना पड़ा। वह भारत को स्वतंत्र करने के लिए तैयार हो गई। इसी समय यह महत्त्वपूर्ण प्रश्न सामने आया कि देशी राजाओं की स्थिति स्वतंत्र भारत में क्या होगी? सन् 1935 के एक्ट में ही देशी राजाओं को संघ में सम्मिलित होने के लिए स्वतंत्रता दे दी गई थी। 1946 में कैबिनेट मिशन ने भी कहा कि भारत को स्वतंत्रता मिल जाने के बाद देशी राजा भारत की नई सरकार के साथ मिल जाएँगे अथवा अपनी अलग सरकार बनाएँगे, इसकी उन्हें छूट है। क्रिप्स योजना में भी रियासतों को संघ में मिलने या न मिलने की छूट दे दी गई। जब सन् 1947 ई. में भारतीय स्वतंत्रता अधिनियम (Indian Independence Act) पास हुआ तो उसमें भी स्पष्ट कर दिया गया कि ब्रिटिश सरकार देशी राजाओं से संबंधित सारे अधिकार छोड़ रही है, न कि किसी को सौंप रही है। यह बात उन्हीं राजाओं पर छोड़ दी गई कि या तो वे भारत में मिलें या पाकिस्तान में, अथवा स्वतंत्र रहें।

स्वतंत्रता के बाद

स्वतंत्रता मिलते ही भारत के सामने देशी राजाओं की विषम समस्या उपस्थित हुई। कई ऐसे देशी राजा थे, जो स्वतंत्र राज्य की माँग करने लगे। एक तो देश के दो टुकड़े हो ही गए थे, यदि ऐसा होता तो देश कई टुकड़ों में बँट जाता। अतः नेताओं ने इसका घोर विरोध किया। आखिरकार नेतावनियों और प्रतिवादों के फलस्वरूप धीरे-धीरे यह संघर्ष समाप्त हो गया और जूनागढ़, कश्मीर और हैदराबाद को छोड़कर शेष सभी रियासतें भारत में सम्मिलित हो गईं। 5 जुलाई, 1947 को रियासतों की समस्या शांतिपूर्ण ढंग से सुलझाने के लिए 'रियासती विभाग' (Indian States Department) कायम हुआ। इसके

अध्यक्ष सरदार वल्लभभाई पटेल ने रियासतों से अपील की कि वे भारतीय संघ में मिल जाएँ। उन्होंने आश्वासन दिया कि रक्षा, यातायात, वैदेशिक नीति के अलावा अन्य सभी विषयों में उन्हें स्वतंत्रता रहेगी। 25 जुलाई को माउंटबेटन की अध्यक्षता में देशी राजाओं की एक सभा हुई जिसमें माउंटबेटन ने राजाओं को सलाह दी कि वे भारत के साथ हो जाएँ। इस प्रकार लगभग 600 देशी राज्यों ने बिना किसी खून-खराबे के 'प्रवेश-पत्र (Instrument of Accission) पर हस्ताक्षर कर भारत की अधीनता मान ली।

विलयन का तरीका

देशी रियासतों को निम्नलिखित तरीकों से भारत संघ में मिलाया गया—

(क) बहुत से ऐसे राज्य थे जो अत्यंत छोटे थे और शासन की स्वावलंबी इकाई नहीं बन सकते थे, ऐसे राज्यों को अपने निकट के प्रांतों में मिला दिया गया। बड़ौदा को इसी कारण बंबई में मिला दिया गया।

(ख) बहुत से छोटे-छोटे राज्यों को मिलाकर एक संघ बना दिया गया और उन्हें केंद्रीय सरकार के जिम्मे सौंप दिया गया। त्रिपुरा, कच्छ, मणिपुर, भोपाल, हिमाचल प्रदेश आदि राज्यों का विलयन इसी प्रकार हुआ।

(ग) बहुत से आसपास के इलाकों को मिलाकर स्वावलंबी संघ बनाया गया और उन्हें भारतीय संघ का अंग बना दिया गया। सौराष्ट्र, मध्य भारत, कोचीन त्रावणकोर, पटियाला, पूर्वी पंजाब आदि ऐसे ही राज्य थे। इनमें से जिस संघ में जो रियासतें सम्मिलित थीं, उन्हीं में से किसी एक रियासत के शासक को उस संघ का राजप्रमुख बना दिया गया।

(घ) कुछ बड़े राज्यों को ज्यों-का-त्यों रहने दिया गया और वहाँ के शासक को राजप्रमुख के रूप में स्वीकार कर लिया गया। मैसूर, हैदराबाद, कश्मीर ऐसे ही राज्य थे। मैसूर तो भारत संघ में मिल गया, लेकिन कश्मीर, हैदराबाद और जूनागढ़ को लेकर थोड़ी दिक्कत अवश्य हुई। जूनागढ़ और हैदराबाद के शासक मुसलमान

थे, लेकिन जनता हिंदू थी। अत: शासक पाकिस्तान में मिलना चाह रहे थे तो जनता हिंदुस्तान में। भारत सरकार ने जूनागढ़ के शासक को भारत में मिलने के लिए लाचार किया, लेकिन वह भागकर पाकिस्तान चला गया और तब जूनागढ़ भारत में मिला लिया गया। हैदराबाद के निजाम ने तो युद्ध की भी तैयारी कर ली, लेकिन वल्लभभाई पटेल ने उसके विरुद्ध फौजी तैयारी की और पाँच ही दिन में निजाम भारतीय संघ में मिल गया।

कश्मीर ने भी भारतीय संघ में मिलने से अनिच्छा प्रकट की। कश्मीर भौगोलिक दृष्टि से महत्त्वपूर्ण था। चीन, तिब्बत, रूस, अफगानिस्तान के समीप रहने से पाकिस्तान की नजर इस पर लगी थी। पाकिस्तान ने सीमा पर रहनेवाली जाति कबीलों को भड़काकर वहाँ लूटपाट भी मचवा दी और खुद आक्रमण कर उसके बहुत बड़े भाग को अधिकार में कर लिया। इस अशांति के फलस्वरूप जनता की सहानुभूति पाकर वहाँ के राजा ने भारतीय संघ में मिलने की इच्छा व्यक्त की और वह मिल भी गया। लेकिन पाकिस्तान आज भी अपने हठ पर अड़ा है। उसके आक्रमण के विरुद्ध भारत ने सुरक्षा परिषद में अपील की जिसका निर्णय अब तक नहीं हो पाया है और अभी तक कश्मीर के एक भाग पर पाकिस्तान का ही अधिकार है।

प्रश्न—

1. देशी राज्यों के भारत में विलयन का वर्णन करें।

□

23

भारत का संविधान

पहली जुलाई सन् 1947 ई. को ब्रिटिश पार्लियामेंट ने बिना किसी विरोध के 'भारत स्वतंत्रता एक्ट' (Indian Independence Act) पास किया। इस एक्ट के अनुसार ब्रिटिश सरकार ने 15 अगस्त, 1947 को सत्ता हस्तांतरित कर देने की तिथि निश्चित की। अत: 15 अगस्त की रात्रि में दिल्ली में संविधान सभा का अधिवेशन बुलाया गया। इसी अधिवेशन में भारत की स्वतंत्रता की घोषणा की गई। इस संविधान सभा का निर्वाचन कैबिनेट मिशन योजना के आधार पर सन् 1946 ई. में हुआ था। 9 दिसंबर, 1946 को इसका पहला अधिवेशन शुरू हुआ और 26 नवंबर, 1948 तक संविधान निर्माण का कार्य चला। उसी दिन तत्कालीन प्रथम राष्ट्रपति डॉ. राजेंद्र प्रसाद के हस्ताक्षर हुए और इस प्रकार संविधान निर्माण का कार्य पूरा हुआ। इस संविधान के निर्माण में कुल दो वर्ष ग्यारह महीने और अठारह दिन लगे। अंत में 26 जनवरी, सन् 1950 को यह संविधान लागू किया गया और इसी दिन भारत को सार्वभौम स्वतंत्र प्रजातंत्र (Soveign Independent Republic) घोषित किया गया।

संविधान की प्रस्तावना में घोषणा की गई कि भारत एक संपूर्ण प्रभुत्व संपन्न लोकतंत्रात्मक गणराज्य है। पुन: कहा गया है—"हम भारत के लोग भारत को एक संपूर्ण प्रभुत्व संपन्न लोकतंत्रात्मक गणराज्य बनाने के लिए तथा उसके समस्त नागरिकों को सामाजिक, आर्थिक और राजनीतिक न्याय, विचार, अभिव्यक्ति, विश्वास, धर्म-उपासना की स्वतंत्रता, प्रतिष्ठा एवं अवसर की समता प्राप्त करने के लिए तथा उन सब में व्यक्ति की गरिमा और राष्ट्र की एकता सुनिश्चित करनेवाली बंधुता बढ़ाने के लिए दृढ़ संकल्प होकर अपनी

इस संविधान सभा में एतत्द्वारा इस संविधान को अंगीकृत, अधिनियमित और आत्मार्पित करते हैं।''

संविधान की विशेषता

संविधान के अनुसार भारत में राष्ट्रपतीय शासन पद्धति अपनाई गई है, फिर भी इसका शासन कार्य संसदीय पद्धति पर होता है। शासन का सारा कार्य यद्यपि राष्ट्रपति के नाम पर होता है तथापि शासन की वास्तविक सत्ता मंत्री परिषद के हाथ में रहती है। इस संविधान की निम्नलिखित विशेषताएँ हैं—

1. गणराज्य की स्थापना
2. जनता की प्रधानता
3. दोहरी नागरिकता का अभाव
4. शक्तिशाली केंद्र
5. संविधान की विशालता
6. परिवर्तन में सरलता
7. स्वतंत्र न्यायपालिका
8. धर्मनिरपेक्ष राज्य
9. संसदीय शासन पद्धति की स्थापना
10. संघात्मक स्वरूप
11. राष्ट्रीय एकता का रक्षक
12. न्यायालयों के संगठन में एकता
13. वयस्क मताधिकार
14. पिछड़ी जाति के हितों की रक्षा
15. अस्पृश्यता का अंत
16. स्त्रियों को समान अधिकार
17. ग्राम शासन का समर्थक
18. सर्वोदय का आदर्श
19. विश्वशांति का समर्थक
20. निर्वाचन कमीशन की व्यवस्था

21. मौलिक अधिकारों का रक्षक
22. राज्य के नीति–निर्देशक तत्त्व

(1) गणराज्य की स्थापना

संविधान के अनुसार भारत में एक स्वतंत्र लोकतांत्रिक गणराज्य की स्थापना की गई। इसका अर्थ है कि भारत पूर्णरूप से स्वतंत्र है। भीतरी या शहरी किसी शक्ति के नियंत्रण में यह नहीं है। साथ ही भारत में जनता का शासन है, जो जनता के प्रतिनिधियों द्वारा संचालित होता है। गणराज्य की स्थापना का अर्थ है कि यहाँ किसी वंशानुगत राज्य का शासन नहीं है।

(2) जनता की प्रधानता

यह जनता का अपना संविधान है। वास्तविक शक्ति जनता के ही हाथ में है। संविधान के निर्माता जनता के ही प्रतिनिधि हैं और इन्हीं प्रतिनिधियों से बनी संसद इस संविधान में संशोधन भी कर सकती है।

(3) दोहरी नागरिकता का अभाव

सैद्धांतिक दृष्टि से संघ में एक नागरिक को दो नागरिकता मिलती हैं—एक संघ की, एक उसके अपने राज्य की, लेकिन भारतीय संविधान ने एक ही नागरिकता प्रदान की है। प्रत्येक व्यक्ति भारत का नागरिक होगा और उसके प्रति उसकी भक्ति होगी।

(4) शक्तिशाली केंद्र

संविधान में संघीय शासन रहते हुए भी एक केंद्रीय शक्ति की स्थापना की गई है। अत: किसी भी संकट के समय यह संविधान एकात्म हो सकता है। संघ से पृथक् होकर किसी भी राज्य को संविधान बनाने का अधिकार नहीं दिया गया है।

(5) संविधान की विशालता

भारतीय संविधान संसार के सभी लिखित संविधानों से बड़ा है। इसमें 395 अनुच्छेद और 12 अनुसूचियाँ हैं।

(6) परिवर्तन में सरलता

यह संविधान न तो अमेरिका की तरह कठोर है और न ग्रेट ब्रिटेन जैसा सुपरिवर्तनशील है। इसमें बीच का रास्ता अपनाया गया है। संसद के किसी भी सदन में इसमें संशोधन का प्रस्ताव लाया जा सकता है और दो-तिहाई बहुमत से प्रत्येक सदन में पास होने पर उसमें संशोधन लाया जा सकता है। इस प्रकार भारतीय संविधान में संशोधन, परिवर्तन और विकास के गुण मौजूद हैं।

(7) स्वतंत्र न्यायपालिका

संविधान के अनुसार एक स्वतंत्र न्यायपालिका की व्यवस्था की गई है। यह न्यायपालिका शासन के संघात्मक ढाँचे की रक्षा करती है, संविधान के दिशा-निर्देश तय करती है और संघ एवं अंगीभूत इकाइयों के बीच के झगड़े का फैसला करती है।

(8) धर्मनिरपेक्ष राज्य

संविधान में भारत को धर्मनिरपेक्ष राज्य कहा गया है। भारतीय राज्य धर्म में कोई हस्तक्षेप नहीं करेगा।

(9) संसदीय शासन पद्धति की स्थापना

स्वतंत्रता प्राप्ति से पहले संसदीय शासन पद्धति का विकास नहीं हुआ था, लेकिन स्वतंत्रता प्राप्ति के बाद से भारत में संसदीय शासन पद्धति की स्थापना की गई। यद्यपि राष्ट्रपति भारतीय संघ का प्रधान होता है, पर वह केवल संवैधानिक प्रधान है। वास्तविकता यह है कि उसे मंत्रिमंडल के परामर्श और सहायता से कार्य करना पड़ता है। मंत्रिमंडल संसद के प्रति उत्तरदायी होता है। इस प्रकार यहाँ संसदीय शासन व्यवस्था है।

(10) संघात्मक स्वरूप

संविधान के अनुसार संघात्मक शासन व्यवस्था की स्थापना की गई है। केंद्र और राज्य सरकारों के अधिकार क्षेत्र अलग-अलग बाँट दिए गए हैं। ये दोनों अपने-अपने क्षेत्र में स्वतंत्र हैं। इसके लिए तीन सूचियों का निर्माण किया गया है।

संघीय सूची में संघ सरकार के अधीन के विषय हैं। राज्य सूची में राज्य सरकार के अधीन के विषय हैं और समवर्ती सूची में राज्य और संघ दोनों का अधिकार है।

(11) राष्ट्रीय एकता का रक्षक

भारत जैसे विशाल देश में विभिन्न भाषा, आचार-विचार, सभ्यता, संस्कृतिवाले लोग रहते हैं। अत: सभी के बीच राष्ट्रीय एकता स्थापित करने के उद्देश्य से एक राष्ट्रभाषा, एक नागरिकता और एकरूप न्यायपालिका की व्यवस्था की गई है।

(12) न्यायालयों के संगठन में एकता

संघीय शासन को दृढ़ बनाने के लिए न्यायालयों के संगठन में एकता रखी गई है। भारत के सभी न्यायालय उच्चतम न्यायालय (Supreme Court) के अधीन रखे गए हैं। संपूर्ण देश में दीवानी और फौजदारी कानून भी समान रखे गए हैं।

(13) वयस्क मताधिकार

स्वतंत्रता प्राप्ति के बाद से नागरिकता के अधिकार के लिए कोई शर्त नहीं है। भारत के प्रत्येक वयस्क व्यक्ति को नागरिकता का अधिकार स्वयं प्राप्त है।

(14) पिछड़ी जाति के हितों की रक्षा

संविधान में पिछड़ी और अनुसूचित जातियों के हितों के लिए विशेष प्रबंध किया गया है। उनके लिए संविधान द्वारा संसद में जगह सुरक्षित रखी गई है। उनकी शिक्षा आदि के लिए भी विशेष कदम उठाए गए हैं।

(15) अस्पृश्यता का अंत

संविधान के द्वारा अस्पृश्यता एवं उपाधियों का अंत कर दिया गया। इससे ऊँच-नीच की भावना दूर हुई है और समाज में समता की स्थापना हुई है।

(16) स्त्रियों को समान अधिकार

संविधान में पुरुषों की तरह स्त्रियों को भी सभी सामाजिक तथा राजनीतिक अधिकार दिए गए हैं। इससे अब तक वंचित नारी समाज में जागृति आई है।

(17) ग्राम शासन का समर्थक

संविधान में गाँव के शासन की व्यवस्था की गई है। भारत हमेशा से गाँवों का देश रहा है। अत: भारत की उन्नति और प्रगति के लिए गाँव की उन्नति और प्रगति आवश्यक है। इसी तथ्य को ध्यान में रखते हुए संविधान में स्पष्ट कर दिया गया है कि—''राज्य ग्राम पंचायत के संगठनों की व्यवस्था करेगा और उन्हें ऐसी शक्ति एवं सत्ता प्रदान करेगा जिससे वे स्थानीय शासन की इकाई की भाँति कार्य कर सकें।''

(18) सर्वोदय का आदर्श

संविधान में सर्वोदय की व्यवस्था पर जोर दिया गया है। समाज में ऐसी व्यवस्था कायम होगी जिस व्यवस्था में प्रत्येक व्यक्ति को अपनी उन्नति और प्रगति का साधन और मौका मिलेगा। न कोई अमीर होगा, न गरीब; न ऊँच होगा, न नीच। सब समान होंगे।

(19) विश्वशांति का समर्थक

संविधान में विश्वशांति एवं सुरक्षा पर अधिक ध्यान दिया गया है। संविधान के नीति-निर्देशक तत्त्व में यह स्पष्ट कर दिया गया है कि—''भारतीय सरकार स्वतंत्रता तथा समानता के आदर्शों का पालन कर विश्वशांति तथा सुरक्षा के कार्यों में सहयोग देगी। वह अंतरराष्ट्रीय कानूनों के प्रति आदरभाव रखेगी तथा अंतरराष्ट्रीय संघर्षों का निपटारा पंच निर्णय सिद्धांत पर करेगी।''

(20) निर्वाचन कमीशन की व्यवस्था

संविधान के अनुसार एक अलग स्वतंत्र निर्वाचन कमीशन की स्थापना की गई है। यह कमीशन सभी प्रकार के निर्वाचन पर नियंत्रण रखता है। इससे निर्वाचन में किसी शक्ति के साथ किसी भी प्रकार का पक्षपात नहीं हो सकता है।

(21) मौलिक अधिकारों का रक्षक

संविधान में जनता को कुछ मौलिक अधिकार दिए गए हैं। ये मौलिक अधिकार नागरिक के विकास के लिए आवश्यक हैं। जहाँ एक ओर यह अधिकार

दिया गया है, वहीं दूसरी ओर इन अधिकारों पर कोई रुकावट न आए, इसकी रक्षा की भी व्यवस्था कर दी गई है। राज्य का कोई भी कानून इस पर आक्षेप नहीं कर सकता। लेकिन विशेष परिस्थिति में ये अधिकार स्थगित हो सकते हैं।

(22) राज्य के नीति-निर्देशक तत्त्व

इसका अर्थ यह है कि शासन देश में लोक कल्याणकारी राज्य की स्थापना करे। वह उन सभी ऊँचे आदर्शों को प्राप्त करे, संविधान में जिनकी शुभकामना प्रकट की गई है। यह एक प्रकार से शासन को आदेश दिया गया है। क्योंकि इसी के द्वारा देश में सामाजिक, आर्थिक, सांस्कृतिक प्रगति और स्वतंत्रता आएगी। संक्षेप में ये तत्त्व निम्नलिखित हैं—

(क) आर्थिक व्यवस्था सिद्धांत

इसके अंतर्गत भुखमरी, बेकारी आदि को दूर करना राज्य का पहला कर्तव्य है। राज्य ऐसी आर्थिक व्यवस्था कामय करे जिससे किसी का शोषण संभव न हो। लोगों को परिश्रम के अनुसार पारिश्रमिक मिले। जनता अपना जीवन स्तर ऊँचा करे।

(ख) सामाजिक और शिक्षा सिद्धांत

इस सिद्धांत के अनुसार राज्य देश के सभी नागरिकों के लिए एक ही व्यवहार संहिता (Civil Code) बनाए। संपूर्ण देश में एक ही प्रकार के कानून हों। 14 वर्ष तक के लड़के और लड़कियों की शिक्षा अनिवार्य और निःशुल्क हो। पिछड़ी हुई जाति तथा अनुसूचित जातियों के हितों की रक्षा हो। नागरिकों के स्वास्थ्य सुधार के लिए मादक पदार्थों पर रोक लगे तथा ऐतिहासिक एवं कलात्मक वस्तुओं की रक्षा की व्यवस्था हो।

(ग) शासन सुधार सिद्धांत

राज्य शासन में सुधार लाने के लिए ग्राम पंचायत का संगठन करे। निष्पक्ष न्याय के लिए कार्यपालिका और न्यायपालिका के अधिकार अलग कर दिए जाएँ।

ये नीति-निर्देशक तत्त्व राज्य के आदर्श हैं। यद्यपि इन्हें कानूनी आधार प्राप्त नहीं है, फिर भी संविधान की तरफ से ये राज्यों का दिए गए आदेश के समान

हैं, जिसकी उपेक्षा कोई राज्य नहीं कर सकता। इन तत्त्वों का समर्थन करते हुए डॉ. अंबेडकर ने कहा था—"हमें राजनीतिक और आर्थिक प्रजातंत्र की स्थापना करनी है और उसके लिए निर्देशक तत्त्व हमारे आदर्श हैं। पूरे संविधान का उद्‌देश्य इन आदर्शों का पालन करना है। निर्देशक तत्त्व सरकार के लिए जनता का आदेश-पत्र होंगे। जनता ही उनका बल है और जनता किसी भी कानून से अधिक बलशाली होती है।"

मूल अधिकार

संविधान में नागरिकों को कुछ मौलिक अधिकार प्रदान किए गए हैं। ये अधिकार नागरिकों के पूर्ण विकास के लिए परमावश्यक हैं। इन्हीं अधिकारों के द्वारा शासकों की निरंकुशता पर प्रतिबंध लगाया जाता है और नागरिक अधिकारों को मान्यता प्राप्त होती है। इस मूल अधिकार के अभाव में न तो कोई राष्ट्र अपनी नैतिक प्रगति कर सकता है और न नागरिकों का ही नैतिक, आध्यात्मिक, सामाजिक तथा राजनीतिक विकास हो सकता है। अगर कोई सरकार नागरिकों के इस मौलिक अधिकार पर आघात करती है तो नागरिक को अधिकार है कि न्यायालय का दरवाजा खटखटा सके। डॉ. अंबेडकर ने लिखा है—"मूल अधिकार अवलंबित करने के दो उद्‌देश्य हैं। पहला तो यह है कि प्रत्येक व्यक्ति इन अधिकारों का दावा कर सके और दूसरा यह कि प्रत्येक अधिकारी इन्हें मानने के लिए बाध्य है।" संक्षेप में संविधान में मौलिक अधिकारों के रखने का उद्‌देश्य नागरिकों को समानता, स्वतंत्रता, न्याय और सुरक्षा प्रदान करना है। ये अधिकार निम्नलिखित हैं—

1. समता का अधिकार
2. स्वतंत्रता का अधिकार
3. शोषण के विरुद्ध अधिकार
4. धार्मिक स्वतंत्रता का अधिकार
5. संस्कृति और शिक्षा संबंधी अधिकार
6. संपत्ति रखने का अधिकार
7. संवैधानिक उपचारों का अधिकार

(1) समता का अधिकार

भारत का प्रत्येक नागरिक समान है। कानून के सामने प्रत्येक व्यक्ति समान है, चाहे वह किसी जाति, वंश या धर्म का हो। जाति, वंश आदि के आधार पर किसी व्यक्ति के साथ किसी प्रकार का भेदभाव नहीं किया जाएगा। दुकानों, सार्वजनिक भोजनालयों, सार्वजनिक स्थानों में सभी नागरिक बेरोक-टोक आ-जा सकते हैं। सरकारी नौकरी प्रत्येक नागरिक एक ही समान पा सकता है। इसमें जाति, वंश आदि को प्रश्रय नहीं दिया जाएगा। लेकिन सरकार ऐसी पिछड़ी जातियों के लिए स्थान सुरक्षित रख सकती है, जिनका राज्य में स्थान सुरक्षित नहीं है। अस्पृश्यता का अंत हो गया है और अब छुआछूत में सहयोग देनेवालों को छह महीने की सजा एवं 500 रुपए तक जुरमाना हो सकता है। सभी प्रकार की उपाधियों का अंत कर दिया गया है, लेकिन सेना और विद्या संबंधी उपाधि अपवाद हैं।

(2) स्वतंत्रता का अधिकार

संविधान में प्रत्येक नागरिक को कुछ विषयों में स्वतंत्रता प्रदान की गई है। वस्तुतः नागरिकों का यही अधिकार सबसे अधिक महत्त्वपूर्ण है। इसके अभाव में नागरिक किसी प्रकार अपनी उन्नति करने में सफल नहीं होते। स्वतंत्रता के यह अधिकार निम्नलिखित हैं—

(1) प्रत्येक नागरिक को भाषण देने तथा अपनी अभिव्यक्ति प्रकट करने का अधिकार है, लेकिन अपमान, मानहानि आदि संबंधित भाषण अथवा लेख वर्जित समझे जाएँगे।

(2) प्रत्येक नागरिक शांतिपूर्वक और बिना हथियार के सभा कर सकता है।

(3) अपनी पसंद से कोई भी व्यक्ति संस्था अथवा संघ की स्थापना कर सकता है।

(4) देश के प्रत्येक कोने में कोई भी नागरिक बिना किसी रोक-टोक के आ-जा सकता है।

(5) कोई भी नागरिक देश के किसी भी भाग में बस सकता है।

(6) संपत्ति अर्जन और धारण एवं व्यय की स्वतंत्रता भी प्रत्येक नागरिक को प्राप्त है।

(7) कोई भी नागरिक कोई वृत्ति, उपजीविका, व्यापार अथवा कारोबार कर सकता है।

(8) किसी व्यक्ति को न्यायालय द्वारा किसी अपराध के लिए तक तक सजा नहीं दी जा सकती जब तक कि यह साबित नहीं हो जाए कि उस समय लागू किसी कानून को उसने तोड़ा है।

(9) पुनः किसी को एक ही अपराध के लिए दो बार सजा नहीं मिल सकती।

(10) बिना कारण बताए किसी व्यक्ति को जेल में बंद नहीं किया जा सकता। बंदी होने पर 24 घंटों के अंदर मजिस्ट्रेट के सामने वह अवश्य उपस्थित होगा।

(11) साधारणतः किसी व्यक्ति को तीन महीने से अधिक नजरबंद भी नहीं रखा जा सकता है। इस प्रकार प्रत्येक नागरिक को ऐसे कई मौलिक अधिकार प्राप्त हैं। लेकिन कोई भी अधिकार पूर्ण तथा सीमित नहीं होता। राज्य की सुरक्षा, सार्वजनिक नैतिकता एवं हित के लिए उन पर आवश्यक रोक लगाई जा सकती हैं। जैसा कि बर्क ने लिखा है—"स्वतंत्रता प्राप्त करने के लिए उसका सीमित होना आवश्यक है, क्योंकि स्वतंत्रता का अर्थ स्वच्छंदता नहीं है।" अतः इन स्वतंत्रताओं पर राज्य की सुरक्षा और सार्वजनिक हित के लिए न्यायोचित प्रतिबंध लगाने का अधिकार राज्य को प्राप्त है।

(3) शोषण के विरुद्ध अधिकार

संविधान के अनुसार कोई व्यक्ति दूसरे व्यक्ति का किसी रूप में शोषण नहीं कर सकता है। मनुष्य की खरीद-बिक्री वर्जित मानी गई है। कोई मनुष्य जबरन किसी से काम अथवा बेगार नहीं करवा सकता। ऐसा करनेवाला कानून की नजर में अपराधी होगा। लेकिन राज्य को यह अधिकार प्राप्त है कि वह

सार्वजनिक हित के कार्यों के लिए अनिवार्य सेवा का नियम बना सकता है। चौदह वर्ष से कम उम्र के किसी बालक को कारखाने या खान आदि में नौकर नहीं रखा जा सकता।

(4) धार्मिक स्वतंत्रता का अधिकार

इस अधिकार के अंतर्गत प्रत्येक नागरिक को यह अधिकार है कि अपने विश्वास के अनुसार वह किसी भी धर्म को अपनाए। अपने धर्म के प्रचार के लिए भी कोई नागरिक प्रयत्न कर सकता है। लेकिन उसके ऐसा करने पर सार्वजनिक हित में किसी प्रकार की रुकावट नहीं आनी चाहिए। ऐसा होने पर राज्य उसके विरुद्ध नियम बना सकता है। किसी शिक्षण संस्था में, जिसका सारा खर्च राज्य देता है, धार्मिक शिक्षा नहीं दी जा सकती। किसी व्यक्ति को इस तरह का कर देने के लिए बाध्य नहीं किया जा सकता जिससे होनेवाली आय को किसी खास धर्म की उन्नति में खर्च किया जाता हो। इस प्रकार सभी धर्म के लोगों को धार्मिक आचार-विचार एवं प्रचार के संबंध में पूर्ण स्वतंत्रता है।

(5) संस्कृति और शिक्षा संबंधी अधिकार

प्रत्येक नागरिक को, चाहे वह देश के किसी भी भाग का रहनेवाला हो, अपनी भाषा, लिपि, संस्कृति आदि की रक्षा करने का उसे अधिकार है। प्रत्येक व्यक्ति को किसी भी शिक्षण संस्था में शिक्षा पाने का अधिकार है। इसमें जाति या धर्म के आधार पर किसी प्रकार का भेदभाव नहीं किया जाएगा। धर्म अथवा भाषा के आधार पर अल्पसंख्यक वर्ग को यह अधिकार है कि वह अपनी पसंद से शिक्षण संस्थाओं की स्थापना और प्रबंध करे। सरकार ऐसे विद्यालयों को भी बिना किसी भेदभाव के सभी प्रकार की सहायता प्रदान करेगी।

(6) संपत्ति रखने का अधिकार

भारत के प्रत्येक नागरिक को संपत्ति कमाने, रखने और उसका उपभोग करने की स्वतंत्रता दी गई है। किसी भी व्यक्ति की संपत्ति कानून के अधिकार के बिना नहीं छीनी जा सकती है। लेकिन सार्वजनिक हित के लिए राज्य किसी भी व्यक्ति की संपत्ति उचित मुआवजा देकर ले सकता है।

संवैधानिक उपचारों का अधिकार

संविधान में केवल नागरिकों को मौलिक अधिकार ही प्रदान नहीं किए गए हैं वरन् उसकी रक्षा की व्यवस्था भी कर दी गई है। यदि कोई नागरिकों के इन अधिकारों पर कुठाराघात करता है तो नागरिक सर्वोच्च न्यायालय की शरण में जा सकता है। सर्वोच्च न्यायालय इन अधिकारों को लागू करने के लिए किसी भी प्रकार का आदेश जारी कर सकता है। ऐसे आदेशों तथा लेखों में बंदी प्रत्यक्षीकरण, परमादेश, प्रतिरोध, उत्प्रेक्षण, अधिकारपृच्छा आदि प्रमुख हैं।

मौलिक अधिकारों पर प्रतिबंध

साधारणत: संसद अथवा राज्यों के विधान मंडलों को मौलिक अधिकार कम करने अथवा समाप्त करने का अधिकार प्राप्त नहीं है, लेकिन कुछ विशेष परिस्थिति उत्पन्न होने पर राज्य इन अधिकारों को स्थगित कर सकता है।

(1) संविधान में संशोधन करके

संविधान में संशोधन लाकर मौलिक अधिकार का अंत अथवा उसमें कमी लाई जा सकती है। सन् 1951 ई. में जमींदारी उन्मूलन के अवसर पर इसी प्रकार का संशोधन हुआ था।

(2) सेवाओं के संबंध में

संसद को यह अधिकार प्राप्त है कि सेना या सुरक्षा तथा शांति रखनेवाली शक्तियों से संबंधित मौलिक अधिकारों को सीमित अथवा स्थगित कर सकती है जिससे उनमें अनुशासन बनाए रखने तथा उनसे कर्तव्य पालन करवाने में किसी प्रकार की कठिनाई न हो।

(3) फौजी कानून लगे हुए क्षेत्र में

फौजी कानून लगे हुए क्षेत्रों में नागरिकों को मौलिक अधिकार का उपभोग करने के अधिकार प्राप्त नहीं हैं। ऐसे क्षेत्रों में फौजी शासकों द्वारा किए गए सभी कार्यों को कानून के द्वारा उचित ठहराया जाएगा।

(4) संकटकालीन घोषणा होने पर

राष्ट्रपति द्वारा संकटकालीन स्थिति की घोषणा होने पर भाषण, लेखन, सभा आदि करने की स्वतंत्रता समाप्त हो जाती है। साथ-साथ अन्य अधिकारों पर भी रोक लग जाती है, लेकिन इस घोषणा की समाप्ति के बाद फिर सारे अधिकार प्राप्त हो जाते हैं।

राष्ट्रपति

भारत संघ का प्रधान और शासन का सर्वोच्च पदाधिकारी राष्ट्रपति होता है। संघ की संपूर्ण कार्यपालिका शक्ति उसी में निहित होती है। संविधान की 52वीं धारा में कहा गया है कि ''संघ की कार्यपालिका शक्ति राष्ट्रपति में निहित होगी तथा वह इसका प्रयोग संविधान के अनुसार स्वयं या अपने अधीनस्थ अधिकारियों द्वारा करेगा।'' उसकी सहायता एवं परामर्श देने के लिए एक मंत्रिमंडल होगा जो उसके प्रति उत्तरदायी होगा।

राष्ट्रपति पद की योग्यता

संविधान के अनुसार राष्ट्रपति पद के लिए निम्नलिखित योग्यताएँ निर्धारित की गई हैं—

(1) वह भारत का नागरिक हो।

(2) उसकी उम्र कम-से-कम 35 वर्ष की हो।

(3) उसमें लोकसभा के सदस्य होने की योग्यता हो।

(4) वह भारत सरकार, राज्य सरकार के अधीन किसी स्थानीय या अन्य अधिकारी के अधीन लाभ के पद पर नहीं हो। लेकिन राष्ट्रपति, उपराष्ट्रपति, राज्यपाल या संघ अथवा राज्य के मंत्रियों के पद लाभ के पद नहीं समझे जाएँगे।

निर्वाचन

भारत के राष्ट्रपति का निर्वाचन एक निर्वाचक मंडल द्वारा होता है जिसमें दो प्रकार के सदस्य होते हैं—(क) संसद के दोनों सदनों के निर्वाचित सदस्य (ख) राज्यों की विधान सभाओं के निर्वाचित सदस्य। संसद और विधान सभाओं

के मनोनीत सदस्य निर्वाचन में भाग नहीं लेते। निर्वाचन अनुपाती प्रतिनिधित्व प्रणाली के आधार पर होता है और मतगणना एकल संक्रमणीय मत पद्धति के अनुसार होती है। मतदान हमेशा गुप्त रहता है।

कार्यकाल

राष्ट्रपति का कार्यकाल पद ग्रहण करने की तिथि से लेकर 5 वर्षों तक का है। वह इस अवधि के अंदर भी त्यागपत्र देकर अपने पद से हट सकता है अथवा महाभियोग लगाकर उसे हटाया जा सकता है। वह अपने पद पर निश्चित कार्यकाल समाप्त होने के बाद भी तब तक बना रहेगा जब तक कि उसका उत्तराधिकारी पद को ग्रहण नहीं करता है। राष्ट्रपति पुनः निर्वाचित हो सकता है, जैसा कि भारत के पहले राष्ट्रपति डॉ. राजेंद्र प्रसाद तीन बार राष्ट्रपति चुने गए थे।

वेतन और भत्ता

राष्ट्रपति को 10000 रुपए मासिक वेतन तथा निःशुल्क निवास स्थान मिलता है। इसके अलावा संसद द्वारा निर्धारित भत्ता उसे मिलता है। अवकाश ग्रहण करने के बाद उसे 1500 रुपए मासिक पेंशन दी जाती है। राष्ट्रपति के कार्यकाल में उसके वेतन भत्ते एवं अन्य सुविधाओं में किसी प्रकार की कटौती नहीं की जा सकती।

राष्ट्रपति पर महाभियोग

संविधान की धारा 56वीं के अनुसार, संविधान के विरुद्ध कार्य करने पर राष्ट्रपति पर महाभियोग चलाया जा सकता है। यह महाभियोग संसद के दोनों सदनों में से किसी सदन में लगाया जा सकता है। महाभियोग लगाने के 14 दिन पहले इसकी लिखित सूचना राष्ट्रपति को मिलनी जरूरी है। उस सूचना पर सदन के कम-से-कम चौथाई सदस्यों के इस आशय के सूचक हस्ताक्षर होने चाहिए कि वे सदन में इस प्रकार के महाभियोग का संकल्प उपस्थित करना चाहते हैं। जब वह प्रस्ताव उस सदन के कम-से-कम दो-तिहाई सदस्यों द्वारा स्वीकृत हो जाए तो वह दूसरे सदन में अनुसंधान के लिए भेजा जाता है। दूसरा सदन

उसके दोषों की जाँच करेगा और यदि वह दूसरा सदन कुल सदस्य संख्या के कम-से-कम दो-तिहाई सदस्यों द्वारा उक्त दोषारोपण को सही मान ले तो उसी दिन से राष्ट्रपति अपने पद से हटा समझा जाएगा। अनुसंधान के समय राष्ट्रपति को अधिकार है कि वह सदन में स्वयं उपस्थित रहे अथवा अपने प्रतिनिधि को भेजे। महाभियोग के निर्णय की अपील किसी न्यायालय में नहीं होगी। इस तरह राष्ट्रपति के कार्यकाल समाप्त होने से पूर्व नए राष्ट्रपति का निर्वाचन होगा।

राष्ट्रपति के अधिकार और कार्य

संसार के प्राय: सभी संघशासन प्रणालीवाले देशों के प्रधान से भारत के राष्ट्रपति के कार्य और अधिकार विशाल हैं। साधारणत: उसके अधिकार दो तरह के हैं—एक का प्रयोग वह दैनिक शासन में करता है और दूसरे का प्रयोग संकटकाल में करता है। साधारणत: उसके कार्यों और अधिकारों को निम्नलिखित भागों में बाँटा गया है—

(1) कार्यपालिका संबंधी अधिकार

(1) वह कार्यपालिका का प्रधान है और शासन की सारी शक्ति उसमें सन्निहित है। इन शक्तियों का प्रयोग वह खुद अथवा अधीनस्थ कर्मचारियों से करवाता है। (2) वह किसी देश से युद्ध अथवा संधि कर सकता है। (3) विदेशों में राजदूत एवं अन्य राज्य प्रतिनिधियों को नियुक्त करता है। (4) वह प्रधानमंत्री को नियुक्त करता है और फिर उसकी सलाह से अन्य मंत्रियों की नियुक्त करता है। (5) राज्यपाल, सर्वोच्च न्यायालय और उच्च न्यायालयों के न्यायाधीशों, लोकसेवा आयोग के सदस्यों, निर्वाचन आयुक्त, ऑडिटर जनरल, एटॉर्नी जनरल आदि बड़े-बड़े पदाधिकारियों की नियुक्ति राष्ट्रपति ही करता है।

(2) विधायिका संबंधी अधिकार

(1) राष्ट्रपति संसद के अधिवेशन को बुला सकता है। (2) वह लोकसभा को भंग कर सकता है अथवा उसकी अवधि घटा-बढ़ा सकता है। (3) वह राज्य परिषद के बारह सदस्यों को मनोनीत करता है। (4) किसी सदन के अधिवेशन में भाषण देता है अथवा अपने संदेश भेजता है। (5) बिना राष्ट्रपति

की स्वीकृति के कोई बिल एक्ट नहीं बन सकता। (6) वह आर्थिक विधेयक को छोड़कर किसी विधेयक पर अपनी स्वीकृति रोक सकता है। (7) आर्थिक तथा राजस्व विधेयक राष्ट्रपति की सिफारिश पर ही संसद में पेश किए जा सकते हैं। (8) यदि संसद का अधिवेशन नहीं चल रहा है तो राष्ट्रपति अध्यादेश जारी कर सकता है। (9) उसको राज्यों के विधानमंडलों के संबंध में भी कुछ अधिकार प्राप्त हैं।

न्यायपालिका संबंधी अधिकार

राष्ट्रपति न्याय का भी प्रधान है। वह सजा को कम कर सकता है, उसे बढ़ा सकता है अथवा बिल्कुल माफ कर सकता है। मृत्युदंड पाए हुए व्यक्तियों को मुक्त कर सकता है अथवा उनका दंड कम कर सकता है।

अर्थ संबंधी अधिकार

(1) राष्ट्रपति प्रत्येक वित्तीय वर्ष के (Finencial year) आरंभ में वार्षिक आय तथा व्यय का विवरण संसद के सामने उपस्थित करता है। (2) उसकी स्वीकृति के बिना धन विधेयक या वित्त विधेयक लोकसभा में प्रस्तावित नहीं किया जा सकता। (3) देश की आकस्मिकता निधि पर (Contingncy fund of India) राष्ट्रपति का ही अधिकार रहता है। (4) उसकी सिफारिश पर ही अनुदान की माँग की जा सकती है। (5) राष्ट्रपति आयकर से प्राप्त होनेवाली आय को संघ तथा राज्यों के बीच बाँट देता है। (6) वह वित्त आयोग की भी नियुक्ति करता है।

संकटकालीन अधिकार

राष्ट्रपति के संकटकालीन अधिकार अधिक व्यापक हैं। (1) वह संकटकालीन उद्घोषणा के द्वारा (Declaration of Emergency) संकटकालीन स्थिति की घोषणा कर सकता है। यह घोषणा दो महीने तक लागू रहेगी, लेकिन अगर संसद उसकी घोषणा से सहमत हो जाए तो घोषणा की अवधि बढ़ाई जा सकती है। इस अवधि में शासन पर राष्ट्रपति का पूर्ण अधिकार हो जाता है। (2) जनता के मूल अधिकार स्थगित हो जाते हैं और जनता

न्यायालय की शरण भी नहीं ले सकती। (3) राष्ट्रपति उस अवधि में किसी भी राज्य के विधान को समाप्त कर सकता है। (4) संसद का अधिवेशन अगर नहीं हो रहा हो तो वह किसी भी व्यय की स्वीकृति दे सकता है तथा अध्यादेश जारी कर सकता है।

विशेषाधिकार

राष्ट्रपति को कुछ विशेषाधिकार दिए गए हैं—(1) वह अपने शासकीय कार्यों के लिए किसी न्यायालय के प्रति उत्तरदायी नहीं हो सकता। (2) उसके कार्यकाल में उसके विरुद्ध किसी न्यायालय में कोई मुकदमा नहीं चल सकता। (3) कोई न्यायालय उसकी गिरफ्तारी का वारंट नहीं निकाल सकता। (4) दीवानी मुकदमा उस पर चल सकता है, लेकिन इसकी सूचना दो महीने पहले देनी होती है।

□□□